suhrkamp taschenbuch
wissenschaft 540

W0092469

Höffes Studie wendet sich gegen eine ethische Neutralisierung der Politik und ihrer wissenschaftlich-philosophischen Theorie. Als »Strategien der Humanität« gelten jene Prozesse öffentlicher Entscheidungsfindung, die sich der ethisch-pragmatischen Grundaufgabe zeitgenössischer Demokratien stellen, Prinzipien der Humanität, vor allem der politischen Gerechtigkeit, mit den Funktionsanforderungen hochkomplexer Industriegesellschaften und ihren jeweiligen Randbedingungen auf methodischem Weg zu vermitteln.

Im ersten Teil werden verschiedene Spielarten des Paradigmas »Nutzenkalkulation« kritisiert, im zweiten Teil Bausteine zu einer kommunikativen Entscheidungstheorie entwickelt. Durch sie kann man Humanität zwar nicht garantieren, aber doch eine maßgebliche Chance zu ihr eröffnen.

Otfried Höffe, geb. 1943, ist o. Professor für Ethik und Sozialphilosophie und Direktor des Internationalen Instituts für Sozialphilosophie und Politik an der Universität Freiburg i. Ü.; an der juristischen Abteilung lehrt er Rechtsphilosophie.

Von den Arbeiten Otfried Höffes liegen in der Reihe »suhrkamp taschenbuch wissenschaft« bereits vor: *Ethik und Politik. Grundmodelle und Probleme der praktischen Philosophie* (stw 266) und *Sittlich-politische Diskurse. Philosophische Grundlagen – Politische Ethik – Biomedizinische Ethik* (stw 380).

Otfried Höffe
Strategien der Humanität

Zur Ethik öffentlicher
Entscheidungsprozesse

Suhrkamp

CIP-Kurztitelaufnahme der Deutschen Bibliothek
Höffe, Otfried:
Strategien der Humanität:
zur Ethik öffentl. Entscheidungsprozesse /
Otfried Höffe. – 1. Aufl. –
Frankfurt am Main: Suhrkamp, 1985.
(Suhrkamp-Taschenbuch Wissenschaft; 540)
ISBN 3-518-28140-2
NE: GT

suhrkamp taschenbuch wissenschaft 540
Erste Auflage 1985
© Verlag Karl Alber GmbH Freiburg/München 1975
Lizenzausgabe mit freundlicher Genehmigung des
Verlags Karl Alber
Suhrkamp Taschenbuch Verlag
Druck: Nomos Verlagsgesellschaft, Baden-Baden
Printed in Germany
Umschlag nach Entwürfen von
Willy Fleckhaus und Rolf Staudt

1 2 3 4 5 6 – 90 89 88 87 86 85

Inhalt

Zweiter Teil
Bausteine zu einer kommunikativen
Entscheidungstheorie

1. Zwei Vorbemerkungen

1.1 Ethik angesichts pluralistischer Industrie-Gesellschaften

Zu einer Philosophie, die Anspruch auf sittlich-politische Aufklärung erhebt, zu einer im emphatischen Sinn praktischen Philosophie gehört die Frage nach der humanen Gestaltung des politischen Lebens. Um auch Probleme normativer Orientierung in den Aufgabenbereich wissenschaftlich disziplinierten Redens einzubeziehen und um den Einfluß der Ethik nicht ins Private abzudrängen oder auf den Raum integrierter Primärgruppen, wie Familie und Nachbarschaft, zu beschränken, sind ethisches und politisches Denken wieder miteinander zu verknüpfen. Die etwa bei Machiavelli vollzogene Eliminierung von ethischen Problemen aus dem Zentrum der politischen Philosophie[1] hatte nur schein-

---

[1] Grundbegriff der politischen Philosophie ist nicht mehr wie in der klassischen Philosophie die Gerechtigkeit (vgl. Platon, Politeia; Aristoteles, Politik I 2, 1253a 15–18; III 9). Es sind vielmehr Macht und Herrschaft, Sachnotwendigkeit (necessità), günstige Umstände (fortuna) und Tüchtigkeit (virtù): vgl. Der Fürst, c. 1 u. a. Zwar hat auch Aristoteles in seiner Politik längere, sich ausschließlich mit technischen und strategischen Problemen beschäftigende Passagen (z. B. V 1–9). Aber diese technisch-pragmatischen Teile stehen nicht allein, sondern verbinden sich mit ethisch orientierten. – Zu Machiavelli vgl: G. Sasso, Niccolò Machiavelli. Geschichte seines politischen Denkens, Stuttgart 1965; K. Kluxen, Politik und menschliche Existenz bei Machiavelli, dargestellt am Begriff der necessità, Stuttgart 1967; zu Aristoteles: J. Ritter, ‚Politik‘ und ‚Ethik‘ in der praktischen Philosophie des Aristoteles, in: Philosophisches

bar ausschließlich methodische Bedeutung und entsprechenden Gewinn. Die zu Beginn der Neuzeit erfolgte Aufteilung der praktischen Philosophie in eine exakte Wissenschaft politischer Rationalität und in eine im Kanon der exakten Wissenschaften nicht unbestritten anerkannte Theorie der Moral[2] bedeutet mehr als die Besiegelung einer Arbeitsteilung, die zu thematischer wie methodischer Spezialisierung und entsprechender Klarheit führt.

Auf der einen Seite verlieren normative Analysen der moralischen Intentionen und sinngebenden Zwecke und der Abschluß solcher Analysen in der Bestimmung des höchsten Gutes ihren Zusammenhang mit der politischen Philosophie. Im Extremfall verkümmert Sittlichkeit zu moralischer Innerlichkeit, und die handlungsbestimmende Kraft sittlicher Normen gilt nicht dem gesellschaftlichen und dem politischen, sondern bestenfalls dem privaten Leben. Was zunächst als harmlose Arbeitsteilung erscheint, schafft eine *politisch* neutralisierte und insofern auch politisch belanglose Moralphilosophie. – Auf der anderen Seite ist eine *sittlich* neutralisierte Po-

---

Jahrbuch 74 (1967) 235–253; G. Bien, Die Grundlegung der politischen Philosophie bei Aristoteles, Freiburg/München 1973.
[2] Die allmählich vollzogene Auflösung der Verschränkung von Ethik und Politik dokumentiert sich geradezu seismographisch im Bedeutungswandel des Begriffs Tugend (ἀρετή, virtus, virtù). Schon bei den ersten Humanisten beginnt Tugend ihren bislang christlichen und überhaupt sittlichen Gehalt zu verlieren. Tugend wird zu Klugheit, Energie; gelegentlich kann der Ausdruck sogar Rücksichtslosigkeit und kämpferische Tüchtigkeit im persönlichen wie im politischen Leben bedeuten. Bei Machiavelli (Der Fürst, c. 1, 3, 6 u. a.; Politische Betrachtungen ..., c. II 12) bedeutet Tugend vollends die militärische und politische Kraft der Selbstbehauptung, sei es als Persönlichkeitsmerkmal, sei es als politisches Instrumentarium. Auf diese Weise ihres moralischen Gehaltes entkleidet, konnte Tugend zum Grundbegriff einer ethisch weitgehend neutralisierten politischen Philosophie werden.

litik latent irrational und tief sitzenden Vorurteilen ausgeliefert. Wenn Machiavelli im „Fürst" nach dem letzten, im Menschen selbst liegenden Bewegungsmotor politischer Ereignisse fragt und ihn als Macht bzw. Herrschaft[3] identifiziert, dann bedarf es, um den Gang politischen Geschehens unter theoretischer Anleitung kontrollieren zu können, nur einer differenzierten Analyse von Macht. Eine solche „analytische Grammatik" von Macht im Dienst von Herrschaft über Menschen unterstellt eine von den sittlich-politischen Zwecken unabhängige instrumentale und strategische Rationalität, während sie tatsächlich an der nicht weiter legitimierten Zielvorstellung eines kraftvollen Sich-Behauptens und Sich-Durchsetzens orientiert ist. Ähnlich kommt die resolutiv-kompositive Rekonstruktion einer Staats- und Gesellschaftsordnung, die Hobbes[4] nach dem Vorbild exakter Naturwissenschaft unternimmt, nicht ohne das leitende, aus dem angeblich allgemeingültigen und notwendigen Interesse des Menschen an Selbsterhaltung[5] abgeleitete Ziel einer beständigen Friedenssicherung[6]

---

[3] Der Inhalt des *Fürst* besteht im wesentlichen aus einer Diairese der verschiedenen Herrschaftsformen und aus detaillierten Anweisungen, wie man sich die Herrschaft erwirbt und erhält.
[4] Zu seiner Methode: Vom Bürger, Vorwort (Ed. Gawlik, 67 ff.); Vom Körper, Vorrede; I 1; I 6; II 1 u. a. – Aus der umfangreichen Hobbes-Literatur vgl.: D. Gauthier, The Logic of Leviathan. The Moral and Political Philosophy of Thomas Hobbes, Oxford 1969; K.-H. Ilting, Hobbes und die praktische Philosophie der Neuzeit, in: Philosophisches Jahrbuch 72 (1964/65) 84–102; W. Röd, Geometrischer Geist und Naturrecht. Methodengeschichtliche Untersuchungen zur Staatsphilosophie im 17. und 18. Jahrhundert, Kap. I: Hobbes . . ., München 1970.
[5] Vom Menschen, c. 11: „Das erste Gut ist für jeden die Selbsterhaltung" (Ed. Gawlik, 24); ebenso: Vom Bürger, Widmung (Ed. Gawlik, 59); c. 1 u. a.
[6] Vom Bürger, Widmung (a. a. O. 62); Vorwort (a. a. O. 69 f.); c. 1; Leviathan, c. 13–14 u. v. a. m.

aus. Gewiß sind Selbsterhaltung bzw. Friedenssicherung nicht einfach willkürliche Ziele. Vor allem in der Situation des Bürgerkrieges, in der Hobbes seine politische Philosophie entwickelt hat, scheint seine „Minimalanthropologie": die Reduktion des Menschen auf Sinnlichkeit und Egoismus und das davon abgeleitete Sicherheitsstreben, in hohem Maße sinnvoll zu sein. Allerdings geht Hobbes davon aus, daß Sinnlichkeit, Egoismus und Sicherheitsstreben auch als die einzigen Größen gelten müssen, an denen *alle* Menschen letztlich orientiert sind. Gerade diese Voraussetzung mag zwar für viele Menschen plausibel sein, aber sie trifft sicher nicht für alle zu. Kriege, auch Bürgerkriege, sind nicht notwendig ein Dokument dafür, daß der schrankenlose Egoismus der Menschen sich ad absurdum führt und daß eine starke Staatsmacht erforderlich ist. Sie können auch dafür stehen, daß es dem Menschen noch um andere Ziele als um Selbsterhaltung geht und daß für die anderen Ziele – gleich ob sie Hegemonialstreben, religiöse oder politische Freiheit usf. heißen – das Sicherheitsstreben hintangesetzt wird. Entgegen seinem Selbstverständnis liefert Hobbes keine Theorie von Politik überhaupt. Er beschränkt sich vielmehr auf eine Logik kalkulierter Selbsterhaltung: auf die Legitimation einer Herrschaftsordnung im Dienst menschlichen Überlebens.

Die folgende Untersuchung zu einer politischen Ethik – man könnte sie auch zu einer Sozialpragmatik rechnen, die der Idee der Humanität verpflichtet ist – versteht sich als Beitrag zu der in jüngster Zeit zu beobachtenden, etwas schnell als „Rehabilitierung der praktischen Philosophie" gedeuteten Beschäftigung mit Fragen der Moral, der Gesellschaft und der Politik[7]. Sie

---

[7] Vgl. M. Riedel (Hg.), Rehabilitierung der praktischen Philosophie, Bd. I: Geschichte, Probleme, Aufgaben, Freiburg i. Br. 1972.

will die „klassische" Frage nach dem guten Leben erneuern, sie jedoch zugleich in den gegenwärtigen Problemkontext stellen und erörtern, wie sich unter den Bedingungen demokratischer Industrie-Gesellschaften das Zusammenleben als vernünftig oder human gestalten lasse. Sie konzentriert sich dabei auf politische Situationen, deren Ausgang von öffentlichen Entscheidungen abhängt. – Zu den Merkmalen, die nicht auf die westlichen Industrie-Gesellschaften beschränkt sind, sondern für die zeitgenössische Situation überhaupt gelten, gehört ein geradezu weltweiter Veränderungswille[8]. Ob er sich in Sozial- und Bildungsfragen oder in Umweltproblemen äußert – immer sind drei Faktoren verschiedener Dignität und unterschiedlicher methodischer Relevanz kennzeichnend. Man kann sie schlagworthaft als Rationalität, Humanität und Pluralismus bezeichnen.

Erstens: Wie es schon das Signalwort „Gesellschaft im Wandel" ausdrückt, befinden sich die Gesellschaften in einer inneren Dynamik: in einem mehr oder weniger rapiden und radikalen Prozeß wirtschaftlicher, gesellschaftlicher und kultureller Veränderung, den man mittels Wissenschaft und Technik planend und manipulierend zu kontrollieren und darüber hinaus zu steuern sucht (planned change). Es ist in diesem Zusammenhang gleich, ob man das Phänomen wissenschaftlich-

---

[8] Zur Analyse der „gesellschaftlichen Situation unserer Zeit" sind bewußt die teils optimistischen, teils pessimistischen Kulturkritiken sowie jene Beiträge ausgeklammert, die die Ambivalenz der zivilisatorischen Entwicklung aufzeigen. Um gegenüber dem meist pessimistischen Unterton solcher Analysen neutral zu bleiben – das Vorherrschen pessimistischer Kulturkritik ist schon ein Signum unserer Zeit: Ausdruck eines habituell schlechten Gewissens –, konzentrieren sich die Bemerkungen auf jene empirisch-analytischen Befunde, die generelle Anerkennung finden und sich etwa in der Darstellung von K. M. Bolte, K. Aschenbrenner, Die gesellschaftliche Situation der Gegenwart, Opladen ²1967 dokumentieren.

technischer Selbstbestimmung positiv beurteilt oder ihm kulturkritisch gegenübertritt. Im Gegensatz zu vor- und frühindustriellen Gesellschaften legitimieren sich die Formen menschlichen Zusammenlebens heute nicht länger durch Brauch und Sitte, noch sollen sie dem Zufall oder der Willkür überlassen bleiben. Vor allem in den fortgeschrittenen Industrie-Staaten haben die gesellschaftlichen Institutionen und Prozesse auf der mikro- wie auf der makrosozialen Ebene ihre Naturwüchsigkeit in principio verloren und gelten als der menschlichen Verfügung unterstellt[9]: Nach den Naturprozessen sollen auch die Sozialprozesse absichtsvoll geplant und verändert werden[10].

Zweitens: Die Kontrolle gilt nicht als Selbstzweck. Unter einer Vielzahl teils komplementärer, teils konkurrierender Gesichtswinkel wurde vor allem in jüngster Zeit an einer „autonomen" bzw. zu engen Rationalität Kritik geübt. Fragen der Zwecke und der normativen Orientierung sollen in die öffentlichen Entscheidungsprozesse ausdrücklich miteinbezogen werden. Wenn die Planungs- und Entscheidungsprozesse einem Anheben der Lebensqualität gelten, wenn sie der Gerechtigkeit, der Emanzipation, der Freiheit oder dem Glück der Betroffenen dienen sollen, dann ist diesen verschiedenen Zielvorstellungen eines gemeinsam: letztes Ziel sozialer Veränderungen ist nicht die Selbstdarstellung von wissenschaftlich-technischer Rationalität, sondern jener umfassendere Anspruch, der traditionell durch die Idee

---

[9] Vgl. F. H. Tenbruck, Zur Kritik der planenden Vernunft, Freiburg – München 1972, Einleitung; H. P. Dreitzel (Hg.), Sozialer Wandel, Neuwied-Berlin 1967, 91.

[10] Zur Notwendigkeit solcher Planungen: D. Meadows u. a., Die Grenzen des Wachstums. Bericht des Club of Rome zur Lage der Menschheit, Stuttgart 1972; die Studie ist jedoch mit kritischer Distanz aufzunehmen (s. u. S. 95).

eines vernünftigen oder humanen Lebens bezeichnet ist. Gleichwie diese sehr formale Idee noch des näheren zu sehen und zu bestimmen ist – eine grundsätzliche Abgrenzung ist damit schon geleistet: nicht der perfekte Plan ist der Zweck der Planungs- und Entscheidungsprozesse[11]. Es ist vielmehr das Zusichselbstkommen oder die Selbstverwirklichung des Menschen (wobei man gegenüber inhaltlichen Festlegungen Abstinenz üben muß, um die Vielfalt und den Wandel der soziokulturellen und individuellen Formen der Selbstverwirklichung nicht zu verstellen). In der ihm angemessenen Form gilt der rationale Plan nur als ein Mittel. In einer gleichsam potenzierten Kontrolle soll die technisch-wissenschaftliche Verfügung des Menschen über sich selbst noch einmal, und zwar sittlich-politisch kontrolliert werden[12]. Die Menge der Handlungs-Strategien, die unter technischen Gesichtspunkten möglich sind, soll von vornherein auf jene Teilmenge eingegrenzt werden, die einem Interesse an Humanität verpflichtet ist und deshalb als „Strategien der Humanität" bezeichnet werden kann. (Dazu gehört es auch, die Entwicklung der technisch-wissenschaftlichen Möglichkeiten aus ihrem Eigenleben zu lösen, sie in ihren genuinen, nämlich den gesellschaftlichen Kontext zurückzustellen und sie zum Gegenstand angemessener Entscheidungsprozesse zu machen.)

Drittens: Ein weiteres Signum demokratischer Gesellschaften ist es, daß ihre Entscheidungsprozesse der Kon-

---

[11] Vgl. C. F. v. Weizsäcker, Die Verantwortung der Wissenschaft im Atomzeitalter, Göttingen [4]1963, 5 ff.

[12] Vgl. J. Habermas' Frage zum Verhältnis von Technik und Demokratie: „Wie kann die Gewalt technischer Verfügung in den Konsensus handelnder und verhandelnder Bürger zurückgeholt werden?" In: Technik und Wissenschaft als ‚Ideologie‘, Frankfurt a. M. [2]1969, 114.

trolle einer pluralistischen Öffentlichkeit unterliegen[13]. Als pluralistisch im Sinne einer politischen Soziologie gelten Gesellschaften, deren öffentlicher Bereich aus einem hochgradig differenzierten System von intermediären: zwischen der Staatsgewalt und den Individuen vermittelnden Gruppen, Vereinen und Verbänden besteht. Pluralismus ist aber nicht nur ein Begriff der politischen Soziologie, der das gleichberechtigte, durch verfassungsrechtliche Garantien geschützte Neben- und Gegeneinander einer Mannigfaltigkeit komplementärer und konkurrierender Gruppen innerhalb des Staates bezeichnet. Pluralismus ist geradezu ein Grundbegriff makrosoziologischer Diagnosen demokratischer Industrie-Gesellschaften geworden und bedeutet hier ihre in mehrfacher Hinsicht komplexe und hochgradig differenzierte Struktur. Der Staat besteht aus einer Vielzahl von Gruppen, die sich in einer oft kaum überschaubaren Weise durchdringen und verflechten. Aufgrund eines langen Prozesses der religiösen, politischen, kulturellen und sozialen Differenzierung haben sich die relativ homogenen und stabilen Wertvorstellungen und Lebensverhältnisse der sogenannten alteuropäischen oder vorindustriellen Gesellschaft aufgelöst.

---

[13] Die in den vergangenen Jahren geäußerte Kritik am Pluralismus – u. a. H. Marcuse, One-Dimensional Man, Boston [11]1969, 50 f. und H. Klages, Soziologie zwischen Wirklichkeit und Möglichkeit, Köln, Opladen 1968, c. 3 – bestreitet weder den Wert politischer Kontrollinstanzen noch die Behauptung, es handele sich dabei um eine in den westlichen Industrie-Gesellschaften generell akzeptierte Zielvorstellung. Die Kritik wendet sich primär gegen die allzu unbekümmerte Vorstellung, der tatsächlich realisierte Pluralismus sei schon hinreichende Bedingung für eine humane Politik. Vgl. F. Scharpf, Demokratietheorie zwischen Utopie und Anpassung, Konstanz 1970, c. 2; R. Eisfeld, Der ideologische und soziale Stellenwert der Pluralismustheorie, in: Politische Vierteljahresschrift 12 (1971) 332–366.

Immer zahlreichere Gruppen haben dadurch jene eigenen Interessen, Handlungsformen, Glaubensüberzeugungen und Realitätsauffassungen ausgebildet, die nicht mit denen anderer Gruppen identisch sind. Aufgrund eines pluralistischen Grundzuges sind Gesellschaften fähig, vielfältige Formen der Selbstrealisation auszubilden, eine Vielfalt, die im Gegensatz zu homogenen Gesellschaften ein Mehr an individuellen und gruppenspezifischen Freiräumen, aber auch ein Mehr an sozialen Konfliktzonen schafft.

Unter dem spezifischen Gesichtspunkt von Entscheidungsprozessen bezeichnet der Pluralismus mindestens ein Doppeltes: (erstens) eine Mehrzahl und Konkurrenz von Gruppen, die für Planungs- und Entscheidungsaufgaben zuständig sind, und (zweitens) eine kaum überschaubare Mannigfaltigkeit von Wert-, Norm- und Zielvorstellungen. Nicht nur die Bedürfnisse, Interessen und Talente stehen miteinander in Konflikt. Auch die Zwecke der Politik und die Kriterien, nach denen Konflikte gelöst werden sollen, rivalisieren miteinander. Was Humanität im politischen Bereich inhaltlich meint, ist strittig. Schon aus diesem Grund erscheint die Idee der Humanität nicht als ein schon bekannter Anspruch, den man bloß anzuerkennen braucht, sondern als ein vordringliches Problem von Entscheidungsprozessen.

Wenn man den Befund eines weltweiten Veränderungswillens und seine drei Faktoren: die wissenschaftlich-technische Rationalität, den Anspruch auf Humanität und den Pluralismus akzeptiert, dann sieht sich eine gegenwartsbezogene praktische Philosophie auch dem Problem gegenübergestellt, ob sich die drei Faktoren miteinander vereinbaren lassen und wie eine Vereinbarkeit realisiert werden könne. Die Prozesse, in denen über die Reform des Wohnungs- oder des Gesundheitsbereichs, des Strafrechts oder des Bildungswesens entschieden werden soll, sind auf jene Elemente und Prinzipien hin zu untersuchen, die eine Vermittlung von Rationalität und Humanität in pluralistischer Gesellschaft ermöglichen. Was für eine Struktur von Entscheidungsprozessen, so lautet hier die Frage, muß man annehmen, damit auf dem Boden demokratischer Industriegesellschaften in einer Reform des Bildungswesens nicht bloß neue Bildungstechnologien oder günstigere Lehrer-Schüler-Relationen, sondern auch humane Probleme wie Chancengerechtigkeit und Selbstverwirklichung in den Entscheidungsprozeß miteinbezogen werden und solche Probleme wie auch Fragen politischer Prioritäten (zwischen dem Bildungs- und dem Gesundheitswesen, dem Verkehrssektor und dem Militärbereich) nach „vernünftigen" Überlegungen und nicht nur nach augenblicklichen Machtkonstellationen entschieden werden.

Die Abhandlung hebt sich dadurch von vielen Beiträgen zur praktischen Philosophie ab, daß sie bewußt an eine aktuelle politische Problemsituation anknüpft. Sie wendet sich auf den in ihr zur Sprache kommenden Anspruch zurück, mittels öffentlicher Entscheidungsprozesse zur Realisierung von Humanität beizutragen. Sie will Struktur- und Normativitätsbedingungen aufhellen, die mit dem vorwissenschaftlichen Anspruch schon gesetzt sind, in der vorwissenschaftlichen Artikulation des Anspruchs aber noch ungeklärt bleiben. Die Untersuchung fragt nach dem Grundmuster für Entscheidungsprozesse, die die Qualifikation „Strategien der Humanität" verdienen. Im Gegensatz zu *den* Entscheidungstheorien, die allein auf eine längere und inzwischen hochentwickelte Forschung zurückblicken können, den Theorien rationaler Entscheidung, wird die These vertreten, daß Entscheidungsprozesse, die sich an der Idee der Humanität orientieren, in erster Linie nicht ein Problem von Information und Nutzenkalkulation, sondern eines von Kommunikation (und einer umfassenderen wissenschaftlichen Rationalität) darstellen. Ferner soll gezeigt werden, daß der Versuch, durch einen neuen, gerade auf kommunikative Elemente zurückgreifenden Wissenschaftsbegriff die Kommunikationsprozesse durchgängig zu rationalisieren, scheitert. Zwar lassen sich auch Kommunikationsprozesse rationalisieren; sie lassen sich aber nicht auf eine Wissenschaft, auch nicht auf eine „kommunikative Wissenschaft" zurückführen. Schließlich ist eine überzogene Erwartung abzubauen: auch rational und kommunikativ bestimmte Entscheidungsprozesse bieten keine Garantie, wohl aber eine maßgebliche Chance zur Humanität.

Diese Thesen werden in zwei Schritten entwickelt: Zunächst wird in einem kritischen Durchgang durch die vorherrschenden *normativen* Entscheidungstheorien[14]:

---

[14] Die *empirisch-deskriptiven* Analysen werden vor allem in drei Bezugsrahmen durchgeführt: (a) als Analysen der Entscheidungsträger (decision-makers); z. B. H. Thomae, Der Mensch in der Entscheidung, München 1960; (b) als Analysen der hinter den Entscheidungsträgern stehenden Personen oder Gruppen, der ‚grauen Eminenzen' oder der ‚pressure groups': z. B. B. F. Hunter, Community Power Structure, Chapel Hill, N. C. 1953; R. A. Dahl, Who Governs? Power and Democracy in an American City, New Haven – London 1961; (c) als Analysen des Prozeßcharakters der Entscheidungen, hier besonders als Studien über das Problemlösungsverhalten in Kleingruppen und als Panel-Studien über Wahlentscheidungen: B. Berelson, P. F. Lazarsfeld u. a., Voting, Chicago 1954; M. Meyerson, E. C. Banfield, Politics, Planning and the Public Interest, Glencoe/Ill. 1955; D. Perkop, Handeln – Entscheiden – Planen. Zur soziologischen Diagnose von Planungsprozessen, in: Soziale Welt 17 (1966) 24–34; E. Witte, Mikroskopie einer unternehmerischen Entscheidung, in: IBM Nachrichten 19 (1969) 490 bis 495. Vgl. auch D. Davidson, P. Suppes, Decision Making: An Experimental Approach, Stanford 1957.

durch die Theorien rationaler Entscheidung sowie deren Zusammenhang mit dem Utilitarismus und durch das Erlanger Modell wissenschaftlicher Interessenkritik, die Grundstruktur von Strategien der Humanität erörtert (Kapitel 1–9). Dann wird die Grundstruktur präzisiert, und zwar an einem zentralen Ausschnitt aus gesellschaftspolitischen Entscheidungsprozessen, an der Vermittlungsstelle zwischen Wissenschaft und Politik: am Phänomen institutionalisierter wissenschaftlicher Politikberatung (vor allem im Bereich der Bildungspolitik: Kap. 10–12).

Die politische Entscheidung ist ein in sich mehrfach strukturierter Prozeß. Die Analyse wissenschaftlicher Politikberatung beansprucht weder, das komplexe Phänomen „politische Entscheidung" vollständig aufzuhellen, noch will das in dem Zusammenhang entwickelte Kooperationsmodell von Wissenschaft und Politik den mit Strategien der Humanität angesprochenen Umkreis sittlich-politischer Fragen umfassend lösen. Die Abhandlung will vielmehr am Beispiel einer sich etablierenden politischen Praxis das mit Strategien der Humanität bezeichnete Problemfeld weiter entfalten. Eine solche Untersuchung mag dazu beitragen, der von W. Schulz für die Gegenwart diagnostizierten Entfremdung von Philosophie und Wissenschaft und einem dadurch bedingten Funktionsverfall der Philosophie entgegenzusteuern[15].

Die Abhandlung setzt sich sowohl von politischen Programmen als auch von empirischen Untersuchungen ab. Es soll keine politische Moral entworfen werden, die einen Kodex konkreter Verhaltensvorschriften enthält

---

[15] Philosophie in der veränderten Welt, Pfullingen 1972. Zur Situation der Philosophie siehe auch: H. M. Baumgartner, O. Höffe, C. Wild (Hg.), Philosophie – Gesellschaft – Planung, München 1974.

und als verbindlich behauptet. Eine philosophische Ethik versteht sich nicht als „Rezeptologie", die in methodischer Ordnung Auskunft gibt, wie das menschliche Zusammenleben im einzelnen gestaltet werden soll. Insofern begriffliche Elemente und Prinzipien zur Diskussion gestellt werden, hält sich eine politische Ethik gegenüber den so zahlreich auftretenden politischen Programmen in Distanz, gleich ob sie von Konservativen, Liberalen oder von Radikalen, ob sie von Parteien, Kirchen oder Verbänden stammen. Auch die immens ansteigende Zahl der empirisch-analytischen Befunde über das faktische Entscheidungsverhalten von Menschen und über die es bestimmenden psychischen, sozialen, ökonomischen und politischen Faktoren[16] kann durch die Analyse formaler Strukturmomente nur mittelbar erweitert werden.

Humanität gilt hier auch nicht als Kategorie politischer Phantasie. Philosophie hat in erster Linie nicht die Aufgabe, utopische Fernziele zu formulieren. So sinnvoll es sein mag, eine sittlich-politisch ideale Gesellschaft zu entwerfen – eine solche Konstruktion ist doch bei aller Achtung der ihr immanenten theoretischen und auch ethischen Momente[17] letztlich ein Problem der kreativen Phantasie. Zudem läuft sie Gefahr, das Sittliche aus der Dimension des je gegenwärtig Aufgegebenen in eine Dimension bloßer Vorstellung zu übertragen.

Ferner soll, im Unterschied zur Ethik im engeren Sinn, die Idee der Humanität weder für sich selbst noch in bezug auf bestimmte Bereiche menschlichen Lebens analy-

[16] Vgl. G. Gäfgen, Theorie der wirtschaftlichen Entscheidung, Tübingen ²1968, 50–53.
[17] Zur ethischen Relevanz von Utopien: A. Pieper, Die Funktion von Utopien in der Philosophie, in: Neues Hochland 65 (1973) 351–363.

siert werden. So bedeutsam diese Aufgabe auch für die praktische Philosophie ist – sie muß doch einer anderen Arbeit vorbehalten werden. Denn mit Strategien der Humanität sind primär nicht Legitimations-, sondern Entscheidungsstrategien gemeint, nicht Verfahren der Rechtfertigung, vielmehr solche der Anwendung humaner Grundsätze. Strategien der Humanität bezeichnen öffentliche Entscheidungsprozesse, die sich auf die Idee der Humanität verpflichtet haben und durch ihre Grundstruktur geeignet sind, diese Verpflichtung soweit wie möglich methodisch zu realisieren.

Die Arbeit beabsichtigt also keineswegs einen Beitrag zur Theorie der Humanität, sondern einen zur Theorie der *Realisierung* von Humanität. Sie zieht deshalb bewußt Beispiele für tatsächliche Entscheidungsprozesse (vor allem aus dem Bereich der Bildungspolitik) heran, zum einen, um die Überlegungen zu veranschaulichen und zu konkretisieren, zum anderen, um in Auseinandersetzung mit realen Problemen der Gefahr zu entgehen, zwar in sich stimmige, vielleicht sogar operationale Aussagen zu finden, deren Erkenntniswert für sittlich-politische Wirklichkeit aber offenbleibt.

Im Gegensatz zu einer Kunstlehre des Entscheidens sucht sie schließlich nicht, Ratschläge zu geben oder Techniken zu entwerfen. Als philosophische Theorie will sie Strukturen analysieren und sie als Ethik unter dem Vorgriff auf ein Unbedingtes, eben die Idee der Humanität, denken. Philosophische Ethik spricht keine unmittelbaren Aufforderungen zu sittlichem Handeln aus. Selbst eine an sittlich-politischer Aufklärung interessierte praktische Philosophie kann und soll nur indirekt appellative Kraft entfalten. (Eine methodische Möglichkeit dazu hat schon Aristoteles in der Nikomachischen Ethik skizzenhaft entworfen und unter den Bedingungen der griechischen Polis realisiert. Von Aristoteles wird das sittliche Handeln in einer Weise wissenschaftlich untersucht, daß der Grundriß (τύπος) sittlichen Tuns, die Relation eines Faktums zum Sollen begriffen wird, zugleich aber der Entscheidungsraum dem Handelnden offenbleibt. Eine solche Offenheit enthält insofern einen indirekten Appell, als der Freiraum, den die Theorie bewußt läßt, nur durch Praxis ausgefüllt werden kann. Deshalb versteht man auch die Grundriß-Analysen der Ethik nur dann richtig, wenn man ihnen nicht nur mit einem theoretischen, sondern auch mit einem sittlich-politischen Interesse gegenübertritt und sie als Aufforderung liest, gemäß den sittlichen Grundrissen zu handeln[18].)

1.2 Ein ethischer Vorbegriff
für Entscheidungsprozesse

Aus einer Analyse des Sprachgebrauchs läßt sich jenes allgemeine, noch verhältnismäßig undifferenzierte Vorverständnis von Entscheidung rekonstruieren, das gegenüber einseitigen sprachlichen Verwendungen eine Distanz schafft und für die normativ-kritische Analyse vorherrschender Entscheidungstheorien ein erstes Beurteilungskriterium bereitstellt.

Es heißt, daß man sich vor Entscheidungen gestellt findet, daß man Entscheidungen selbst treffen und überdies in der Regel suchen müsse. In diesen Wendungen, die gleicherweise für Individual- wie Gruppenentscheidungen zutreffen, werden drei Aspekte eines Begriffs

---

[18] Vgl. Verf., Praktische Philosophie – Das Modell des Aristoteles, München 1971, c. II 5.

von Entscheidung deutlich[19]. Allen drei Aspekten geht noch der vierte voraus, daß in der Entscheidung die Unbestimmtheit eines möglichen Handelns aufgehoben wird und ein wirkliches Handeln seine Bestimmtheit erhält. Eine Entscheidung ist die Reaktion auf eine multivalente: auf eine mehrere Möglichkeiten enthaltende und in mehrfacher Richtung auffordernde Situation. Der Horizont des Wissens wie der der maßgebenden Ziele und Normen wird eingegrenzt, so daß ein konkretes Handeln zustande kommt.

Erstens: Die Determination von Handeln – das meint die Redewendung, man müsse Entscheidungen selbst treffen – geht vom Handelnden aus. Auch wenn die Determination aufgrund von Trieben, Bedürfnissen und Interessen oder wegen der Anforderungen einer historischen Situation (dem „Gebot der Stunde") ihrerseits die verschiedensten inneren und äußeren Determinanten hat, macht die Zurückführung der Handlung auf eine Entscheidung den Handelnden zum bewußten Urheber seines Tuns. Indem man sich entscheidet, anerkennt oder negiert man momentane Bedürfnisse und situative Anforderungen und bestimmt auf diese Weise sein Handeln. Der Begriff der Entscheidung geht davon aus, daß die Handelnden sich in ein Verhältnis zu sich selbst set-

---

[19] Zur folgenden Explikation eines Vorbegriffs von Entscheidung vgl.: Situation und Entscheidung, in: Symphilosophein, 3. Dt. Kongreß für Philosophie – Bremen 1950, München 1952, 273–322; A. Oldenquist, Choosing, Deciding, and Doing, in: P. Edwards (Hg.), Encyclopedia of Philosophy II 96–104; H. Lübbe, Theorie und Entscheidung. Studien zum Primat der praktischen Vernunft, Freiburg i. Br. 1971, 12–19; H. Rombach, Entscheidung, in: H. Krings, H. M. Baumgartner, C. Wild (Hg.), Handbuch philosophischer Grundbegriffe, Bd. I, München 1973, 361–373. Vgl. auch Verf., Rationalität, Dezision oder praktische Vernunft. Zur Diskussion des Entscheidungsbegriffs in der Bundesrepublik, in: Philosophisches Jahrbuch 80 (1973) 340–368.

zen und aufgrund des Selbstverhältnisses mindestens teilweise für ihr Tun zuständig sind. Die Entscheidung enthält rein begrifflich ein Moment der Selbstbestimmung. Sofern man sich dabei vom Pathos einer dezisionistischen Vorstellungswelt freimacht, gilt der Mensch als Ursprung seines Handelns. Entscheidungen stellen menschliches Handeln in einen Raum von Verantwortlichkeit und eröffnen damit den Horizont für eine ethische Theorie[20]. Es gehört zu den Aufgaben einer ethischen Untersuchung, diesen Verantwortungsraum des Menschen für Entscheidungsprozesse freizulegen und schon die kritische Diskussion normativer Entscheidungstheorien unter dem Aspekt zu führen, inwieweit sie den Verantwortungsraum als integralen Bestandteil in die Theorie mit einbeziehen können.

Zweitens: Die Rede von Entscheidungen, vor die man sich gestellt findet, bedeutet, daß die Anforderungen oder Initiativen, die eine Entscheidung notwendig machen, nicht zugleich Gegenstand der Entscheidung sein können. Darüber hinaus kann der Entscheidende weder den psychologischen noch den soziokulturellen Kontext seiner Entscheidung mitsetzen; wenigstens kann er es nicht vollständig und schon gar nicht in derselben Entscheidung. Insofern es nicht allein beim Entscheidenden liegt, daß und unter welchen Bedingungen er sich entscheidet, enthält die Entscheidung mit dem Moment der Selbstbestimmung zugleich ein Moment der Fremdbestimmung. Die Verantwortung, die der Entscheidende

---

[20] Hier liegt die fundamentale Grenze kybernetischer Entscheidungsmodelle: Subhumane Selbststeuerungsprozesse haben im Unterschied zum Bereich des Humanen weder politische Macht noch sittliche Verantwortung. Vgl. A. Etzioni, The Active Society. A Theory of Societal and Political Processes, London – New York 1968, 7 f.

trägt, ist keine totale. Eine ethisch adäquate Theorie der Entscheidung muß dieses Spannungsfeld von Selbst- und Fremdbestimmung berücksichtigen.

Drittens: Man hat die Entscheidung als eine Wahl zwischen Handlungsalternativen, als den Entschluß rekonstruiert, der einen Prozeß des Überlegens und Beratens beendet, eine der möglichen Alternativen herausgreift und als eigene Bestimmtheit übernimmt. Insofern die dem Entschluß vorangegangene Überlegung und Beratung den Inhalt der Entscheidungen präformiert – andernfalls hat diese Vorbereitungsphase nur Alibi-Funktion –, ist es, um die Theorie nicht von vornherein zu verkürzen, sinnvoll, die Entscheidung nicht auf das Moment der Beschlußfassung festzulegen. Sie soll als Prozeß begriffen werden, in den die verschiedenen Überlegungs- und Planungsphasen integriert sind. Als Entscheidung wird nicht der örtlich und zeitlich punktuelle Akt des Wählens, die Beschlußfassung, bezeichnet, vielmehr der ganze Prozeß, der zum Beschluß führt. Im politischen Bereich ist dieser Prozeß in der Regel ein kompliziertes, nach Zeit, beteiligten Personen und Teilschritten aufwendiges Verfahren. In ihm kann man als erste Phase einen oft vorsichtig und zögernd beginnenden, primär problemorientierten Prozeß von der zweiten Phase eines lösungsorientierten Prozesses unterscheiden.

Stellt man einmal die verschiedenen Wertprädikate zusammen, die man Entscheidungen zu- oder abspricht, wie freie, effektive oder überlegte, wie kluge oder gerechte Entscheidung, so werden hier nicht nur verschiedene Bewertungen durchgeführt, vielmehr sind schon jeweils verschiedene Blickrichtungen des Bewertens vorausgesetzt. Eine Ethik der Entscheidungsprozesse kann nicht davon ausgehen, daß es einen einzigen Aspekt der Normativität gibt. Ganz allgemein kann man im Entscheidungsprozeß ein Moment der Willensbildung (über die Ziele und Zwecke) von einem Moment der Meinungsbildung (über die Mittel und Wege, Techniken und Strategien) und entsprechend zwei Aspekte von Normativität unterscheiden. Und das Moment der Willensbildung läßt sich seinerseits in ein kognitives Moment aufgliedern, das Moment, die rechten Ziele und Zwecke zu sehen: zu entdecken oder zu erfinden; und in ein praktisches Moment, das Moment, die Ziele auch zu wählen: sie zu bejahen sowie die Initiative, die Kraft und die Bereitschaft zu entwickeln, sie tatsächlich zu verfolgen.

Nach dieser ersten normativen Analyse besteht der Entscheidungsprozeß aus drei begrifflichen Momenten: aus der Überlegung eines Zieles, der Anerkennung des Zieles als des eigenen und der Überlegung oder Planung der Wege zum Ziel. Jedem dieser drei Momente entspricht eine Dimension von „Richtigkeit". Man kann deshalb die folgende nicht empirisch, sondern analytisch zu verstehende Unterscheidung treffen:

1. die materiale Richtigkeit in bezug auf die Ziele, Zwecke und Kriterien;
2. die formale Richtigkeit in bezug auf das Bejahen: die bewußte und freiwillige, ohne Zwang und Gewalt erfolgende Anerkennung der Ziele und Zwecke (sie macht zusammen mit der ersten Dimension die sittlich-politische Richtigkeit aus, äquivalent der oben so genannten Zielvorstellung „Humanität");
3. die materiale Richtigkeit der Mittel, Techniken oder Strategien, die man auch als Rationalität in einem engeren Sinn bezeichnet.

Die Verantwortlichkeit der Entscheidungsträger beschränkt sich nicht auf eines der Momente, sondern umfaßt sie zusammen. Entsprechend stehen Strategien der Humanität unter einem dreifachen Anspruch von Normativität.

Erster Teil
Kritik am Paradigma Nutzenkalkulation

Das Grundmuster von Entscheidungsprozessen, in denen nicht nur rationale, sondern auch humane Gesichtspunkte wirksam werden können, wird in Auseinandersetzung mit geläufigen Entscheidungstheorien entwickelt. Die damit angesprochene kritische Analyse vorherrschender Theorien versucht nicht, ihnen rein immanente Unstimmigkeiten nachzuweisen. Als notwendige Bedingung jeder Theorie ist Konsistenz hier als eher selbstverständlich vorausgesetzt. Es geht vielmehr um eine Analyse, die die betreffenden Theorien aus sich heraus nicht leisten können: um eine Analyse der theoretischen Ansätze und ihrer Problemangemessenheit. In einer metatheoretischen Untersuchung vorherrschender Entscheidungstheorien sollen ihre systematischen Möglichkeiten, aber auch ihre Grenzen gegenüber einer an wissenschaftlicher Rationalität, an Pluralismus und Humanität ausgerichteten Entscheidungsfindung zur Sprache kommen, die Sachgerechtigkeit ihrer Denk- und Sprachmuster überprüft und eine unter dem Anspruch auf Strategien der Humanität stehende Revision vorbereitet werden. Aufgrund seiner historischen Zusammengehörigkeit mit dem Dezisionismus und dem Engagement dessen Vertreter galt der Begriff der Entscheidung noch vor wenigen Jahren als wissenschaftlich kompromittiert[1]. Daß der Begriff wieder diskussionsfähig geworden ist, ver-

---

[1] Vgl. Lübbe (1971) 7.

dankt er vor allem einer an mathematisch-statistische Arbeiten anknüpfenden, des Dezisionismus daher ganz unverdächtigen Verwendung. Der Ausdruck bildet dort den sprachlichen Referenzpunkt einer die Rationalität menschlicher Wahl explizierenden Forschungsrichtung, für die sich die lapidare Bezeichnung *Entscheidungstheorie* (decision theory) eingebürgert hat. Überhaupt basiert die einzige wissenschaftliche Behandlung der Entscheidungsproblematik, die eine hochentwickelte Forschung hervorgebracht hat, auf der Interpretation der Entscheidung als einer rationalen Wahl. Dieser Forschungsrichtung kommt geradezu die Bedeutung eines Paradigmas zu.

Der Begriff „Paradigma" ist durch Th. Kuhn in die wissenschaftstheoretische Diskussion eingeführt worden[2]. Um den schon von Popper diskutierten dynamischen Aspekt, den eigentümlichen Erkenntnisfortschritt in den Einzelwissenschaften[3] differenzierter, und zwar nach dem idealtypischen Schema „Normale Wissenschaft – Revolutionäre Wissenschaft", zu behandeln und um die Struktur wissenschaftlicher Revolutionen so zu beschreiben, daß sie ihren exzeptionellen Charakter behalten, anstatt den Forschungsprozeß zu einer permanenten Revolution zu verfremden, spricht Kuhn in seiner Analyse der geschichtlichen Entwicklung der Naturwissenschaften von Paradigmata. Er meint damit beispielgebende wissenschaftliche Leistungen, in denen

---

[2] The Structure of Scientific Revolutions, Chicago ²1970. Zur Auseinandersetzung mit Kuhn: I. Lakatos, A. Musgrave (Hg.), Criticism and the Growth of Knowledge, Cambridge 1970; W. Diederich (Hg.), Theorien der Wissenschaftsgeschichte. Beiträge zur diachronischen Wissenschaftstheorie, Frankfurt a. M. 1974; W. Stegmüller, Probleme und Resultate der Wissenschaftstheorie..., Bd. II, II, Berlin u. a. 1973.

[3] K. R. Popper, Logik der Forschung, Tübingen ³1969, XIV f.

sich eine bestimmte Weise, die Welt zu sehen, herauskristallisiert. Die im Paradigma enthaltene neue Weltsicht muß so viel wissenschaftliche Anregung und Interesse auslösen, daß das Paradigma von einer Forschergemeinschaft als Grundlage ihrer weiteren Arbeit anerkannt wird. Während die gewöhnliche Forschung (normal science) *innerhalb* eines Paradigmas und dann als „puzzle-solving" stattfindet, gehen die durch szientifische Anomalien hervorgerufenen wissenschaftlichen Revolutionen mit einer grundlegenden Veränderung der Weltsicht, mit einer Ablösung des leitenden Paradigmas einher. Aufgrund ihrer oft erst noch impliziten Problem- und Methodenbestimmung sind Paradigmata fähig, bestimmte Sachverhalte als wissenschaftlich bedeutsam zu qualifizieren, damit zusammenhängende schon bekannte oder auch neue Probleme zu definieren, sowie Lösungsstrategien: Methoden und Entscheidungskriterien für sie zu eröffnen. Den Teilnehmern am Forschungsprozeß wird eine „Art Lebenswelt" geboten, in der sie sich „selbstverständlich bewegen und arbeiten"[4].

Kuhn gebraucht den Ausdruck „Paradigma" in einem doppelten, einem engeren und einem weiteren Sinn. Ein Paradigma im weiteren Verständnis ist der Komplex von Verbindlichkeiten, der den Mitgliedern einer wissenschaftlichen Kommunität gemeinsam ist, eine disziplinäre Matrix, die aus mindestens vier Gruppen von Elementen besteht: aus symbolischen Verallgemeinerungen, aus der Übernahme bestimmter Modelle, aus Werten im Sinne von Qualitätskriterien für Prognosen und Theorien und aus Paradigmata im engeren Sinn, aus gemeinsamen Vorbildern und beispielhaften Arbeiten[5]. Die Charakterisierung eines Paradigmas im weiteren

[4] R. Bubner, Dialektik und Wissenschaft, Frankfurt a. M. 1973, 147.
[5] Kuhn (1970) 181 ff.

Sinn trifft innerhalb der Entscheidungsthematik für das Problemverständnis der Theorien rationaler Wahl und nur für es hinreichend zu. Der wissenschaftliche Ansatz, der in erster Annäherung durch die Frage definiert werden kann: „Wie läßt sich bei gegebenen Zielpräferenzen aus alternativen Handlungsmöglichkeiten die nutzenmaximale bestimmen?", hat eine große Zahl von Wissenschaftlern gefunden, die – oft aus verschiedenen Disziplinen kommend – doch vom selben Ansatz her argumentieren und die, wenn man so will, eine neue Fachgemeinschaft bilden. Ihre disziplinären Verbindlichkeiten bestehen aus Konsequenzen-, Nutzen- und Wahrscheinlichkeitsmatrizes; aus dem Modell der Entscheidung als einer Nutzenkalkulation angesichts gegebener Alternativen; aus den Qualitätskriterien Einfachheit und Widerspruchsfreiheit und nicht zuletzt aus richtungweisenden Arbeiten wie denen von Bernoulli, Bayes und v. Neumann-Morgenstern. Selbst dort, wo man den ursprünglichen Ansatz, den der Entscheidungstheorie im engeren Sinn, glaubt modifizieren zu sollen, ist, wie in der Spieltheorie und in der Theorie sozialer Wahl, das Grundmuster Nutzenkalkulation geblieben[6].

---

[6] Das methodisch noch undifferenzierte: ethische, logische, phänomenologische und andere Untersuchungen umgreifende allgemeine Thema wird *Theorie der Entscheidung* genannt. Der lapidare Ausdruck *Entscheidungstheorie* dagegen wird für jene Forschungsrichtung reserviert, die die Rationalität menschlicher Wahl expliziert (decision theory). Aber selbst in dieser terminologischen Bedeutung wird das Wort heute nicht immer univok verwendet. Es bezeichnet sowohl die Teilmenge: die Theorie der Entscheidungen ohne bewußte Gegenspieler, als auch jene Gesamtmenge, die außerdem noch die *Spieltheorie* (die Theorie rationaler Wahl in Konkurrenzsituationen) und die *Theorie sozialer Wahl* (die Theorie rationaler Wahl in sozialen Gebilden) umfaßt. Der Ausdruck ist außerdem gegenüber der Differenzierung in präskriptive und deskriptive Interpretation neutral (s. u.). Wenn nicht anders angemerkt, bezeichnet ‚Entscheidungstheorie' im folgenden die im Mittelpunkt stehende

Die Entscheidungstheorie schließt sich an ein alltägliches Verständnis der Entscheidungssituation an und sucht den in ihr liegenden, noch unklaren und naiven Begriff von Rationalität zu präzisieren. Gerade deshalb hat sie Begriffe und Lösungsvorschläge entwickeln können, die über die Grenzen eines einzelnen Faches oder einer bestimmten Lehrmeinung hinaus verständlich und zumal in der einzelwissenschaftlichen Diskussion des Entscheidungsbegriffs auch beherrschend geworden sind. Schon das Anwendungsgebiet ist beeindruckend. Es reicht von Problemen der Glücksspiele und des Schachspielens über die Betriebswirtschaft und den militärischen Raum in den Bereich der Wissenschaften, der Politik und selbst der Ethik[7]. Eine zunehmend kompli-

---

Teilmenge, die Theorie rationaler Individualentscheidungen, in ihrer normativen Interpretation.

[7] Exemplarisch seien genannt: R. C. Jeffrey, Logik der Entscheidungen, Wien – München 1967; R. D. Luce – H. Raiffa, Games and Decisions: Introduction and Critical Survey, New York 1957; Gäfgen (1968); I. Levi, Gambling with Truth. An Essay on Induction and the Aims of Science, New York 1967; H. Hax (Hg.), Entscheidung bei unsicheren Erwartungen. Beiträge zur Theorie der Unternehmung, Köln – Opladen 1970; W. Krelle, Anwendung der Entscheidungstheorie auf soziale Probleme, in: H. Scholz (Hg.), Die Rolle der Wissenschaft in der modernen Gesellschaft, Berlin 1969, 159–171; G. Gäfgen, Formale Theorie des politischen Handelns: Wissenschaftliche Politik als rationale Wahl von Strategien, in: H. Maier u. a. (Hg.), Politik und Wissenschaft, München 1971, 209–257; W. Stegmüller, Probleme und Resultate der Wissenschaftstheorie und Analytischen Philosophie, Bd. IV, I, Berlin – Heidelberg – New York 1973a, 285–385; R. B. Braithwaite, Theory of Games as a tool for the Moral Philosopher, Cambridge 1965; D. P. Gauthier, Morality and Advantage, in: The Philosophical Review 76 (1967) 460–475. – Zur theoriepolitischen Bedeutung der Entscheidungstheorie: W. Rittel, Zur wissenschaftlichen und politischen Bedeutung der Entscheidungstheorie, Mskr. 1963, in: H. Krauch u. a. (Hg.), Forschungsplanung, München – Wien 1966, 110–129. – Eine erste philosophische Diskussion bei P. Suppes, The Philosophical Relevance of Decision Theory, in: The Journal of Philosophy 58 (1962) 605–614.

zierte gesellschaftliche und politische Ordnung, so läßt sich die fortschreitende Bedeutung der Entscheidungstheorie erklären, erschwert den Entscheidungsträgern wie den Betroffenen eine präzise Beurteilung der Handlungsmöglichkeiten und fordert die Entwicklung methodischer Hilfsmittel heraus.

Daß sich mit den Theorien rationaler Entscheidung eine über die Grenzen von Schul- und Lehrmeinungen hinaus verständliche Begrifflichkeit und zugleich eine Vielzahl in sich konsistenter Lösungsvorschläge verbinden, wird selbst dort nicht bezweifelt, wo der Erkenntniswert der Theorie bestritten oder zumindest stark eingeschränkt wird. Wenn jene Analysen und Modelle, die dem rationalen Ansatz verpflichtet sind, sich kurz „Entscheidungstheorie" nennen, dann beweist schon dieser Titel das Selbstvertrauen der Wissenschaftler, die die Theorie entwickelt haben, und zugleich einen Mangel an ausgearbeiteten konkurrierenden oder komplementären Theorien. Trotzdem läßt sich nicht leugnen, daß die allgemein anerkannte Bezeichnung irreführend ist. Denn sie bezieht sich nicht auf jede, nicht einmal auf jede wissenschaftliche Untersuchung von Entscheidung. Der nicht weiter qualifizierte Ausdruck „Entscheidungstheorie" suggeriert, es handle sich hier um den Sammeltitel einer noch diffusen Vielfalt von Problemstellungen und Methoden, die nur durch eine selbst nicht näher präzisierte Thematik zusammengehalten wird. Tatsächlich liegt aber ein *terminus technicus* vor, der phänomenologische, ethische und überhaupt primär qualitative Ansätze von vornherein ausklammert und sich auf formale und formalisierte: prinzipiell in ein Kalkül transformierbare Konzepte beschränkt. Dieses Untersuchungsfeld, das die Rationalität von Entscheidungen an logisch-mathematische Verfahren bindet, ist zu einer

eigenen wissenschaftlichen Disziplin geworden, deren
Vorarbeiten schon mehr als zwei Jahrhunderte zurück-
liegen[8], deren Zusammenfassung von zunächst geson-
derten, vor allem mathematischen, moralphilosophi-
schen und nationalökonomischen Ansätzen zu einer
gemeinsamen interdisziplinären Forschungsrichtung aber
relativ neu, wenig mehr als zwei oder drei Jahrzehnte
alt ist. Heute stellt sich die Entscheidungstheorie als ein
Zweig der Wissenschaftstheorie, der mathematischen
Statistik und der theoretischen Ökonomie dar. Gleichwohl bietet sie durch ihre vielfältigen Anwendungsgebiete ein komplizierteres Bild, das man in folgender
Übersicht darstellen kann[9]:

	Individualentscheidung	Gruppenentscheidung
Normative Theorien	Neoklassische Ökonomie Statistische Entschei- dungstheorie Moralphilosophie	Spieltheorie Wohlfahrtsökonomie Organisationstheorie
Deskriptive Theorien	Experimentelle Entscheidungsstudien Lerntheorie Untersuchung von Wählerverhalten	Sozialpsychologie Politische Wissenschaft

Die Beiträge zur deskriptiven oder empirischen Theorie
untersuchen die tatsächlich ablaufenden Prozesse der
Entscheidung und das faktische Verhalten von Entschei-
dungspersonen und -gruppen. Sie bemühen sich um be-

[8] D. Bernoulli, Specimen theoriae novae de mensura sortis, Petersburg 1738; ins Englische übersetzt als: Exposition of a New Theory
on the Measurement of Risk, in: Econometrica 22 (1954) 23–36. –
Th. Bayes, An Essay towards Solving a Problem in the Doctrine
of Chances, London 1763, wiederabgedruckt in: Biometrika 45
(1958) 296–315.
[9] Nach Suppes (1962) 606.

schreibende und erklärende Aussagen und zielen auf hypothetische Entwürfe von Regelmäßigkeiten tatsächlichen menschlichen Handelns. Die normativen Theorien dagegen wollen Regeln und Strategien für rationale Entscheidungen aufstellen. Da nur in diesen Theorien Aussagen über „richtiges" Entscheiden gemacht werden, liegt im folgenden der Schwerpunkt auf den normativen Theorien.

Der Begriff „normative Entscheidungstheorie" läßt selbst noch mehrere Interpretationen zu[10]. Formal verstanden, ist die Theorie eine reine Logik der Entscheidung, die aus gesetzten Grundannahmen (Axiomen) analytisch-deduktiv ein Entscheidungskalkül aufbaut, dessen Geltung nur in seiner Übereinstimmung mit dem Kanon formaler Logik besteht. Ein solches leeres Kalkül kann man in dreifacher Hinsicht sinnvoll benutzen, wobei jedoch die erste Verwendung keine normative, sondern die deskriptive Theorie begründet. Indem man seine Leerstellen interpretiert, dient das Kalkül entweder zur Ableitung erfahrungswissenschaftlicher Hypothesen, die empirisch zu überprüfen sind; es dient zur Klärung der Implikationen der Annahme einer rationalen Wahl; oder man benutzt es, um Entscheidungsträgern die Befolgung rationaler Wahlmaximen zu empfehlen. Unter dem Aspekt der Problemangemessenheit normativer Entscheidungstheorien für Strategien der Humanität wird nicht die rein entscheidungslogische Interpretation, die axiomatische Begründung als solche, diskutiert. Im Vordergrund stehen die explikative und die präskriptive Verwendung der Entscheidungstheorie, die Theorie, sofern sie Rationalitätskriterien entwickelt und ein Entscheiden nach Maßgabe dieser Kriterien empfiehlt. In

---

[10] Vgl. Gäfgen (1968) 50 ff.

dem Anspruch der Entscheidungstheorie, ein universales und damit auch für politische Probleme gültiges Grundmuster rationaler Wahl aufzustellen, sind Entscheidungsprozesse im Zusammenhang von Bildungs- oder Strafrechtsreform, von Veränderungen im Bodenrecht usf. grundsätzlich eingeschlossen. Auch wenn entscheidungstheoretische Untersuchungen zu solchen Beispielen noch selten sind, kann an ihnen die explikativ-präskriptive Bedeutung des Paradigmas geprüft und die Frage gestellt werden, inwiefern die Entscheidungstheorie über die vornehmlich herangezogenen, aber doch eher trivialen Wahlsituationen hinaus (wie: soll man für die Reise nach A das Auto oder das Flugzeug nehmen; soll man sich heute abend für den Konzertbesuch, die Boxveranstaltung oder das häusliche Fernsehen entscheiden) überhaupt sinnvoll ist.

2. Entscheidung als rationale Wahl

2.1 Das Grundmodell

Das zentrale Problem der Entscheidungstheorie liegt in der Bestimmung von Kriterien oder Regeln für eine optimale, eine rationale Wahl. Ihre Grundvorstellung läßt sich schon an einem sehr elementaren Modell entwickeln. Das im alltäglichen Bewußtsein vorkommende, für die Entscheidungstheorie geradezu „natürliche" Verständnis von Entscheidung geht von der Aufgabe aus, daß man aus alternativ möglichen Handlungen jene auszuwählen hat, deren Ergebnis angesichts der eigenen Wünsche und Zielvorstellungen zu einem Höchstmaß an Wert, Nutzen oder Befriedigung führt. Die zugrunde liegende Entscheidungsaufgabe lautet: „Mit welcher Handlung kann man das, was man faktisch begehrt, optimal erreichen?" Die einfachste und auch intuitiv plausibelste Maxime, die die Entscheidungstheorie aufstellt, heißt: „Maximiere den Nutzen", wobei Vorteile als positiver, Kosten, Verluste oder Nachteile als negativer Nutzen definiert werden.

Um sich des Maximums zu vergewissern, bedient sich der Entscheidungsträger einer *Nützlichkeitsmatrix,* in der den Ergebnissen der verschiedenen Handlungsmöglichkeiten der ihnen korrespondierende subjektive Nutzen, der Wert der Ergebnisse im Licht der Wünsche und Ziele des Entscheidungsträgers, zugeordnet wird[11]. Die

---

[11] Eine solche Matrix hat folgende Grundform:

Entscheidungsmaxime, auch Rationalitätskriterium genannt, fordert den Entscheidungsträger auf, in der Nützlichkeitsmatrix jene Handlung festzustellen und als die von ihm zu realisierende auszuwählen, deren Ergebnis zu einem wenigstens ebenso hohen Nutzen führt wie die Ergebnisse jeder anderen Handlung[12]: Die Rationalität der Entscheidung beruht auf der Kalkulation des maximalen Nutzens. (Für den Fall, daß sich die relativen Wünschbarkeiten metrisieren, das heißt in Zahlen ausdrücken lassen, kommt es darauf an, bestimmte Indexzahlen: Geld-, Zeitbeträge usf. zu maximieren oder zu minimieren.)

Das Nutzenmaximum ist nicht in einem absoluten Sinn zu verstehen. Rationalität gilt in zweifacher Hinsicht als ein relationales Kriterium. Für die Entscheidungstheorie ist die Erfassung des Aktionsspielraumes, die Erschließung der in einer Entscheidungssituation gegebenen Handlungsmöglichkeiten, nicht von Bedeutung. Das Handlungsspektrum wird als je vorgegeben betrachtet; die Herkunft der Alternativen ist als eine der Rationalität gegenüber heterogene Frage, als Problem von Kreativität und Erfahrung anderen Disziplinen, etwa einer wissenschaftlichen Heuristik, überlassen. Die

---

A_1	$N(E_1)$	
A_2	$N(E_2)$	$A_1, \ldots A_n$ = die Menge alternativer Handlungsmöglichkeiten;
.	.	
.	.	$E_1, \ldots E_n$ = die Menge der relevanten Ergebnisse;
.	.	$N(E_1), \ldots N(E_n)$ = die Menge der subjektiven
A_n	$N(E_n)$	Nutzenwerte, der Werte der Ergebnisse im Licht der Ziele der Entscheidungsträger.

[12] Zu wählen ist jenes A_i, für das $N(E_i)$ größer ist als für jedes andere $N(E_j)$, wobei j nicht mit i identisch ist. Im Falle einer Handlungsindifferenz, wenn mehr als eine Entscheidung den maximalen Nutzen hat, die Funktion also mehrdeutig ist, muß man zwischen den gleich guten Möglichkeiten durch Los, Würfel oder nach anderen extra-rationalen Kriterien entscheiden.

Theorie interessiert sich allein für das Moment der Wahl, verstanden als Übernahme einer Handlungsmöglichkeit. Mit der Nützlichkeitsmatrix eröffnet sie die Aussicht, daß sich diese Wahl nicht willkürlich, sondern als ein Akt des Wissens vollzieht. Das Wissen geht von den persönlichen Wünschen, Ziel- und Normvorstellungen aus, die – in einer Ziel- oder Nutzenfunktion geordnet[13] – ebenso wie die Handlungsalternativen als vorgegeben betrachtet und keiner Kritik unterzogen werden. Die normative Entscheidungstheorie, so läßt sich der Sachverhalt auch formulieren, stellt sich nicht auf den Standpunkt eines neutralen Beobachters, um von dort aus Alternativen auszuweisen, die in einem objektiven Sinn rational genannt werden können. Sie konzentriert sich auf Entscheidungsmodelle, die nicht von den tatsächlichen Gegebenheiten selbst, sondern vom Informations-, Beurteilungs- und Bewertungsstand der Entscheidungsträger ausgehen. Ihr Kriterium ist das der „subjektiven", nicht der „objektiven Rationalität"[14].

Damit die rationale Lösung von Entscheidungsproblemen nicht schon strukturbedingt scheitert, ist vorausgesetzt, daß der Entscheidungsträger die Mannigfaltigkeit seiner Wünsche und Ziele kennt, daß er sie geordnet, Widersprüche ausgeräumt und eine eindeutige Nutzenfunktion gefunden hat. Die rationale Wahl baut auf einem Kompromiß auf, den der einzelne in der Beurteilung seiner zunächst sich widerstreitenden Ziele mit sich

[13] Die Untersuchung der Ziel-, Präferenz- oder Nutzenfunktionen auf ihre formalen Eigenschaften und Gesetzmäßigkeiten geschieht in der *Nutzentheorie,* auch Präferenztheorie genannt, der systematischen Grundlage der Entscheidungstheorie. Eine neuere Darstellung bei W. Krelle, Präferenz- und Entscheidungstheorie, Tübingen 1968, 1. Teil.
[14] Gäfgen (1968) 32 ff.

selbst schließt. Darüber hinaus ist ein mathematisches Instrumentarium erforderlich, mit dessen Hilfe man das jeweilige Nutzenmaximum feststellt. Die Einsicht, das Ergebnis einer bestimmten Handlung sei nutzenmaximal, führt aber für sich allein noch nicht zur Wahl der Handlung. Soll sie realisiert werden, dann ist außer dem kognitiven Moment (der logisch konsistenten und arithmetisch fehlerfreien Kalkulation) noch ein praktisches Moment vorausgesetzt: das rationale Grundinteresse, aus Prinzip seine vorhandenen Wünsche nach Maßgabe der eigenen Normvorstellungen und im Rahmen der vorhandenen Alternativen maximal zu befriedigen. Wenn ein solches rationales Eigeninteresse, das formale[15] Motivationselement in der klassischen Fiktion des „homo oeconomicus", wirklich werden soll, wird vom Entscheidungsträger eine Distanz zu seinen unmittelbaren Gefühlsreaktionen angenommen und damit jene im Dienst eines aufgeklärten Eigeninteresses stehende Selbstkontrolle gefordert, die ein willkürliches oder zufälliges Handeln zugunsten eines überlegten, gleichwohl nur am eigenen Nutzen orientierten Handelns suspendiert. In der rationalen Entscheidung setzt sich das Eigeninteresse fort, jedoch mit besseren, mit logisch-mathematischen Mitteln.

Die Ausdrücke „Eigeninteresse" und „Selbstinteresse" sind hier nicht in dem moralisch verwerflichen Sinn von egozentrisch, egoistisch oder selbstsüchtig gemeint[16].

---

[15] Das rationale Grundinteresse bleibt gegenüber inhaltlichen Wert- und Zielvorstellungen neutral. Es ist nicht vorausgesetzt, daß es etwa dem einzelnen um Konsummaximierung, dem Betrieb um Gewinnmaximierung und dem Staat um ein Höchstmaß an Bruttosozialprodukt geht.

[16] Darin setzt sich die moderne Entscheidungstheorie gegen die frühe englische Nationalökonomie ab, die die Individuen als egoistisch betrachtete und die Rationalität eines Verhaltens analysierte, dem

Selbstinteresse in einem rein formalen Sinn ist von inhaltlich bestimmten Arten der Selbstliebe oder Eigenliebe streng zu unterscheiden. Es ist mit sozialem, ja selbstlosem Handeln durchaus vereinbar. Die Vereinbarkeit beruht auch nicht auf dem Umstand, daß eventuell ein aufgeklärter Egoismus rücksichtsvolles und hilfsbereites Verhalten für langfristig klüger hält als ein Handeln, das kurzsichtig nur seinen augenblicklichen Vorteil sucht. Gemäß dem subjekt-relativen Charakter gebietet das Rationalitätskriterium die Maximierung des je eigenen Nutzens, gleich ob der eigene Nutzen auf egoistische oder auf altruistische Ziele bezogen ist[17]. Rationalität ist mit der Transformation eines zunächst „blinden" Eigeninteresses in ein „scharfsichtiges", seinen Erfolg kalkulierendes Eigeninteresse identifiziert. Eine Distanz und Kontrolle der eigenen

eigennützige Absichten zugrunde liegen: „It is not from the benevolence of the butcher, the brewer, or the baker, that we expect our dinner, but from their regard to their own interest. We address ourselves, not to their humanity but to their self-love, and never talk of them of our necessities but of their advantages" (A. Smith, An Inquiry into the Nature and Causes of the Wealth of Nations, 1776, Cannan-Ausgabe, New York 1937, 14). Eine neuere Formulierung des *Eigennutz-Axioms* bei J. C. Calhoun, Disquisition on Government, in: Katz, Cartwright, Eldersfeld, Lee, Public Opinion and Propaganda, New York 1954, 15. Übernommen wurde es von A. Downs, Ökonomische Theorie der Demokratie, Tübingen 1968, 26 f. Die entscheidungstheoretische Begründung der Nationalökonomie hat sich aber im allgemeinen vom Eigennutz-Axiom freigemacht, vgl. Gäfgen (1968) 1. Teil.

[17] Nach der von B. Barry aufgestellten Alternative „want-regarding – ideal-regarding-principles" (Political Argument, London 1965, 38–43) ist der entscheidungstheoretische Begriff der Rationalität ein *want-regarding principle,* ein Prinzip, das die Wünsche, die Menschen gerade haben, als vorgegebene Daten betrachtet und sich auf das Maß ihrer Befriedigung konzentriert. Zur Kompatibilität von Rationalität mit Immoralität: K. A. Walton, Rational Action, in: Mind 76 (1967) 537–547.

Wünsche und Normen ist vom Ansatz, vom Begriff des subjektiven Nutzens her ausgeschlossen. Das in einer rationalen Entscheidung mitgesetzte praktische Moment der Selbst-Distanz und Selbst-Kontrolle beschränkt sich auf die Dimension der Mittelrichtigkeit oder Zweckrationalität. Eine ganze Dimension des Normativen, die Dimension der Zielrichtigkeit ist von der Theorie ausgeblendet. Sofern eine Zielkontrolle überhaupt statthaben soll, ist sie in den vor-rationalen Raum verbannt. Ob als einzelner oder als Gruppe – sich rational entscheiden bedeutet, seinen eigenen Nutzen zu maximieren, und der mathematische Apparat, die Nutzenmatrix, stellt das dafür geeignete kognitive Instrumentarium bereit.

Vom Standpunkt der Ethik hat dieser Ansatz eine Konsequenz, die im allgemeinen nicht ausgesprochen und vor allem nicht weiter reflektiert wird[18]. Eine als zweckrationale Wahl definierte Entscheidung ist ethisch nicht vollständig neutral. Die Definition legt nicht nur eine bestimmte Logik, sondern auch eine bestimmte Ethik fest. Sie erklärt stillschweigend die Nutzenmaximierung und deren Erfolgskontrolle in einer Nutzenkalkulation zur Grundverbindlichkeit. Der Entscheidungslogik korrespondiert eine Erfolgs-Ethik.

---

[18] Zu den Ausnahmen gehört: J. Marschak, Nutzenmessung und Wahrscheinlichkeit, in: M. Shubik (Hg.), Spieltheorie und Sozialwissenschaften, Hamburg 1965, 103–118 (104). Aber auch hier wird die praktische Komponente, die in der Theorie impliziert ist, nur genannt, nicht auch legitimiert oder kritisch hinterfragt.

Für die wissenschaftliche Entwicklung der Entscheidungstheorie ist eine Veränderung der kognitiven, nicht der praktischen Voraussetzungen wichtig geworden. Das anfangs eingeführte elementare Modell rationaler Wahl ist an Prämissen gebunden, die eine Verwendung des Modells stark beeinträchtigen. Es setzt nämlich voraus, daß eine Handlung A_i mit Sicherheit das bestimmte Ergebnis E_i hat und daß dem Ergebnis ein bestimmter numerisch darstellbarer subjektiver Nutzen $N(E_i)$ eindeutig zugeordnet werden kann. Während die letzte Prämisse, die der Nutzeneindeutigkeit[19], den modernen Entscheidungstheoretikern als plausibel gilt, haben sie die andere Voraussetzung in Frage gestellt und damit gegenüber einem alltäglichen, als naiv geltenden Verständnis rationaler Wahl die wissenschaftliche Entscheidungstheorie begründet[20].

In der Veränderung zeigen die Entscheidungstheoretiker selbst, daß es ihnen nicht nur auf eine widerspruchsfreie, sondern auch auf eine problemangemessene Theorie ankommt. Die wissenschaftliche Theorie gibt die in dem elementaren Modell enthaltene Vorstellung auf, daß der Entscheidungsträger das Ergebnis seines Handelns vollständig und eindeutig festlege. Das Handeln, so die neue

---

[19] Die Nutzeneindeutigkeit kann man durch drei Bedingungen definieren: (1.) durch *Konsistenz* oder Widerspruchsfreiheit: wenn E_i gegenüber E_j vorgezogen wird, wird E_j nicht gegenüber E_i vorgezogen; (2.) durch *Transitivität*: wenn E_i gegenüber E_j und E_j gegenüber E_k vorgezogen wird, dann wird E_i auch gegenüber E_k vorgezogen; (3.) durch *Instrumentalität:* wenn A_i zu E_i und A_j zu E_j führt, und wenn E_i gegenüber E_j vorgezogen wird, dann wird A_i gegenüber A_j gewählt.

[20] I. Levi (1967) spricht in diesem Zusammenhang von „naive" and „critical cognitivism": c. 1.

Prämisse, geht mit seinem Ergebnis im allgemeinen keinen eindeutigen Ursache-Wirkungs-Zusammenhang ein. Insbesondere hängt der Ausgang von Umweltfaktoren ab, die der Handelnde nicht vollständig kontrollieren, die er nicht einmal mit Sicherheit wissen kann. Weder kann er seine Ausgangssituation exakt diagnostizieren, noch kann er die Resultate der Handlungsalternativen in ihrem Zielerreichungsgrad genau prognostizieren. Entscheidungen werden in der Regel nicht unter Sicherheit getroffen. Das elementare oder klassische Entscheidungsmodell, das aufgrund der Annahme vollkommener Voraussicht keine Unsicherheitsfaktoren kannte, verliert seine allgemeine Gültigkeit.

Je nach der Art des Wissens über den tatsächlichen Zustand der relevanten Umwelt unterscheidet man drei Klassen rationaler Wahl, zu denen jeweils eine andere Erscheinungsform des Rationalitätskriteriums gehört: die Entscheidung unter Gewißheit, die unter Risiko und die unter Unsicherheit. Dabei gilt für die realitätsnähere moderne Theorie die Situation der Entscheidung unter Gewißheit als Grenzfall, die unter Risiko oder Unsicherheit als Normalfall.

Der entscheidungstheoretisch einfachste Fall, die *Entscheidung unter Gewißheit*, entspricht dem elementaren Modell, in dem der Entscheidungsträger den Zustand der Umwelt und damit den Zusammenhang von Handlungsalternative und Ergebnis genau kennt. Die Rationalität der Wahl besteht hier in der Nutzenmaximierung.

Wenn man nicht genau weiß, in welchem Zustand sich die relevante Umwelt im Verlauf der Handlung befindet, wenn man jedoch die verschiedenen Möglichkeiten und die relative Wahrscheinlichkeit ihres Eintreffens kennt, dann liegt eine *Entscheidung unter Risiko* vor.

Der hier verwendete Begriff der Wahrscheinlichkeit ist der der subjektiven oder personellen Wahrscheinlichkeit, der Grad der Sicherheit, mit dem eine Person das Eintreten einer Situation (z. B. den Beginn eines Unwetters) oder eines Ereignisses (z. B. den Ausgang einer Sportveranstaltung) erwartet. Im Unterschied zur objektiven Wahrscheinlichkeit bedeutet sie keine Eigenschaft der Natur, wie etwa die radioaktive Zerfallswahrscheinlichkeit von Uran eine Eigenschaft des Elementes Uran darstellt[21]. Die subjektive Wahrscheinlichkeit ist vielmehr an die Person, ihren Informationsstand und ihre auch durch persönliche Eigenschaften, wie Risikoscheu oder Risikofreudigkeit, mitbestimmte Beurteilung gebunden[22]. Wie im elementaren Modell schon der Handlungsspielraum und die Wünsche des Entscheidungsträgers als vorgegeben betrachtet werden, so im verbesserten Modell zusätzlich die subjektive Erwartung eines bestimmten Zustandes. Eine Kritik der Angemessenheit des Informationsstandes oder eine der Korrektheit seiner Beurteilung fällt aus der Entscheidungstheorie heraus[23]. Unter den Bedingungen der Entscheidung unter Risiko ist eine veränderte Formulierung des Rationalitätskri-

---

[21] Über klassifikatorische, komparative und metrische Bestimmungen von Wahrscheinlichkeiten: F. v. Kutschera, Einführung in die Logik der Normen, Werte und Entscheidungen, Freiburg – München 1973, c. 2; dort weitere Literatur.
[22] Zur Bedeutung menschlicher Urteile für rationale Entscheidungsprozesse: M. W. Shelly II, G. L. Bryan (Hg.), Human Judgments and Optimality, New York – London – Sydney 1964.
[23] Eine spezielle Form der subjektiven Wahrscheinlichkeit, die logische, ist die Wahrscheinlichkeit, die jemand dem Eintreffen einer Situation beimißt, sofern er sich nicht von Willkür oder Vorurteilen, sondern ausschließlich von rationalen Erwägungen leiten läßt. Vgl. Kutschera (1973) 73 f. Die Entscheidungstheorie geht aber nicht von der logischen, sondern von der nicht weiter qualifizierten subjektiven Wahrscheinlichkeit aus.

teriums erforderlich. Die Aufgabe, eine Entscheidungsregel anzugeben, die als Regel von persönlichen Eigenschaften, wie Risikobereitschaft und Entscheidungsfreudigkeit, absieht und zu einer optimalen Wahl anleitet, bleibt zwar dieselbe. Auch die Maximierung bleibt geboten. Nur kann sie sich nicht einfach auf den tatsächlichen Nutzen beziehen; denn das Ergebnis und damit auch der Nutzen einer Handlung sind definitionsgemäß nicht bekannt. Die Maximierung bezieht sich auf *Nutzenerwartungen*, die man mit einer Handlung verknüpft, auf die Kombination des Nutzens eines Ergebnisses und der Wahrscheinlichkeit, mit der man das Eintreffen erwartet[24,25].

---

[24] Die Grundmatrix hat jetzt folgende Form:

	$C(S_1)$	$C(S_2)$		$C(S_m)$
A_1	$N(E_1, 1)$	$\cdots$	$\cdots$	$\cdots$
A_2	$N(E_2, 1)$	$\cdots$	$\cdots$	$\cdots$
.				
A_n	$\cdots$	$\cdots$	$\cdots$	$N(E_n, m)$.

Die Zeilen betreffen die Handlungsalternativen, die Spalten die Situationsalternativen. Der erwartete Nutzen $B(A_i)$ einer Alternative errechnet sich aus dem Grad der Erwünschtheit, dem *Nutzen*- oder Präferenz*grad* $N(E_i, k)$ eines Ergebnisses E_i, k in der Situation S_k, multipliziert mit der Wahrscheinlichkeit $C(S_k)$, die der Handelnde dem Eintreten der Situation S_k beimißt *(Überzeugungsgrad):* $B(A_i) = N(E_i, k) \times C(S_k)$.

[25] Das Prinzip der Maximierung von Nutzenerwartung, eine Synthese von Nutzen- und Wahrscheinlichkeitstheorie, ist erstmals von D. Bernoulli (1738) formuliert worden. Zum Verhältnis des Bernoullischen Entscheidungsprinzips zu älteren, immer noch gebräuchlichen Entscheidungskriterien: H. Schneeweiß, Entscheidungskriterien bei Risiko, Berlin – Heidelberg – New York 1967. – Sobald das Prinzip der Maximierung von Nutzenerwartungen nicht nur global formuliert, sondern tatsächlich und auch in komplizierteren Situationen angewendet werden soll, sieht sich die Theorie erheblichen Schwierigkeiten konfrontiert. Der Versuch, diese Schwierigkeiten zu überwinden und präzise Methoden anzugeben, wie sich

Im dritten Fall, der *Entscheidung unter Unsicherheit*, kennt man nicht einmal die Wahrscheinlichkeiten der möglichen Resultate. Hier gibt es verschiedene miteinander rivalisierende Entscheidungskriterien, von denen die optimistische Maximax-Regel („Wähle eine Handlung, für die der Nutzen in der vorteilhaftesten Situation maximal ist"), die von Wald aufgestellte pessimistische Maxim-Regel („Wähle eine Handlung, für die der Schaden in der ungünstigsten Situation minimal ist") und das von Savage entwickelte Prinzip des kleinsten Bedauerns die einfachsten und bekanntesten sind[26]. In der Wirklichkeit kommen Unsicherheitssituationen im strengen Sinn kaum vor, da man gewöhnlich über die Wahrscheinlichkeiten des Eintreffens von Umweltzuständen und Handlungsfolgen wenn nicht genaue Kenntnisse, so doch wenigstens eine ungefähre Vorstellung hat.

Die von der modernen Entscheidungstheorie vorgenom-

---

mit Wahrscheinlichkeiten und Wünschbarkeiten in concreto operieren läßt, hat die moderne Entwicklung der Entscheidungstheorie bestimmt. Bedeutungsvoll sind vor allem die Studien von: F. P. Ramsey, Truth and Probality ..., London 1931; B. de Finetti, La prévision: Ses lois logiques, ses sources subjectives, in: Annales de l'Institut Henri Poincaré 7 (1937) 1–68; L. J. Savage, The Theory of Statistical Decision, in: Journal of the American Statistical Association 46 (1951) 55–67; ders., The Foundations of Statistics, New York 1954; J. v. Neumann, O. Morgenstern, Theory of Games and Economic Behaviour, Princeton 1944, dt. Spieltheorie und Wirtschaftswissenschaft, Wien – München 1963; A. Wald, Über einige Gleichungssysteme der mathematischen Ökonomie, in: Zeitschrift für Nationalökonomie 7 (1936) 637 ff. Vgl. ferner R. Carnap, Logical Foundations of Probability, Chicago – London ² 1962; R. Carnap, W. Stegmüller, Induktive Logik und Wahrscheinlichkeit, New York – Berlin 1958; W. Stegmüller (1973 a); H. E. Kyburg, H. E. Smoker (Hg.), Studies in Subjective Probability, New York u. a. 1964; G. Menges, Bibliographie zur statistischen Entscheidungstheorie, 1950–1967, Köln – Opladen 1968.
[26] Für eine nähere Diskussion: Gäfgen (1968) c. 13 sowie J. Milnor, Spiele gegen die Natur, in: Shubik (1965) 129–139.

menen Modifikationen und Verbesserungen des elementaren Modells haben den Grundansatz kaum verändert. Als rationale Wahl bleibt die Entscheidung das ausschließliche Problem von subjektivem Wissen (über den Aktionsspielraum, die Nutzen- und die Überzeugungsgrade), von der Ordnung des Wissens in einer Matrix und der Nutzenkalkulation nach Maßgabe des Rationalitätskriteriums. Mit Hilfe der Matrix wird das Entscheidungsproblem präzis formuliert, mit Hilfe des Rationalitätskriteriums wird es gelöst. Die Entscheidung selbst bleibt ein analytisches Problem auf der Grundlage subjektiven Wissens, ihr Instrument ein mathematischer Apparat unterschiedlicher Komplexität. Der Entscheidungsprozeß gilt als eine logisch-mathematische Operation, die für konkrete Fälle sehr umfangreich sein mag und dann, soweit möglich, einem Computer übertragen wird.

Der analytische Charakter der rationalen Entscheidung führt zu der paradoxen Situation, daß die Rationalität der Entscheidung die Aufhebung dessen ist, was im gewöhnlichen Verständnis Entscheidung bedeutet. Sobald das feststeht, was die Entscheidungstheorie als vorgegebene Daten ansetzt: die Handlungsalternativen, die Nutzen- und die Überzeugungsgrade, ist die rationale Wahl determiniert. Die Entscheidung fällt vor der rationalen Entscheidung, nämlich dort, wo ihre Daten festgelegt werden. Das Resultat ist immer schon im voraus bestimmt; es braucht nur noch ausgerechnet zu werden[27].

Ebenso bleibt die moderne Theorie dem Prinzip einer Erfolgskontrolle des Selbstinteresses verpflichtet. Sie paßt es nur einer realitätsnäheren Interpretation der

---

[27] Vgl. G. L. S. Shackle, Decision, Order, and Time in Human Affairs, Cambridge [2]1969, 272 f. und Rittel (1963) 28.

Entscheidungssituation an. Auch hier wird, dem Begriff der subjektiven Wahlrationalität folgend, auf inhaltlich bestimmte Kriterien der Normalität von Werten und Zielen, etwa auf den Gewinn als Kriterium unternehmerischer und das Sozialprodukt als Kriterium wirtschaftspolitischer Entscheidungen, ausdrücklich verzichtet[28]. Schließlich bleibt das der naiven Rationalitätsvorstellung zugrunde liegende Modell vom menschlichen Handeln erhalten. Es kommt darauf an, Mittel und Wege einer dem Entscheidungsprozeß im voraus gegebenen Absicht maximal anzumessen. Indem die Ziele als vorgegeben betrachtet werden, gilt menschliches Handeln als das überlegte Zulaufen auf vorhandene, dem Träger der Entscheidung bewußte und von ihm auch bejahte Ziele. Handeln wird nach dem schon von Aristoteles[29] angewandten Modell von Strebensbewegungen verstanden. Die in Kants Begriff des Willens implizierte Distanz eines Strebens in sich selbst ist damit strukturell ausgeschlossen. Das, was sich in Phänomenen wie Moralkritik oder sittlich-politischem Protest, aber auch in einer Rechtsreform und schon in einem ausdrücklichen Setzen von Prioritäten zeigt, kann hier nicht mehr angemessen gedacht werden: daß Ziele nicht bloß verfolgt, sondern auch gesetzt oder verworfen werden. Mit dem Strebensmodell verbindet sich eine Reduktion in der Idee der Verantwortlichkeit. Das Modell enthält nur die Minimalbedingungen verantwortlichen Entscheidens: Bewußtheit und Freiwilligkeit, aber nicht das, was der Idee der Verantwortlichkeit erst ihre volle Schärfe und Radikalität verleiht: die Qualität der Freiheit im kantischen Sinn von Autonomie[30].

---

[28] So Gäfgen (1968) 28.
[29] Nikomachische Ethik I 1, 1094 a 1–3 u. a.
[30] Vgl. Verf., Streben, in: H. Krings u. a. (1973/74) III 1419–1430.

Die Entscheidungstheorie im engeren Sinn setzt einen einzigen Entscheidungsträger voraus. Das braucht zwar nicht eine einzelne Person zu sein. Aber auch wenn ein Haushalt, eine Firma oder eine Partei, eine Gesellschaft oder der Staat als Entscheidungsträger angenommen werden, ist ein in sich homogener Entscheidungsträger vorausgesetzt: jemand, der in bezug auf den Aktionsspielraum, die Zielfunktion, das Spektrum der Resultate und die Wahrscheinlichkeit ihres Eintreffens wie ein einziges, in sich konsistentes Subjekt handelt. Spätestens für pluralistische Gesellschaften ist eine solche Voraussetzung allenfalls in Grenzfällen hinreichend brauchbar. Sie ist jedoch nicht für die Entscheidungstheorie als ganze gültig; in der Spieltheorie und der Wohlfahrtsökonomie ist sie ausdrücklich aufgegeben. Die Angemessenheit des rationalen Ansatzes kann deshalb erst dort abschließend diskutiert werden. Da in den komplizierteren Formen der Entscheidungstheorie ihre Grundstruktur erhalten bleibt, kann aber schon in der idealisierten Situation homogener Entscheidungsträger eine erste Beurteilung vorgenommen werden. Angenommen, die Gesellschaft bilde ein einziges Subjekt, das zudem ein Interesse an Humanität hat – gibt der Ansatz der Entscheidungstheorie für diese vereinfachte Lage das adäquate Grundmuster für Strategien der Humanität ab?

Von vornherein ist hier keine umfassende Beurteilung der Theorie intendiert. Ob bereits ihre betriebswirtschaftliche Anwendung sehr schnell auf rechentechnische Grenzen stößt[31], ob das Modell überhaupt zu hohe Anforderungen an die menschlichen Informations- und

---

[31] Vgl. S. Sturm, Mehrstufige Entscheidungen unter Ungewißheit. Zur Theorie adaptiver Prozesse, Meisenheim/Glan 1970, 61.

Denkleistungen stellt[32] oder mit seinem Paradigma
zweckrationalen Handelns dazu beiträgt, Herrschaftsverhältnisse zu verfestigen[33] – solche Fragen und Thesen
von seiten der Betriebswissenschaft oder der marxisti-
schen Ideologiekritik werden genauso wenig verfolgt
wie mathematische und wissenschaftstheoretische Versuche, das Entscheidungskalkül zu verbessern. Es wird
allein der Anspruch diskutiert, das Modell formaler und
subjektiver Wahlrationalität könne seiner Struktur nach
zum richtigen, zum optimalen Entscheiden anleiten; es
sei eine zureichende „Logik der Wahl richtiger Maßnahmen"[34]. Wenn man Rationalität nicht von vornherein
mit dem Begriff der Entscheidungstheorie gleichsetzt und
sich damit jeder Kritikmöglichkeit beraubt, wenn man
vielmehr das intuitive Vorverständnis der Entscheidungstheorie anerkennt, sich gegenüber der Präzisierung aber
kritisch verhält und prüft, ob der operational definierte
Rationalitätsbegriff in bezug auf unser intuitives Vorverständnis von nicht-willkürlicher Entscheidung sinnvoll
ist[35], dann zeigt sich in der entscheidungstheoretischen
Analyse eine extreme Verkürzung der Rationalitätspro-

---

[32] Aufgrund der Grenzen menschlicher Denk- und Rechenfähigkeit
sucht man neuerdings Modelle beschränkten Rationalverhaltens
zu konstruieren, heuristische Entscheidungsmodelle, mit deren Hilfe
man menschliches Verhalten bei der Lösung von Wahlproblemen
exakt und das heißt im allgemeinen in einem Computerprogramm
abbilden will; die Entscheidungs*vorbereitung* soll dem Menschen,
die Entscheidung selbst der Maschine überlassen werden: H. K.
Klein, Heuristische Entscheidungsmodelle. Neue Techniken des Programmierens und Entscheidens für das Management, Wiesbaden
1971. Vgl. auch G. Menges, H. Diehl, Über die operationale Eignung von Entscheidungsmodellen, in: Statistische Hefte NF 7
(1966) 30–41.
[33] C. Rolshausen, Rationalität und Herrschaft. Zum Verhältnis von
Marktsoziologie und Entscheidungslogik, Frankfurt a. M. 1972.
[34] Gäfgen (1971) 213.
[35] Analog Kutschera (1973) 85, der das intuitive Vorverständnis

blematik. Die Bedingungen, die im Interesse eines bewußten und methodisch kontrollierten Entscheidungsprozesses notwendig sind, werden nicht einmal annäherungsweise erfüllt. Wer sich auf den mit Strategien der Humanität bezeichneten sittlich-politischen Anspruch einläßt, hat immer schon eine Dimension von Normativität anerkannt, die aus der rationalen Entscheidungstheorie eliminiert ist.

Die These, daß es sich um einen zu engen Rationalitätsbegriff handelt, soll entwickelt werden, obwohl man überraschenderweise zwei zentralen Gründen zustimmen kann, die für den Begriff der formalen Wahlrationalität zu sprechen scheinen. Denn was die Handlungsalternativen betrifft, so muß man mit der Entscheidungstheorie gegenüber der Möglichkeit einer durchgängigen wissenschaftlichen Heuristik[36] und, soweit es um die Zielfunktion geht, angesichts aufgeklärter und pluralistischer Gesellschaften gegenüber übergeschichtlich gültigen, allgemein verbindlichen Normen und Werten skeptisch sein. Gleichwohl ist es weder erforderlich noch sinnvoll, die polare Gegenposition einzunehmen und sowohl die Erschließung des Aktionsspielraumes als auch die Bestimmung der Zielfunktion einer unbegrenzt subjektiven Beliebigkeit zu überlassen und damit der menschlichen Verantwortung zu entziehen. Aufgrund des analytischen Charakters der im entscheidungstheoretischen Sinn rationalen Wahl überträgt die Wahl die Gültigkeit der Prämissen in das Resultat. Die Wahl ist genauso rational oder irrational wie die eingegebenen Daten. Wer über seine Handlungsmöglichkeiten nur ungenügend informiert ist, wer über die Konsequenzen und die Wahr-

---

als Richtpunkt für die Logik der Wertbegriffe reklamiert. – Zum Vorverständnis für nicht-willkürliche Entscheidung s. o. Kap. 1.2.
[36] Vgl. Gäfgen (1971) Abschn. VII.

scheinlichkeit ihres Eintreffens keine oder nur sehr mangelhafte Kenntnisse besitzt, wird sich auch dann nicht optimal entscheiden, wenn er seine Informationen nach Maßgabe einer konsistenten Nützlichkeitsmatrix und des Rationalitätskriteriums verarbeitet. In einem umfassenderen Rationalitätsmodell ist deshalb die Forderung nach formaler Wahlrationalität schon um die Forderung nach einer methodischen Informationsgewinnung zu erweitern.

Die in der ökonomischen Theorie gelegentlich erhobene und in ersten Ansätzen auch eingelöste Forderung nach Methoden optimaler oder mindestens zufriedenstellender Informationsgewinnung[37] trägt dazu bei, die Objektivität der Dateneingaben und damit die Rationalität der ganzen Wahl zu erhöhen. Der Charakter eines fertigen Datums wird aber nicht angetastet. Indem das Verhältnis zum Handlungsspielraum und zu der Zielfunktion als Informationsbeziehung gedeutet bleibt, gilt der Gehalt der Information immer noch als vorgegeben und nur als im Augenblick noch mehr oder weniger verdeckt. Tatsächlich ist der Handlungsspielraum aber nicht schlicht vorhanden und nur zu entdecken. Er ist oft genug allererst zu erfinden und etwa in wissenschaftlich abgestützten Findungsprozessen zu erschließen. Zudem hängen

---

[37] D. Aldrup fordert eine „rationale Informationssuche": Das Rationalitätsproblem in der politischen Ökonomie. Methodenkritische Lösungsansätze, Tübingen 1971, § 5. – Lösungsansätze bei: J. Marschak, Towards an Economic Theory of Organization and Information, in: R. M. Thrall, C. H. Coombs, R. L. Davis (Hg.), Decision Processes, London 1954, 187–220; H. Hax, Die Koordination von Entscheidungen, Köln – Berlin – Bonn – München 1965, 42–49; W. Kirsch, Entscheidungsprozesse, Bd. 2: Informationsverarbeitungstheorie des Entscheidungsverhaltens, Wiesbaden 1971; zur empirischen Analyse: E. Witte und Mitarbeiter, Das Informationsverhalten in Entscheidungsprozessen, Tübingen 1972.

die Handlungsalternativen nicht allein von den Ressourcen des Entscheidungsträgers ab. Wenn man den Entscheidungsspielraum als reale Möglichkeit und nicht unqualifiziert als bloße Unbestimmtheit versteht, ist er keine unabhängige und selbständige Größe. Er steht in Wechselwirkung mit der Zielfunktion, der er dienen soll. Die in Planungsprozessen vorgenommene Erschließung realer Möglichkeiten findet unter Antizipation bestimmter Ziele statt. Umgekehrt ist das für den Entscheidungsprozeß wohl bedeutsamste Datum, die Zielfunktion, selbst an den Handlungsspielraum zurückgebunden. Auch die Ziele existieren nicht in einem absoluten Sinn. Eine rationale Wahl bezieht sich nicht auf beliebige, eventuell rein utopische oder gar phantastische Ziele, sondern ausschließlich auf solche, die vom Entscheidungsträger in irgendeiner Form auch verwirklicht werden können. Vor allem aber ist das, was sich jemand zum Ziel nimmt, nicht einmal für immer gegeben. Die Wünsche, Ziele und Normen individueller wie kollektiver Entscheidungsträger haben ihre eigene und höchst komplexe Entstehungsgeschichte; sie sind das Ergebnis fortdauernder sozialer und historischer Prozesse. In der herkömmlichen Theorie sind die Ziel- oder Nutzenfunktionen aber noch an Stabilitäts- und Isolationsbedingungen gebunden, die die Anwendung in der geschichtlichen Wirklichkeit strukturell beeinträchtigen. Die traditionelle Nutzentheorie betrachtet Wünsche, Werte und Überzeugungen einerseits als statisch und andererseits als extrem individualistisch. Ob es sich um einzelne Personen oder um Kollektiva handelt: eine sich in sozial- und kulturgeschichtlichen Prozessen abspielende wechselseitige Beeinflussung der persönlichen und kollektiven Nutzenvorstellungen hat in dem Modell keinen Ort.

Um der Kritik gegenüber dem individualistischen und soziokulturell statischen Ansatz zu begegnen[38], haben sich Krelle und andere um eine Dynamisierung der Nutzenfunktionen bemüht[39]. Mit dem Ziel, die soziale Veränderlichkeit menschlicher Nutzenvorstellungen[40] in mathematischen Funktionen darzustellen, entwickelt Krelle ein System von einfachen linearen Differentialgleichungen, das die Meinungs- und Parteienbildung beschreiben soll[41]. Um andere Faktoren, wie die Unverfügbarkeit persönlich verantworteter Entwicklungen, zu berücksichtigen, führt er Zufallsterme ein[42] – insgesamt ein beeindruckendes Zeugnis für die Entwicklungsfähigkeit formaler Theorien.

Mit der Dynamisierung der Nutzenfunktionen nimmt die systematische Grundlage der Entscheidungstheorie, die Nutzentheorie, soziokulturelle Lern- und Veränderungsprozesse in die Theorie auf. Die Lern- und Veränderungsprozesse werden aber nicht zu einem Bestandteil des Entscheidungsprozesses; sie sind ihnen jeweils vorgelagert; es sind exogene Prozesse. Auch wenn die Zielfunktion nicht statisch, sondern dynamisch interpretiert

---

[38] Etwa von H. Albert vorgetragen: Traktat über kritische Vernunft, Tübingen 1968, 169; Marktsoziologie und Entscheidungslogik, Ökonomische Probleme in soziologischer Perspektive, Neuwied – Berlin 1967, 163 ff.

[39] Krelle (1968) 2. Kap.; ders., Dynamics of Utility Function, in: J. R. Hicks, W. Weber (Hg.), Carl Menger and the Austrian School of Economics, Oxford 1973, 90–128; M. Peston, Changing Utility Functions, in: M. Shubik (Hg.), Essays in Mathematical Economics in Honor of Oskar Morgenstern, Princeton 1967, 233 ff.; W. G. Gorman, Tasks, Habits, and Choices, in: International Economic Review 8 (1967) 218 ff.

[40] Krelle (1968) 42–46 nennt insgesamt drei Klassen der Ursachen von Wertungen: natürliche Anlagen, soziale Umwelt und die Personenhaftigkeit des Menschen.

[41] Ebd. 51.

[42] Ebd. 45.

wird, bleibt die Grundstruktur der rationalen Wahl erhalten, ihr Anfang lautet weiterhin: „Gegeben sei die Zielfunktion . . ." Nun kann man die Dynamisierung fortsetzen, auf den Entscheidungsprozeß selbst erweitern und ein mehrstufiges Entscheidungsverfahren entwerfen[43]. Die dann angesetzten Lern- und Veränderungsprozesse beziehen sich aber nur auf eine zunehmende Informationsgewinnung in bezug auf Aktionsspielräume und Ereigniswahrscheinlichkeiten, nicht auf eine reflexive Veränderung der Zielfunktion. Diese bleibt als fertiges, wenn auch nicht notwendig statisches Datum angesetzt[44].

Im Verlauf seiner Analyse weist Krelle selbst darauf hin, daß der Mensch an der Ausprägung seines Charakters und seiner Wertungen mitarbeiten kann, so daß die Nutzenfunktionen bewußt (und natürlich auch unbewußt) zu beeinflussen sind[45]. Wenn die Nutzenfunktionen aber nicht ein Stück objektiv vorfindlicher Natur sind, sich vielmehr vom Subjekt verändern lassen, dann ist in einer noch zu bestimmenden Form die bewußte Kontrolle momentaner Nutzenfunktionen selbst als Bestandteil in den Entscheidungsprozeß aufzunehmen. Das im Augenblick tatsächlich Gewollte ist ja nicht immer das Richtige. Auch die Zielüberlegung gehört in den Bereich verantwortlicher Entscheidungsfindung. Zur Konsistenz der Nutzenfunktion und zum Prinzip der Maximierung von Nutzen bzw. Nutzenerwartungen tritt ein neues Struk-

---

[43] U. a. Sturm (1970); G. Menges, H. Diehl, Entwicklung eines allgemeinen dynamischen Entscheidungsmodells, in: Statistische Hefte NF 8 (1967) 173–182. Vgl. auch H. A. Simon, The Logic of Heuristic Decision Making, in: N. Rescher (Hg.), The Logic of Decision and Action, Pittsburgh 1967, 1–20 und 32 f.

[44] Sturm (1970) 62.

[45] Krelle (1968) 44.

turelement hinzu: die Distanz und bewußte Überprüfung der Nutzenfunktionen.

Mit der Aufnahme des neuen Strukturelementes ist kein Anspruch auf *die* richtige Zielfunktion verbunden. Auch nicht auf Umwegen oder verdeckt ist ein Wissen gemeint, das aus sich heraus berechtigte von unberechtigten Zielfunktionen zu unterscheiden oder Bedürfnisse nach ihrer Wichtigkeit zu ordnen versteht. Mit der bewußten Kontrolle ist selbst nur ein formales Moment angezeigt, jedoch eines von anderer Natur als das im Begriff der formalen Wahlrationalität angesprochene: ein Moment der Zielreflexion im Entscheidungsprozeß, das es später noch zu differenzieren und zu präzisieren gilt.

Welche strukturelle Veränderung ein Entscheidungsprozeß durchmacht, der gegenüber den Zielfunktionen ein reflexives Verhältnis einnimmt, und welche anderen Methoden anzuwenden sind, um das neue Element bewußt und kontrolliert einzusetzen, wird von Krelle nicht diskutiert. Der Nutzen bleibt ein der Entscheidung von außen vorgegebenes, wenn auch nicht unveränderliches Datum. Wie schon die traditionelle Nutzentheorie, so konzentriert sich auch ihre neuere Entwicklung auf die Konstruktion widerspruchsfreier Zielfunktionen und verstellt damit die Zielverantwortung der Entscheidungsträger.

Der Einwand trifft auch jene rationalen Modelle, die die strengen Anforderungen der Optimierungsmodelle lockern und eine in bezug auf das vorhandene Anspruchsniveau *zufriedenstellende* Entscheidung fordern[46]. Selbst

---

[46] Der bedeutendste Vertreter ist H. Simon: Models of Man, Social and Rational, New York – London 1957, bes. 196–206, 241–260, 261–273. Simon entwickelt – unter Berücksichtigung lerntheoretischer Ansätze – alternativ zur bisherigen Rationaltheorie das *principle of bounded rationality:* „The capacity of the human mind for

in Modellen, die nur noch komparative und nicht metrische Nutzenfunktionen ansetzen, bleibt das Kriterium ein analytisches, die logische Konsistenz[47]. Denn auch die neueren Modelle bleiben dem rationalen Grundansatz und damit der Annahme eines homo oeconomicus, einer nicht-reflexiven Abstraktion verhaftet[48]. Weil die Zielfunktionen den Charakter von exogenen Daten behalten, müssen Entscheidungen gemäß rationaler Wahl immer abwarten, welche Wünsche sich tatsächlich bilden; eine rationale Wahl „hinkt" immer „nach". Die Möglichkeit, Wünsche zu verändern oder allererst zu wecken, die Aufgabe, nicht bloß Mittel, sondern auch Ziele einer metho-

---

formulation and solving complex problems is very small compared with the size of the problems whose solution is required for objectively rational behavior in the real world – or even for a reasonable approximation to such objective rationality" (ebd. 198).

[47] Zum Beispiel J. R. Hicks, Value and Capital, Oxford 1946. Die dort durchgeführte Analyse der Konsumentenwahl geht davon aus, daß ein Konsument die Wahl zwischen (a) etwas mehr vom Gut X und etwas weniger vom Gut Y sowie (b) etwas mehr vom Gut Y und etwas weniger vom Gut X hat. Diese Wahl kann als rationale Wahl betrachtet werden, sofern sie nur den Teil eines Musters bildet, das bestimmten einfachen Kriterien von Konsistenz genügt. Nach Barry (1965) 286 läßt sich dieses Modell auch auf den Bereich politischer Wertungen übertragen.

[48] Die Bestimmungselemente des homo oeconomicus sind hier normativ, nicht empirisch diskutiert. Zur These, daß die klasssische Fiktion des homo oeconomicus inzwischen nicht mehr Fiktion, sondern die dominierende Form menschlichen Verhaltens sei: H. P. Widmaier, Machtstrukturen im Wohlfahrtsstaat, in: Österreichische Zeitschrift für Politikwissenschaft 3 (1974) 69–83. Im Anschluß an die zeitgenössische Forschung vertritt Widmaier die empirisch wohl noch nicht ganz abgestützte These, „daß durch den säkularen Prozeß der *ökonomischen Konditionierung der Individuen* im Kapitalismus eine eng begrenzte ökonomische Rationalität tendenziell alle ökonomischen und politischen Institutionsbereiche erfaßt und somit zum Bindeglied der Ordnungen wird", die These der „imperialistischen Durchdringung unserer Gesellschaft mit ökonomischen Denkfiguren und Verhaltensweisen" (ebd. 69).

dischen Überprüfung zu unterwerfen[49], ist im Kriterium formaler Wahlrationalität grundsätzlich ausgeklammert. Nicht daß eine Distanz und methodische Kontrolle der Zielfunktionen vollständig ausgeschlossen wären; nur sind Nutzen- und Entscheidungstheorie ihnen gegenüber gleichgültig; die Zielreflexion ist in den vorrationalen und privaten Raum verbannt.

Ein reflexives Verhältnis gegenüber den Zielfunktionen ist aber schon deshalb geboten, weil politische Ziele durchwegs der Klarheit und Genauigkeit entbehren, die für eine rationale Wahl erforderlich sind. Sie stellen, terminologisch gesprochen, in der Regel schlecht definierte, noch gar nicht operationale Entscheidungsprobleme dar. Zum unverzichtbaren Fundament rationaler Wahl gehören aber präzise und definitive Nutzenvorstellungen[50]. Tatsächlich besteht im allgemeinen nicht erst über die Präferenzordnung, sondern noch elementarer, nämlich in bezug auf den Inhalt der Ziele, Unklarheit. Das gilt sogar für wirtschaftspolitische Entscheidungen[51]. Und der teils introspektiv, teils in Auseinandersetzung mit anderen Personen unternommene Versuch, sich über seine eigenen Ziele Klarheit und Sicherheit zu verschaffen, ist

---

[49] Diese Kritik unterscheidet sich von der Shackles (1969), der im Gegensatz zur traditionellen Theorie rationaler Wahl auf nicht-deterministische Elemente, hier insbesondere auf ein Element der Inspiration zurückgreift. Auch der Begriff der Inspiration ist ein reflexionsneutraler Begriff.

[50] Für die Wahl zwischen sicheren Ergebnissen reicht die Kenntnis der *ordinalen* Präferenzfolge aus. Bei nichtsicheren Ergebnissen verschärft sich die Bedingung für Präzision; eine – etwa in monetären Einheiten gemessene – *kardinale* Bewertung der Ergebnisse ist erforderlich.

[51] Vgl. F. Holzheu, Zur Zielproblematik in den Jahresgutachten des Sachverständigenrats zur Begutachtung der gesamtwirtschaftlichen Entwicklung, in: Zeitschrift für die gesamte Staatswissenschaft 127 (1971) 609–620.

oft genug auch ein Prozeß der Selbstveränderung. Zudem ist man ständig von der Möglichkeit bedroht, emotionalen Schwankungen, individuellen und kollektiven Selbsttäuschungen, Fehlinterpretationen und Manipulationen zu erliegen. Ferner neigt man dazu, gegenüber seinen manifesten Wünschen die latenten Bedürfnisse und Interessen zu vergessen[52]. Die Wünsche und Ziele, die man im Augenblick sieht, müssen aber nicht einmal mit denen übereinstimmen, die eine im Namen des wohlverstandenen Selbstinteresses durchgeführte Überlegung zutage fördert. Selbst im Rahmen eines wohlverstandenen Selbstinteresses macht sich der Reflexionsmangel einer rationalen Entscheidung bemerkbar. Er weist auf einen strukturell deformierten Entscheidungsprozeß.

Auch wenn man annimmt, daß sich die Entscheidungsträger über ihre politischen Ziele sicher sind und etwa die Erhaltung des Weltfriedens, die Steigerung von Wohlstand und Chancengleichheit für alle wünschen, dann genügen solche Globalziele nicht den Ansprüchen rationaler Modelle. Ein Ziel wie Chancengleichheit ist noch zu komplex und unbestimmt, um unmittelbar Gegenstand einer rationalen Wahl sein zu können. Einem strikt egalitären Verständnis nach meint Chancengleichheit im Bildungswesen dasselbe Bildungsangebot für alle, die Einheitsschule, die in radikalisierter Form ein einziges und variationsloses und in dem schon absurden Extrem ein auch nach Alter nicht differenziertes Curriculum anbietet. Einem anderen Verständnis nach soll das Bildungsangebot aber gerade differenziert werden, zwar nicht nach willkürlichen Kriterien, wie Herkommen oder Reichtum, wohl aber nach relevanten Aspekten, wie Alter, Neigung und Fähigkeiten, so daß in Konse-

---

[52] Zur Bedeutung der latenten oder verdrängten Bedürfnisse: Tenbruck (1972) 24 ff. u. a.

quenz für unterschiedliche Bedürfnisse, Interessen und Begabungen ein jeweils angemessenes, aber je verschiedenes Lernen anzubieten wäre. Darüber hinaus könnte man den Begriff der Chancengleichheit auch kompensatorisch verstehen und den physisch, psychisch oder sozial Benachteiligten, eventuell auch den Höchst- und Spezialbegabungen eine besondere Förderung zukommen lassen[53].

In rationalen Entscheidungen werden nicht unmittelbar lebensweltliche Zielvorstellungen, wie Chancengleichheit, optimiert, sondern nur die Indikatoren, in die man die Entscheidungen glaubt übersetzen zu können. Je nach der Interpretation von Chancengleichheit ist der Begriff aber in andere Zielindikatoren zu übersetzen, und die Indikatoren sind je anders zu bewerten. Nur dort, wo es ein einheitliches Nutzenkriterium gibt, überall dort etwa, wo es ausschließlich um Geldbeträge geht, taucht das Problem nicht auf.

Daß politische Ziele in der Regel nicht den Ansprüchen rationaler Modelle genügen, eröffnet, so könnte man zur Verteidigung der Entscheidungstheorie argumentieren, eine Differenz, die indirekt die Aufforderung enthält, die Unklarheiten und Unbestimmtheiten im Zielsystem zu beseitigen und eine widerspruchsfreie und operationale Zielfunktion auszuarbeiten: Rationale Modelle üben einen Zwang zur präzisen Problemanalyse und Problemdefinition aus. Billigt man den Modellen in dieser Form und nicht zu Unrecht eine appellative Funktion zu, so verbindet sie sich doch nur begrenzt mit einer methodischen Orientierung. Denn die Aufgliederung und

---

[53] Vgl. Deutscher Bildungsrat, Empfehlungen der Bildungskommission, Strukturplan für das Bildungswesen, Bonn 1970 (30): „Gleichheit der Chancen wird in manchen Fällen nur durch die Gewährung besonderer Chancen zu erreichen sein."

Übersetzung einer noch komplexen, teilweise in sich widersprüchlichen Zielvorstellung, wie Chancengleichheit, in operationale Indikatoren sowie die Beurteilung und Bewertung dieser Indikatoren sind auf methodische Prozesse angewiesen, die, wie die kritisch-hermeneutischen Verfahren, wie politische Diskussion und öffentliche Konsensbildung, vom Begriff einer formalen Wahlrationalität aus gar nicht in den Blick kommen und mit dem Kriterium der Konsistenz auch nur unspezifisch und unzureichend verifiziert werden können. Erst in einem weit fortgeschrittenen Stadium des Prozesses der Zielsuche und der Zielformulierung wird die widerspruchsfreie Operationalisierung aktuell. Gerade bei den so komplexen, innovativen Entscheidungsaufgaben im öffentlichen Bereich[54] kommt es nicht nur darauf an, exakt formulierte Probleme optimal zu lösen. Es ist vielmehr auch und sogar in erster Linie wichtig, sie richtig zu stellen und richtig zu erschließen. Denn rationale Entscheidungen beziehen sich auf ein möglichst getreues, in der Regel aber sehr vereinfachtes Modell der tatsächlichen Entscheidungssituation. Die entscheidungstheoretisch angeleitete Wahl ist nur in bezug auf dieses Modell rational. Die Verkürzungen und Verzerrungen, die das Modell gegenüber der Wirklichkeit vornimmt, werden in der rationalen Wahl nicht ausgeräumt, sondern verfestigt.

Diese Kritik stellt nicht den immanenten Wert der Modelle in Frage. Rationale Modelle haben über die mehr appellative Bedeutung in der Zielerschließung hinaus

---

[54] In der Analyse von unternehmerischen Entscheidungen am Beispiel der Erstbeschaffung von EDV-Anlagen hat E. Witte gezeigt, daß auch sie komplexe, innovative Entscheidungsprozesse sind, an deren Anfang keine eindeutige Zielsetzung, sondern im Gegenteil Zielunsicherheit steht: Witte (1969).

eine präskriptive Relevanz in der Handlungsbewertung. Um sich eines hohen Wirkungsgrades zu vergewissern, muß in Entscheidungen darauf Rücksicht genommen werden, inwieweit durch sie die Ziele verwirklicht und wie beim Einsatz knapper Ressourcen Faktoren wie Zufall, Willkür und bloßes Herkommen zugunsten einer sorgfältigen Kalkulation zurückgestellt werden. Rationale Modelle ermöglichen es, bei qualitativ vergleichbaren Konzepten das zu wählen, was unter Kriterien wie Wichtigkeit des Zieles, Zielrealisierungsgrad, Kosten und Schnelligkeit der Durchführung optimal erscheint: der ökonomische Aspekt der Erfüllung eines gegebenen Zweckes mit dem geringsten Aufwand an knappen Mitteln bzw. der Ausnutzung gegebener Mittel zur maximalen Zweckrealisierung. In fest umrissenen Teilbereichen und Teilaspekten öffentlich relevanter Probleme können die rationalen Verfahren als wirksame Entscheidungshilfen verwendet werden. Dort, wo die Entscheidungsaufgaben (wegen der Zahl der problemrelevanten Variablen) kompliziert genug sind, um den Programm- und Rechenaufwand mathematischer Modellanalysen zu rechtfertigen; wo die Aufgaben ihrer Struktur nach wiederum so einfach sind, daß die Variablen streng operationalisierbar und damit im quantitativen Modellansatz beherrschbar bleiben, und vor allem dort, wo es sich überhaupt um quantitative Optimierungsprobleme, besonders um ein „Billiger" und/oder „Schneller" handelt, hat die Theorie präskriptive Relevanz.

Die, für sich gesehen, hilfreichen Funktionen rationaler Modelle bei der Handlungsbewertung und der Zielformulierung sind jedoch ständig von der Gefahr begleitet, aus dem komplexen Problembündel der öffentlich relevanten Entscheidungen die Aspekte herauszulösen, die am ehesten präzis formuliert werden können und die nicht – oder nur schwer – operationalisierbaren Ziele zu unterschlagen. Weil es, um am Beispiel der Bildungspolitik zu bleiben, im Denkrahmen der rationalen Wahl ungleich leichter ist, Bedarfsprobleme und ihre Relation zu den Bildungseinrichtungen, ferner Fragen der Schüler- und Lehrerzahlen, der Verweildauer, der Unterrichtstechnologien usf. exakt zu formulieren, werden die unter humanen Gesichtspunkten so wesentlichen, aber schwierig, wenn überhaupt quantifizierbaren Ziele, wie Chancengleichheit, Mündigkeit und Selbstverantwortung, gar nicht oder mit zu geringem Gewicht in den Kalkulationsprozeß einbezogen. Damit droht eine *Suboptimierung*, eine Optimierung einzelner Aspekte, die zugleich den Komplex als ganzen verschlechtert[55]. Eine Suboptimierung ist ferner deshalb zu erwarten, weil Entscheidungen auch in andere als die angestrebten Zielbereiche hineinwirken und weil man bei der Bewertung der Kosten diese oft gar nicht abzuschätzenden Nebenkosten[56] sowie überhaupt die schwer operationalisierbaren sozialen Folgelasten leicht unterschlägt oder unterbewertet. Kurz, eine Verwendung der rationalen Modelle, die nicht ihre strukturbedingten Grenzen sieht und einhält, wird politische Probleme übermäßig vereinfachen oder gar falsch darstellen und so zu nicht optimalen[57], oft genug sehr schädlichen Entscheidungen führen.

---

[55] Vgl. C. W. Churchman, Philosophie des Managements. Ethik von Gesamtsystemen und gesellschaftliche Planung, Freiburg i. Br. 1973 (orig.: Challenge to Reason, 1968), 26 f.
[56] Vgl. C. Uhlig, Das Problem der Social Costs in der Entwicklungspolitik. Eine theoretische und empirische Analyse, Stuttgart 1966 und schon G. Myrdal, Das Zweck-Mittel-Denken in der Nationalökonomie, in: Zeitschrift für Nationalökonomie 4 (1933) 305 bis 329).
[57] So schon A. Rapoport, Critique of Strategic Thinking, in: N. Rosenbaum (Hg.), Readings of the International Political System, Englewood Cliffs/N. J. 1970, 201–227.

Die Entscheidungstheorie in ihrer normativen Interpretation will Modelle richtigen Entscheidens bereitstellen. Man konstruiert Modelle, um das für die Sache Wesentliche vom Nebensächlichen zu trennen und sich ein vereinfachtes, um den Reichtum der Nuancen beschnittenes, gleichwohl den Kern der Sache treffendes „Bild" zu schaffen[58]. Die Kritik am Modell rationaler Wahl wendet sich nicht gegen das ohne Zweifel berechtigte Interesse, die Komplexität gesellschaftspolitischer Entscheidungsfindung zu reduzieren. Daß jedoch in dieser Reduktion die normative Struktur des Problems angemessen dargestellt sei, ein solcher Anspruch wird zurückgewiesen. Ein Modell politischer Entscheidungsprozesse, das ohne zielreflexive Momente auskommt, trifft nicht das theoretische Grundmuster. Auch wenn rationales Wählen ein konstitutives Moment im ethischen Begriff gesellschaftspolitischer Entscheidungsprozesse darstellt, gibt es als Ganzes nicht das geeignete Paradigma ab. Die formale Wahlrationalität stellt nicht mehr als ein schwaches Negativkriterium verantwortlicher Entscheidungsfindung dar.

---

[58] Zum Begriff des Modells: H. Stachowiak, Allgemeine Modelltheorie, Wien – New York 1973, bes. 128 ff.

3. Strategische Interaktion

3.1 Der Ansatz der Spieltheorie

Während die Entscheidungstheorie im engeren Sinn von homogenen Entscheidungsträgern ausgeht, zeichnen sich demokratische Industriegesellschaften durch einen Ziel- und Machtpluralismus aus. Die grundlegende Aufgabe der Politik, trotz der anfänglichen Interessengegensätze zu einem gemeinsamen Handeln zu kommen: die Zielkonflikte und Machtgegensätze zu artikulieren, auszutragen und einen Konsens zu bilden, kann in der klassischen Theorie rationaler Wahl nicht formuliert werden. Immer wenn Entscheidungskalküle angewendet werden sollen, ist schon eine Nutzenfunktion vorausgesetzt, die jedem Konflikt enthoben ist. Das zentrale Problem pluralistischer Entscheidungsprozesse wird damit nicht aufgehoben, sondern nur in den vorrationalen Raum abgeschoben. Die für das Modell der rationalen Wahl und für eine Industriegesellschaft überhaupt charakteristische Erfolgsethik verbindet sich paradoxerweise mit einer eher vorindustriellen, einer vorpluralistischen Gesellschaftsvorstellung.

Eine Theorie der Entscheidung, die der komplizierteren Situation pluralistischer Gesellschaften und zugleich dem Ansatz rationaler Entscheidung gerecht zu werden versucht, stellt die Spieltheorie dar (theory of games). Ursprünglich zur mathematischen Analyse von strategischen Gesellschaftsspielen entwickelt[1], hat man ihre Anwen-

---

[1] E. Zermelo, Über eine Anwendung der Mengenlehre auf die

dung sehr bald auf lebenswichtige Probleme ausgeweitet. Zunächst traten ausschließlich ökonomische Fragen ins Blickfeld[2]. Aber die schon früh ausgesprochene Hoffnung, daß eine Erweiterung auf den ganzen Bereich menschlicher Sozialbeziehungen folgen werde[3], konnte sich zu großen Teilen rasch erfüllen. Die Spieltheorie wird heute in den Wirtschaftswissenschaften, der Soziologie, der politischen Wissenschaft und selbst der Moralphilosophie verwendet[4]. Sie sucht Entscheidungssituationen einer formalisierten Behandlung zugänglich zu machen, die sich vorher der mathematischen Analyse ganz versperrten: die für soziale und politische Bezüge über-

---

Theorie des Schachspiels, in: Proceedings of the Fifth International Congress of Mathematicians, Cambridge 1913, 501 ff.; J. v. Neumann, Zur Theorie der Gesellschaftsspiele, in: Mathematische Annalen 100 (1928) 295–320.

[2] So in der bahnbrechenden Monographie zur Spieltheorie von v. Neumann – Morgenstern (1944).

[3] A. Kaplan, Mathematik und sozialwissenschaftliche Analyse, in: Shubik (1965) 89–94 (90) (orig. in: Commentary 1952, 274 ff., 282–284).

[4] Eine ausgezeichnete, lehrbuchartige Darstellung der Spieltheorie: Luce-Raiffa (1957); Shubik (1965) enthält eine Vielzahl neuerer Beiträge zu den verschiedenen sozialwissenschaftlichen Anwendungsgebieten und eine kommentierte Auswahl-Bibliographie; ferner G. Klaus, Spieltheorie in philosophischer Sicht, Berlin 1968; R. C. Snyder, Game Theory and Analysis of Political Behavior, in: J. N. Roseman (Hg.), International Politics and Foreign Policy, New York [3]1965, 381–390; R. Selten, Anwendungen der Spieltheorie auf die politische Wissenschaft, in: Maier (1971) 287–320; W. H. Riker, The Theory of Political Coalitions, New Haven 1962; Th. C. Schelling, The Strategy of Conflict, Cambridge/Mass. 1963; H. Schneider, Das allgemeine Gleichgewicht in der Marktwirtschaft. Eine mikroökonomische Analyse mit Hilfe der Theorie der strategischen Spiele, Tübingen 1969; H. Arnaszus, Spieltheorie und Nutzenbegriff aus marxistischer Sicht. Eine Kritik aktueller ökonomischer Theorien, Frankfurt a. M. 1974; A. Rapoport (Hg.), Game Theory as a Theory of Conflict Resolution, Dordrecht 1974; Braithwaite (1965); Gauthier (1967); P. Jansen, Nächstenliebe als Gesellschaftsspiel, in: Evangelische Kommentare 5 (1972) 538–541.

haupt charakteristischen Situationen von Konflikt und Kooperation. Dafür entwickelt sie ein Modell der rationalen Entscheidungsfindung selbständiger und zugleich voneinander abhängiger Entscheidungsträger[5]. Gleich ob es sich um Einzelpersonen, Gruppen, formelle oder informelle Organisationen, selbst um Staaten oder Staatenbündnisse handelt – das Kennzeichnende besteht allein darin, daß verschiedene Entscheidungsträger existieren, die aufeinander angewiesen sind und Interessen verfolgen, die wenigstens in einigen Punkten miteinander kollidieren[6]. Die Entscheidungen stehen nicht bloß unter dem Einfluß einer Instanz, die gegenüber den Präferenzen und Ambitionen der Handelnden neutral bleibt: der Natur[7]. Ganz im Sinne einer pluralistischen Gesellschaft geht man davon aus, daß jede Entscheidungseinheit ihre eigenen Zielvorstellungen zu realisieren trachtet, ohne

---

[5] Vgl. Shubik (1965) 18 ff.

[6] Falls die letzte Bedingung nicht erfüllt ist und die Beteiligten – aus spontaner oder überlegter Solidarität – eine gemeinsame Zielordnung anerkennen, sind die individuellen Wertordnungen mit der sozialen identisch, die Gesamtheit bildet in der Sprache rationaler Entscheidungstheorien ein *Team*. Seine spezifischen Entscheidungsprobleme werden in der auf J. Marschak (1954) zurückgehenden Teamtheorie analysiert. Die Teamtheorie nimmt im Unterschied zur Organisationstheorie eine Interessenidentität, im Unterschied zur Entscheidungstheorie im engeren Sinn eine Differenz in bezug auf Informationsstand und Aufgabenverteilung der Mitglieder an. Vgl. auch H. Abach, Teamtheorie, in: Handwörterbuch der Organisation, Stuttgart 1969, 1629–1636.

[7] Die Situation der rationalen Wahl kann als Sonderfall der allgemeineren Situation strategischer Spiele, als der „degenerierte" Fall eines Einpersonenspiels oder eines „Spiels gegen die Natur" definiert werden. Die meisten der charakteristischen Eigenschaften eines strategischen Spiels kommen aber hier nicht zur Erscheinung. Im folgenden wird die Spieltheorie nicht in dem weiten, auch die Theorie der Individualentscheidungen und die der Sozialwahl umfassenden Sinn verstanden, sondern in dem definierten engeren Sinn.

daß eine Einheit die vollkommene Kontrolle über die anderen Entscheidungseinheiten ihrer Umwelt besitzt. Die Aktoren sehen sich „Mitspielern" konfrontiert, die selbst zielorientiert sind, im Sinne ihres persönlichen Vorteils handeln und dabei in das Handeln anderer eingreifen. Der Handlungserfolg ist von anderen Aktoren abhängig, die das Tun der ersteren höchstens teilweise zu unterstützen, teilweise aber oder auch ganz zu durchkreuzen suchen[8]. Die rationale Nutzenkalkulation wird dadurch komplizierter als ein Streben nach der höchstmöglichen Erfüllung individueller Zielfunktionen. Rationalität ist nicht mehr eine einfache Maximierungsaufgabe, sondern das Problem eines Konflikts zwischen verschiedenen Maximierungen. Aber auch in dieser Situation soll man sich, so die methodische Prämisse, weder von Fall zu Fall (opportunistisch) noch nach einem starren Muster (dogmatisch), sondern nach rationalen Strategien entscheiden.

Die in dem Zusammenhang verwendete Bezeichnung „Spieltheorie" ist, von der Umgangssprache her gesehen, irreführend[9]. Denn die Assoziationen von Zerstreuung und Vergnügen, die sich unwillkürlich einstellen, sind nur bei einem Teil der Anwendungsgebiete legitim. Außer Glücksspielen und Gesellschaftsspielen (wie Schach und Poker) fallen in den Anwendungsbereich der Spieltheorie so lebenswichtige und auch lebensbedrohende Situationen wie Tarifverhandlungen und Wahlkämpfe, Rü-

---

[8] Entsprechend unterscheidet man zwei Klassen von Spielen: für reine Konflikt-Situationen die streng *kompetitiven Spiele*, für Konflikt-Situationen, die Kooperationsmöglichkeiten erlauben, die *nicht-kompetitiven Spiele*.

[9] Gegen Kritiker der Spieltheorie, die aus der irreführenden Bezeichnung sachlich untriftige Polemiken ableiten, wendet sich ein temperamentvoller Beitrag von A. Wohlstetter, Sünde und Spiele in Amerika, in: Shubik (1965) 219–236.

stungs-, Abrüstungsgespräche oder Probleme der Kriegsführung. Die prima facie disparaten Bereiche stellen in verschiedener Art Wettbewerbssituationen dar, in denen jeder Teilnehmer zu gewinnen sucht. Ob es dabei um Unterhaltungsspiele oder um Ernstsituationen, um Komitee-Beratungen oder diplomatische Verhandlungen geht, ist für den spieltheoretischen Ansatz nicht ausschlaggebend. Die Situationen werden von vornherein auf ein identisches Muster hin stilisiert, auf die Frage, welche Aktionspläne man wählen muß, wenn man den maximal möglichen Erfolg unter der Voraussetzung sucht, daß das Ergebnis nicht durch die eigene Wahl allein bestimmt ist[10].

Durch die Annahme, daß jede Entscheidungseinheit den größtmöglichen eigenen Nutzen sucht und – innerhalb der Spielregeln – jedes Mittel akzeptiert, das den eigenen Erfolg, und sei er noch so minimal, vergrößert bzw. den eventuell unabwendbaren Mißerfolg verkleinert[11], bleibt die Spieltheorie in ihrer explikativ-präskriptiven Verwendung der Dimension von Ertragsmaximierung und Verlustminimierung verhaftet. Im Rahmen desselben Vorverständnisses von Rationalität werden nur realistischere, der tatsächlichen Situation menschlicher Entscheidungsprozesse angenäherte Modelle entwickelt. Gegenüber der Entscheidungstheorie im engeren Sinn ist die Kontrolle über die Ergebnisse von Handlungen nicht nur durch einen Mangel an Information über die relevante Umwelt beschränkt und daher auf subjektive Schätzungen angewiesen. Sie erfährt als weitere Eingrenzung das konkurrierende Selbstinteresse anderer Entscheidungs-

---

[10] Vgl. Luce-Raiffa (1957) Abschn. 4.3.
[11] Vgl. O. Morgenstern, Spieltheorie: Ein neues Paradigma der Sozialwissenschaft, in: Zeitschrift für Nationalökonomie 28 (1968) 145–164 (147 f.).

träger. Zwar gilt jeder Spieler gegenüber dem Selbstinteresse der anderen unmittelbar als gleichgültig. Rationale Entscheidungen sind weder durch Sympathiegefühle noch durch Neid bestimmt. Wo es aber um die Verwirklichung der eigenen, eventuell sehr ähnlichen Wünsche geht, dort ist man, so die Interdependenz-Prämisse, voneinander abhängig: einige Interessen lassen sich nur durch Unterstützung, andere nur unter Zurückdrängen der Mitspieler erfüllen. Die Nutzenkalkulation und Erfolgskontrolle ist durch kollidierende Interessen und vor allem durch die dahinter stehenden Kräfteverhältnisse begrenzt. Deshalb muß man seine Entscheidungen nicht nur den eigenen Wünschen und Fähigkeiten sowie der relevanten Umwelt anmessen, sondern sie auch nach den Wünschen, den Fähigkeiten und der Macht der Konkurrenten ausrichten.

Sicher sind die Kalkulationsprobleme, die sich ergeben, wenn mehrere Aktoren in Beziehung zueinander treten, ungleich komplizierter als die Probleme der einfachen Maximierung von Nutzen oder auch von Nutzenerwartungen. Das Grundmuster der Rationalität bleibt aber erhalten. Es sind Entscheidungen gesucht, die einen durch Kalkulation bestimmten Höchstwert an Nutzen versprechen.

Der spezifische Zugang der Spieltheorie zum Grundansatz der rationalen Wahl schlägt sich in einer veränderten mathematischen Struktur nieder. Die ersten Ansätze zu einer mathematischen Analyse sozialer Probleme, die der Entscheidungstheorie im engeren Sinn, hatten sich im wesentlichen auf jene Form der Mathematik verlassen können, die vorher in der Physik, vor allem der Mechanik, einen außergewöhnlichen Erfolg erzielt hatte. Sie stützten sich auf die sowohl Infinitesimalrechnung wie Funktionentheorie umfassende Analysis. Die spieltheoretische Prämisse, daß man den Ausgang eines Handelns nicht allein bestimmen kann, bedeutet in der Sprache der Mathematik, daß eine vollständige Kontrolle der in den Kalkülen auftretenden Variablen nicht möglich ist. Folgerichtig spielt in der neuen Theorie die Analysis nur mehr eine untergeordnete Rolle, während die Methoden der Kombinatorik, der Mengentheorie und der Topologie in den Vordergrund rücken[12].

Inzwischen bildet die Spieltheorie einen eigenen, hochdifferenzierten Forschungszweig, der umfangreiche Methodenüberlegungen, ein detailliertes und präzises Begriffsinstrumentarium sowie eine Fülle von Problemstellungen und Lösungsvorschlägen hervorgebracht hat. Obwohl es aufgrund des breiten Spektrums von Problemen *die* Spieltheorie in einem strengen Sinn nicht gibt[13], läßt sich doch unschwer ein gemeinsamer Kern herausfiltern. Ein strategisches Spiel setzt sich aus vier Elementen zusammen:

(1.) aus den *Spielern*, den souveränen Entscheidungseinheiten, die ihre Ziele verfolgen und nach eigenen Überlegungen und Richtlinien handeln;

(2.) aus den *Regeln*, die die Variablen festlegen, die jeder Spieler kontrollieren kann: den Informationsbedingungen, den Hilfsmitteln und anderen relevanten Umweltaspekten; das System der Regeln legt den Spieltyp, die Gesamtheit der Verhaltensmöglichkeiten und am Ende den Gewinn oder Verlust jedes Spielers fest; eine Veränderung der Regeln schafft ein neues Spiel (im Sinne von *game*);

(3.) aus dem Endresultat oder den *Auszahlungen* (pay offs), dem Nutzen oder Wert, der den alternativen Er-

---

[12] Vgl. Morgenstern (1968) 145 ff.
[13] Vgl. Shubiks Einleitung zu dem von ihm herausgegebenen Sammelband: Shubik (1965) 13–85.

gebnissen der Partien (plays) zuzuordnen ist (beim Schachspiel Gewinn, Verlust, Remis; in der Politik etwa Ämter, öffentliches Prestige, Macht oder Geld);

(4.) aus den *Strategien,* den umfassenden alternativ möglichen Aktionsplänen. Sie werden ebenso unter Beachtung und Ausnutzung der Regeln wie unter Berücksichtigung der alternativ möglichen Antworten des Gegners konstruiert; die Strategien stellen ein System von Instruktionen dar, die im vorhinein und oft nur auf recht globale Weise bestimmen, wie man in jeder möglichen Spielsituation aus der Menge der nach den Spielregeln erlaubten Züge (moves, Einzelhandlungen) einen Zug auswählt. In der spieltheoretischen Interpretation der sozialen Wirklichkeit sind bestimmte Strategien oft nur für einen Abschnitt der Auseinandersetzung günstig; für andere Abschnitte sind dann neue Strategien zu entwickeln; die einzelnen Strategien haben die Bedeutung von Teilstrategien im Rahmen einer umfassenden Gesamtstrategie[14].

Das Rationalitätskriterium der Spieltheorie bezieht sich nicht auf die Wahl einzelner Züge, sondern auf die Wahl von Strategien. In der Form einer Entscheidungsmaxime formuliert, lautet das Grundmuster: „Wähle die Strategie, die im Rahmen der Spielregeln und angesichts der Opponenten den günstigsten Erfolg verspricht.“

3.2 Kompetitive und kooperative Spiele

Die genannte Entscheidungsmaxime formuliert noch keine operativ präzise Verhaltensregel. Im Rahmen der Spieltheorie läßt sich auch nicht eine einzige, für alle Spiele gleicherweise gültige Regel aufstellen; für viele

---

[14] Vgl. Klaus (1968) 51 f.

Spiele gibt es überhaupt noch keine präzise Regel. Man unterscheidet die Spiele vor allem nach der Zahl der Beteiligten (2-Personen-, 3-Personen-, n-Personen-Spiele) und nach der Nutzensituation (Konstantsummen-, Nichtkonstantsummenspiele). Es ist die Aufgabe der Theorie, für die verschiedenen Spieltypen operative Rationalitätskriterien bzw. Strategiekombinationen zu entwickeln, wobei man von folgender intuitiver Vorstellung der Rationalität ausgeht: Sofern einem der andere nützen kann, ist es im Sinne strategischer Rationalität, daß man sich seiner bedient; sofern vom anderen Schaden zu erwarten ist, ist es rational, ihn durch geeignete Manöver zu überlisten, um den Schaden möglichst klein zu halten.

Bei der Entwicklung von Rationalitätskriterien behandelt die Spieltheorie alle in einer Entscheidungssituation Beteiligten als gleichberechtigt. Während sich die Entscheidungstheorie im engeren Sinn auf die Seite *einer* Person stellt und die für sie günstigste Handlung zu bestimmen sucht, analysiert die Spieltheorie die Interdependenz-Situation vom Standpunkt eines neutralen, aber rationalen Beobachters. Durch ihre Frage „Wie verhalten sich alle Seiten im Sinne ihres eigenen Vorteils optimal?" wird eine symmetrische, in der Entscheidungstheorie dagegen eine asymmetrische Betrachtung der rationalen Wahl vorgenommen.

In der einen Spielform, den *Konstantsummenspielen*, geht es um die Aufteilung einer vorgegebenen Nutzenmenge. Vorausgesetzt, daß alle Beteiligten ihren eigenen Nutzen zu maximieren suchen, liegt eine Situation des absoluten Interessengegensatzes vor, in der keine Kooperation möglich ist. Man spricht daher auch von streng kompetitiven Spielen. In dem wichtigsten Sonderfall, den *Nullsummenspielen* (zero-sum-games) handelt es sich um Spiele diametrischer Opposition. Der Interessengegensatz ist, wie bei den meisten Karten- und Brettspielen, vollständig: was die einen gewinnen, müssen die anderen verlieren. Die elementarste Form, das Zwei-Personen-Nullsummenspiel, der perfekte Antagonismus eines Schachspieles, eines Duells oder eines Wahlkampfes zwischen zwei Kandidaten, ist als der wohl unkomplizierteste Teil der Spieltheorie auch der am besten durchforschte. Zwar gehört es zu einem rationalen Spieler, daß er auch die Möglichkeit eines irrationalen Verhaltens seines Gegners einkalkuliert[15]. Sofern er aber mit einem Gegner spielt, dem er weder Fehler noch geringere Informationskenntnisse als sich selbst unterstellen kann, und sofern jeder Gewinn des einen den gleich großen Verlust des anderen bedeutet, ist die optimale Strategie zugleich die für den Gegenspieler ungünstigste. In dieser Situation ist es rational, eine Strategie zu wählen, die den maximal möglichen Verlust minimiert, so daß man selbst bei einer rationalen Verhaltensweise, dramatisch formuliert: selbst bei größter „Böswilligkeit" des Gegners, noch das relativ günstigste Ergebnis erwarten kann. Die rationale Entscheidung besteht darin, den Verlust, mit dem die eigene Nutzenmaximierung durch den rivalisierenden Entscheidungsträger rechnen kann, zu minimieren (die sogenannte *Maximin-Regel*[16]). In den anderen Spieltypen ist die schon im Rahmen der Theorie rationaler Individualentscheidungen unter Ungewißheit diskutierte Maximin-Regel nur unter sehr pessimistischen Annahmen rational.

In der zweiten Haupt-Spielform, in den *Nichtkonstantsummenspielen,* ist der Gesamtnutzen variabel; in dem Spiel geht es nicht bloß um die Aufteilung einer gege-

---

[15] Vgl. v. Neumann – Morgenstern (1944) 32.
[16] Von v. Neumann – Morgenstern (1944) formuliert.

benen Nutzenmenge, sondern zugleich um ein Hervorbringen oder ein Zerstören von Nutzen, wobei die Herkunft der Nutzenveränderung für die Spieltheorie selbst
gleichgültig ist. Der Interessengegensatz ist nicht mehr
absolut. Es gibt Lösungen, die für alle Parteien vorteil-
haft sind. Eine Art dieser nicht-kompetitiven Spiele[17]
enthält dialogische Elemente, wenn auch in einer sehr
rudimentären Form: In den *kooperativen* Spielen können die Spieler sich untereinander beraten und sich auf
gemeinsame Handlungen einigen. Aber die Beratung gehört nicht zum Grundansatz strategischer Interaktion,
die gemeinsame Handlung ist nicht als solche beabsichtigt. Die Beratung findet nur unter der Bedingung statt,
daß sich die Partner des Spieles einen Vorteil von ihr
versprechen: daß sie aufgrund der gegenwärtigen Inter-
essen- und Machtkonstellation die friedliche Lösung für
nutzvoller als die gewaltsame und die gemeinsame für
gewinnbringender als einen Alleingang halten. Nur aus
Eigeninteresse versucht man, Informationen auszutau-
schen und Vereinbarungen zu treffen, um bei der Aufteilung des gemeinsam erworbenen Gewinns wieder in
Interessengegensatz zu treten[18]. Die Gemeinsamkeit hat
nur instrumentelle und akzidentelle Bedeutung.

---

[17] Sofern die nicht-kompetitiven Spiele ausdrückliche Absprachen
zulassen, werden sie *kooperativ* genannt, sofern nur stillschwei-
gende Kooperation (collusion) erlaubt ist, heißen sie *nicht-koope-
rativ.*
[18] Die Spieltheorie unterscheidet zwischen einer *Koalition,* der
intensivsten Form von Zusammenarbeit, in der die Spieler ihre
Selbständigkeit aufgeben und wie ein einziger handeln, und einer
Kooperation, die keine Vereinbarungen enthält, an die die Spieler
strikt gebunden sind. – Dort, wo die Aufteilung des Gewinns einem
unparteiischen Prinzip, einer *Schlichtungsregel,* unterworfen wird,
die bestimmten Prämissen von Fairneß genügen, liegt eine – spieltheoretisch gesehen – eher atypische Situation vor, die im Rahmen
der Wohlfahrtsökonomie diskutiert wird (Kap. 5).

Als Element von Spielen tritt auch der Begriff der Verhandlung auf, spieltheoretisch gesehen ein dynamischer Prozeß, in dem Versprechungen und Kompensationszahlungen auftreten, Drohungen und Gegendrohungen sich abwechseln und alle Seiten sich durch geschicktes Manövrieren um eine möglichst günstige Verhandlungsposition bemühen[19].

Die Spieltheorie ist in ihrer präskriptiven Verwendung an Bedingungen geknüpft, die denen der Theorie rationaler Individualentscheidungen entsprechen. Die Theorie geht davon aus, daß die möglichen Ergebnisse einer vorgegebenen Situation bekannt sind; daß jede Entscheidungseinheit eine konsistente Nutzenfunktion, gegenüber den Ergebnissen deshalb eine konsistente Präferenzordnung hat; daß die Variablen, die die möglichen Ergebnisse bestimmen, ebenfalls genau bekannt sind. Ferner nimmt die Spieltheorie an, daß das Spektrum der alternativen Strategien präzis und endgültig vorliegt, so daß sich auch hier das Entscheidungsproblem auf einen momentanen Wahlakt reduziert, einen Wahlakt, der unter der selbstverständlichen Voraussetzung, es handle sich um rationale Spieler, wie bei der Entscheidungstheorie im engeren Sinn ein rein analytisches Problem darstellt.

3.3 Defizit: soziale Zielreflexion

Die spieltheoretische Behandlung tatsächlicher Entscheidungsprobleme hat den Charakter von Probehandlungen, in denen eine komplexe Wirklichkeit nach festen Interpretationsschemata behandelt und intellektuell ver-

---

[19] Dazu besonders Schelling (1963).

fügbar wird. Aufgrund der Übersetzung wirklicher Situationen in ein Modell schafft man sich die Möglichkeit, alternative Verhaltensweisen zu prüfen, die günstigste festzustellen und das Resultat auf die reale Situation zu übertragen. So erhalten auch die politischen Entscheidungsprozesse ein Experimentierfeld, das nicht die Risiken, Opfer und Kosten fordert, die sich bei einem gleich in der sozialen Wirklichkeit vorgenommenen Prozeß von „Versuch und Irrtum" einstellen.

Da jede Modellanalyse die Wirklichkeit stark vereinfacht, kann die Interpretation der noch diffusen Entscheidungssituation nach einem festen Schema sehr hilfreich, aber auch in hohem Maße irreführend sein. Es kommt deshalb nicht nur darauf an, im Rahmen des Interpretationsschemas zu arbeiten und mit den Mitteln der Spieltheorie die optimale Strategie zu bestimmen. Es ist mindestens ebenso wichtig, das leitende Interpretationsschema zu überprüfen und richtig einzuschätzen. – Die Vertreter der Spieltheorie räumen bereitwillig ein, daß sie mit drastischen Vereinfachungen arbeiten. Im selben Atemzug pflegen sie aber auf den größeren Gewinn hinzuweisen, daß sie eine noch einfachere Theorie ersetzen wollen, die Theorie der rationalen Wahl, die alle Interessen als konvergent betrachtet[20]. Darin haben die Vertreter der Spieltheorie auch ohne Zweifel recht: das wirtschaftliche und politische Entscheidungsverhalten ist komplizierter als ein Streben nach höchstmöglicher Befriedigung von Wünschen und Zielen unabhängiger Entscheidungseinheiten. In dem Maße, wie die bei den Vorläufern angesetzte individualistische Fiktion eines Robinson Crusoe, eines isolierten Wirtschaftsmenschen, als

---

[20] v. Neumann – Morgenstern (1961) Abschn. 1–2; Wohlstetter, in: Shubik (1965) 227.

Entscheidungsträgers unrealistisch ist, ist eine Entscheidungstheorie, die auf dieser Fiktion aufbaut, auch präskriptiv gesehen untauglich. Rationalität läßt sich nicht auf individuelle Ertragsmaximierung zurückführen. Der individualistische Ansatz kann die Komplexität der Entscheidungsprozesse strukturell nicht fassen. Eine vernünftige Entscheidungstheorie muß sich an der Art und dem Komplexitätsgrad der den Entscheidungsprozessen aufgegebenen Probleme bemessen; sie darf nicht umgekehrt die Probleme an der Theorie ausrichten. Nur stellt sich die Frage, ob der komplexere spieltheoretische Ansatz schon einen problemangemessenen theoretischen Bezugsrahmen darstellt.

Ganz allgemein führt der Ansatz zu einer Einengung des Blickwinkels und zu einem Verlust wertvoller Nuancen. Zu den Vereinfachungen, die viele Schwierigkeiten der sozialen und politischen Wirklichkeit herauskatapultieren und eine Anwendung nur für sehr schlichte ökonomische, politische und militärische Probleme ermöglichen[21], gehört eine mehrfache Abstraktion. Die Spieltheorie sieht wie die anderen Formen der Entscheidungstheorie in der Regel davon ab, den Zeitdruck, unter dem Entscheidungen oft stehen, sowie die Kosten, die der Entscheidungsprozeß und seine Simulation erfordern, in ihre Kalkulationen einzubeziehen[22]. Ferner ist die mit der Spieltheorie intendierte Operationalisierung von Entscheidungsprozessen an unkomplizierte Nutzenvor-

---

[21] Vgl. Morgenstern (1968) 154 ff.; Wohlstetter, in: Shubik (1965) 229. Noch kritischer ist A. Rapoport, Two-Person Game Theory – The essential ideas, Ann Arbor/Mich. 1966, Einleitung. Vgl. auch K. W. Deutsch, Politische Kybernetik, Modelle und Perspektiven, Freiburg i. Br. 1969 (orig. The Nerves of Government: Models of Political Communication and Control, 1963), c. 4.
[22] Zu den Ausnahmen gehört J. R. Hicks, The Theory of Wages, London ²1963, 136 ff., der die Zeitkosten mitberücksichtigt.

stellungen gebunden. Noch einschneidender ist es aber, daß die wesentlichen Elemente als datenmäßig gegeben vorausgesetzt sind. Dazu zählen die Nutzenvorstellungen der Spieler, ihre alternativen Handlungsstrategien und die Spielregeln.

Eine Theorie, die mit festen Daten arbeitet, scheint statischer Natur und deshalb für eine im wesentlichen dynamische Wirklichkeit: die politischen Entscheidungsprozesse, nur von geringem Nutzen zu sein. Ein solcher Einwand unterschätzt aber noch die Möglichkeiten der Spieltheorie. Zwar haben v. Neumann und Morgenstern nur eine statische Theorie entwickelt. Von der richtigen Überlegung geleitet, daß es nutzlos ist, eine dynamische Theorie aufzustellen, solange die statische nicht völlig verstanden ist, haben sie bewußt eine Theorie (ökonomischen) Gleichgewichts entwickelt[23]. Auch könnte man glauben, daß die Spieltheorie schon aufgrund ihrer Darstellungsform die Behandlung dynamischer Prozesse grundsätzlich ausschließe. Obwohl die Theorie statisch angefangen hat und ihre statische Form auch am weitesten fortgeschritten ist, zeigen neuere Forschungsarbeiten, daß sie nicht an statische Probleme gebunden ist. Das Mißverständnis beruht wohl auf dem Umstand, daß es zwei verschiedene Darstellungsformen gibt: eine Kurz- oder Normalform, die jedes Spiel so notiert, als ob es nur mit einem einzigen Zug ausgeführt werde. Dadurch erscheint es in der Tat als statisch. Zur Kurzform existiert aber eine mathematisch äquivalente Darstellung, die extensive Form eines Spielbaumes, mit dessen Hilfe der Spielablauf und damit auch ein erstes dynamisches Moment abgebildet wird[24]. Die spätere Forschung hat noch weit mehr Möglichkeiten der Dynamik

---

[23] v. Neumann – Morgenstern (1961) 42–45.
[24] Vgl. Shubik (1965) 25–39.

berücksichtigt. Iklé z. B. setzt sich gegen die traditionelle Theorie ab, die von einem stabilen und dem Entscheidungsträger auch bekannten Nutzen ausgeht. Zusammen mit Leites hat er ein Modell entwickelt, das beide Bedingungen, die Stabilität und die Bekanntheit des Nutzens, lockert und ein Konzept von Verhandlungsprozeduren enthält, das Änderungen der Ziel- und Nutzenvorstellungen zuläßt. An einem noch sehr einfachen Beispiel, dem Abrüstungsgespräch zwischen zwei Staaten, in dem nur die Anzahl der Inspektionen ausgehandelt wird und bei dem die eine Seite eine kleinere, die andere eine größere Zahl von Inspektionen vorzieht, zeigen die Autoren, wie man auch im Rahmen der Spieltheorie die Möglichkeit von echten wie vorgetäuschten Zugeständnissen in die Verhandlungsprozesse einbauen und einen rationalen Prozeß des Nutzenausgleichs durchführen kann. Die Verhandlungspartner haben, so das Modell, eine Minimumdisposition: eine noch ziemlich unklare Vorstellung von minimalen Bedingungen, ohne deren Erfüllung sie lieber gar kein Abkommen schließen. Die Teilnehmer am Verhandlungsprozeß haben ferner eine „Disposition zur Präferenz", eine Vorausschätzung darüber, welche Alternativen sie für das Übereinkommen vorziehen[25]. Insofern weder die Minimum- noch die Präferenzdisposition einen präzisen Wert, vielmehr eine Bandbreite bzw. eine Richtung der Nutzenvorstellungen bezeichnen, steht die Zielfunktion der Verhandlungsteilnehmer nicht schon im voraus klar und definitiv fest. Die strengen Stabilitäts- und Bekanntheitsbedingungen sind in der Tat aufgehoben.

Schon im Zusammenhang der Theorie individueller Entscheidungen hatte man sich um eine Dynamisierung der

[25] F. C. Iklé, N. Leites, Verhandlungen – ein Instrument zur Modifikation der Nutzenvorstellungen, in: Shubik (1965) 255–270.

Zielfunktionen bemüht. Dort finden die Veränderungen der Nutzenvorstellungen aber im Rahmen der Nutzentheorie, also vor dem Entscheidungsprozeß statt. In der dynamisierten Spieltheorie werden die Veränderungen in den Entscheidungsprozeß selbst hereingenommen. Sie machen sogar den eigentlichen Kern der als Verhandlungsprozeß durchgeführten Entscheidung aus. Die Dynamik der Nutzenvorstellungen ist nicht mehr aus der eigentlichen Entscheidung ausgeschlossen und in einen vorrationalen Raum verbannt. Ist damit die eigentümliche Dynamik menschlicher Entscheidungsprozesse wenigstens „im Prinzip" getroffen?

Durch Minimum- und Präferenzdispositionen werden die Stabilitäts- und Bekanntheitsbedingungen gelockert, aber nicht grundsätzlich aufgehoben. Auch wenn die untere Grenze für ein Abkommen nur durch einen Spielraum definiert und die Präferenzen nur durch eine Richtung angezeigt sind, bleibt die Zielfunktion ein Datum; sie steht in der entsprechend lockeren Form doch endgültig fest. Vor allem der schon bei der Theorie der Individualentscheidungen zu konstatierende Mangel an Selbstreflexion in bezug auf die Ziele trifft auch für die dynamisierte Spieltheorie zu. Eine methodisch unternommene Aufklärung und eine damit zugelassene Distanz und Kritik gegenüber den anfänglichen Ziel- und Nutzenvorstellungen unterbleibt. Eine daraus gegebenenfalls hervorgehende substantielle Veränderung wird nicht einmal als Möglichkeit in die Struktur des Spieles aufgenommen. Der Ansatz der rationalen Entscheidungstheorie, die Anleitung zu einer Wahl, in der die Entscheidungsträger nur die Bedingungen für sich selbst zu verbessern suchen und in der der Maßstab für das Bessere im voraus festliegt, bleibt erhalten.

Auch eine noch weitergehende Dynamisierung der Theo-

rie, wie sie etwa in den *offenen Spielen* einer fortgeschrittenen Planspieltechnik zum Ausdruck kommt,
bringt nur eine graduelle und keine qualitative oder
strukturelle Veränderung. In den offenen Planspielen
wird zwar eine noch realistischere Spielsituation zugrunde gelegt, insofern man unvollkommene und unkorrekte
Information und insbesondere auch natürliche und soziale Faktoren simuliert, die außerhalb der Kontrolle
der Spieler liegen. Darüber hinaus beschränkt man die
Formalisierung des Spieles auf ein Minimum. Die zur
rationalen Entscheidungstheorie gehörende Quantifizie-
rung politischer und ökonomischer Faktoren wird eingestellt, und die Spielregeln werden nur zum Teil im voraus festgelegt, so daß für die Teilentscheidungen der
Spieler ein relativ großer Freiraum bleibt. Selbst Prozesse des Verstehens und des Mißverstehens, jedoch nicht
solche der Ziel- und Nutzen-Reflexion sind zugelassen[26].

In den offenen politischen Planspielen wird die militärische Tradition von Kriegsspielen mit einem erweiterten und differenzierteren Instrumentarium fortgesetzt
und auch auf nichtmilitärische Probleme erweitert. Der
Nutzen simulierter Kriegs- und Friedenssituationen liegt
auf der Hand. Als Mittel zur politischen Trendanalyse,
als Einübung in Kooperation zwischen Spezialisten verschiedener Bereiche, als Anregung der politischen Phantasie und als Hilfsmittel für Unterrichtszwecke sind
Kriegs- und Friedensspiele vielfältig verwendbar[27]. Aber
schon als Vorschriften für rationales Entscheiden ver-

[26] Vgl. H. Goldhammer, M. Speier, Einige Bemerkungen über politische Planspiele, in: Shubik (1965) 273–285.
[27] Vgl. Goldhammer – Speier (1965); H. Guetzkow, Eine Anwendung der Simulationstechnik auf die Untersuchung zwischenstaatlicher Beziehungen, in: Shubik (1965) 286–294.

lieren sie fast jede Bedeutung. Denn in den offenen Planspielen wird der strenge Anspruch der Spieltheorie aufgelöst. Das ursprüngliche und mit sehr hohen Erwartungen besetzte Interesse an einer durchgängig logisch-mathematischen Behandlung sozialer und politischer Aufgaben tritt in den Hintergrund. Die Nutzenkalkulation bezieht sich nicht mehr auf Entscheidungsregeln, die auch nur annähernd präzis sind. Sie schrumpft auf den Wert eines Fluchtpunktes, eines regulativen Zieles zusammen. In demselben Maße wie das strategische Spiel seine Formalisierung verliert, verliert das Rationalitätskriterium seine doch intendierte operative Bedeutung. Das Spiel besteht nicht mehr aus formalisierten Kalkulationen, sondern aus verbalen Analysen und Diskussionen unter politisch gut informierten und urteilsfähigen Spielern.

Man kann sich eine weitere Entwicklung der Spieltheorie vorstellen, in der nach dem Anspruch auf Formalisierung auch noch der strenge Rationalitätsbegriff gelockert wird: Rationale Spieler sollen ihre Auszahlungen nicht, dem Optimierungsprinzip folgend, ins Beliebige steigern, vielmehr bloß einen gegenüber ihren Konkurrenten deutlichen und sicheren Gewinn anstreben. Anstrengungen darüber hinaus gelten nicht mehr als rational. Analog der fortgeschrittenen Theorie der Individualentscheidungen werden nicht mehr maximale, sondern nur noch zufriedenstellende Lösungen gesucht.

Selbst in diesen Entwicklungslinien: in den offenen Planspielen wie bei einem gelockerten Rationalitätsbegriff bleibt das Rationalitätskriterium subjekt-relativ. Genauso wenig wie die Zielvorstellungen in bezug auf den Entscheidungsträger reflektiert werden, findet eine Zielreflexion in bezug auf die soziale Situation statt. Eine methodische Distanz gegenüber dem individuellen Selbstinteresse wäre allenfalls akzidentell, nämlich unter der

Rubrik „Zufallsfaktoren" unterzubringen. Daß man durch Überlegung und Argumentation sich oder andere zur Einsicht bringen kann, die in Konkurrenz stehenden Interessen hätten unterschiedliche Dignität oder soziale Legitimation, ist grundsätzlich nicht vorgesehen, obwohl doch eine unterschiedslose Behandlung aller Zielvorstellungen, der sozialen wie der sozialneutralen und der unsozialen, zu unverantwortlichen Konsequenzen führt. Eine von sozialen Überlegungen getragene inhaltliche Kontrolle der Interessen wird gegenüber der rationalen Durchsetzung vergessen. Das spieltheoretisch bestimmte Entscheidungsverhalten entspricht einem rationalen Sozialdarwinismus.

Auch in strategischen Verhandlungsprozessen ist ein Lernen und Sichverändern nicht nur möglich, sondern sogar unumgänglich. Der jeweiligen Interessen- und Machtkonstellation entsprechend, muß jede Partei ein Stück ihrer ursprünglichen Interessen zurücknehmen und sich auf einen Kompromiß einlassen. Schon in der Theorie rationaler Individualentscheidungen war ein Kompromiß erforderlich, den der einzelne in der Beurteilung seiner sich widerstreitenden Ziele mit sich selbst schließen muß. Während dort der Kompromiß für die Aufstellung einer konsistenten Nutzenfunktion gebraucht wird und dem eigentlichen Entscheidungsprozeß vorgelagert ist, findet er hier innerhalb der Entscheidung und zwischen verschiedenen Entscheidungsträgern statt. Daher ist das Lernen und Verändern nicht mehr in den vorrationalen Raum verbannt. Gleichwohl findet es – ohne Argumentation und Reflexion, ohne Distanz, Kontrolle und Einsicht – ausschließlich nach Maßgabe von partikularen Interessen und den dahinter stehenden Kräfteverhältnissen statt. (Dabei darf man den Begriff der Macht bzw. der Kräfteverhältnisse nicht zu eng verstehen. Er bezeichnet nicht nur physische Gewalt, nicht nur das Potential von Waffen und Waffensystemen, ökonomischen Kräften oder geopolitischen Vorteilen, sondern alles, was in der Konkurrenzsituation für die Durchsetzung der eigenen Interessen förderlich ist. Zu den Kräfteverhältnissen gehören auch Informationsbedingungen, Überredungskunst und Verhandlungsgeschick.)

In einem Lernen, das ausschließlich durch Vorteil und Macht bestimmt ist, in einem strategisch-adaptiven Lernprozeß, werden die Interessen nicht in einem vollen Sinn freiwillig verändert. Das Lernen wird entweder als ein Stück versagter Interessenerfüllung erfahren, oder aber die Interessen werden überhaupt nicht wirklich verändert, sondern nur auf einen späteren Zeitpunkt zurückgestellt.

Die kritische Analyse des Begriffs formaler Wahlrationalität war auf einen grundsätzlichen Mangel an reflexiver Überlegung gestoßen, durch den jede Zielreflexion, selbst eine nach Maßgabe des Eigeninteresses ausgeschlossen ist. Die Rationalität von Entscheidungen, die dort in einer bestimmten und zugleich sehr einschneidenden Reduktion gefaßt ist, widersprach aber nicht dem Umstand, daß der entsprechende Rationalitätsbegriff in fest umgrenzten Teilaspekten eine sinnvolle Orientierung leistet. In analoger Weise ist eine überschießende Kritik gegen die Spieltheorie und ein strategisches Entscheidungsverhalten abzuwehren. Die Eliminierung einer Zielreflexion aus sozialem Interesse kann legitim sein. Dort, wo sich die konkurrierenden Entscheidungseinheiten, der zur Entscheidung stehende Gegenstand oder beides gegenüber reflexiver Überlegung und Argumentation als unzugänglich erweisen, erlaubt die Spieltheorie eine formale Analyse allgemeiner Eigenschaften von

Macht, Konflikt und Kooperation[28]. Auf der einen, der Meta-Ebene von Konfliktsituationen gelingt es der Theorie, die Begriffe, die bei der wissenschaftlichen Untersuchung von Konfliktproblemen auftreten, zu präzisieren. In den Beiträgen zur Klärung und Formalisierung von Begriffen wie Strategie, Macht, „optimale" Wahl liegt vielleicht sogar die Hauptleistung. Daß so komplexe Tätigkeiten wie Kriege nicht Situationen schaffen, in denen der eine das gewinnt, was der andere verliert; daß beim Feilschen zweier Handelspartner der im Vorteil ist, der eine feinere Nutzenskala hat; daß bei Abstimmungen die Ausschußmitglieder, die noch überzeugt werden müssen, ein überproportional großes Gewicht erhalten – solche Einsichten können in der Spieltheorie quantifiziert und bewiesen werden[29].

Auf der anderen, der Objekt-Ebene von Konflikten tragen spieltheoretische Modelle dazu bei, die Durchführung von Diskussionen, Meinungsverschiedenheiten und selbst von Feindseligkeiten zu objektivieren und einer wissenschaftlichen Anleitung zugänglich zu machen. An die Stelle der naturwüchsigen Auseinandersetzung tritt die methodisch geleitete rationale Analyse: die Aufforderung, das Problem in Teilschritte aufzugliedern und jeden Teilschritt zu präzisieren; die Erkenntnis von Folgewirkungen zukünftiger Entscheidungen und die Anlei-

---

[28] Die Spieltheorie ist nicht zufällig in den USA der 50er Jahre politisch wirksam geworden. Denn zum einen bestehen Entscheidungsprozesse in den USA aufgrund der politischen Grundstruktur aus endlosen Aushandlungsprozessen (vgl. R. A. Dahl, A Preface to Democratic Theory, Chicago – London [11]1970, 50), und zum anderen waren, außenpolitisch gesehen, die 50er Jahre vom kalten Krieg und von der Abschreckungstheorie beherrscht.

[29] Vgl. etwa die Beiträge von L. S. Shapley, M. Shubik; von I. Mann, L. S. Shapley; R. D. Luce, A. A. Rogow; J. Harsanyi; D. Ellsberg u. a. im Sammelband von Shubik (1965); ferner Klaus (1968) 281 ff.

tung zu einem zweckmäßigen, den eigenen Nutzen kalkulierenden Austragen von Wettbewerbs- und Konfliktproblemen[30].

Sittlich-politisch betrachtet, ist dieser Sachverhalt jedoch ambivalent. Indem die strategische Kalkulation von Konfliktsituationen ihre emotionsfreie Lösung kultiviert, plädiert sie, worauf schon Rittel aufmerksam gemacht hat[31], Auseinandersetzungen, die nicht lohnen, erst gar nicht anzufangen. Sie plädiert aber, was Rittel nicht sieht, ebenso dafür, gewinnversprechende Konflikte zielstrebig oder, wie man umgangssprachlich sagen würde, ohne Rücksicht und Erbarmen auszutragen. Die Kategorie der Macht verändert ihre inhaltliche, nicht ihre strukturelle Bedeutung. Zwar ist unter Macht in erster Linie nicht impulsive oder charismatische Kraftentwicklung und schon gar nicht rohe Gewalt, vielmehr rationale Selbstbehauptung gemeint. Aber der in solcher Weise transformierte Begriff bleibt die kategoriale Stütze der Theorie. Die ausschließlich partikular orientierte Interessenbefriedigung steht über einem sittlich-kommunikativen Interesse. Zwar kann ein zu kurzsichtiges Eigeninteresse überwunden werden. In der Entwicklung der Spieltheorie zu offenen und interdisziplinären Planspielen korrigiert ein systemanalytisch qualifiziertes strategisches Denken ein Selbstinteresse, das sich auf Teilaspekte beschränkt und nicht den Zusammenhang mit anderen Aspekten (bei der Industrialisierung etwa den Zusammenhang mit Rohstoffbeanspruchung und Um-

---

[30] Für die spieltheoretische Forschungsrichtung, die eine immer vollständigere Mathematisierung ansteuert, um die Probleme einer Behandlung durch Datenverarbeitungsmaschinen zugänglich zu machen, ist wegweisend: S. Vajda, The Theory of Games and Linear Programming, London 1956.
[31] Rittel (1963) 26 f.

weltzerstörung, bei der Bildungsplanung die Interdependenz mit Wirtschafts- und Arbeitsplanungen) überlegt. Strategische Entscheidungsmodelle korrigieren ein zu enges Selbstinteresse auch dort, wo sie Konsequenzen eines nichtkooperationswilligen Eigeninteresses präzis darstellen. Das Eigeninteresse selbst wird aber nicht aufgehoben. Jede rein strategische Interaktion führt dazu, daß Minoritäten und schwächere Verbände, geringer organisierte Interessen und vor allem latente und deshalb gar nicht organisierte Interessen unterdrückt oder ausgebeutet werden. In einem rationalen Spiel wird der Schwächere vom Stärkeren gemäß der Differenz ihrer Drohpotentiale (threat potentials) benachteiligt, und dies mit Notwendigkeit. Überdies steigert sich oft genug im Fortgang einer rein strategischen Interaktion die Ungleichheit. Ohne exogene Faktoren, die wie sozialstaatliche und regionalplanerische Maßnahmen auf Kompensation abzielen, hat die Benachteiligung, die aus dem freien Spiel der Kräfte resultiert, die kumulative Wirkung negativer Rückkoppelung. Ein Entscheidungsprozeß, in dem man den eigenen Vorteil als solchen wenigstens teilweise aufgibt und eine gemeinsame Handlungsbasis sucht, die nicht ausschließlich nach Maßgabe von Vorteil, Macht und Geschicklichkeit definiert ist, kurz: ein als Strategie der Humanität zu qualifizierender Entscheidungsprozeß ist ab ovo ausgeschlossen[32].

---

[32] Arnaszus (1974) vermißt in der Spieltheorie (a) die Frage nach den Ursachen von Konflikten: nach den sie determinierenden Prozessen und Relationen (165, 191 u. a.) und (b) eine Dynamik, die qualitative Übergänge eines Spielsystems in ein anderes zuläßt. Diese Kritikpunkte sind sicher zutreffend. Der Mangel an sozialer Zielreflexion ist aber ein grundsätzlicherer Einwand. Er bleibt auch dann gültig, wenn man eine durch Arnaszus' Kritikpunkte angeleitete Transformation oder Erweiterung der Spieltheorie vornimmt.

Eine Kontrollüberlegung vermag diese These zu unterstützen. Die unter der Leitung von D. Meadows durchgeführte Studie des Club of Rome „Zur Lage der Menschheit" hat in ihrer popularisierten Fassung eine große Publizität erlangt[33]. Auch wenn man ihre Aussagen teils nicht für neu, teils für zu undifferenziert und nicht hinreichend abgesichert hält[34], kann man die Studie zur Illustration heranziehen. Die am „Institute of Technology" durchgeführten Berechnungen sind bekanntlich zu dem Schluß gekommen, daß eine Fortsetzung des gegenwärtigen Wachstums in der Industrialisierung und Bevölkerungsentwicklung schon im Laufe der nächsten hundert Jahre zu der, physikalisch gesehen, absoluten Wachstumsgrenze auf der Erde führen muß. Wenn ein weiter anhaltendes Wachstum mit nur geringen zeitlichen Verschiebungen für alle Teile der Erde zu katastrophalen Folgen kommt, ist die Alternativlösung, ein ökologischer Gleichgewichtszustand, für alle Seiten von Gewinn. Ein solcher Gleichgewichtszustand ist aber in höchst unterschiedlicher Form denkbar. Ob die Differenz zwischen den reichen und den armen Ländern einfach „festgefroren" wird, ob innerhalb der reichen Staaten der Nahrungsmittelversorgung für die Ärmeren die Priorität gegenüber besseren Dienstleistungen für die Reicheren einzuräumen ist – solche Fragen werden erst in Entscheidungsprozessen gelöst, die sich nicht dem ökologischen Gleichgewicht als solchem, sondern einem „humanen" Gleichgewicht verpflichtet wis-

---

[33] Meadows (1972).
[34] Die Studie hat geradezu eine Flut von positiven wie negativen Auseinandersetzungen hervorgerufen. Nur als Beispiel: W. L. Oltmans (Hg.), ‚Die Grenzen des Wachstums'. Pro und Contra, Hamburg 1974; eine Weiterentwicklung der Meadows-Forester-Studie und zugleich eine Antwort auf manche Kritiken: M. Mesarovic, E. Pestel, Menschheit am Wendepunkt, Stuttgart 1974.

sen. Sofern sich diese neue Dimension von Überlegungen mehr für die benachteiligte und wahrscheinlich auch schwächere Seite auszahlt, steht sie mit einem bloß strategischen Denken sogar im Widerspruch.

Noch ein anderes Beispiel: Für die Struktur von Bildungseinrichtungen und die Qualität ihrer Lehr- und Lernprozesse ist es entscheidend, ob Bildungspolitik allein von Gesichtspunkten des Überlebens der Gesellschaft, der internationalen Konkurrenzfähigkeit und dem Wohlstand für alle bestimmt ist oder ob man dem Bildungsprozeß über die mehr instrumentalen und pragmatischen Dimensionen hinaus ein Interesse an Selbstverwirklichung und an Mündigkeit zugesteht. In diesem Zusammenhang soll keine inhaltliche Entscheidung präjudiziert, sondern nur auf einen methodischen Mangel im strategischen Denken aufmerksam gemacht werden. Sofern die rein pragmatisch orientierte Bildungspolitik sich mehr für die gegenwärtigen Entscheidungsträger, die Alternative sich mehr für die nächste bzw. übernächste Generation auszahlen könnte, wird ein rein strategisches Denken, ohne sich auf eine inhaltliche Diskussion einlassen zu müssen, gegen das Interesse an Selbstverwirklichung und Mündigkeit votieren. – Um zu der Studie von Meadows zurückzukehren: für rein strategisch orientierte Entscheidungsträger ist es nicht einmal rational, das Wachstum schon jetzt abzubremsen, wenn sich die katastrophalen Folgen nicht schon für die Entscheidungsträger selbst, sondern erst für die nächste oder übernächste Generation bemerkbar machen. Nicht nur das humane Leben, sondern schon das bloße Überleben ist durch ein rein strategisches Denken gefährdet[35].

---

[35] Vgl. das sog. *Gefangenendilemma*, nach dem in einem Zwei-Personen-Nichtnullsummenspiel, das Kommunikation zwischen den Spielern ausschließt, das rationale und deshalb antagonistische Ver-

Die oben angedeutete sinnvolle Verwendung der Spieltheorie in bestimmten Situationen wird damit nicht zurückgenommen, wohl aber die These einer generellen Verwendbarkeit für Konkurrenzsituationen bestritten. Spieltheorie und strategisches Denken sind in Grenzfällen, nicht im Normalfall sinnvoll.

Shubik, einer der Hauptvertreter der Spieltheorie, ist überzeugt, die Theorie analysiere die Entscheidungsprozesse interdependenter Entscheidungsträger zwar nicht in ihrer ganzen Komplexität, gleichwohl treffe sie nicht nur Randerscheinungen, sondern den Kern dieser Prozesse[36]. Dieser Anspruch der Spieltheorie ist für ihre präskriptive Verwendung und unter dem Aspekt einer an Humanität orientierten Entscheidungsfindung nicht haltbar. Das im Begriff einer Versachlichung und Rationalisierung implizierte negative Moment richtet sich nur gegen ein aus emotionalen, traditionellen oder anderen Gründen bestimmtes naturwüchsiges Reagieren. In einer mit strategischer Kalkulation identifizierten Entscheidungsrationalität wird Konfliktlösung auf Selbstinteresse und tatsächliche Machtverhältnisse fixiert. Auch in der Transformation des Grundansatzes rationaler Wahl zur strategischen Interaktion verliert das eigentlich ökonomische Paradigma rationale Nutzenkalkulation nicht den Charakter bestenfalls partiell gültiger Rationalität. Für einen sittlich-politischen Begriff von Entscheidungsfindung verbindet sich mit dem Vereinfachen ein Verstellen der Problematik.

Auch ohne einen genuin ethischen Standpunkt lassen sich

halten der Spieler eine für beide optimale Spielweise grundsätzlich verhindert: Shubik (1965) 46 f.; vgl. A. Rapoport, A. M. Chammah, Prisoner's Dilemma – A Study in Conflict and Cooperation, Ann Arbor/Mich. 1965.

[36] Shubik (1965) 91.

Argumente gegen eine ausschließlich strategisch orientierte Konfliktlösung vorbringen. Es gibt Spiele, die unter bloß strategischen Gesichtspunkten keine stabilen Lösungen haben. So unglaubwürdig es prima facie erscheinen mag: wenn drei Personen (A, B, C) eine gegebene Nutzenmenge, z. B. einen Geldbetrag, durch Mehrheitsbeschluß untereinander aufteilen sollen und ihnen dabei Absprachen: Koalitionen, Bestechungen usf. zugelassen sind, existiert keine feste Lösung, die nicht auf limitierende extrastrategische Grund- oder Rahmennormen zurückgreift. Denn sofern sich einmal A und B probeweise darauf einigen, C auszubooten und sich gegenseitig die Hälfte des Nutzenbetrages zuzuerkennen, ist es zur Vermeidung dieses absolut höchsten Verlustes für C rational, A zu bestechen, ihm mehr als die Hälfte, aber weniger als das Ganze zu bieten, so daß B leer ausgeht. Dann aber ist es sowohl für B wie für C besser, A auszustechen und die Nutzenmenge miteinander „brüderlich" zu teilen, womit sich A gezwungen sieht, einem Partner mehr zu bieten, und so fort. Welche Übereinkunft auch immer vorgeschlagen wird – es ist für jeweils zwei Spieler möglich, ein besseres Geschäft zu machen und miteinander den dritten zu benachteiligen.

Im tatsächlichen Leben mag die skizzierte Instabilität kaum vorkommen. Entweder man zieht aufgrund persönlicher Bindungen eine bestimmte Koalition vor, oder – schon deshalb, weil persönliche Bindungen selten „um jeden Preis", nämlich auch angesichts des höchst vorteilhaften Angebots halten, im Verhältnis von 80 zu 20 zu teilen – man richtet sich bewußt oder aus Gewohnheit nach Fairneß-Überlegungen, stellt alle Spieler gleich und drittelt den Nutzenbetrag. In beiden Fällen verläßt man aber die Dimension strategischer Rationalität und greift auf vorrationale Elemente, wie persönliche Bindungen, oder auf post-rationale, wie Fairneß-Überlegungen, zurück[37]. Der Befund bleibt also gültig: die Rationalität der Spieler ist nicht in allen Fällen eine Garantie dafür, daß strategische Konflikte überhaupt eine stabile Lösung haben. Die Kritik an der Spieltheorie ist noch zu verschärfen: der Ansatz strategischer Interaktion stößt nicht erst unter den Aspekten von Humanität oder von Überleben, sondern schon immanent auf Grenzen.

---

[37] Auch von Vertretern der Spieltheorie sind Fairneß-Kriterien (sogenannte Schlichtungsregeln) entwickelt worden. Die bekanntesten Lösungsvorschläge stammen von Nash, Raiffa und Braithwaite. Eine einzige, alle zufriedenstellende Lösung existiert noch nicht. Vor allem aber wird durch die Einführung von Schlichtungsregeln eine neue, nicht streng strategische Spielsituation geschaffen. – Eine knappe Übersicht über die verschiedenen Lösungsvorschläge zum Problem einer „gerechten Verteilung": Shubik (1965) 59–65.

4. Die politische Ethik des Utilitarismus

Eine zur strategischen Konkurrenz alternative Darstellung der Entscheidungsproblematik angesichts von Konfliktsituationen findet sich in der Wohlfahrtsökonomie und ihrer gegenwärtig vorgenommenen Ausweitung zu einer allgemeinen Theorie sozialer Wahl[1]. Mit der veränderten Darstellung verbindet sich folgerichtig auch eine veränderte Lösung der Entscheidungssituation. Die Sozialwahltheorie betrachtet die Spieler nicht als autonome Entscheidungseinheiten, die, mit unterschiedlichen Machtpotentialen ausgestattet, je für sich ihren Nutzen zu maximieren trachten. Die Spieler gelten vielmehr als

---

[1] Aus der umfangreichen Literatur:A. Bergson, Essays in Normative Economics, Cambridge/Mass. 1966; K. Boulding, Einführung in die Wohlfahrtsökonomie, in: G. Gäfgen (Hg.), Grundlagen der Wirtschaftspolitik, Köln – Berlin 1966, 77–109; E. J. Mishan, Ein Überblick über die Wohlfahrtsökonomik. 1939–1959, ebd. 110–176; P. A. Samuelson, Foundations of Economic Analysis, Cambridge/Mass. 1948, bes. c. 8; K. J. Arrow, Social Choice and Individual Values, New York 1951; ders., Values and Collective Decision-Making, in: P. Laslett, W. G. Runciman (Hg.), Philosophy, Politics, and Society, Bd. III, Oxford 1967, 215–232; Luce-Raiffa (1957), bes. c. 14; J. de Graaf, Theoretical Welfare Economics, Cambridge 1957; I. M. D. Little, A Critique of Welfare Economics, Oxford ²1957; J. Rothenberg, The Measurement of Social Welfare, Englewood Cliffs/N. J. 1961; E. v. Beckerath, H. Giersch u. a. (Hg.), Probleme der normativen Ökonomik und der wirtschaftspolitischen Beratung, Berlin 1963 (mit Beiträgen von E. Sohmen, E. Lauschmann, R. Jochimsen, H. K. Schneider, G. Gäfgen, P. Streeten u. a.); Gäfgen (1968) c. 8, 14; A. K. Sen, Collective Choice and Social Welfare, San Franzisko 1970.

Mitglieder einer sozialen Gruppe, die trotz konkurrierender individueller Zielfunktionen – die wertpluralistische Ausgangssituation bleibt erhalten – als Gruppe eine gemeinsame Zielordnung anstrebt. Eine solche kollektive Zielordnung, Sozialwahlfunktion genannt, soll durch einen Interessenausgleich ohne Berücksichtigung der individuellen Kräfteverhältnisse: durch eine Aggregation der individuellen Zielfunktionen realisiert werden. Die Aggregation wird durch Regeln bestimmt, die gewissen Postulaten der Fairneß genügen, ansonsten aber der Prämisse rationaler Theorien, der Nutzenmaximierung, verhaftet bleiben. Der Unterschied zu den bisher diskutierten Formen rationaler Entscheidungstheorie besteht darin, daß zur Maximierung nicht ein individueller, sondern ein sozialer Nutzen, der kollektive Gesamtnutzen, kommen soll.

Definiert man Fairneß als Ausschluß einer unterschiedlichen Behandlung der Beteiligten, dann hat der Begriff schon innerhalb der Spieltheorie und ihres rein strategischen Denkens einen Sinn. Fair sind Spiele, deren Regeln keinen Partner diskriminieren, sondern jedem dieselbe Rolle und damit dieselben Möglichkeiten zuweisen. Fair sind Spiele, in denen die Spieler zu Beginn untereinander austauschbar sind. Fairneß auf seiten der Spielerrollen garantiert aber keine faire Lösung: keine symmetrische Verteilung der Nutzenanteile. Durch Koalitionsbildung und andere Formen der Absprache versucht man im Verlauf des Spieles, den Kreis derer zu verkleinern, die am Gewinn zu beteiligen sind. Man bemüht sich um eine asymmetrische, für sich selbst aber vorteilhaftere Verteilung der Nutzenmenge. Im Unterschied zur Spieltheorie sind in der Sozialwahltheorie Fairneß-Gesichtspunkte nicht nur für den Beginn, sondern auch für den Verlauf des Entscheidungsprozesses und damit für die Bestimmung der Spielresultate maßgeblich. Die Theorie untersucht die Entscheidungsfindung von Gruppen, deren Interaktion nicht durch Parteienbildung und Macht-Konstellationen geprägt ist. Die Rationalität von Kollektiv-Entscheidungen folgt nicht dem Muster von machtdeterminierten, sondern dem von fairneßbestimmten Kompromissen. Im Rahmen des Paradigmas Nutzenkalkulation wird ein erster Schritt in Richtung auf eine an Humanität orientierte öffentliche Entscheidungsfindung getan.

In der Entwicklung der Sozialwahltheorie lassen sich vier Stufen unterscheiden: die utilitaristische Ethik (Bentham, Mill, Sidgwick), die ältere Wohlfahrtsökonomie (besonders Pigou), die neuere Wohlfahrtsökonomie (Pareto, später A. Bergson, Samuelson, Kaldor, Hicks) und die sich von der engeren, der ökonomischen Orientierung lösende Sozialwahltheorie (Arrow, Goodman, Markowitz, Sen, Gäfgen)[2].

Die erste Stufe, die utilitaristische Ethik, ist nicht nur eine von heute aus gesehen naive Vorstufe der Sozialwahltheorie. Denn der Utilitarismus ist für die Theorien rationaler Wahl insgesamt von historischer und systematischer Bedeutung. Geistes- und wissenschaftsgeschichtlich gesehen, verdanken sich diese Theorien der Konvergenz mehrerer Entstehungslinien. Vor allem die mathematische Wahrscheinlichkeitstheorie[3] und die in der klassischen Nationalökonomie angesetzte methodische Fiktion des homo oeconomicus[4] haben den rationalen Ent-

---

[2] Vgl. auch A. Bohnen, Die utilitaristische Ethik als Grundlage der modernen Wohlfahrtsökonomie, Göttingen 1964.

[3] Die wichtigsten Beiträge stammen von den schon erwähnten Autoren: D. Bernoulli, Th. Bayes, F. B. Ramsey, B. de Finetti, J. Savage, J. v. Neumann.

[4] Vgl. v. Neumann – Morgenstern (1961) c. 1.

scheidungstheorien in hohem Maße vorgearbeitet. Der Grundgedanke, mit dem Paradigma Nutzenkalkulation könnten Entscheidungsprozesse normativ angemessen verstanden werden, gehört noch zur dritten Herkunftslinie, zum utilitaristischen Denken des 18. und 19. Jahrhunderts[5]. Der besonders in England entwickelte, aber auch in Frankreich aufgegriffene utilitaristische Ansatz charakterisiert nicht nur eine der bedeutenden ethischen und sozialphilosophischen Strömungen der Neuzeit. Er ist darüber hinaus für einen Teil der Entwicklung der Nationalökonomie[6] sowie für viele soziale und politische Reformen in den westlichen Industriegesellschaften die – bewußt oder unbewußt – leitende ethische Grundkonzeption.

Obwohl sich utilitaristisches Gedankengut schon früher, etwa bei Cumberland und Hume, bei Gay, Tucker, Paley und Priestley sowie Helvetius und Beccaria findet, kann doch Bentham beanspruchen, den Utilitarismus zum ersten Male systematisch entwickelt und dargestellt zu haben[7].

Während denn auch im anglo-amerikanischen Sprachraum die Theorie seitdem zwar nicht immer als die richtige moralphilosophische Position akzeptiert, aber als zumindest diskussionswürdiger Ansatz anerkannt und vielfach differenziert und verbessert worden ist, hat

---

[5] Vgl. Bohnen (1964).

[6] Etwa über H. Sidgwick, Principles of Political Economy, London [3]1901 ([1]1883), dessen 3. Buch auf die in „The Methods of Ethics", London [7]1907 ([1]1874) ausgearbeitete utilitaristische Moralphilosophie zurückgreift. – Vgl. auch Bohnen (1964).

[7] J. Bentham, An Introduction to the Principles of Morals and Legislation, London 1789. Angeregt wurde Bentham durch J. Priestley, in dessen „Essay on Government" sich die Formulierung „the greatest happiness of the greatest number" findet. Vgl. M. Warnock (Hg.), Utilitarianism, Cleveland/Ohio [7]1970, Introduction.

die Philosophie in Deutschland den Utilitarismus wenig rezipiert, überdies durchwegs polemisch[8]. In der Umgangssprache nennt man den einen Utilitaristen, der nur auf den eigenen und kurzfristigen Nutzen schaut und dabei keine „höheren Werte und Ideale" kennt. Der Ausdruck kann geradezu denunziatorisch wirken: wer als Utilitarist bezeichnet wird, soll damit moralisch oder politisch disqualifiziert werden. Während in Logik und Wissenschaftstheorie, in Sprachphilosophie und neuerdings auch in der Meta-Ethik die Barriere unterschiedlicher Traditionen zwischen anglo-amerikanischem und deutschem Sprachraum überwunden wird, bleibt die normativ-ethische Diskussion davon noch weitgehend ausgenommen. Trotz einiger Ansätze zu einer Rezeption des Utilitarismus[9] ist die zunehmende Beschäftigung der Philosophie mit Fragen der Politik und Gesellschaft, sind die teilweise in polemischer Schärfe geführten Diskussionen um den Begriff und die methodische Explikation vernünftiger Kommunikation und Interaktion ohne wesentliche Rückgriffe auf die utilitaristische Theorie ausgekommen.

---

[8] Eine ausgewogene Auseinandersetzung bei W. Dilthey, System der Ethik, in: Gesammelte Schriften Bd. X, Stuttgart – Göttingen 1958, c. 3; eine kürzere Diskussion bei M. Scheler, Der Formalismus in der Ethik und die materiale Wertethik, Bern ⁵1966, 187–189. Polemische Bemerkungen bei F. Nietzsche. Jenseits von Gut und Böse, Nr. 225, in: Werke ed. Schlechta II 689 f. u. a.; K. Marx, F. Engels, Die Deutsche Ideologie, in: MEW III 394 ff. u. a.; N. Hartmann, Ethik, Berlin ³1949, c. 9–10.

[9] H. Albert, Politische Ökonomie und rationale Politik. Vom wohlfahrtsökonomischen Formalismus zur politischen Soziologie, in: Theoretische und institutionelle Grundlagen der Wirtschaftspolitik. Th. Wessels zum 65. Geburtstag, Berlin 1967 a, 59–87; G. Patzig, Ethik ohne Metaphysik, Göttingen 1971, 32–61; N. Hoerster, Utilitaristische Ethik und Verallgemeinerung, Freiburg – München 1971 (dazu die ausführliche Besprechung von G. Patzig in: Zeitschrift für philosophische Forschung 26 [1972] 622–627).

Um die erste und zudem philosophische Entwicklungsstufe der Sozialwahltheorie und um darüber hinaus die ethischen Grundlagen der rationalen Theorien überhaupt zu untersuchen, soll im folgenden die politische Ethik rekonstruiert werden, die dem Paradigma Nutzenkalkulation immanent ist. Diese Rekonstruktion ist weniger von einem historischen[10] als einem systematischen Interesse geleitet. Sie will zeigen, inwieweit die Kritik an den rationalen Entscheidungstheorien die Basis-Ethik selbst, den Utilitarismus, trifft und inwieweit nur seine zeitgenössischen Modifikationen.

4.1 Einige Grundthesen des Utilitarismus

In der im englischen Sprachraum gegenwärtig wieder sehr lebhaft geführten Diskussion taucht der Titel „Utilitarismus" im allgemeinen nicht allein, sondern nur mit zusätzlichen Qualifikationen auf. Man spricht von negativem und von positivem, von subjektivem und objektivem, von hedonistischem und von idealem Utilitarismus, und vor allem wird zwischen einem Handlungs- und einem Regel-Utilitarismus (act-, rule-utilitarianism) unterschieden[11]. Der Ausdruck „Utilitaris-

---

[10] Zur Geschichte des Utilitarismus: E. Albee, A History of English Utilitarianism, New York ²1957 (¹1902); L. Stephen, The English Utilitarians, 3 Bde., London 1900; F. Jodl, Geschichte der Ethik, Bd. I 3, II 3, Stuttgart – Berlin ²1906, ²1912; E. Halévy, The Growth of Philosophical Radicalism, London ²1952 (orig.: La formation du radicalisme philosophique, 3 Bde., 1901, 1904); J. Plamenatz, The English Utilitarians, Oxford ²1958; A. Quinton, Utilitarian Ethics, London 1973.
[11] Einen ersten konzisen Überblick über die utilitaristische Ethik vermittelt J. J. C. Smart, Utilitarianism, in: Encyclopedia of Philosophy, Hg. P. Edwards, New York – London 1967, VII 206–212 (Literatur); einige der neueren Darstellungen und Auseinanderset-

mus" ist also weniger die Bezeichnung für eine einzige, in sich homogene Theorie als der Sammeltitel für eine Vielzahl von teils erheblich divergierenden ethischen Positionen. Ohne die Mannigfaltigkeit, Differenziertheit und hohe analytische Subtilität in der Utilitarismus-Diskussion zu unterschätzen[12], ist es für eine kritische Auseinandersetzung unumgänglich, die Komplexität zu reduzieren und – hier vor allem im Ausgang von Bentham[13] und einigen der zeitgenössischen Diskussionsthemen – den Kern des Utilitarismus herauszufiltern.

Die utilitaristische Ethik erklärt das größte Glück der Betroffenen zum Kriterium moralisch richtigen Handelns[14] und beurteilt die Richtigkeit nach den tatsächlichen oder zu erwartenden Folgen. Wie es die jüngsten Diskussionen im englischen Sprachraum zeigen, ist diese Formulierung für sich genommen unpräzise und problematisch. Trotzdem kann man sich schon von ihr

zungen: D. Lyons, Forms and Limits of Utilitarianism, Oxford 1965; D. H. Hodgson, Consequences of Utilitarianism, Oxford 1967; M. D. Bayles (Hg.), Contemporary Utilitarianism, Garden City/N.Y. 1968 (mit Beiträgen von J.O.Urmson, J. Rawls, J.J.C. Smart, H. J. McCloskey u. a.); N. Hoerster (1971); J. J. C. Smart, B. Williams, Utilitarianism – For and Against, Cambridge 1973 (mit kommentierter Bibliographie). – Zum Begriff des Glücks: K. Hammacher, Glück, in: Krings u. a. (1973/74) II 606–614; J. Ritter, O. H. Pesch, R. Spaemann, Glück, Glückseligkeit, in: Historisches Wörterbuch III 679–707.

[12] Vgl. Verf. (Hg.), Einführung in die utilitaristische Ethik, München 1975.

[13] Zu Bentham: D. H. Monro, Bentham, in: Edwards (1967) I 280–285; Halévy (1952); D. Baumgardt, Bentham and the Ethics of Today, Princeton 1952; M. P. Mack, Jeremy Bentham. An Odyssee of Ideas. 1748–1792, Bd. I: London 1962 (enthält eine wertvolle Bibliographie zur Person und zur Sozialgeschichte der Zeit); D. Lyons, In the Interest of the Governed. A Study in Bentham's Philosophy of Utility and Law, Oxford 1973; B. Parekh (Hg.), J. Bentham. Ten Critical Essays, New York 1973.

[14] Vgl. Bentham (1789) Anmerkung zu c. 1.1 (vom Juli 1822).

aus der wesentlichen Qualifikationsmerkmale einer utilitaristischen Ethik vergewissern. Im Utilitarismus liegt eine normative Ethik, genauer eine Theorie der Verpflichtungsurteile vor; es handelt sich ferner um eine teleologische Theorie, die sozial orientiert ist und von Bentham mit dem Instrumentarium einer rationalen Sozialwahl, dem hedonistischen Kalkül, verknüpft wurde. *Erstens:* Während sich die Meta-Ethik darauf konzentriert, die Bedeutung und den Gebrauch praktischer Wörter (richtig, gut, moralisch) oder die formale Logik von Imperativen und Sollenssätzen zu analysieren[15], geht es dem Utilitarismus als einer Theorie moralisch richtigen Handelns in erster Linie keineswegs um die spezifische Rationalität oder Irrationalität der sprachlichen Formen praktischer Rede. Noch weniger handelt es sich hier um die Probleme empirischer Sozialwissenschaften, die untersuchen, wie sich die Menschen tatsächlich verhalten oder wie sie faktisch glauben, sich verhalten zu sollen. Statt dessen wird die Frage „Was soll ich tun?" aufgegriffen und der Versuch unternommen, Kriterien und Prinzipien zu bestimmen, die die beiden einander komplementären Funktionen erfüllen: die Beurteilung menschlicher Entscheidungen, Handlungen, Normen und Institiutionen als moralisch richtig oder falsch und damit auch die Beurteilung moralischer Argumente, jedoch nicht auf ihre formale, sondern auf ihre materiale Gültigkeit.

Während die rationalen Entscheidungstheorien gleicherweise deskriptive, explikative und präskriptive Ver-

---

[15] Zur Meta-Ethik: Ph. Foot (Hg.), Theories of Ethics, Oxford 1967; A. Pieper, Analytische Ethik. Ein Überblick über die seit 1900 in England und Amerika erschienene Ethik-Literatur, in: Philosophisches Jahrbuch 78 (1971) 144–176; G. Grewendorf, G. Meggle (Hg.), Seminar: Sprache und Ethik. Zur Entwicklung der Metaethik, Frankfurt a. M. 1974.

wendungen zulassen, ist die utilitaristische Ethik von vornherein eine präskriptive Theorie. Gegenüber den meta-ethischen Kontroversen ist sie deshalb auch nicht vollständig indifferent. Auch wenn sie nicht eindeutig Partei ergreift, stellt sie sich doch gegen all jene meta-ethischen Positionen, die die moralische Verbindlichkeit auf eine rein subjektive, letztlich bloß willkürliche Einstellung oder Gefühlslage reduzieren. Schon aufgrund der Intention, eine normative oder präskriktive Ethik zu entwerfen, setzt der Utilitarismus voraus, daß man nichtwillkürliche Aussagen über die Richtigkeit von Handlungen machen kann. Selbst dem moralischen Handeln wird eine, wenn auch eigentümliche Rationalität zugesprochen. In dem Bemühen, diese Rationalität zu bestimmen, reiht sich der Utilitarismus in das kontra-szientistische Unterfangen ein, auch die Fragen normativer Orientierung in den Aufgabenbereich methodisch disziplinierten und intersubjektiv kontrollierten Sprechens aufzunehmen[16].

Zweitens: In der englischsprachigen Diskussion unterscheidet man drei Arten normativer Urteile und entsprechend drei Formen normativer Ethik: (a) Urteile über das, was in sich und wahrhaft gut ist: die *außermoralischen Werturteile* (z. B. „Vergnügen ist etwas in sich Gutes"), die denen der traditionellen Theorie des summum bonum als funktional äquivalent gelten; (b) Urteile über Handlungen, Normen und Institutionen unter dem Gesichtspunkt des Richtigen und Falschen, des Erlaubten und Unerlaubten, also Urteile über das, was moralisch geboten, verboten oder freigestellt ist. Zu diesen *moralischen Verpflichtungsurteilen* gehören Urteile wie:

---

[16] Damit wird jedoch kein Anspruch auf strikte Letztbegründung erhoben.

du sollst nicht lügen; man soll ein Versprechen halten; jeder hat das Recht auf ein menschenwürdiges Leben; (c) Urteile über die sittliche Qualität von Handlungsintentionen und Charaktereigenschaften, die in *moralischen Werturteilen* wie „Wohlwollen ist eine Tugend", „Eifersucht ist ein niederer Beweggrund" vorgenommenen Beurteilungen menschlicher Interessen und Dispositionen[17]. Auf der Grundlage dieser Klassifizierung versteht sich die utilitaristische Ethik nicht primär als eine Theorie moralischer oder außermoralischer Werte, sondern als eine Theorie moralischer Verpflichtung (moral obligation). Sie untersucht, wozu man vom moralischen Standpunkt aus inhaltlich angehalten ist.

Drittens: Nach der Vorstellung des Utilitarismus bestimmt sich die Richtigkeit von Praxis nach ihren Resultaten, gleichwie in den verschiedenen Arten des Utilitarismus die Beziehung der Handlungen auf ihre Folgen noch des näheren gesehen und bestimmt wird. Richtigkeit gilt als eine Funktion der Auswirkungen. Es ist dieser Rekurs auf die „Utilität" von Handlungen, die der Ethik ihren mißverständlichen Namen eingetragen hat. Eine leichtfertige Kritik schließt sogar aus der Bezeichnung, daß Moralität mit kruder Nützlichkeit identifiziert, die Ethik auf die Dimension des Funktionalen und Zweckdienlichen beschränkt und somit der moralische Standpunkt, die Anerkennung einer uneingeschränkten Verbindlichkeit, von vornherein verfehlt sei.

In ihrem genuinen, dem englischsprachigen Diskussionskontext steht die utilitaristische Ethik im Gegensatz zu allen deontologischen Positionen. Der Ausdruck „Deontologie" hat heute zwei Bedeutungen: eine meta-ethische

---

[17] Zur Unterscheidung verschiedener Arten normativer Urteile: W. K. Frankena, Analytische Ethik. Eine Einführung, München 1972, 27 f.

und eine normativ-ethische. Während die Deontologie im Sinne einer Meta-Ethik in Analogie zur Modallogik von Aussagesätzen die Modallogik von Sollenssätzen analysiert[18], nimmt die Deontologie im Sinne einer normativen Ethik – und der Utilitarismus ist nur gegen sie gerichtet – Zuflucht zu angeblich prima facie gültigen Verpflichtungen, zu Geboten oder Werten, die, wie Ehrlichkeit, Treue und Dankbarkeit, so fundamental sind, daß sie, moralisch betrachtet, unabhängig von den Konsequenzen ihrer Befolgung von jedem Gutwilligen eingesehen und akzeptiert werden, und daß sie, vom Standpunkt der Philosophie, sich nicht weiter ableiten oder rechtfertigen lassen[19]. Gegen einen solchen dogmatischen Abbruch der Argumentation polemisch, gegen das „trockene Versichern" von intuitiv und nur intuitiv gültigen Verpflichtungen und die damit gesetzte Immunisierungsstrategie ablehnend eingestellt, versucht die utilitaristische Ethik, die Vielzahl handlungsleitender Normen systematisch, nämlich von einem einzigen Kriterium aus, auf ihre Gültigkeit hin zu beurteilen.

Für die philosophische Diskussion in Deutschland mag ein anderer Gesichtspunkt wichtig sein. Im Unterschied zur Ethik Kants wird der Begriff des Moralischen nicht aus einer Analyse der moralischen Subjektivität gewonnen. Als moralisch gilt hier nicht eine bestimmte Qualifikation der Triebfeder menschlichen Tuns. „Moralisch" ist in erster Linie nicht ein Index von Handlungs*intentionen*, sondern einer von Handlungs*folgen*. Wenn aber

---

[18] Vgl. G. H. v. Wright, An Essay in Deontic Logic and the General Theory of Action, Amsterdam 1968; P. Lorenzen, Normative Logic and Ethics, Mannheim 1969, c. 6; und schon Bentham in „Of Laws in General", dazu: H. L. A. Hart, Bentham's ‚Of Laws in General', in: Rechtstheorie 2 (1971) 55–66 und Lyons (1973) c. 6.
[19] Als Hauptvertreter einer normativ-deontologischen Ethik gilt W. D. Ross: The Right and the Good, Oxford 1930.

all die Praxis als moralisch verbindlich gilt, die Gutes hervorbringt und Übel oder Leid vermeidet, dann erscheint die moralische Handlung nur als ein Mittel, moralische Verbindlichkeit tatsächlich auf Zweckrationalität verkürzt und der Vorwurf berechtigt, die Dimension des Moralischen sei überhaupt verfehlt.

Die Berechtigung des Vorwurfs entscheidet sich am Verhältnis der Verpflichtungsurteile zu den Werturteilen. Indem die Unterscheidung dieser beiden theoretischen Ebenen aus analytischem Interesse getroffen ist, darf sie auch nur analytisch: als diairetisch mögliche und als diskussionsstrategisch klärende Unterscheidung verstanden werden. Ontologisch interpretiert, würde sie zu einer Hypostasierung der Differenz und damit zu jenem szientistischen Mißverständnis führen, daß es wertneutrale Mittel und davon strikt geschieden werthaft besetzte Ziele gibt. Die analytische Unterscheidung soll aber kein Verhältnis strikter Neutralität oder Indifferenz begründen und das Moralische auf die eine, die funktionale Ebene festlegen. Wenn auch die utilitaristische Ethik mit verschiedenen Interpretationen eines höchsten Gutes vereinbar ist, bleibt sie doch grundsätzlich an irgendeine Interpretation zurückgebunden. Die Utilität einer Praxis bestimmt sich gerade nicht in einem wertneutralen Raum, sondern allein nach Maßgabe dessen, was als wahrhaft gut gilt.

Um die utilitaristische gegen die kantische Ethik abzuheben, ist die grobe Gegenüberstellung von Moralität und Zweckrationalität nicht geeignet. Dagegen könnte man den Unterschied zu Kant in einem ersten Zugang mit Hilfe des Kategorienpaares formal/material verdeutlichen. Bei der utilitaristischen Ethik handelt es sich deshalb um eine materiale, nicht um eine formale Theorie, weil sie in erster Linie die *Inhalte* sittlicher Verpflichtung bestimmt, nicht die *Form* eines Begehrens, das die Qualität moralisch verdient. So ist sie zunächst nur die Theorie eines richtigen oder pflichtgemäßen Handelns, in der Terminologie Kants die Theorie der legalen, nicht der moralischen Praxis. Man kann natürlich auch meinen, daß im Utilitarismus die Differenz für moralphilosophisch falsch oder unerheblich, bei Kant dagegen für zentral gehalten wird. Aber eine solche Vorstellung würde dem Utilitarismus nicht gerecht. Denn auch Bentham stellt die Frage nach dem adäquaten Motiv menschlichen Handelns und bestimmt es als (aufgeklärtes) Wohlwollen[20]. Innerhalb der Argumentation kommt jedoch der utilitaristischen Maxime der Primat zu. Die Motivation muß sich gegenüber der Maxime erst noch als (mehr oder weniger) konform legitimieren[21].

---

[20] Bentham (1789) c. 10, § 4.

[21] Diese Gegenüberstellung von kantischer und utilitaristischer Ethik macht nur auf eine, aber fundamentale Differenz aufmerksam. Eine nähere Analyse müßte die Differenz weiterverfolgen, auch andere Unterschiede herausheben und schließlich untersuchen, ob beide Ansätze, der kantische und der utilitaristische, sich widersprechen oder ergänzen. Gegen die Vermutung eines strikten Widerspruchs scheinen gewichtige Gründe zu sprechen: Erstens ist auch nach Kant die utilitaristische Maxime, die Beförderung des Wohles aller Betroffenen, eine *sittliche* Maxime; zweitens könnte man im Anschluß an Kant (Metaphysik der Sitten, 2. Teil, VII, Akad. Ausg. VI 393 f.) das durchzuführen suchen, was bei Bentham, Mill und anderen für nicht möglich gehalten wurde: eine Legitimation der utilitaristischen Maxime; drittens ist gegenüber einer irreführenden Interpretation Kants festzuhalten, daß die wahrscheinlichen Folgen einem überlegten und freiwilligen, somit auch verantwortlichen Tun als ein integraler Bestandteil zuzurechnen sind. Nur behauptet Kant, daß das Moralische im Unterschied zum Legalen einer Handlung nicht an der Handlung selbst, sondern nur an einem der formalen Momente, nämlich am Willen „festzustellen" ist. Als ein Begriff des Unbedingten, als ein nooumenaler Begriff, läßt sich der gute Wille aber nie eindeutig als solcher verifizieren.

Wenn der Utilitarismus das größte Glück der Betroffenen zum Kriterium moralisch richtigen Handelns erklärt, dann ist diese Bestimmung nicht schon deshalb unpräzis, weil der Inhalt des gesuchten Glücks nicht näher bezeichnet ist. Ob Gesundheit, Reichtum oder Macht, ob Bildung oder soziale Anerkennung oder aber eine Kombination dieser oder anderer Ziele und Werte gemeint ist, bleibt zwar offen. Doch ist es gerade diese Offenheit, die die partielle Neutralität des Utilitarismus als einer Theorie der Verpflichtungsurteile gegenüber den Theorien außermoralischer Werturteile be-

---

Vgl. Kants Kritik der praktischen Vernunft, Von der Typik der reinen praktischen Urteilskraft, Akad. Ausg. V 67 ff. – Die neuere Forschung versucht, die beiden grundverschiedenen Denktraditionen, die kantische und die utilitaristische, aufeinander zu beziehen und die Annahme eines strikten Gegensatzes aufzulösen. Im Ausgang von der Behauptung, es sei unmöglich, Handlungen nur aufgrund ihres inneren Charakters (so Kant) oder aber aufgrund ihrer Folgen (so der Utilitarismus) moralisch zu beurteilen, man müsse vielmehr verschiedene Arten intendierter Folgen unterscheiden, wird ein sachlicher Konflikt zwischen Kant und dem Utilitarismus bestritten. Beide Theorien seien nicht alternativ, sondern komplementär zu verstehen; es käme darauf an, ein „System der Moral" zu entwerfen, das in seiner Form kantisch, in seinem Inhalt aber utilitaristisch sei: R. M. Hare, Freedom and Reason, Oxford 1963, 123 f.; ähnlich Patzig (1971) 52 ff. Mit dem Utilitarismus wäre zu bestimmen, wozu man inhaltlich verpflichtet ist, und mit Kant, warum man dazu verpflichtet ist und warum man überhaupt Verpflichtungen untersteht. – Ob in einer solchen harmonisierenden Interpretation schon die wesentlichen Eigenschaften der kantischen Ethik: der Ausgang beim Begriff des Willens, die Frage nach einem schlechthin Unbedingten, die transzendental-reduktive Methode hinreichend zur Sprache kommen, müßte aber noch näher geprüft werden. – Zur Ethik Kants: G. Krüger, Philosophie und Moral in der Kantischen Kritik, Tübingen [2]1967; H. J. Paton, The Categorical Imperative, A Study in Kant's Moral Philosophy, New York [5]1965 (dt. Berlin 1962); L. W. Beck, Kants „Kritik der praktischen Vernunft", München 1974 (egl. [4]1966); G. Prauss (Hg.), Kant. Zur Deutung seiner Theorie von Erkennen und Handeln, Köln 1973, Teil II.

gründet. Gleichwohl knüpft der Utilitarismus als moralphilosophische Position an eine Theorie des höchsten Gutes an, und die verschiedenen Theorien begründen ebenso viele Arten des Utilitarismus. Dabei stehen drei Arten im Vordergrund: (a) In dem vor allem durch Bentham entwickelten *hedonistischen Utilitarismus* gilt das als geboten, was möglichst viel Vergnügen (pleasure) und möglichst wenig Leid (pain) schafft. Mit Hilfe einer rationalen Kalkulation sucht man das Vergnügen zu maximieren und sein Leid zu minimieren. Um alternative Handlungsmöglichkeiten zu beurteilen, dient die im hedonistischen Kalkül näher definierte Gratifikationsbilanz als einziges Kriterium. Auch wenn Bentham somit ein rationales Selbstinteresse zur einzigen Triebfeder menschlichen Handelns erklärt, legt er es inhaltlich nicht auf einen Egoismus fest. Gegenüber einer vorschnellen Kritik ist darauf hinzuweisen, daß in Benthams Katalog der verschiedenen Arten von Freude auch genuin soziale Arten aufgezählt werden[22]. Aber die verschiedenen Arten werden unterschiedslos aufgelistet, ohne die einen als empfehlenswert, die anderen als verwerflich zu qualifizieren[23]. Deshalb kann es bei Bentham auch keinen Gegensatz von Pflicht und Neigung geben, sondern nur den Widerstreit konfligierender Neigungen. Vom Standpunkt der modernen Entscheidungstheorie aus formuliert: Bentham wendet sich gegen eine substantielle Nutzentheorie. Sein Rationalitätskriterium ist das der formalen Wahlrationalität. Während bei den aufgeklärten Vertretern der zeitge

---

[22] Bentham (1789) c. 5.7: pleasures of a good name; c. 5.10: pleasures of benevolence or good will.
[23] Gleichwohl kennt Bentham in anderem Zusammenhang eine Rangordnung von Motiven, die von der „(most extensive and enlightened) benevolence" angeführt wird: ebd. c. 10, § 4.

nössischen Entscheidungstheorie der Begriff der formalen Wahlrationalität aber aus methodischen Gründen eingeführt wird[24], ist er bei Bentham noch in einer fragwürdigen Psychologie verankert. Bentham unterstellt dem Menschen zwei psychische Eigenschaften nicht nur als generell, sondern auch als universal gültig: einerseits Bedürfnisse und Wünsche und andererseits das General-Interesse, die Bedürfnisse möglichst risiko- und frustrationsarm zu befriedigen[25]. Ohne weitere Begründung wird das rationale Selbstinteresse nicht als methodisch sinnvolle Abstraktion, sondern als anthropologisches Apriori oder Quasi-Apriori behauptet. Damit verfällt Bentham dem Verdikt gegen jede „induktive Metaphysik", das für ein Apriori auszugeben, was bestenfalls ein generelles Aposteriori bedeutet.

(b) Von Benthams Position läßt sich der *ideale Utilitarismus* eines Moore unterscheiden. Hier werden bestimmte Werte angenommen, die, wie Einsicht, unabhängig davon, ob sie Freude machen, als wahrhaft gut und in sich selbst sinnvoll gelten[26].

(c) Eine dritte, dem hedonistischen Utilitarismus sehr ähnliche, gegen einige Kritikansätze aber geschützte Position überläßt es den Betroffenen, ob sie ein Höchstmaß an Vergnügen suchen oder ob sie als Korrektiv oder gar davon unabhängig in sich sinnvolle Ziele (wie Gesundheit, Schönheit, Einsicht und Bildung) anerkennen. In einem solchen *liberalen Utilitarismus* gelten die gegebenen Handlungsintentionen als Bezugspunkt und ihre höchstmögliche Befriedigung als höchstes Ziel menschlichen Handelns.

---

[24] So Gäfgen (1963) Teil I.
[25] Vgl. Bentham (1789) c. 1.1.
[26] G. E. Moore, Principia Ethica, Cambridge 1903 (dt. Stuttgart 1970), c. 3.

Viertens: Seit Benthams Formel vom „größten Glück der größten Zahl" bestimmt der Utilitarismus im Unterschied zu jedem egoistischen Ansatz die Utilität nicht im Hinblick auf einen einzelnen, auch nicht in Relation auf Gruppen, Schichten, Klassen oder Nationen, sondern im Hinblick auf alle von der Handlung Betroffenen[27]. Ob sich dabei der Begriff „alle" nur auf Menschen bezieht oder ob er jedes Wesen meint, das Empfindungen hat; ob der kollektive Gesamtnutzen, so Bentham und Sidgwick, oder der durchschnittliche Pro-Kopf-Nutzen der Betroffenen, so J. St. Mill, als Kriterium gilt, bleibt kontrovers[28]. Über den genuin anti-egoistischen Ansatz, daß nicht die einen bevorzugt und die anderen zurückgestellt werden sollen, besteht jedoch Übereinstimmung[29].

Als eine präskriptive Theorie, derzufolge Empfehlungen über richtiges Handeln nach Maßgabe der Handlungs*folgen,* nicht der Handlungs*intentionen* zu gewinnen sind, schafft der Utilitarismus den theoretischen Bezugsrahmen für die rationalen Entscheidungstheorien insgesamt. Durch das anti-egoistische Moment wendet er

---

[27] Zur Problematik des Verhältnisses von hedonistischer Motivation und anti-egoistischer Norm vgl. Lyons (1973) Teil I.

[28] Vgl. Smart-Williams (1973) I 4: Average happiness versus total happiness; aber auch Sidgwick (1907) c. IV 1, 413–417. – Solange man von einer konstanten Personenzahl ausgeht, entfällt die Differenz: eine Erhöhung des Gesamtnutzens erhöht auch den durchschnittlichen Pro-Kopf-Nutzen. Die Differenz wird nur in bezug auf einen m. E. exzentrischen Aspekt bei Überlegungen zur Geburtenkontrolle relevant: „Ist es, sofern der durchschnittliche Pro-Kopf-Nutzen dadurch nicht betroffen wird, moralisch geboten, die Bevölkerungszahl zu vermehren?" Eine Ethik-Diskussion, die sich auf solche Fragen konzentriert, würde sich wohl selbst disqualifizieren.

[29] Vgl. Benthams berühmtes, von J. St. Mill zitiertes Diktum: „Everbody to count for one, nobody to count for more than one." (Utilitarianism, London 1863, c. 5).

sich aber zugleich gegen zwei ihrer Formen: gegen die Theorie rationaler Individualentscheidungen sowie gegen eine zwar sozial orientierte, aber allein durch strategische Rationalität bestimmte Theorie. Im Rahmen der Theorien rationaler Entscheidung begründet das anti-egoistische Moment den spezifischen Ansatz von Wohlfahrtsökonomie und Sozialwahltheorie.

Fünftens: Wenn im Utilitarismus vom größten Glück gesprochen wird, dann ist diese Rede noch ungenau, weil mehrdeutig. Daß beim Ausdruck „größtes Glück" an ein Optimum gedacht ist, versteht sich von selbst. Ob es aber als ein Ideal der Einbildungskraft, als eine Idee der Vernunft oder als ein Verstandesbegriff zu interpretieren ist, bleibt ungeklärt[30].

Unter dem größten Glück als einem *Ideal der Einbildungskraft* verstehe ich ein Ziel, über das hinaus sich auch die größte Phantasie keine Vorstellung mehr machen kann: jene ihrer Mannigfaltigkeit, ihrem Grad und ihrer Dauer nach vollständige Erfüllung aller je auftretenden Bedürfnisse, Interessen, Wünsche und Hoffnungen, die auf die vielfältigen Grenzen der Realisierung keine Rücksicht nimmt. Das Glück ist hier als ein Rundum-Zufriedensein im Sinne eines uneingeschränkten und prinzipiell nicht mehr überbietbaren Wohlempfindens verstanden. Eine solche Zielvorstellung ist in einem emphatischen Sinne utopisch. Sie zeigt sich um Konflikte zwischen den verschiedenen Neigungen eines Subjekts genauso unbekümmert wie gegenüber den Konflikten zwischen verschiedenen Subjekten und gegenüber den natürlichen, technisch-ökonomischen und soziokulturellen Problemen der Verwirklichung.

---

[30] Die Doppeldeutigkeit des deutschen „Glück" kann hier außer Betracht bleiben, weil sie für das Englische nicht zutrifft. Glück bedeutet hier nur happiness, nicht auch luck.

Unter dem Glück als einer *Idee der praktischen Vernunft* verstehe ich ein Ziel, über das hinaus nichts *gedacht* werden kann, den formalen und transzendentalen Begriff eines Optimum, das als ein Unbedingtes zu wertende Sichselbstgenugsein, etwa im Sinne des aristotelischen Begriffs von autarkeia[31].

Mit dem Glück als einem *Verstandesbegriff* schließlich ist nicht mehr ein absolut Höchstes gemeint, weder in dem utopischen noch in dem transzendentalethischen Sinn. Wenn angesichts der gegebenen Ressourcen die jeweils optimal *mögliche* Befriedigung der tatsächlich vorhandenen, auch miteinander rivalisierenden Bedürfnisse, Interessen und Neigungen gesucht ist, so wird das moralische Handeln als eine rationale Wahl vorgestellt, die angesichts gegebener Handlungsmöglichkeiten die maximale Interessen- und Bedürfnisbefriedigung sucht. Das Glück ist kein absolut größtes, sondern nur ein relativ größtes Glück. Es liegt ein komparativer, kein superlativischer Begriff von Optimum vor.

Der dreifachen Bedeutung des Glücksbegriffs folgend, könnte man – und zwar quer zu den in der englischsprachigen Diskussion üblichen Unterscheidungen – drei Arten von Utilitarismus konstruieren: einen utopischen, einen apriorischen oder transzendentalen und einen aposteriorischen oder empirisch-pragmatischen Utilitarismus. Aber in den historisch aufgetretenen Utilitarismen ist der Begriff des Glücks weder auf Wunschvorstellungen noch auf transzendentale Begriffsanalysen bezogen. Als mögliche Konsequenz von Praxis ist das Glück empirisch und komparativ aufgefaßt.

---

[31] Nikom. Ethik I 5; die dort unternommene Bestimmung, die als eine in Ansätzen transzendentale Analyse zu interpretieren ist, ist aber nicht die einzige aristotelische Auskunft zum Begriff des Glücks; weitere Aussagen findet man vor allem in Buch I und X 6–9.

Wie vor ihm schon Hobbes, dann auch Hume und Helvetius, verfolgt Bentham das Interesse, die Methode der Mathematik und Naturwissenschaften auf den Bereich der Moral und der Politik zu übertragen[32]. Mit dem Ziel, die utilitaristische Maxime in jeder Situation eindeutig anwenden zu können, hat Bentham – und darin ist überhaupt sein charakteristischer Beitrag zur utilitaristischen Theorie und zur ersten Stufe der Sozialwahltheorie zu sehen – den sogenannten *hedonistischen Kalkül* entworfen. Nach diesem Schema einer rationalen Wahl wird die moralisch verbindliche Entscheidung, jene, die zu einem maximalen Kollektivnutzen führt, aus der Summe der individuellen Nutzenmengen bestimmt. Auf der Basis von Informationen über die Bedürfnis- und Interessenlage der Betroffenen ist die Gratifikation bzw. die Frustration, die eine Handlung hervorruft, für Bentham nach sieben Kriterien zu errechnen: nach ihrer Intensität; ihrer Dauer; nach der Gewißheit oder Ungewißheit, mit der man die Gratifikation erwartet; nach der Nähe; nach der Folgenträch-

---

[32] Zu Hobbes u. a. De cive, Vorwort an die Leser; zu Hume vgl. schon den Titel „Treatise of Human Nature, being an attempt to introduce the *experimental* method of reasoning into moral subjects", 1739–40; zu Helvetius: De l'esprit, Vorwort: „On devait traiter la morale comme toutes les autres sciences et faire une morale comme une physique expérimentale" (Œuvres complètes I, Paris 1818, vii) und „Si l'univers physique est soumis aux lois du mouvement, l'univers morale ne l'est pas moins à celles de l'intérêt" (ebd., discours II, chap. 2, 49); zu Bentham vgl. eine Bemerkung in seinen Manuskripten: „The present work (bezieht sich wohl auf ‚An Introduction') as well as any other work of mine that has been or will be published on the subject of legislation or any other branch of moral science is an attempt to extend the *experimental method of reasoning* from the physical branch to the moral" (nach Baumgardt [1952] 24). Vgl. auch R. B. Brandt, Some Merits of one Form of Rule-Utilitarianism, in: University of Colorado Studies in Philosophy 3 (1967), 39–65 (41).

tigkeit (fecundity) und Reinheit (purity), das heißt nach der Chance, daß die Gratifikation sekundäre Gratifikationen oder aber Frustrationen im Gefolge hat; und schließlich nach dem Wirkungsradius, das heißt nach der Zahl der Betroffenen. Sind Gratifikationen und Frustrationen für einen einzelnen bestimmt, wird durch schlichte Subtraktion der Frustrationsmenge von der Gratifikationsmenge die individuelle (positiv oder negativ ausfallende) Gratifikationsbilanz und durch Addition der individuellen Gratifikationsbilanzen die kollektive Gratifikationsbilanz errechnet[33]. Der soziale Wert einer Handlung bemißt sich nach dem mathematisch gleicherweise einfach wie exakt kalkulierbaren Gratifikations-Netto. Als gesellschaftlicher Nutzen gilt nichts anderes als die arithmetische Summe des Wohlbefindens aller einzelnen. In diesem Schema rationaler Sozialwahl läßt sich das Paradigma Nutzenkalkulation leicht identifizieren. Die präskriptiv verbindliche Entscheidung wird aus Informationen über individuelle Nutzenwerte und einer mathematisch geradezu simplen Anweisung zur Informationsverarbeitung abgeleitet. (Übrigens ist der hedonistische Kalkül nicht an den kruden Hedonismus von Bentham gebunden. Er ist auch mit dem qualifizierten Hedonismus von J. St. Mill vereinbar. Seine Unterscheidung von höheren und niederen Freuden[34] bedeutet, in die Sprache des Kalküls übersetzt: die kleinste Menge der höheren Freuden überwiegt auch

---

[33] Bentham (1789) c. 4. – Die Grundvorstellung des hedonistischen Kalküls ist zum Teil schon bei Platon, Protagoras 355 e ff. entwickelt, dort auch ein Hinweis auf die Gefahr, das augenblicklich Angenehme höher als das zukünftige einzuschätzen und deshalb, modern gesprochen, die Gratifikationsbilanz falsch zu berechnen. Im Protagoras fehlt allerdings das für den Utilitarismus konstitutive anti-egoistische Moment.
[34] Mill (1863) c. 2.

die größte Menge der niederen. Mit anderen Worten:
Wenn höhere: ästhetische oder intellektuelle und niede-
re: sinnliche Freuden gleichzeitig zur Disposition stehen,
sind nur die höheren relevant.)

Das zeitgenössische Interesse an einer immanenten Differenzierung und Perfektionierung der utilitaristischen
Position hat zu der Unterscheidung eines Handlungs-
und eines Regel-Utilitarismus und zu einer intensiven
Kontroverse um die Präferenz geführt[35]. Nach dem
Handlungsutilitarismus, in der zeitgenössischen Diskussion z. B. von J. J. C. Smart vertreten, ist das äußerste
Kriterium sittlicher Praxis, das allgemeine Wohlergehen, zugleich der unmittelbare, nach dem Regelutilitarismus dagegen der vermittelte Maßstab. Während für die
erste Position jede einzelne Handlung nach ihren Konsequenzen zu beurteilen ist, vertritt der Regelutilitarismus eines Brandt gegenüber dem einstufigen Kalkulationsprozeß einen zweistufigen: die einzelnen Handlungen müssen mit solchen Handlungs*regeln* konform
gehen, die ihrerseits, aufgrund allgemeiner Befolgung,
überwiegend günstige bzw. ungünstige Konsequenzen
zeigen. Es wird vom Handelnden erwartet, daß er sich
nicht auf die Konsequenzen seines individuellen Tuns
konzentriert, daß er sich vielmehr überlegt, welche Folgen einträfen, wenn jeder in seiner Situation genauso
handelte: „But suppose everybody did the same"[36]. Die
handlungsutilitaristische Maxime lautet: „Eine Handlung, die schlechtere Folgen hat, sollte nicht ausgeführt

---

[35] Die Kontroverse zwischen Handlungs- und Regelutilitarismus
hat eine Fülle von Beiträgen hervorgebracht, deren wichtigste bei
Bayles (1968) und Verf. (1975) gesammelt sind.
[36] So der Titel eines Beitrages von A. K. Stout in: The Australasian Journal of Philosophy 32 (1954) 1–29.

werden"; die regelutilitaristische Maxime, auch Prinzip der Verallgemeinerung genannt, dagegen: „Eine Handlung, deren regelmäßige Ausführung schlechtere Folgen hat, sollte nicht ausgeführt werden."

Nach Patzig sind die beiden Positionen nicht als reine Konkurrenz zu betrachten. Handlungs- und Regelutilitarismus sind nicht nur miteinander verträglich, sondern müssen sogar einander ergänzen. So ist im Bereich wohldefinierter Institutionen, wie der Rechtsordnung, dem einzelnen kein Spielraum der Abschätzung möglicher Folgen offen; das richtige Verhalten besteht in der Befolgung der Institutionen, die nur als ganze utilitaristisch legitimiert oder kritisiert und verändert werden können. Außerhalb dieser Institutionen gibt es Verhaltensweisen, die, wie ein Versprechen, wegen der sozialen Erwartungen, die sich daran knüpfen, ebenfalls eine möglichst ausnahmslose Befolgung verlangen. Dann gibt es Regeln, die nur den Status von Faustregeln haben; sie erleichtern die oft zeitraubende Analyse der Handlungsfolgen, erfordern aber trotzdem in vielen Fällen eine Überprüfung ihrer Angemessenheit für die konkrete Situation. Dort schließlich, wo es weder wohldefinierte formelle Institutionen noch soziale Erwartungshaltungen gibt und auch überzeugende Faustregeln fehlen, ist der Handlungsutilitarismus ungeschmälert anzuwenden. Patzig geht also von einem „Spektrum mit fließenden Übergängen" aus[37].

---

[37] Hare (1963) c. 7.6, Lyons (1965) c. 3 und Patzig (1972) 625 vertreten die extensionale Äquivalenz von Handlungs- und Regelutilitarismus; D. C. Emmons hält an der Differenz fest, die er jedoch auf zwei verschiedene Fragerichtungen zurückführt: Mind 82 (1973) 226–233. – Gegen eine vorschnelle Harmonisierung steht aber das Problem, ob z. B. Versprechen grundsätzlich, so der Regelutilitarismus, oder nur bis zu einer gewissen „Konflikt-Schwelle", so der Handlungsutilitarismus, zu halten sind. Gegenüber der Vorstel-

Im folgenden steht der Utilitarismus nur unter dem Aspekt einer Ethik öffentlicher Entscheidungsprozesse zur Diskussion. Die Untersuchung versteht sich nicht als eine vollständige Auseinandersetzung mit dem Utilitarismus. Vor allem der Aspekt, der in den gegenwärtigen Kontroversen um den Utilitarismus im Mittelpunkt steht, die Legitimation eines zwar sozial wirksamen, aber doch primär den persönlichen Aspekt menschlichen Handelns bestimmenden moralischen Kodex tritt gegenüber einer Ethik öffentlich relevanter Entscheidungsfindung in den Hintergrund.

4.2 Rationale Gesellschaftsreform

Die utilitaristische Ethik ist keine Theorie, die, ohne einen historischen Zusammenhang und eine politische Intention, ausschließlich immanent: nach Maßgabe von Widerspruchsfreiheit und Triftigkeit, zu beurteilen wäre. Dem Utilitarismus liegt das Votum für einen bestimmten Begriff von Moral und zugleich und noch entschiedener eine spezifische Vorstellung von philosophischer Aufklärung zugrunde. Um die utilitaristische Ethik angemessen zu beurteilen und sie nicht vom Standpunkt einer Philosophie, die den Anspruch auf Selbstbegründung erhebt, um sie nicht von der Moralphilosophie Kants und des Deutschen Idealismus aus durch ein Defizit an philosophischer Theorie von vornherein zu disqualifizieren, ist sie nicht nur auf ihre explizite Argumentation, sondern auch auf jenes Interesse hin zu un-

---

lung, Handlungs- und Regelutilitarismus würden in ihren Implikationen über das sittlich Verbindliche nicht differieren, skeptisch: Brandt (1967) 58 f.

tersuchen, das ihre charakteristische Argumentationsart hervortreibt und leitet. Weit davon entfernt, hier eine solche Analyse im einzelnen durchzuführen, sollen wenigstens einige Thesen im Umriß skizziert werden. Sie gehen von dem Autor aus, der die ethische und die politische Bedeutung des Utilitarismus in hohem Maß bestimmt hat: von Bentham, und seiner grundlegenden Schrift „An Introduction to the Principles of Morals and Legislation".

Ebenso wie Hobbes, Locke und Adam Smith, so ist auch Bentham nicht an einem rein akademischen Philosophieren interessiert, an einem Denken, das als interesseloses Zusehen wesentlich in sich selbst sinnvoll sein soll. Schon die Liste seiner Schriften zeigt, daß Bentham, ganz in der Tradition der britischen Ethik und politischen Philosophie, weniger von den spekulativen Fragen einer transzendentalen oder dialektischen Selbstbegründung und Selbstrechtfertigung der praktischen Vernunft als von den juristischen und politischen Problemen seiner Zeit angeregt war. In einer Vielzahl von Publikationen hat Bentham zu den Problemen des Straf- und des Zivilrechts, zu Verfassungsfragen und zum internationalen Recht Stellung genommen[38] und vor allem Blackstone, den damals führenden Rechtswissenschaftler Englands, heftig angegriffen[39]. Aber selbst den rechtstheoretischen Schriften liegt nicht bloß eine wissenschaftliche, sondern ebenso eine praktisch-reformatorische Intention zugrunde. Im Vordergrund steht nicht die theoretische

---

[38] Um nur einige Titel zu nennen: Of Laws in General; General View of a Complete Code of Laws; Fragment on Government; Principles of Penal Law; Penal Code; Theory of Punishment; Principles of the Civil Code; Constitutional Code.
[39] Insbesondere in „A Fragment on Government" und in „Comment on the Commentaries".

Begründung und Rechtfertigung von Recht, die Frage, warum es überhaupt Recht und nicht Rechtlosigkeit geben soll. Gegenüber dem bestehenden britischen Recht äußerst kritisch, kommt es Bentham vielmehr darauf an, es kraft einer sicheren wissenschaftlichen Grundlage[40] zu verbessern. Bentham ist nicht bloß ein bedeutender Rechtstheoretiker, sondern darüber hinaus einer der großen Inspiratoren britischer Rechtsreform.

Von den Mißständen im öffentlichen Leben seiner Zeit betroffen, hat sich Bentham sein Leben lang bemüht, mit den Mitteln wissenschaftlicher Argumentation die Mißstände aufzudecken und auszumerzen. In seinem umfangreichen Œuvre finden sich denn auch neben den im weiteren Sinn theoretischen Schriften (zur Ethik und Rechtsphilosophie, zur Sozialphilosophie und politischen Ökonomie) eine Vielzahl von Abhandlungen und Aufsätzen zur Gesellschaftspolitik. Bentham hat sich nachdrücklich für eine Milderung des Strafvollzuges und für eine Begrenzung der Todesstrafe eingesetzt; er hat für die Emanzipation der Frauen, für eine Erweiterung der öffentlichen Gesundheitsfürsorge, für bessere Armenge-

---

[40] Im Rahmen des Gesamtzieles, die Kunst der Gesetzgebung wissenschaftlich lehr- und lernbar zu machen, hat auch die sprachanalytische Arbeit ihren gewichtigen Platz. In der zu Lebzeiten nicht veröffentlichten Schrift „Of Laws in General" (jetzt im Rahmen der Collected Works von H. L. A. Hart herausgegeben, London 1970) führt Bentham eine Fülle von scharfsinnigen Analysen zu einigen Grundproblemen aus der Rechtstheorie und der Theorie menschlicher Handlung durch. Die fast erdrückende Zahl von begrifflichen Diairesen und Differentialanalysen verfolgt die von empirischen und normativen Untersuchungen zu unterscheidende Aufgabe, noch vieldeutige und komplexe Begriffe aufzulösen und zu präzisieren. Damit soll der Gesetzgeber eine Hilfe und zugleich das Vorbild erhalten, selbst begrifflich klare Gesetze aufzustellen: Auch die manchmal geradezu penible analytische Strenge ist für Bentham kein Selbstzweck; sie ordnet sich vielmehr in seine politischen Reforminteressen ein.

setze und die Befreiung der Kolonien plädiert[41] und darüber hinaus einen großen Teil von Zeit und Geld in den Entwurf eines Mustergefängnisses investiert[42]. Schließlich gipfelten die Bemühungen der „Benthamites"[43], einer politisch einflußreichen Gruppe um Bentham, in der großen Reform Bill, die zu mehr Demokratie in England führte[44]. Von den Publikationen, der Tätigkeit und dem politischen Einfluß her gesehen, ist Bentham nicht bloß Philosoph, sondern genauso Rechtstheoretiker, politischer Schriftsteller und Sozialreformer par excellence[45].

In diesem Praxisbezug steht auch die in „An Introduction" unternommene Exposition der utilitaristischen Ethik. Ursprünglich als Einleitung in eine Abhandlung „Elements of Critical Jurisprudence" vorgesehen (sie sollte auch „Principles of Legal Polity" heißen[46]), entfaltet sie das Ziel, die Methode sowie das begriffliche

---

[41] Vgl. die Titel: Essay on Political Tactics; Emancipate your Colonies!; Pauper Management Improved; Observations on the Poor Bill usf.

[42] Vgl. Monro (1967) 281.

[43] Ein Treffen mit James Mill, dem Vater von John Stuart, hatte zur Bildung dieser Gruppe geführt, die auch „Utilitarian Reformers" oder „Philosophical Radicals" genannt wurde. Die Benthamites gaben eine eigene Zeitung heraus, den Westminster Review, den Bentham selbst gegen die „Edinburgh" der Whigs und die „Quarterly" der Tories begründet hatte. Sie gründeten auch eine eigene Universität, das University College in London, dessen erster Professor für Jurisprudenz, J. Austin, einer der bemerkenswertesten Schüler von Bentham war.

[44] Zum politischen Einfluß von Bentham: Stephen (1900); Halévy (1952); Mack (1962); dazu gehört es z. B., daß Bentham im Jahre 1792 Ehrenbürger der jungen französischen Republik wurde.

[45] Vgl. J. St. Mill, Bentham, in: Warnock (1970) 78–125. Ferner L. Radzinowicz, A History of English Criminal Law: The Movement for Reform 1750–1833, London 1948, c. 11; L. R. Robbins, The Theory of Economic Policy in English Classical Political Economy, London 1952.

[46] Vgl. H. L. A. Hart, Introduction zu: Bentham (1970) xxxvii f.

Instrumentarium für eine umfassende systematische Reform des Rechtssystems, der staatlichen Verwaltung und der Gesetzgebung. Die utilitaristische Ethik in ihrer Gestalt bei Bentham bemüht sich weniger um eine Revolution der philosophischen oder wissenschaftlichen Denkweise als um eine Reform der Gesellschaftsverhältnisse. Diese Reform soll ausdrücklich von einem rationalen und säkularen, nicht von einem religiösen Standpunkt (etwa dem der christlichen Kirchen) unternommen werden. Der Utilitarismus ist Philosophie in politisch-reformerischer Absicht. Seine politisch engagierte Theorie besteht vor allem aus zwei Elementen: aus dem Utilitätsprinzip als dem Kriterium der Gesellschaftsreform und aus einer rationalen Methode, dem hedonistischen Kalkül, das die Gesellschaftskritik und Gesellschaftspolitik wissenschaftlich anleiten soll.

Indem das größte Glück aller Betroffenen Kriterium einer moralisch verantwortlichen Politik ist[47], wird Moralität von vornherein als ein soziales Phänomen angesprochen. Moralvorstellungen, die in einer manchmal geradezu grotesken Privatisierung die Sittlichkeit zu einer politisch folgenlosen Innerlichkeit verkümmern lassen, und auch jene Ethiken, die einen abstrakten Pflichtenkanon aufstellen, ohne sich um das tatsächliche Wohlergehen geschichtlich handelnder Menschen zu bekümmern, werden strikt abgewehrt. Und der Zusammenhang zwischen persönlicher Motivationsstruktur (bei Bentham dem rationalen Selbstinteresse) sowie dem Kriterium richtigen Handelns, der Beförderung des allgemeinen Wohlergehens, wird nicht gerade geleugnet, aber der Schwerpunkt der Theorie liegt weniger bei der Frage nach der persönlichen Vollkommenheit als solcher als bei ihrer sozialen Relevanz. Pointiert formu-

---

[47] Bentham (1789) Anm. zu c. 1.1 vom Juli 1822.

liert: der Utilitarismus ist keine Moralphilosophie im engen Sinn, sondern eine normative Rechts- und Sozialphilosophie. Zwar glaubte Bentham, im Utilitarismus den Schlüssel zu einer allgemeinen Wissenschaft der Moral gefunden zu haben. Aufgrund der Formel vom größten Glück der Betroffenen und zusammen mit dem methodischen Instrumentarium des hedonistischen Kalküls wollte er eine rationale Ethik sowohl des privaten als auch des öffentlichen Handelns begründen[48]. Aber im Gegensatz zu diesem umfassenden Programm hat sich Bentham tatsächlich auf den Raum öffentlich relevanter Entscheidungsprozesse und darin vor allem auf eine wissenschaftlich ausgewiesene Rechtsprechung und Gesetzgebung beschränkt[49]. Später wird durch J. St. Mill[50] eine Theorie moralisch richtiger Gesetzgebung und staatlicher Verwaltung, eine Theorie der „öffentlichen Moral", in eine Theorie persönlicher Moral umgewandelt. Aber auch bei Mill nehmen Fragen der Gerechtigkeit, gesellschaftlich relevante Fragen also, einen wichtigen Platz ein[51]. Die zeitgenössische Diskussion hat sich zwar auf Fragen konzentriert, die man als utilitaristische Grundlagen-Forschung bezeichnen kann. In den Kontroversen

---

[48] Ebd. c. 17, § 1.
[49] Diese Konzentration ist wohl dafür verantwortlich, daß Bentham nicht hinreichend diskutiert, ob die einzige Triebfeder menschlichen Handelns, das rationale Selbstinteresse, mit der utilitaristischen Maxime als anti-egoistischer Handlungsnorm vereinbar ist (nur sehr kurz: c. 17, § 1 (6.) ff.). Zwar liegt bei Bentham (etwa (1789) c. 1.1) kein formallogischer Widerspruch vor, aber ohne die Annahme einer natürlichen oder künstlichen Interessenkonvergenz zwischen den Mitgliedern der Gesellschaft kommt es zu unlösbaren Konflikten.
[50] Mill (1863). – Zu Mill: J. B. Schneewind (Hg.), Mill: A Collection of Critical Essays, Garden City/N. Y. 1968, 145–250; A. Ryan, The Philosophy of J. St. Mill, London 1970, c. 11–12; Quinton (1973) c. 3.
[51] Mill (1863) c. 5.

um Regel- und Handlungs-Utilitarismus sowie in der Kritik des Utilitarismus von einem Prinzip der Fairneß aus tritt die Untersuchung konkreter Anwendungsmöglichkeiten gegenüber der Frage nach einer verbesserten Formulierung des Moral-Kriteriums zurück. Die Beispiele, auf die sich die Diskussion immer wieder bezieht, die Problemfelder von Versprechen, Strafen und distributiver Gerechtigkeit, zeigen jedoch, daß auch diese Grundlagen-Diskussion sich nicht als Selbst-Zweck versteht. Sie dient einer angemessenen Theorie von Verbindlichkeit für das persönliche und das öffentliche Handeln. – Im Zusammenhang mit der Frage nach dem adäquaten Grundmuster für Strategien der Humanität wird der Utilitarismus nur als Sozial-Ethik oder politische Ethik: als normative Theorie politischer Entscheidungsprozesse erörtert.

Der Utilitarismus hebt nicht nur allgemein bei einer gesellschaftsbezogenen Definition von Moral an. Durch das Kriterium „Glück *aller* Betroffenen" spricht er sich genauer für eine Gesellschaftreform aus, in der jeder Beachtung findet. Darüber hinaus fordert er im hedonistischen Kalkül, daß jeder einzelne mit gleichem Gewicht berücksichtigt wird. Dem Utilitarismus entspricht eine Gesellschaftsreform, für die nicht länger einzelne Personen, nicht bestimmte Gruppen, Stände oder Schichten, auch nicht Klassen, Staaten oder Staatengruppen vor den anderen ausgezeichnet werden. Was wir von heute aus leicht übersehen: in ihrem historischen Kontext, im spätfeudalen und frühkapitalistischen England, so bei Bentham, und im vorrevolutionären Frankreich, so bei Helvetius, hat die Maxime „everybody to count for one, and nobody to count for more than one"[52] eine geradezu

---

[52] Mill (1863) c. 5.

revolutionäre Gesellschaftskritik formelartig ausgesprochen. Indem die Träger öffentlich relevanter Entscheidungsprozesse aufgefordert werden, die Bedürfnisse und Interessen von jedermann mit gleichem Gewicht anzuerkennen und zur Grundlage der Entscheidungen zu machen, richtet sich der Utilitarismus gegen die Konzentration von Macht und Reichtum in den Händen einer dünnen Schicht Privilegierter: des Adels, der Geistlichkeit und des Juristenstandes[53]. Auch heute stellt der Utilitarismus aufgrund seines egalitären oder radikal-demokratischen Engagements noch eine Kritikformel gegen partikulare Interessen bereit, die sich als allgemeine einrichten. Er ist eine fortdauernde Instanz gegen Privilegien und chancenungleiche Rollenverteilung, gegen Überbleibsel oder neue Formen von feudalistischen und ständischen Strukturen, gleich ob diese innerhalb der Staaten oder zwischen den Staaten und Staatengruppen auftreten[54].

Das radikal-demokratische Engagement des benthamitischen Utilitarismus verbindet sich mit der methodischen Absicht, das gesellschaftspolitische Ziel wissenschaftlich kalkulierbar und damit rational verfügbar zu machen. Wie schon erwähnt, stellt der Begriff des Glücks kein Ideal der Vernunft oder der Einbildungskraft dar[55], kein Ideal, das vom Standpunkt empirischer Realisierung aus entweder unbestimmt oder aber unerfüllbar bleibt. Der

---

[53] Zum Beispiel gegen die Konzentration von Reichtum und Macht bei Alexander Wedderburn, dem Generalstaatsanwalt und späteren Kanzler: Bentham (1789) c. 1, Anm. 4.
[54] Das kritische Potential der utilitaristischen Ethik gilt den tatsächlichen Gesellschaftsverhältnissen. Ob es auch für die herrschenden Moralvorstellungen zutrifft, müßte eine andere Untersuchung erweisen. Sidgwick hat gezeigt, daß dieses weder notwendigerweise noch gewöhnlich der Fall ist: Sidgwick (1907) c. IV 3, 423 ff.
[55] Siehe oben Kap. 4.1 (5).

Begriff ist vielmehr zur höchstmöglichen Befriedigung aller oder wenigstens aller relevanten, aber tatsächlich vorhandenen Bedürfnisse, Interessen und Neigungen operationalisiert. Der das Utilitäts-Prinzip operationalisierende hedonistische Kalkül stellt einen rationalen Test im Sinn eines quantitativen Meßverfahrens dar, eine rationale Sozialwahl, durch die eine wissenschaftlich exakte, die Willkür von Entscheidungsinstanzen beseitigende Gesetzgebung möglich werden soll.

Zusammen mit dem hedonistischen Kalkül ist die utilitaristische Maxime gegen eine Vielzahl von dogmatischen Ansätzen kritisch, Ansätzen, die meta-ethisch als intuitionistisch zu qualifizieren sind und die Bentham unter dem globalen Titel „principle of sympathy and antipathy" erörtert[56]. Der Utilitarismus wendet sich gegen eine letzte Berufung auf Emotionen und subjektive Gefühlsäußerungen, unabhängig davon, ob sie eine mehr individuelle oder eine mehr soziale Herkunft haben. Weder das Gewissen noch ein Moralsinn, weder der gesunde Menschenverstand noch einfach Mitgefühl und Abneigung stellen als solche eine hinreichende Legitimationsinstanz menschlichen Handelns dar. Indem man sich dort letztlich bloß auf die eigenen Gefühle beruft, wird nicht nur etwas Faktisches, wie die Äußerungen des Gewissens, des Moralsinns usf., zu einer letzten Norm-Instanz verfälscht, sondern strenggenommen wird auch die Prinzipienlosigkeit zum Prinzip erklärt. Denn die Aussagen des Gewissens, des gesunden Menschenverstandes oder des Moralsinns stehen für persönliche Gefühlsäußerungen, die, auf einen einzelnen bezogen, unbeständig und unter sozialem Aspekt höchst unterschiedlich sind. Wenn sie tatsächlich die letzte Auskunft über

---

[56] Bentham (1789) c. 2.

moralische Verbindlichkeit darstellen sollen, so ist eine Argumentation, die intersubjektive Gültigkeit beansprucht, so ist überhaupt jede Argumentation von vornherein unmöglich. – Der Utilitarismus ist ferner gegen die distanzlose Anerkennung des positiven Gesetzgebers skeptisch, und selbst die Annahme ewiger und unveränderlicher Naturrechte, für Bentham ein Kanon willkürlicher oder nichtssagender, gleichwohl apriori gültiger Normen, wird abgelehnt[57].

Auch die Polemik gegen absolute Wahrheiten und unfehlbare Beurteilungsinstanzen persönlicher, politischer oder theoretischer Herkunft wird ausdrücklich mit einem gesellschaftspolitischen Argument begründet. Die Dogmatismus-Kritik steht selbst im Dienst der Gesellschafts-Kritik. Ein Denken, so lautet Benthams ideologiekritisches Argument, das seine Zuflucht bei Moralvorstellungen oder Moralinstanzen sucht, die – jeder Kritik entzogen – rein aus sich selbst richtig sind, kann als Deckmantel oder Vorwand für Gewalt- und Herrschafts-

---

[57] Bentham kritisiert das Naturrecht in der Form, wie er es bei Blackstone im Anschluß an Justinian vertreten sieht. Danach lasse sich die ganze Rechtslehre auf drei Vorschriften reduzieren: „We should live honostly, hurt nobody, render to everybody his due." Solche Aussagen sind, so Bentham, entweder tautologisch (sie identifizieren die Form eines ethischen Urteils mit sich selbst: was man tun soll, soll man tun), oder sie setzen die Naturgesetze mit dem existierenden Recht, genauer mit den Gefühlen des jeweiligen Rechtsgebers gleich: A Comment on the Commentaries, hier nach Baumgardt (1952) 92–98. Dabei kommt ohne Zweifel eine sehr krude Auffassung von Naturrecht zum Vorschein; das zeigt schon ein Vergleich mit Hobbes, Wolff und den anderen rationalistischen Naturrechtsdenkern des 17. und 18. Jahrhunderts; ein gedrängter Überblick bei W. Röd, Rationalistisches Naturrecht und praktische Philosophie der Neuzeit, in: Riedel (1972) 269–295, eine umfangreichere Analyse bei Röd (1970). Vgl. auch R. Spaemann, Die Aktualität des Naturrechts, in: F. Böckle, E. W. Böckenförde (Hg.), Naturrecht in der Kritik, Mainz 1973, 262–276.

verhältnisse mißbraucht werden[58]. Die nicht bloß vorläufige, sondern letzte Berufung auf intuitiv plausible Normen und Instanzen hilft, Vorurteile gutzuheißen und überlieferte Gewohnheiten zu verfestigen. Sie erschwert die Kritik an den bestehenden Institutionen und Verhaltensformen. In offener oder versteckter Form ist sie ein willfähriges Instrument der Unterdrückung. Hierin kommt der Utilitarismus mit dem kritischen Rationalismus, mit dem Transsubjektivitätsmodell der Erlanger Schule und dem Diskurs-Modell von Habermas überein: Er stellt in seinem Kern die Aufforderung dar, vorgefundene oder vorgeschlagene Verhaltensmuster nicht grundsätzlich wegen ihres Herkommens, ihrer vorgeblichen Plausibilität oder ihrer naturwüchsigen Geltung zu befolgen, sie vielmehr ausdrücklich für eine rationale Überprüfung offenzuhalten.

4.3 Grenzen der utilitaristischen Sozialpragmatik

4.3.1 Zum Verhältnis von Ethik und Pragmatik

Die Überzeugungskraft, die sich mit dem Utilitarismus verbindet: in den Industriegesellschaften als „Hintergrundtheorie" der Sozialpolitik und in den englischsprachigen Ländern darüber hinaus als Ansatz der Ethik und Sozialphilosophie, ist leicht zu verstehen. Der Utilitarismus ist in einer Zeit politisch und philosophisch wirksam geworden, als die herkömmlichen Instanzen für das moralisch Rechte, als die Auskünfte von Religion, Metaphysik oder der Tradition zu einem überindividuellen Sinnzusammenhang ihre generelle Aner-

---

[58] Bentham (1789) c. 2, Anm. vom Juli 1822.

kennung verloren. In dieser Situation wird eine Bestimmung von sittlichem Handeln vorgeschlagen, die ohne Bezug auf die fragwürdig gewordenen Autoritäten auskommt und zugleich mit einem Grundzug des Menschen überhaupt konform geht: mit dem Streben nach Glück. Überdies greift der Utilitarismus auf eine Tendenz zurück, die für die Neuzeit insgesamt charakteristisch ist: die Suche nach rationaler Verfügung. Die utilitaristische Forderung, eine am Wohlergehen der Betroffenen orientierte und zudem wissenschaftliche Politik einzurichten, der Versuch, ein gegen Dogmatismen und Ideologien abgeschirmtes und gegenüber politischen Privilegien kritisches Verfahren zu entwerfen, ist auch ohne Zweifel ein intellektuell wie emotional höchst ansprechendes Unternehmen: Das Leitziel menschlichen Handelns, das Glück, erscheint endlich einer rationalen Kalkulation unterworfen[59].

Jedoch: der im Utilitarismus enthaltene Anspruch, eine vorwissenschaftlich wirksame Absicht mit den Mitteln einer wissenschaftlichen Methode einlösen zu können, bleibt noch zu prüfen. In einer politischen Ethik lassen sich strukturanalytisch zwei Komponenten, eine im engeren Sinn ethische und eine pragmatische Komponente, unterscheiden. Zur Ethik im engeren Sinn gehört es, das höchste Prinzip oder letzte Kriterium moralischer Praxis zu formulieren und zu rechtfertigen: einen höchsten

---

[59] Gegen manche Mißverständnisse: nach einem in der Neuzeit immer wieder auflebenden naiven Fortschrittsglauben soll eine adäquate Politik das menschliche Wohlergehen zunehmend befördern und endlich das vollkommene Glück herstellen können (eine neuere Kritik an dieser Vorstellung: Tenbruck [1972]). Mit dem Utilitarismus ist eine solche These jedoch weder mit Notwendigkeit noch in der Regel verbunden. – Schon Aristoteles ging davon aus, daß alle: sowohl die Gebildeten als auch die Menge nach Glück streben. Über das, was das Glück sei, beginne allerdings der Streit: Nikomachische Ethik I 2, 1095 a 14 ff.

Wert, einen unbedingten Zweck oder eine Fundamental-norm. – Der Ausdruck „Pragmatik" wird heute in mehr-facher Bedeutung: vor allem in einem semiotischen, einem erkenntnistheoretischen, einem a-moralischen und in einem moralisch indifferenten Sinn verwendet[60]. Hier

---

[60] (a) Im *semiotischen* Sinn meint Pragmatik die Theorie des Sprechhandelns, jenes Teilgebiet einer allgemeinen Lehre der Zei-chenvermittlung, in der – im Unterschied zur Semantik und zur Syntaktik – die Beziehung von Zeichen zu ihren Subjekten unter-sucht wird. – (b) In der *erkenntnistheoretischen* Position des Prag-matismus wird von der sogenannten pragmatischen Maxime ge-sprochen. Ihr zufolge muß „jeder Satz, der nicht purer metaphysi-scher Jargon und Geschwätz ist, irgendeinen möglichen Bezug auf Praxis haben" (Peirce, Praktische und theoretische Überzeugungen, 5.539, Schriften, 2 Bde., Hg. K. O. Apel, Frankfurt a. M. 1967 ff., II 283). – (c) Kant unterscheidet in der Grundlegung zur Meta-physik der Sitten (2. Abschnitt, Akad. Ausg. IV 413 ff.) technische von pragmatischen und moralischen Imperativen. Während mit den technischen Imperativen die Regeln der Geschicklichkeit und mit den moralischen Imperativen die Gesetze der Sittlichkeit be-zeichnet werden, gelten die pragmatischen Imperative als Rat-schläge der Klugheit. Durch sie werden die Mittel zum *eigenen* größten Wohlsein bestimmt. Eine Pragmatik als Theorie solcher Klugheitsregeln ist eine *kontra-ethische* Theorie, da sie das Han-deln bloß nach der Nutzanwendung für das eigene Glück bewer-tet. Probleme der Normativität werden hier auf Fragen von per-sönlichem Vorteil und dessen rationaler Kalkulation reduziert. Würde eine solche Pragmatik zu einer allgemeinen Theorie mensch-licher Verpflichtung extrapoliert, dann würde die Idee einer unbe-dingten, dem Selbst-Interesse nicht unterworfenen Verpflichtung geleugnet. Das Verhältnis von Ethik und Pragmatik läge jedenfalls in dem Problem, wie sich Sittlichkeit und rationaler Egoismus zu-einander verhalten. Auch die Frage, ob sich Sittlichkeit evtl. ganz in die Sprache rationalen Selbstinteresses übersetzen lasse: ob sich vernünftige Gesetze der Interaktion aus einer Logik kalkulierter Selbsterhaltung ableiten lassen, wäre hier zu untersuchen. – (d) Die Pragmatik wird endlich als eine *ethisch indifferente* Theorie über den möglichen Spielraum des Handelns bestimmt: B. Waldenfels, Ethische und pragmatische Dimension der Praxis, in: Riedel (1972) 375–393. Danach gibt die Ethik die Richtung oder das Sollen, die Pragmatik den Spielraum oder das Können von Praxis an, und das Verhältnis von Ethik und Pragmatik liegt im Problem, wie sich Können und Sollen von Praxis miteinander vermitteln lassen.

liegt noch eine weitere Bedeutung zugrunde: Während die Ethik ein höchstes Sollen definiert, sucht die Pragmatik die angemessene Konkretion des moralischen Prinzips oder der obersten praktischen Regel sicherzustellen. Einer so bestimmten Pragmatik geht es darum, die Relevanz und die Anwendungsfähigkeit des Prinzips auf Praxis zu garantieren – soweit das möglich ist. Dies geschieht nicht, indem man eine Art Sittenkanon ausarbeitet, der das Moralprinzip einmal für immer in inhaltlich konkretere und zugleich unfehlbar gültige Normen, Maximen oder Institutionen übersetzt. Die Pragmatik sucht vielmehr ein rationales Verfahren, das jede Übersetzung in historische Praxis leitet. Das Verhältnis von Ethik und Pragmatik läßt sich auch so kennzeichnen: Die Ethik sucht ein kultur- und situationsinvariant gültiges Kriterium oder Ziel. Menschliches, gerade auch öffentliches Handeln hat die Aufgabe, das Ziel bzw. Kriterium innerhalb von soziokulturellen und situationsspezifischen Bedingungen zu verwirklichen. Die Pragmatik versucht, den Abstand von einem reinen Sollen zu einem historisch bedingten Sollen zu überbrücken. Sie stellt eine (selbst situations- und kulturinvariante) Methode dar, kraft der das allgemeine Ziel kultur- und situationsbezogen zu bestimmen ist. Während die Ethik analysiert, worin sittliche Verbindlichkeit überhaupt besteht, sucht die Pragmatik, das *jeweils* Verbindliche, das Verbindliche angesichts des historischen, gesellschaftlichen und situativen Kontextes festzulegen. In gewisser Weise will eine Pragmatik die Moralität oder praktische Vernunft lehr- und lernbar machen. Zwar kann sie es nicht in dem ehrgeizigen Verständnis, daß sie die praktische Vernunft ursprünglich hervorruft[61]. Doch will sie den, der zu moralischer Pra-

---

[61] Siehe u. Kap. 9.2. Vgl. auch Aristoteles, Nikomachische Ethik I 1, 1095 a 2–11.

xis schon grundsätzlich entschlossen ist, lehren, wie er diesen Entschluß in concreto verwirklichen kann.

Nach dieser strukturanalytischen Unterscheidung sind Ethik und Pragmatik weder unmittelbar identisch noch schlicht disparat. Was für eine praktische Philosophie auch sinnlos wäre: Ethik zieht sich nicht in eine autonome Provinz zurück, um, bar jeder sittlichen und politischen Verantwortung, anwendungs-irrelevante Prinzipien zu untersuchen. Komplementär dazu ist die Pragmatik keine prinzipienlose Methode, die bloß um der intersubjektiven Verständlichkeit eines konsistenten Verfahrens willen entwickelt wird. Die Pragmatik übt zwischen Ethik und historisch konkreter sittlicher Praxis von vornherein eine Vermittlungsfunktion aus. Methodisch gesehen, stehen Ethik und Pragmatik grundsätzlich in einem Verhältnis wechselseitiger Rückbeziehung: die Ethik ist auf ihre Operationalisierung in einer Pragmatik und die Pragmatik auf die Prinzipien einer Ethik angewiesen.

Bentham hat dies ohne Zweifel gesehen, insofern er sich um beide Komponenten: um die Formulierung eines letzten Kriteriums moralischen Handelns, des Glücks aller Betroffenen, und um seine Operationalisierung in eine präzise Methode, den Glücks-Kalkül, bemüht hat. Der ethische Aspekt politischen Handelns ist gleich in seiner Verbindung mit dem pragmatischen Aspekt gesehen. Die damit gesetzte Absicht, pragmatische Probleme nicht herunterzuspielen oder gar zu beseitigen, ist in hohem Maße sinnvoll. Denn was hilft in politischen Entscheidungsprozessen die beste Zielvorstellung, wenn man sie nicht ernsthaft und mit der angemessenen Methode verfolgt. Gerade angesichts der wachsenden Komplexität und Interdependenz der gesellschaftlichen Verhältnisse ist es erforderlich, die kurz- und langfristig zu erwartenden Folgen und Nebenfolgen von Entscheidungen systematisch zu überlegen. Andernfalls könnte man, wenn überhaupt, nur in einer höchst rudimentären Bedeutung von verantwortlicher Entscheidung sprechen. Der Sinn einer (Sozial-)Pragmatik soll hier auch nicht weiter hinterfragt, die Intention, hypothetisch zumindest, akzeptiert und der Utilitarismus nur darauf untersucht werden, ob er seinem Anspruch genügt und das schon vorwissenschaftlich gegebene Interesse an einer sowohl ethisch als auch pragmatisch angemessenen Theorie tatsächlich wissenschaftlich einholt. Der Utilitarismus gehört zum Paradigma Nutzenkalkulation. Eine kritische Analyse seines Anspruchs und der mit ihm verbundenen Überzeugungskraft bringt deshalb zugleich systematische Grenzen des leitenden Paradigmas gegenüber dem Problemfeld „Strategien der Humanität" zur Sprache. Diese Analyse soll sich in vier Stufen fortschreitender Radikalität vollziehen:

Erstens ist die pragmatische Komponente des Utilitarismus immanent zu beurteilen: Liegt im hedonistischen Kalkül tatsächlich ein operationales Verfahren vor (Kap. 4.3.2.)?

Zweitens ist die utilitaristische Pragmatik in Beziehung zur utilitaristischen Ethik zu prüfen: Handelt es sich im hedonistischen Kalkül um eine adäquate Operationalisierung des Kriteriums „maximales Glück aller Betroffenen" (Kap. 4.3.3)?

Drittens sind neuere Entwicklungen zur (Sozial-)Pragmatik zu untersuchen: Werden die Vorbehalte, die gegenüber Bentham anzumelden sind, durch die Transformation des Utilitarismus zu Wohlfahrtsökonomie und Sozialwahltheorie (Kap. 5) oder durch Rawls' Verfahren einer rationalen Wahl von Gerechtigkeitsprinzipien (Kap. 6) gegenstandslos?

138

Viertens ist das Kriterium selbst zu erörtern: Handelt
es sich beim maximalen Glück aller Betroffenen wirklich
um einen des Dogmatismus und der Ideologie unverdächtigen letzten Maßstab öffentlich relevanter Entscheidungsprozesse (Kap. 7)?

4.3.2 Pragmatisches Defizit

Das mit dem hedonistischen Kalkül geforderte Verfahren politischer Entscheidungsfindung enthält genauge-
nommen vier methodische Schritte:
(a) Information über die Bedürfnis- und Interessenlage
der einzelnen Betroffenen;
(b) Entwurf alternativer Entscheidungsmöglichkeiten;
(c) mit Hilfe des mathematischen Instrumentariums der
Addition und Subtraktion: Bestimmung der Gratifikationsbilanz einer jeden Entscheidungsmöglichkeit angesichts der Bedürfnis- und Interessenlage der Betroffenen,
und zwar nach Maßgabe der genannten sieben Kriterien:
nach Intensität, Dauer und Sicherheit, nach Nähe, Frucht-
barkeit, Reinheit und schließlich der Ausdehnung;
(d) Vergleich der Gratifikationsbilanzen und Wahl jener
Entscheidungsmöglichkeit, der der maximale Gesamtnutzen zukommt.
Ein solches Entscheidungsmodell arbeitet mit verschiedenen Idealisierungen, die für eine theoretische Bewältigung der Anwendungsproblematik zwar förderlich sind,
die die tatsächliche Anwendbarkeit jedoch an Randbedingungen knüpfen, die auch in Annäherung nur selten
zutreffen. Dabei macht Bentham nicht einmal Voraussetzungen, die vom Standpunkt der modernen, probabi-
listisch definierten Entscheidungstheorie ohne weiteres
als naiv bezeichnet werden könnten. Indem unter den
Kriterien der Gratifikationsbewertung ausdrücklich jene

Gewißheit oder Ungewißheit erscheint, mit der man die Gratifikation erwartet[62], ist kein vollständiges Wissen über die gratifikationsrelevanten Resultate der Entscheidungsalternativen vorausgesetzt[63]. Benthams Kalkül geht jedoch davon aus, daß der Begriff „Betroffener" genau bestimmt sei. Indessen fehlt eine Regel, die diese Bezugsgruppe definiert. Bentham überspielt nur die Schwierigkeit, wenn er lapidar von „persons whose interests appear to be concerned" spricht[64]. Dieser Einwand betrifft nicht nur das in der Utilitarismus-Diskussion selbst aufgeworfene Problem, ob es beim Wohlergehen der Betroffenen nur um humane oder aber um alle mit Empfindung begabten Lebewesen geht[65]. Von Fragen abgesehen, bei denen sich Tierschutzvereine oder ähnliche Organisationen mit Recht zu Wort melden, geht es in politischen Entscheidungsprozessen nicht nur primär, sondern ausschließlich um das Wohlergehen von Menschen. Aber gerade dann erscheint der Begriff „Betroffener" als ungenau. So bleibt es zwar nicht qualitativ, wohl aber quantitativ ungeklärt, wie bei öffentlichen Entscheidungen die indirekt Betroffenen gegenüber den direkt Betroffenen, wie die nachfolgenden Generationen im Vergleich zur gegenwärtigen zu bewerten sind. Überdies lassen sich oft nicht einmal die unmittelbar Betroffenen ermitteln: die Studenten und Dozenten bei Entscheidungen über eine künftige Hochschule, die Bewohner und Geschäftsleute einer neuen Trabantenstadt.

---

[62] Bentham (1789) c. 4.2 (3.): „its (sc. of a pleasure or pain) certainty or uncertainty"; vgl. auch c. 4.8.
[63] Weitere probabilistische Anklänge in c. 4.3 (5./6.), c. 4.5, c. 12, § 1.2, dort Rede von „chance", „which appears" und „certain consequences or the probable".
[64] c. 4.5 (6).
[65] Bentham (1789) c. 17, § 1.4 und die Anmerkung dazu; Sidgwick (1907) Buch IV c. 1.2; Brandt (1967) 39 u. a.

Eine grundlegendere Schwierigkeit findet sich in dem stillschweigend angesetzten *Postulat der Meßbarkeit* und Vergleichbarkeit aller Gratifikationen. Sicher ist es plausibel, daß man die Entscheidungsalternativen auf ihren subjektiven Gratifikationswert hin beurteilen, sie in einer persönlichen Präferenzskala ordnen, die Gratifikationen miteinander vergleichen und die beste Möglichkeit dann auswählen soll. Die Plausibilität entspringt dem immer wieder selbst geübten und auch bei anderen zu beobachtenden Verfahren der rationalen Überlegung und Wahl. Der hedonistische Kalkül, als universales Entscheidungsverfahren angesetzt, macht aber eine stärkere Annahme. Es verallgemeinert ein alltägliches Verhalten und behauptet, daß es überall anwendbar und für alles geeignet sei. Es geht davon aus, daß sich bei jedem Entscheidungsproblem alle Möglichkeiten miteinander vergleichen und als mehr oder weniger wertvoll beurteilen lassen. So formuliert, ist das Postulat einer universalen Meßbarkeit und Vergleichbarkeit aller Gratifikationen noch vage und unbestimmt. Es präzisiert nicht den zentralen, in sich noch mehrdeutigen Begriff des Messens bzw. der Meßskala. Heute unterscheidet man vor allem vier Arten[66]. Die primitivste Form eines Meßinstrumentes ist die *Nominalskala*, in der die Zahlen lediglich als Klassifizierungssymbole, etwa zur Kennzeichnung von Warentypen, verwendet werden. Der Gebrauch von Zahlen ist hier nicht erforderlich; Worte, Buchstaben oder andere Symbole können dieselbe Funktion ausüben. – In der *Ordinalskala* werden Gegenstände im Hinblick auf bestimmte Eigenschaften oder Aspekte in einer Rangfolge eingestuft; die Ordinalzahlen (1., 2., 3. ...) spiegeln in ihrer Reihenfolge die Rangordnung

---

[66] Vgl. Gäfgen (1968) 144–165.

der Objekte wider. – Überall dort, wo es möglich ist, die Gleichheit und Ungleichheit von Differenzen wahrzunehmen und festzuhalten, läßt sich eine *Intervallskala* aufstellen; die entsprechenden Kardinalzahlen (1, 2, 3 …) definieren nicht bloß Rangfolgen, sondern auch präzise Intervalle. – Sofern man nicht bloß Intervalle, sondern zudem einen festen Nullpunkt angeben kann, ist nicht bloß ein „relatives", sondern auch ein „absolutes" Messen, ist das Messen mit einer *Verhältnisskala* möglich.

Man kann das Meßbarkeits-Postulat nun dahingehend interpretieren, daß man jede einzelne Gratifikation für kardinal quantifizierbar hält. Dadurch setzt man voraus, alle Gratifikationen ließen sich auf eine einheitliche Maßeinheit von Angenehm und Unangenehm beziehen, womit jede intrapersonale und jede interpersonale Gratifikationsverrechnung ohne Schwierigkeit durchzuführen wäre. Jede Freude, die man sucht, und jedes Leid, das man meidet, wird auf einer Präferenzskala geordnet, wobei Leid als negative Freude und der Übergangspunkt von Freude zu Leid, der Punkt vollständig neutralen Gefühls, als der hedonistische Nullpunkt gilt. Wenn sich jede Alternative durch präzise Größen darstellen und auf einen gemeinsamen Nullpunkt beziehen läßt, wirft weder die Aufstellung einer individuellen noch die einer kollektiven Präferenzordnung grundsätzlich unlösbare Probleme auf. Ein solcher Kalkül ist jedoch so lange illusorisch, wie sich die entsprechende objektive Maßeinheit für subjektive Gratifikationswerte nicht exakt angeben läßt. Heute gilt die Annahme, Nutzenmengen seien kardinal meßbar, in der ökonomischen Theorie als geradezu hoffnungslos realitätsfremd[67]. Gerade diese Annahme

---

[67] Für viele: Sohmen, Grundlagen, Grenzen und Entwicklungsmöglichkeiten der Welfare Economics, in: Beckerath–Giersch (1963) 69–98 (73).

wird aber von Bentham gemacht. Denn ohne kardinale Nutzenmessungen läßt sich das von ihm angesetzte mathematische Instrumentarium der Addition und der Subtraktion von Nutzengrößen nicht einsetzen. Indem Bentham die Aufgabe der subjektiven Gratifikationsmessung in sieben Elemente oder Dimensionen von Messungen aufgliedert, gibt er eine gewisse Hilfestellung, ohne jedoch die mindestens dreifache Schwierigkeit auszuräumen. Sie wird im Gegenteil nur noch deutlicher. Als erstes ist für jede Dimension ein Teilmaßstab erforderlich: einer für die Intensität, einer für die Dauer der Gratifikation usf., Teilmaßstäbe, die Bentham nicht erarbeitet hat und gegenüber deren Erarbeitungsmöglichkeit (etwa bei dem Maßstab für Intensität) man skeptisch sein muß. Als zweites sind empirische Kenntnisse in einer Genauigkeit erforderlich, die die Verwendung kardinaler Maßstäbe überhaupt möglich machen. Schließlich muß das Verhältnis der Teilmaßstäbe zueinander bestimmt werden, um die durch die Teilmaßstäbe gewonnenen Werte zu einem Gesamtgratifikationswert zusammenfassen zu können. Zu Fragen der Art: „Welcher Einheit von Gratifikationsdauer entspricht genau eine Einheit von Gratifikationsintensität?" liegen aber genauso wenig objektiv gültige Kriterien vor wie zur Bestimmung der Einheit von Gratifikationsdauer oder -intensität als solchen.

Auch wenn sich eine kardinale Messung subjektiver Gratifikationswerte nicht im entferntesten erwarten läßt, ist noch nicht jede Form eines wertenden Vergleichs ausgeschlossen. Dort, wo sich Handlungsfolgen nicht kardinal quantifizieren lassen, kann man Rangordnungen aufstellen, die Ränge nach ihrer Reihenfolge beziffern und so Präferenzskalen unter Verwendung von Ordinalzahlen gewinnen. Bei wenigen und deutlich unterschiedenen Alternativen und angesichts einer geringen Zahl von Betroffenen scheint ein solches Verfahren auch praktikabel. Aber dort, wo sich Alternativen noch verändern und wo sich Kompromisse (im Sinne von Zwischenwerten) finden lassen, ist das Verfahren zu grob. Vor allem aber ist dort, wo der Kreis der Betroffenen sehr groß ist, die Methode nicht bloß unhandlich, sondern sie kann sogar zu falschen Entscheidungen, nämlich zu solchen führen, die nicht den maximalen kollektiven Gratifikationswert verfolgen. Denn in den Ordinalskalen kommt nicht zum Ausdruck, ob etwa angesichts von zwei Möglichkeiten (A, B) die Präferenzpriorität gegenüber der einen Möglichkeit sehr groß oder nur minimal ist. Dann aber kann es geschehen, daß die Möglichkeit A, die von einer sehr knappen Mehrheit und nur minimal bevorzugt wird, für eine starke Minderheit aber in hohem Maße unangenehm ist, gewählt wird, obwohl gar nicht sie, sondern die andere Möglichkeit (B) das kollektive Gratifikationsmaximum erbringt.

In dem letzten Einwand kommt schon die größte Schwierigkeit des hedonistischen Kalküls, das Problem des *interpersonellen Nutzenvergleichs*, zur Sprache[68]. Auch wenn jeder einzelne für sich eine widerspruchsfreie ordinale oder kardinale Präferenzskala aufstellen kann, bleibt die Frage, wie man die Skala des einen mit der des anderen verrechnen soll. Nicht alles, was an der Spitze der individuellen Präferenzen steht, wird notwendig mit gleicher Intensität erstrebt. Während einer zu seinen Bedürfnissen keine Distanz hat, jede versagte Befriedigung daher eminent frustrationsreich empfindet, kann ein anderer seine Bedürfnisse stärker rationalisieren. Und selbst wenn man den schwer operationalisier-

---

[68] Eine scharfe Ablehnung der Möglichkeit von interpersonellen Nutzenvergleichen bei L. C. Robbins, An Essay on the Nature and Significance of Economic Science, London 1932.

baren Aspekt der Selbstkontrolle ausklammert, bleibt die Tatsache bestehen, daß die Empfindungsintensitäten verschiedener Personen höchst unterschiedlich sein können, jede Verrechnung, gerade auch die nach einem Egalitätsprinzip, ein in diesem Zusammenhang weder legitimiertes noch auch legitimes Werturteil darstellt. Sie beinhaltet eine hedonistische Ungleichbehandlung: weil gleiche Behandlung von Ungleichen. Zugleich ist das kollektive Gratifikationsmaximum bedroht.

Überschaut man die verschiedenen Idealisierungen des Kalküls, so ist das Urteil nicht zu vermeiden: das für rationale politische Entscheidungsprozesse erforderliche operationale Niveau hat Bentham nicht erreicht; eine exakte Definition von Utilität ist ihm noch bei weitem nicht gelungen[69]. Schon immanent, nur als politische Arithmetik betrachtet, ist die utilitaristische Sozialpragmatik unzureichend: Ein nicht nur widerspruchsfreies, sondern auch operationales Verfahren für politische Entscheidungen stellt sie nicht zur Verfügung. Zwar hat die spätere Entwicklung des hedonistischen Kalküls ein verfeinertes und auch komplizierteres formales Instrumentarium hervorgebracht, das die Anwendung des Kalküls auch für weniger ideale Situationen ermöglicht, als sie bei Bentham implizit vorausgesetzt sind. Ob das verbesserte Instrumentarium aber auch alle Probleme, vor allem die der interpersonellen Nutzenverrechnung lösen kann, bleibt noch zu prüfen.

---

[69] Dem entspricht die sehr vorläufige und von einem kruden Realismus getragene Definition von pain und pleasure als „names of homogenous real entities": Bentham (1789) c. 6.6 Anm.

4.3.3 Kruder Empirismus

Der hedonistische Kalkül geht davon aus, daß Ethik und Pragmatik miteinander harmonieren. Der Kalkül gilt als die angemessene und eindeutige Operationalisierung der utilitaristischen Maxime. Wer genau wissen will, was Wohlergehen aller Betroffenen heißt, braucht nur der Kalkulationsvorschrift zu folgen; wer ihr folgt, findet eo ipso das maximale kollektive Wohlergehen. Kalkül und ethische Maxime stehen, so der Anspruch, im Verhältnis eindeutiger Entsprechung. Selbst wenn man die pragmatischen Schwierigkeiten des Glücks-Kalküls übergeht und Bentham ein generell anwendbares operatives Kalkulationsverfahren unterstellt, bleibt zu prüfen, ob die angenommene Entsprechung zutrifft und das Verfahren eine adäquate Operationalisierung des utilitaristischen Zieles vornehmen kann: Garantiert die Kalkulation ihren Zweck, die für das Wohlergehen aller Betroffenen beste Handlungsalternative zu bestimmen? – Wurde bisher das *Verfahren* der Kalkulation betrachtet, so ist in diesem Zusammenhang die *Basis* der Kalkulation zu untersuchen: Die Operationalisierung der utilitaristischen Maxime in einen hedonistischen Kalkül will jeden ethischen Disput auf eine Instanz beziehen, die eine Verifikation oder zumindest eine Falsifikation durch evidente Beobachtungsdaten zuläßt. Die Beobachtungsdaten, die der Utilitarismus ansetzt, sind jene Gefühle oder Vorstellungen von Vergnügen und Mißbehagen bei den Betroffenen, die man heute mittels individueller Introspektion und aufgrund von empirischer Sozialforschung politisch verfügbar machen würde. Hier liegt auch ohne Zweifel ein großer Vorteil des Utilitarismus: seine normativen Anweisungen für politisches Handeln werden nicht rein deduktiv gewonnen, sondern berücksichtigen empirische Tatbestände und fordern für sie eine methodisch disziplinierte Erhebung. Nun kann man im vorhinein nicht von dem tatsächlich eintretenden, sondern nur von dem bei bestimmten Handlungen erwarteten Wohl- und Mißbehagen ausgehen. Und hier fragt es sich, ob den durch Introspektion gewonnenen und durch Sozialforschung abgefragten Lust/Unlusterwartungen der Betroffenen die Bedeutung von kritikenthobenen Protokollsätzen zukommt. Ist das Feststellen der Erwartungen ein interpretationsneutraler Vorgang des Protokollierens, und geben die protokollarisch festgehaltenen Ergebnisse tatsächlich eine im absoluten oder probabilistischen Sinn sichere Kalkulations-Basis ab? Der Utilitarismus, und auch darin zeigt er sich als Hintergrundphilosophie der modernen Entscheidungstheorien, verfährt in intentione recta: Die Betroffenen haben die Erwartungen ihrer Gratifikationsempfindungen sowie deren Intensität, Dauer, usf. vor sich, können sie richtig bestimmen, werden sie auch wahrheitsgemäß artikulieren und den Entscheidungsträgern zur Kalkulation überantworten. Über die der Kalkulation zugrunde liegenden Präferenzen entscheiden die Betroffenen selbst. Zum Postulat der universalen Meßbarkeit tritt als zweites Postulat das der *Präferenzsouveränität der Betroffenen*. In einer kritischen Analyse kommen Vorbehalte zur Sprache, die gegenüber der Theorie rationaler Wahl ganz allgemein zu erheben sind.

Ich will diese Analyse nicht bloß abstrakt, sondern zugleich an einem relevanten Beispiel durchführen. Wenn alternative Bildungspläne zur Entscheidung stehen, so kann man den hedonistischen Kalkül auf sie zunächst gar nicht sinnvoll anwenden. Ohne geeignete Beurteilungskriterien, rein intuitiv und aus dem Stegreif wäre es absurd, etwa eine bestimmte Konzeption K_i von Gesamtschulen für angenehmer als eine andere zu halten. Man muß sich schon vermittelnde Kriterien überlegen: Durchlässigkeit, Chancengerechtigkeit; Förderung der psychisch und sozial Benachteiligten, der Höchst- und der Spezialbegabungen; Überschaubarkeit der Schule von seiten der Schüler, der Eltern, der Lehrer; usw. Erst mit ihrer Hilfe kann man die alternativen Schulkonzeptionen für jeden einzelnen vernünftig gewichten und die aus diesem Prozeß hervorgehenden Werte individueller Gratifikationsbilanzen interpersonell verrechnen. Ein solcher Verrechnungsprozeß verspricht nur dann Erfolg, nämlich eine am kollektiven Wohlergehen orientierte Entscheidung, wenn sich jeder die Sache auch wirklich nach allen Seiten hin überlegt und ein qualifiziertes Urteil bildet. Der erforderliche Prozeß der Urteilsbildung ist aber einer Vielzahl von Verzerrungsmöglichkeiten ausgesetzt, Verzerrungsmöglichkeiten, die je für sich ein qualifiziertes Urteil und die in toto die absolute Präferenzsouveränität der Betroffenen in Frage stellen. Dafür, daß die Betroffenen nicht immer selbst die besten Richter ihres eigenen Wohlergehens sind, sprechen mindestens vier Argumente:

(a) Die individuellen Erwartungen sind durch subjektive Meinungen über Tatbestände und über Zusammenhänge dieser Tatbestände mitbestimmt. Eine Meinung wie „die Konzeption K_i von Gesamtschulen verfolgt die im Verhältnis zu den anderen Schulkonzeptionen maximal mögliche Chancengerechtigkeit" kann auf sachlichen Irrtümern beruhen. Deshalb ist es notwendig, zwischen der tatsächlich vorhandenen und einer von Irrtümern über Tatbestände befreiten Gratifikationserwartung zu unterscheiden. Diese Unterscheidung legt die Aporie eines kruden Empirismus offen: Während nur die tatsächlichen Erwartungen empirisch beobachtbar sind, gilt gerade von den anderen, daß sie wirklich dem Wohlergehen dienen.

(b) Die Gratifikationserwartungen können nicht bloß kognitiv, sondern auch emotional entstellt sein. Um aus Chancengerechtigkeit einen Lustgewinn zu erwarten, muß man seine Aufmerksamkeit auf diese Problematik überhaupt richten und die Aufmerksamkeit auch gegen momentane Ablenkungen, gegen Ängste und Leidenschaften, Trägheit oder Erregtheit aufrechterhalten. Zu diesen durch Techniken der Innensteuerung wenigstens im Prinzip selbst kontrollierbaren Arten affektiver Verzerrung treten solche, die dem bewußten und freiwilligen Handeln entzogen sind: neurotische und psychotische Entstellungen, die etwa in der Form masochistischer Tendenzen die Orientierung am eigenen Wohlergehen nicht nur zufällig und im Augenblick, sondern systematisch einschränken oder gar verhindern.

Die Präferenzen, die das Interesse am eigenen Wohlergehen repräsentieren, sind weder in einer unfehlbaren Introspektion nur zu beobachten, noch liegen sie je schon artikuliert vor. In Prozessen der Selbstbesinnung und Selbstklärung sind sie allererst herauszupräparieren und in solchen der Selbstpräsentation anderen mitzuteilen. Aufgrund dieser Vermittlungsprozesse sind sowohl in einem mehr zufälligen als auch in einem schon krankhaften Sinn Selbsttäuschungen möglich; aufgrund der vermittelnden Sprache sind soziokulturell bedingte Verzerrungen, aufgrund der persönlich kontrollierbaren und damit auch manipulierbaren Artikulation sind endlich auch taktische und strategische Überlegungen und damit verbunden: Täuschung und Betrug der Mitmenschen möglich – und sicher auch nicht unwahrscheinlich. Dann aber verbietet es sich, gerade im Sinn der utilitaristischen Maxime, daß man die Betroffenen als einzige Entscheidungsinstanz für Präferenzen zuläßt, die faktischen Artikulationen der Präferenzen für jene hält, die dem Wohlergehen wirklich dienen, und sie kritiklos als Daten übernimmt.

(c) Der hedonistische Kalkül geht von individuellen Lust/Unlusterwartungen aus, die ohne Schwierigkeiten aufgegriffen und gegeneinander verrechnet werden können. Allein: im Zuge der Aufgabe, die individuellen Erwartungen zu erfüllen, entstehen kommunikative Bezüge, die für die Erfüllung nicht nur instrumentale und strategische Bedeutung haben und die schon gar nicht, gegenüber der Lust/Unlust neutral, das System der Erfüllung nur organisieren. In den kommunikativen Bezügen werden bestimmte Erwartungen geweckt, andere transformiert und wieder andere in ihrer Präferenzintensität verändert. Obwohl Lust und Unlust individuell empfunden werden, sind die Empfindungen wie die Erwartungshaltungen durch die Umgebung mitgeprägt. Das im einzelnen höchst komplizierte Wechselverhältnis zwischen den Individuen und seinen sozialen Bezügen wird im Utilitarismus unterschlagen. Das soziale System kommt nur unter dem Gesichtspunkt der summativen Aggregation von Individuen in den Blick[70]. Die darin enthaltene absolute Priorität des einzelnen vor seinen sozialen Bezügen ist jedoch nicht haltbar. Zu Recht wird angenommen, daß eine soziale Zielordnung unabhängig von den Zielordnungen der einzelnen nicht sinnvoll ist. Die Gültigkeit sozialer Zielordnungen wird

---

[70] „The community is a fictitious *body*, composed of the individual persons who are considered as constituting as it were its *members*. The interest of the community then is, what? – the sum of the interests of the several members who compose it" (Bentham [1789] c. 1.4).

durch die individuellen Zielordnungen und letztlich durch die Gratifikationserlebnisse der Mitglieder der Gesellschaft gestützt. Aber gleichzeitig gilt auch, daß individuelle Zielordnungen und Gratifikationserlebnisse unabhängig von der Zielordnung der Gesellschaft nicht möglich sind. Insofern aber Bedürfnisse, Interessen, mit ihnen auch die Lust/Unlusterwartungen und endlich die individuellen Gratifikationserlebnisse soziokulturell vermittelt sind, insofern sie sowohl eine Antriebskraft als auch das Ergebnis historischer und sozialer Veränderungsprozesse darstellen, darf eine verantwortliche politische Entscheidungsfindung die aus dem mehr oder weniger zufälligen Stand der Sozialisation folgenden Erwartungen und Empfindungen nicht als grundsätzlich sakrosankte Basisinstanz anerkennen. Das menschliche Wohlergehen ist weder eine rein individuelle noch eine rein statische Angelegenheit. Zu Recht nennt man jemanden glücklich, wenn ihm „alles nach Wunsch und Willen"[71] geht: ein Rundumzufriedensein auf der Grundlage der gegenwärtigen Wünsche und Interessen. Man kann allerdings an die Interessenlage selbst einen normativen Maßstab legen. Denn das menschliche Glück erschöpft sich weder im Erwerben und Besitzen oder Verbrauchen von Gütern, noch kommt es schon dadurch dauerhaft zustande, daß man die augenblicklichen Wünsche und Interessen erfüllt. Als Sinnkategorie menschlichen Daseins besteht das Glück in einem vollen und erfüllten Leben, zu dem auch die Entwicklung sowie die Erweiterung und Verfeinerung der eigenen Möglichkeiten und Kräfte gehört. Ohne sich inhaltlich auf bestimmte Ziele, Werte und Interessen als die einzig richtigen festzulegen, kann man von jedermann die Entfal-

---

[71] I. Kant, Kritik der praktischen Vernunft, Akad. Ausg. V 124.

tung seiner humanen Potenzen: die Entwicklung der ihm möglichen sprachlichen und formalen, emotionalen, sozialen und kreativen Fähigkeiten erwarten und diesen Entwicklungsprozeß selbst für ein wesentliches Moment des typisch menschlichen Glücks halten. Verzichtet man auf einen solchen formalen Maßstab des Normativen, so wird der Mensch statisch: als Bündel der jeweils gegebenen Triebe, Bedürfnisse und Interessen gesehen. Im anderen Fall erscheint er dynamisch: als ein Wesen, das sich nicht auf einen bestimmten Stand von Glückserwartungen und Glücksfähigkeiten fixieren läßt, vielmehr die Erfüllung von Interessen wie auch deren Artikulation, Ordnung, Überprüfung und Verbesserung sucht und gerade darin erst im vollen Sinn glücklich wird: Das Glück ist in einem lebenslangen, inhaltlich offenen Bildungs- und Selbstfindungsprozeß immer wieder neu zu bestimmen und zu verfolgen. Sicher dürfen öffentliche Entscheidungsprozesse den dynamischen Gesichtspunkt nur mit Vorbehalt berücksichtigen, damit das politische Leben nicht totalitär wird. Es ist aber auch nicht ihre Aufgabe, den Menschen auf seine je gegebenen Glücksfähigkeiten festzuschreiben. Wenigstens wird man eine Bildungspolitik, für die nur die Befriedigung vorhandener Interessen und nicht auch deren Entfaltung im Mittelpunkt steht, nicht als „der Humanität letzte Weisheit" bezeichnen können.

Die gegenwärtigen Lust/Unlusterwartungen eines Individuums haben für sein eigenes Wohlergehen nicht die Bedeutung selbstevidenter, das eigene Glück versprechender Einsichten. Zu den kognitiven und emotionalen Verzerrungsmöglichkeiten treten solche sozialer Natur. Die Phänomene sind ja nicht neu: Publizistisch vorherrschende intellektuelle Strömungen, auch die gesellschaftlichen Strukturen privilegieren nicht nur bestimmte

Gruppen und teilen ihnen einen überproportionalen Anteil an den Mitteln der Bedürfnisbefriedigung und Wunscherfüllung zu. Sie schieben auch hinter dem Rükken des einzelnen einige seiner Bedürfnisse und Interessen in den Aufmerksamkeitsraum, um andere aus ihm zu verdrängen. Die sich in den jeweils vorherrschenden Reizwörtern niederschlagenden kollektiven Stimmungslagen entscheiden mit darüber, welche Wünsche manifest werden und welche latent bleiben; sie bevorzugen die einen (in der Bildungspolitik etwa das Interesse an Chancengerechtigkeit) und benachteiligen andere (etwa das Interesse an Selbstverwirklichung). Kollektive Stimmungslagen sind ambivalent: für das Wohlergehen der Betroffenen sind sie Ermöglichung und Bedrohung zugleich.

(d) Mit der Annahme einer absoluten Präferenzsouveränität der Betroffenen ist nicht nur das individuelle, sondern auch das kollektive Gratifikationsmaximum bedroht. Denn die Annahme führt zu der schon grotesken Konsequenz, auch solche Interessen anzuerkennen, die ihrem Inhalt oder ihrer Intensität nach unsozial sind. In einem nicht weiter qualifizierten hedonistischen Kalkül müssen sowohl überspannte: exzentrische oder fanatische Intentionen als auch die verschiedenen Formen von Neid, Eitelkeit und Herrschsucht, von Aggression, Destruktion und Sadismus mit gleichem Gewicht in die Kalkulation übernommen werden wie die sozial indifferenten oder die sozial engagierten Interessen. Sicher ist es nicht leicht, in jedem Fall genau anzugeben, welche Interessen überhaupt und welche ab einem bestimmten Grad von Intensität und Distanzlosigkeit als unsozial gelten müssen und sich für eine Berücksichtigung im öffentlichen Entscheidungsprozeß disqualifizieren. Für die gegenwärtige Argumentation ist es auch nur entscheidend, daß es überhaupt Interessen gibt, die unmittelbar als solche sinnvollerweise nicht in den Kalkulationsprozeß einbezogen werden. Wenn es aber nicht angeht, alle Lust/Unlustempfindungen zu berücksichtigen, sondern bestimmte von vornherein auszuschließen oder einzuschränken, geben die Empfindungen in ihrem naturwüchsigen Vorhandensein nicht schon die richtige Grundlage der Kalkulation ab. Nicht erst in der Dimension der Befriedigung, sondern schon in der der Bedürfnisse und Wünsche stellt sich das Problem sittlicher Legitimation. Bedürfnisse und Wünsche sollen nur insofern und insoweit in den Kalkül eingehen, als sie sozial anerkannt werden können. Gleichwie die Bedürfnisse oder Präferenzgefühle noch des näheren als sozial akzeptabel bestimmt werden können: nicht sie selbst, sondern nur die sozial Qualifizierten sind „kalkulationswürdig".

Eine ernstzunehmende politische Ethik darf die Möglichkeit und nur allzu häufige Realität von Verzerrungen in den genannten vier Dimensionen nicht unterschlagen. Der Begriff des Glücks ist nicht in dem Sinn ein empirischer Begriff, daß er sich auf die Befriedigung aller jeweils artikulierten subjektiven Präferenzen zurückführen ließe. Dem Anspruch des hedonistischen Kalküls, die utilitaristische Maxime angemessen zu operationalisieren, liegt ein kruder Empirismus zugrunde[72], der zwischen artikuliertem und tatsächlichem Interesse, der zwischen vermeintlichem und wohlverstandenem, zwischen naturwüchsig vorhandenem und sozial vertretbarem Interesse nicht unterscheidet oder sich jeweils auf die erste Seite schlägt, obwohl nur die zweite Seite das ermöglicht, worumwillen der Kalkül existiert: eine

---

[72] Vgl. auch H. Wasmus, Ethik und gesellschaftliche Ordnungstheorie. Kritik des Liberalismus als Lebensform einer entwickelten Gesellschaft, Meisenheim a. G. 1973, 95 ff.

rationale Methode zur Bestimmung des menschlichen Glücks.

Zwischen dem Resultat des Kalküls und seinem Sinn, zwischen der pragmatischen und der ethischen Komponente des Utilitarismus besteht das vorausgesetzte Harmonieverhältnis nicht mit Notwendigkeit. Wenn aber zwischen beiden Komponenten Konfliktsituationen denkbar sind, stellt sich die Frage, wem im Konfliktfall die Priorität gebührt. Hebt man den Kalkül in den Vordergrund, dann setzt die Rationalität der Methode ihren ethischen Sinn, das Leitziel „gesellschaftliches Glück", aufs Spiel; gibt man aber der utilitaristischen Maxime den Vorrang, so setzt das ethische Ziel seine im engeren Sinn rationale Verwirklichung in Gefahr. In jedem Fall ist die Entwicklung eines tragfähigen operationalen Verfahrens für die Kalkulation menschlichen Glücks nicht gelungen. Der hedonistische Kalkül ist genauso unter dem Aspekt einer Operationalisierung der utilitaristischen Maxime ein defizientes Verfahren wie unter dem Gesichtspunkt einer anwendbaren Pragmatik. Der Anspruch, aufgrund einer exakten Informations- und Kalkulationsvorschrift das menschliche Glück berechnen und insoweit rational verfügbar machen zu können, ist bei weitem überzogen. Daß individuelle Präferenzen Daten sind, über die sich öffentliche Entscheidungsprozesse nur informieren müssen, ist eine glatte Illusion.

5. Wohlfahrtsökonomie und Sozialwahltheorie

Der Versuch, verschiedenen Schwächen des Utilitarismus zu entgehen, ohne den sozialpragmatischen Grundansatz zu verlassen, wird in der Wohlfahrtsökonomie und ihrer Erweiterung zur Sozialwahltheorie unternommen[1]. Wie Bentham, so fordern auch die Vertreter der neueren Theorie, daß politische Entscheidungen auf die Nutzenvorstellungen der Betroffenen zurückgreifen und daß der Rückgriff nicht willkürlich, sondern nach Maßgabe genauer Regeln erfolgt. Auch wenn man nicht mehr vom hedonistischen Kalkül, sondern von *Wohlfahrtsfunktionen* (welfare functions) spricht, so sind auch damit Regeln gemeint, die die alternativ möglichen gesellschaftlichen Zustände nach ihrem Nutzengrad oder „Wohlfahrtsgehalt" für die Individuen ordnen[2]. In genauer Entsprechung zum hedonistischen Kalkül sind in einem ersten Schritt die möglichen Zustände nach ihrer Nutzenmenge für die einzelnen Mitglieder der Gesellschaft zu beurteilen und die Ergebnisse in Individualnutzenindizes festzuhalten. In einem zweiten Schritt ist aus den mindestens teilweise verschiedenen individuel-

---

[1] Zur Literatur: s. Kap. 4, Anm. 1. Vgl. auch N. Rescher, Welfare. The Social Issues in Philosophical Perspective, Pittsburgh 1972.
[2] Nach Sohmen (1963) 71 f. Ähnlich W. Vickrey: „A social welfare function can be thought of as an operator which, when fed data relating to the preferences of the individuals in a society, will produce a social choice." Utility, Strategy, and Social Decision Rules, in: The Quarterly Journal of Economics 74 (1960) 507–535 (507).

len Indizes[3] ein gemeinsamer, ein Sozialnutzenindex zu bilden. Die das Verfahren leitenden Entscheidungsregeln oder Ableitungsvorschriften, etwa der Marktmechanismus oder bestimmte Abstimmungsmodi, heißen Wohlfahrtsfunktionen. Sie ordnen jedem Querschnitt individueller Nutzenfunktionen eine kollektive Nutzenfunktion zu[4] und legen auf diese Weise eine einzige gemeinsame Entscheidung fest. Die Wohlfahrtsfunktionen sind Regeln, die die Umsetzung individueller Präferenzen in politische Entscheidungen leiten und damit Konflikte zwischen heterogenen Individuen für beliebige Situationen lösen sollen.

In der Wohlfahrtsökonomie im engeren Sinn wird die menschliche Wohlfahrt noch auf einen sehr engen Ausschnitt, auf den der wirtschaftlichen und überdies monetär meßbaren Faktoren festgelegt[5]. Die sozialen Alternativen werden nicht als ganze bewertet, sondern nur in bezug auf den Teil, der die wirtschaftliche Versorgungslage bestimmt. Dabei wird schon der außermarktliche soziale Kontext der Distribution wirtschaftlicher Güter außer acht gelassen. Die neuere Entwicklung hat sich aber von solchen Beschränkungen der Wohlfahrtsökonomie gelöst. Aufgrund ihres höheren Formalisierungsgrades ist die Sozialwahltheorie (theory of social choice) nicht nur für ökonomische Fragen im engeren Sinn, sondern auch für soziale und politische Probleme zuständig[6]. Die Entscheidungsregeln, die die individuellen Präferenzordnungen zu einer kollektiven zusam-

---

[3] Es handelt sich in der Sprache rationaler Entscheidungstheorien nicht um ein Team.

[4] Vgl. Gäfgen (1968) 413–415.

[5] Vgl. A. C. Pigous Unterscheidung von totaler und ökonomischer Wohlfahrt: The Economics of Welfare, London ⁴1952 (¹1912), 3 ff., hier nach Gäfgen (1968) 44.

[6] Die Erweiterung geht vor allem auf Arrow (1951) zurück.

menfassen, heißen *Sozialwahlfunktionen*. Die folgende Untersuchung richtet sich auf diese erweiterte Interpretation der Theorie. Wie die Theorie rationaler Individualentscheidungen und die Spieltheorie, so läßt auch die Sozialwahltheorie eine formale, eine deskriptive und eine normative Interpretation zu[7]. Hier soll es ausschließlich um die normative Deutung, um eine Theorie richtiger politischer Entscheidungen gehen. Die Sozialwahlfunktionen gelten als Kalküle, die zu einer optimalen Politik anleiten bzw. die Kontrollmöglichkeit dazu bieten. Die Funktionen haben den Status von Verfahrensregeln für eine Politik, deren Ziel die Erhöhung der menschlichen Wohlfahrt ist.

Die Sozialwahltheorie steht mindestens vier analytisch getrennten, aber sachlich interdependenten Problemen gegenüber:

1. der Meßbarkeit individueller Wohlfahrt;
2. der interpersonellen Vergleichbarkeit der Wohlfahrt verschiedener Individuen;
3. der präzisen Abgrenzung der Personen, deren Wohlfahrt zu berücksichtigen ist;
4. der Frage nach einer Ableitungsregel oder Entscheidungsmaxime, die den Grundbedingungen von Fairneß[8] genügt.

---

[7] Vgl. oben, Einleitung zum Teil I. Bei der Wohlfahrtsökonomie wird allerdings die rein formale Interpretation der Theorie kaum vertreten; sie nähme der Theorie auch ihre Pointe. Selbst der von Bergson oder Samuelson entwickelte mathematische Apparat gilt nicht bloß als Kalkül, sondern als allgemeiner theoretischer Bezugsrahmen für eine normative Ökonomik. Als deskriptive Deutung kann man Downs (1957) auffassen, ferner sozialpsychologische Untersuchungen wie C. H. Coombs, Social Choice and Strength of Preference, in: Thrall-Coombs-Davis (1954) 69 ff.

[8] Luce-Raiffa (1957) 368: „Given the preference rankings of m alternatives by the members of a society of n individuals, define

Die Entwicklung der Wohlfahrtsökonomie und der Sozialwahltheorie[9] kann man als fortgesetzten Versuch interpretieren, Korrekturen am hedonistischen Kalkül vorzunehmen, um dessen Schwierigkeiten mit der individuellen und der interpersonellen Messung von Gratifikationswerten zu umgehen oder zu lösen. Indem die ältere Wohlfahrtsökonomie den Begriff der Wohlfahrt auf monetär meßbare Faktoren zurückführt, wird zwar eine kardinale Nutzenmessung und ein interpersoneller Nutzenvergleich möglich, der normative Aussagewert der Theorie aber zugleich so empfindlich eingeschränkt, daß sich die Theorie als Grundmuster politischer Entscheidung selbst disqualifiziert.

Auch in der auf V. Pareto zurückgehenden neueren Wohlfahrtsökonomie werden die pragmatischen Probleme weniger gelöst als unterlaufen. Pareto verzichtet auf eine absolute Bestimmung der sozialen Wohlfahrt und konzentriert sich auf das Problem marginaler Veränderungen gegenüber dem jeweiligen status quo ante. Nach dem von ihm aufgestellten Prinzip erhöht sich die Wohlfahrt eines Gemeinwesens nur dann, wenn die Nutzenmenge von jedem Mitglied außer einem unverändert bleibt und dieses eine Mitglied eine Verbesserung erfährt[10]. Soziale Verhältnisse gelten als optimal, wenn keine Möglichkeit mehr besteht, sie für einige, mindestens einen zu verbessern, ohne gleichzeitig andere, mindestens einen schlechter zu stellen (sog. Pareto-Optimum). In Konsequenz kommt die Anwendung des Prinzips nicht nur ohne kardinale Nutzenmessung, sondern

‚fair' methods for aggregating this set of individual rankings into a single ranking for the society."
[9] Ein gedrängter Überblick bei H. Winkel, Die Volkswirtschaftslehre in der neueren Zeit, Darmstadt 1973, c. I und IV.
[10] V. Pareto, Manuel d'économie politique, Paris 1909, 617 ff. Vgl. auch Little (1957) c. 8.

auch ohne jeden interpersonellen Nutzenvergleich aus. Das entsprechende pragmatische Defizit des Benthamitischen Kalküls wird also vermieden. Dafür kommt Pareto nicht ohne ein massives Werturteil aus, das weder wissenschaftlich legitimiert wird noch prima facie einleuchtend ist. Daß unter dem Gesichtspunkt sozialer Wohlfahrt jede Veränderung der Gesellschaftsverhältnisse falsch sein soll, die einen einzigen minimal schlechter stellt, auch wenn alle anderen daran entschieden gewinnen und es dem Benachteiligten ohnehin viel besser geht, bevorzugt den jeweiligen status quo. Das Pareto-Prinzip enthält im Gegensatz zu Benthams hedonistischem Kalkül deutlich konservative Implikationen, die weder gerechtfertigt werden noch vorwissenschaftlich mit genereller Zustimmung rechnen können[11].

In der Weiterentwicklung der paretianischen Wohlfahrtsökonomie hat Bergson den Begriff der ordinalen Wohlfahrtsfunktionen entwickelt[12]; Kaldor und Hicks[13]

---

[11] Außerdem ist das Pareto-Prinzip eine unvollständige Entscheidungsregel. Sie führt nicht immer zu einer einzigen Lösung. Im Falle einer Mehrzahl von pareto-optimalen gesellschaftlichen Verhältnissen kann sie keine rationale Auswahl treffen. – Pareto will nachweisen, daß unter der Annahme, es gäbe keine externen Effekte und keine kollektiven Güter und die Individuen beurteilten die Zustände nach ihrer eigenen Güterversorgung, das System eines idealen Marktes mit vollständiger Konkurrenz und vollkommener Teilbarkeit aller Güter jenes kollektive Wohlergehen garantiert, das im Sinne seines Prinzips optimal ist. Ob ihm dieser Nachweis gelungen ist und ob die angenommenen Zusatzbedingungen den Aussagewert seines Nachweises nicht empfindlich einschränken, muß hier dahingestellt bleiben. In der Nationalökonomie wird ein solcher Marktmechanismus jedenfalls für nicht realisierbar gehalten: Gäfgen in: Beckerath-Giersch (1963) 160.
[12] Bergson (1966) 3–26 (orig. 1938) u. a.
[13] N. Kaldor, Welfare Propositions of Economics and Interpersonal Comparisons of Utility, in: Economic Journal 49 (1939) 549–552; J. R. Hicks, The Foundations of Welfare Economics, ebd. 696–712.

haben das sogenannte Kompensationskriterium aufgestellt: Eine Veränderung gilt dann als kollektive Verbesserung, wenn die potentiellen Nutznießer der Veränderung die potentiellen Verlierer voll entschädigen können, ohne den ganzen Nutzenzuwachs einzubüßen[14]. (Allerdings setzt ein solches Kriterium die Durchsichtigkeit der Wirkzusammenhänge voraus. Solange die entstehenden sozialen Kosten und externen Effekte nicht zu den Zielfunktionen und der Wahl der Mittel als dritter Faktor in die Rechnung eingehen, bleibt die Berücksichtigung eine bloße Absichtserklärung. Davon, daß die außermarktmäßigen wechselseitigen Abhängigkeiten erfaßt und in das Informationssystem aufgenommen werden, ist bei Hicks und Kaldor aber nicht die Rede: das zentrale Problem aller rationalen Entscheidungstheorien, daß zugunsten einer erhöhten Rechenhaftigkeit wesentliche Faktoren der Sache ausgeklammert werden.)

Selbst wenn man aufgrund dieser und anderer Bemühungen die Probleme der Nutzenmessung und Nutzenverrechnung für pragmatisch hinreichend gelöst hält, bleiben die anderen schon gegen Bentham erhobenen Vorwürfe bestehen. Zunächst: Auch die neuere Theorie der Wirtschaftspolitik hat keine Kriterien entwickeln können, nach denen der Kreis der zu berücksichtigenden Individuen genau bestimmt werden kann[15]. Solche Kriterien sind aber unabdingbar, wenn man öffentlich relevante Probleme wie das der Konservierung von Bodenschätzen zugunsten späterer Generationen und finanzpolitische Fragen der zeitlichen Lastenverteilung: der Abwälzung von staatlichen Schuldenlasten oder sozial-

---

[14] Dazu: T. Scitovsky, A Reconsideration of the Theory of Tariffs, in: Review of Economic Studies 9 (1941/42) 89–110.
[15] Gäfgen (1968) 324.

politischen Folgekosten auf zukünftige Generationen mit Hilfe von Sozialwahlfunktionen lösen will. Ferner gilt der Spielraum von Handlungsmöglichkeiten als je gegeben. Das Moment einer wissenschaftlichen Erschließung des Aktionsfeldes bleibt aus dem Begriff rationaler Entscheidung ausgeschlossen. Vor allem aber: Wenn sich die Sozialwahlfunktionen auf die jeweils gegebenen tatsächlichen Meinungen der Individuen beziehen sollen[16], dann bleibt der Vorwurf eines kruden Empirismus in bezug auf die empirische Basis der Kalkulation bestehen. Der Gesamtwille wird aus den Einzelwillen nicht aufgrund von Kommunikation und Argumentation, sondern durch logisch-mathematische Ableitung gewonnen. Im Prinzip kann man die Sozialwahlfunktionen in ein Computer-Programm übersetzen und bei Eingabe der geeigneten Informationen, der individuellen Nutzenindizes, die jeweils nutzenmaximale Entscheidungsalternative, die mit dem größten Sozialnutzenindex, ausrechnen lassen. Es wurde aber schon bei der Analyse der Theorie rationaler Individualentscheidungen und bei der der utilitaristischen Sozialpragmatik darauf hingewiesen, daß die Bedürfnisse und Interessen nicht von vornherein als operationale Größen gegeben sind. Die deshalb notwendige Harmonisierung und Übersetzung der komplexen, noch unaufgegliederten und mehrdeutigen, gelegentlich auch in sich selbst widersprüchlichen Ziel- und Nutzenvorstellungen in quantitativ meßbare

---

[16] So die allgemeine Annahme. Zwar läßt die bloße Form des Kalküls offen, ob man die tatsächlichen Präferenzvorstellungen der Individuen übernimmt oder ob man auf andere Weise feststellt, was für jeden einzelnen „gut" oder „schlecht" ist (so zu Recht Gäfgen [1968] 415). Aber die dazu erforderlichen Methoden sind von der Sozialwahltheorie weder ausgearbeitet noch als Korrektiv oder Ergänzung zu ihr gefordert; die Bestimmung der individuellen Präferenzen gehört insofern in den vorrationalen Raum.

Indikatoren ist nicht bloß ein kognitiver, sondern auch ein praktischer Prozeß und folgt jedenfalls Methoden, die von Informationserhebung und Nutzenkalkulation verschieden sind. Wenn man von den individuellen Präferenzäußerungen nicht bloß seinen Ausgang nimmt, sondern in einem kruden Verständnis von „responsiveness" die Äußerungen schlicht als nicht mehr diskussionswürdige Instanz anerkennt[17], berücksichtigt man nur

---

[17] Im Rahmen seiner Auseinandersetzung mit Rationalismus und Empirismus in der Sozialphilosophie hat H. Albert diesen Tatbestand als „Wähler- und Konsumentensouveränität" dargestellt und zu Recht kritisiert: (1968) Abschnitt VII 27; ferner: Marktsoziologie und Entscheidungslogik, Neuwied 1967, besonders die Einleitung, sowie c. 3; Anhang; c. 4. Aus seiner Kenntnis der neueren Wohlfahrtsökonomie, unter Rückgriff auf wesentliche Einwände, die schon G. Myrdal vorgebracht hatte (Das politische Element in der nationalökonomischen Doktrinenbildung, Hannover ²1963 [¹1932]), und in Übereinstimmung mit den Prinzipien von Poppers Forschungslogik und Sozialphilosophie wendet sich Albert dagegen, daß die individuellen Bedürfnisse und Interessen als sakrosankte Basis politischer Entscheidungen akzeptiert werden. Schon weil diese „Basis" selbst kontextabhängig und soziokulturell geprägt sei, überdies die Willenskundgebungen nicht rein objektiv vorfindlich seien, könnten Bedürfnisse und Interessen keine sichere empirische Grundlage abgeben. Statt sie als „autoritären" Ausgangspunkt zu behandeln, sind sie vielmehr der Kritik auszusetzen. – Soweit ist Alberts Argumentation zuzustimmen: sinnvolle politische Entscheidungen sind nicht einfach das Resultat einer mathematischen Transformation von Einzelinteressen, die von vornherein feststehen und unverbunden nebeneinander stehen. Sie sind auch nicht einmal für immer zu fällen, sondern revidierbar zu halten, auch wenn nicht jede Entscheidung zu jeder Zeit revidierbar ist, überdies gefällte Entscheidungen Veränderungen in der soziokulturellen Wirklichkeit nach sich ziehen, so daß, strenggenommen, die Revision in einer neuen Situation stattfindet und insofern immer schon mehr als eine bloße Revision vorzunehmen ist. – Außerdem erweist sich der kritische Rationalismus als eigentümlich abstrakt und unbestimmt, wenn es gilt, tatsächliche politische Entscheidungsstrukturen intellektuell aufzuarbeiten, um ihre differenzierte logische Struktur zu analysieren und um eine ethische Dimension über die Forderung nach Kritikoffenheit und Revidierbarkeit hinaus freizulegen. Die bloße Negation von dogmatischen und szientistischen Positionen

die manifesten Bedürfnisse und unterschlägt die Komplexe von Informationsmangel, emotionalen Barrieren und Selbsttäuschung, von Betrug, Manipulation und Asozialität mancher Bedürfnisse. Schon die Vernachlässigung der latenten Bedürfnisse führt oft zum Gegenteil des Angestrebten. Ein maximales Befriedigungsniveau in jenen Details, auf die sich die Aufmerksamkeit gerade richtet, kann sich mit einem Außerachtlassen der Zusammenhänge verbinden, im Städtebau etwa eine rationalere und zugleich gerechtere Verteilung von Sonne und Luft mit einem in Beziehung auf Erlebnis-

---

sowie die wiederholte Forderung, einen gegenüber dem Pluralismus von Bedürfnissen, Interessen und politischen Gruppen offenen, durch sozialtechnologisch durchgearbeitete Alternative die Probleme der Realisierbarkeit berücksichtigenden Prozeß der Entscheidungsfindung zu inaugurieren (Konstruktion und Kritik, Hamburg 1972, 81 ff.; [1967] 113 ff., 173 f., 229 ff.), ist philosophisch unbefriedigend. Und dort, wo Albert positive Bestimmungen gibt, muß man vom Standpunkt einer politischen Ethik Bedenken äußern. Wenn politische Entscheidungen als Kompromisse gelten, die in der Diskussion zwischen rivalisierenden Individuen ausgehandelt werden (Albert [1967 a] 80), so wird mit der These zweifelsohne ein großer Teil der historisch-faktischen Entscheidungsprozesse angemessen dargestellt. Es ist jedoch zu bestreiten, daß politische Entscheidungen notwendig Kompromisse sind, und vor allem daß mit Hilfe des Kompromiß-Begriffs eine „Humanisierung" der Gesellschaft oder auch nur eine Berücksichtigung von Fairneß-Gesichtspunkten möglich ist. Der Kompromiß-Begriff geht von partikularen Interessen aus, die sich wechselseitig beschränken, die daher zu Anpassung und einem Zurückstecken, nicht auch zu einer Reflexion und zu korrespondierenden Lern- und Veränderungsprozessen aus sozialem Interesse aufgefordert sind. Dadurch kommt Albert in die Nähe der Spieltheorie, unter deren Prämisse einer partikularen Interessenbefriedigung in politischen Entscheidungen soziale Ziele als solche nicht intendiert werden. Ziele wie die Reduzierung von Leiden und von Ungerechtigkeit in der Welt sind aber vom kritischen Rationalismus selbst anvisiert: K. R. Popper, Die offene Gesellschaft und ihre Feinde, Bern ²1970, I 316 f., 387 ff. Der Kompromiß-Begriff fällt hinter den eigenen moralischen Impetus des kritischen Rationalismus (und auch hinter den der Wohlfahrtsökonomie) zurück.

möglichkeiten und überhaupt auf soziokulturelle Funktionszusammenhänge unterentwickelten Lebensraum: Der empiristische Ansatz kann zu einer Einheit von Komfort und Langeweile führen.

Gegenüber der Spieltheorie bringt die Sozialwahltheorie einen Fortschritt in Richtung auf Humanität. Schon von ihrem Ansatz schließt die Sozialwahltheorie nämlich jene spieltheoretisch zugelassenen Veränderungen und Verzerrungen der Interessen aus, die im Verlauf eines Entscheidungsprozesses aufgrund der hinter den Interessen stehenden Kräfteverhältnisse zustande kommen. Die mit der unkritischen Bezugnahme auf die jeweils gegebenen Interessen verbundene Behinderung einer an Humanität orientierten Entscheidungsfindung bleibt allerdings bestehen. Die Berücksichtigung der jeweils latenten Bedürfnisse sowie das Aufdecken möglicher Manipulationen geschieht nicht schon durch eine verbesserte, gleichwohl rein empirische Nutzenbestimmung: durch eine verbesserte Informationserhebung und Informationsverarbeitung. Sie folgt Methoden und Intentionen, die im Rahmen der Theorie gar nicht in den Blick kommen und die vorläufig und lapidar als wissenschaftlich abgestützte Aufklärungs- und Beratungsprozesse zu bezeichnen sind.

Zu den noch mehr allgemeinen Einwänden gegen die rationalen Entscheidungstheorien kommt ein für die Sozialwahltheorie spezifischer Einwand. Die Kalkulationsvorschriften für den Übergang von individuellen zu kollektiven Nutzenindizes, die Sozialwahlfunktionen, sollen die Qualität „fair" verdienen. Auch wenn man Fairneß als Minimalinterpretation von Humanität und deshalb als Minimalnorm öffentlicher Entscheidungsprozesse anerkennt, ist eine solche Minimalnorm mehrdeutig. Die Schwierigkeit der Sozialwahltheorie besteht darin, den Begriff der Fairneß präzis zu fassen und logisch-mathematisch darzustellen: Kommt es in einer fairen Entscheidungsprozedur darauf an, allein den Mehrheitswillen zu realisieren und alle Minoritäten zu vernachlässigen; soll man den Willen der verschiedenen Gruppen anteilig verwirklichen, den aller Gruppen oder nur den der größeren? – Die Sozialwahltheorie kennt eine Vielzahl von Sozialwahlfunktionen, in denen nicht nur jeder berücksichtigt wird, sondern auch jeder gleiches Gewicht erhält: Entscheidungen nach den Präferenzen der Majorität, nach der Summierung individueller Rangordnungs- oder Nutzenzahlen, nach der Summierung von Vorzugshäufigkeiten usf.[18] Zur Aufgabe der fairen Amalgamation individueller Präferenzen gibt es also viele Möglichkeiten. Ohne die Auswahl einer bestimmten existiert keine feste Lösung. Die Auswahl selbst, die Empfehlung einer Amalgamationsvorschrift als der richtigen, ist als Vorbedingung einer kollektiven Nutzenkalkulation dieser selbst entzogen und als sozialethisches Urteil in einen nicht weiter differenzierten Raum des Vorrationalen verbannt.

Eine analytische Sozialwahltheorie steht der Situation, daß angesichts einer identischen Menge individueller Präferenzen mehrere, nicht äquivalente Ableitungsvorschriften existieren, weitgehend hilflos gegenüber. Sie kann zwar überprüfen, ob bestimmte Bedingungen, die man prima facie für konstitutiv für den Begriff der Fairneß hält, miteinander verträglich sind. In dem berühmten „Impossibility-Theorem" hat Arrow die Unverträglichkeit von fünf je für sich plausiblen Bedingungen nachgewiesen[19]. Aber das induktiv-hermeneutische

---

[18] Vgl. Gäfgen (1963) 160.
[19] Arrow (1951); zur begrenzten Gültigkeit des Theorems: Sen (1970) 48 f.

Problem, ob in den Adäquatheitsbedingungen, die er annimmt, tatsächlich jene notwendigen und zureichenden Kriterien getroffen sind, die man generell mit Fairneß verbindet, und darüber hinaus die normative Diskussion dieser Kriterien fallen aus der Theorie heraus[20]. Gegenüber der Beurteilung der Legitimität bzw. Illegitimität der Kriterien ist das Prinzip der Verträglichkeit oder Konsistenz indifferent. Die logische Analyse von Sozialwahlfunktionen ist allenfalls ein kleiner Sektor im Problemfeld öffentlich relevanter und an Humanität, hier an Fairneß ausgerichteter Entscheidungsfindung.

Der normative Anspruch, den die Vertreter der Sozialwahltheorie erheben, ist sehr unterschiedlich. Sieht man in den Sozialwahlfunktionen nicht mehr als ein sehr begrenzt verwendbares Hilfsmittel zur systematischen Ordnung individueller Präferenzen[21], so braucht dieser Anspruch hier nicht kritisiert zu werden. Aber als Grundmuster öffentlich relevanter Entscheidungsfindung, als theoretischer Bezugsrahmen einer an Humanität orientierten Politik betrachtet[22], stellen die Sozialwahlfunktionen eine empfindliche Deformierung der Entscheidungsstruktur dar. Der Versuch der Sozialwahltheorie, in der Nachfolge des klassischen Utilitarismus eine problemadäquate politische Ethik (im Sinne einer Sozialpragmatik) zu entwerfen, geht fehl.

---

[20] Deshalb besteht der Vorwurf zu Recht, hier würden unwissenschaftliche Werturteile abgegeben, so E. Lauschmann, in: Beckerath-Giersch (1963) 99–114; R. Jochimsen, ebd. 136 f.; Albert (1967) 156 ff. – Aus der Sozialwahltheorie fallen auch Fragen nach der Organisation einer Gesellschaft heraus, in der die Anwendung des Verfahrens der Sozialwahl möglich wäre; dazu M. Olson, Die Logik des kollektiven Handelns. Kollektivgüter und die Theorie der Gruppen, Tübingen 1968 (orig. 1965), eine originelle Kritik der gängigen Vorstellungen über die Bedingungen, die zur Bildung von Interessenorganisationen führen.

[21] Vgl. Sohmen (1963) 72.   [22] Etwa Gäfgen (1963) 159–61.

6. Gerechtigkeit und Nutzenkalkulation
(Rawls)

6.1 Gerechtigkeit als Fairneß

Ohne Regeln, sozialwissenschaftlich gesprochen: ohne formelle oder informelle Normen und Institutionen, sind strategische Spiele unterbestimmt. In der Spieltheorie werden die Regeln nur angesetzt, aber nicht legitimiert. Selbst in der Sozialwahltheorie, die ein generelles Vorverständnis von Fairneß zu treffen und zu formalisieren sucht, wird das Vorverständnis – vorausgesetzt, es wird überhaupt richtig aufgegriffen – als Faktum anerkannt und nicht mehr hinterfragt. Ein Hinterfragen aus dem Interesse an Legitimation ist aber schon deshalb notwendig, weil in pluralistischen Gesellschaften ein von allen anerkanntes Kriterium der Ableitung kollektiver Zielordnungen aus individuellen kaum zu finden ist. Überdies läßt sich, rein formal gesehen, für strategische Spiele und für soziale Wahlen eine Vielzahl wohldefinierter Regelsysteme konstruieren, jedes Regelsystem begründet aber ein eigenes, von den anderen strikt verschiedenes Spiel bzw. eine eigene Gesellschaftsstruktur. Vom Standpunkt der Unterhaltungsspiele liegt darin sicherlich ein Vorteil. Die Frage, für welches Spiel man sich entscheiden soll, verweist auf einen Freiraum des Wählens, der Abwechslung ermöglicht und Unterhaltung oder Zerstreuung vervielfältigt. Das Kriterium der Kurzweil verliert in der Dimension gesellschaftspolitischer Entscheidungsprozesse jedoch sein Recht. Wie es Situationen von Gesellschaftsprotesten und soziokulturellen Krisen explizit, die Zwischenzeiten implizit zeigen, stehen die Regeln, nach denen man Gesellschaftspolitik „spielen" soll, unter einem Anspruch auf Richtigkeit, der uneingeschränkt gültig ist und den man „politische Moralität" nennen kann[1]. Dazu gehört angesichts teilbarer Güter: bei Problemen der Sozial- und der Steuerpolitik oder beim Zugang zu den begrenzten Ressourcen der öffentlichen Hand der Anspruch auf soziale Gerechtigkeit.

Vor der Tatsache, daß viele Regeln denkbar sind und selbst der Anspruch auf Fairneß die Mehrzahl nicht aufhebt, braucht die Entscheidungstheorie nicht gleich zu kapitulieren. Man kann die Situation als die einer rationalen Wahl angesichts alternativer Spielregeln und Sozialwahlfunktionen interpretieren und den Streit um das Richtige selbst mit entscheidungstheoretischen Mitteln zu schlichten suchen. Genau in diese Richtung weist Rawls' Theorie der Gerechtigkeit[2], auch wenn sie nicht direkt in die Diskussion um Wohlfahrtsökonomie und Sozialwahltheorie eingreift. Bei dem Versuch, die Gerechtigkeit als Fairneß zu deuten und den Begriff der Fairneß genau zu bestimmen, bedient sich Rawls des Denk- und Sprachrahmens der zeitgenössischen Entscheidungstheorie. Auch die optimalen Grundregeln einer Gesellschaft: ihre Verfassung, so lautet die Grundthese, lassen sich mit Hilfe einer rationalen Nutzenkalkulation rechtfertigen.

In seiner Theorie der Gerechtigkeit geht Rawls von fol-

---

[1] Zum Begriff einer uneingeschränkt gültigen Richtigkeit vgl. Verf., Sittlichkeit, in: Krings (1973/74 a) III 1341–1358.

[2] John Rawls, A Theory of Justice, Oxford 1972; eine nähere Darstellung und Auseinandersetzung: Verf. in: Philosophische Rundschau 21 (1974/75) 187–208.

gender intuitiver Vorstellung aus[3]: Angenommen, die Menschen haben weder genuin soziale Eigenarten (Hilfsbereitschaft, Mitleid . . .) noch genuin unsoziale (Aggressionen, Neid, Eifersucht . . .), so kommen sie nur deshalb zu einer Gesellschaft zusammen, um aufgrund von Kooperation ein besseres Leben für alle zu ermöglichen. Da jemand, der von Natur aus weder gesellig noch ungesellig, vielmehr sozial indifferent ist, im Sinne eines rationalen Egoismus handelt, will jedermann mit einem gegebenen Einsatz einen möglichst großen Anteil aus der gemeinsam hervorgebrachten Nutzenmenge erreichen. Bei der Verteilung der Vorteile und Lasten der Kooperation kommt es deshalb zu Konflikten. Die Prinzipien, die die fortdauernden Interessenkonflikte rationaler Egoisten lösen sollen, die Prinzipien der distributiven Gerechtigkeit, haben die Aufgabe, die sozialen Institutionen und Prozesse so zu gestalten, daß sie nicht bloß für jeden, sondern auch für jeden *gleicherweise* von Vorteil sind. Vor allem soll keiner aus seinen natürlichen Begabungen und seiner sozialen Lage Gewinne oder Nachteile erzielen. In diesem Sinne eines gleichen Vorteils für jeden gilt die Gerechtigkeit als Fairneß.
Der Vorteil, den alle aus dem kooperativen Zusammenhang ziehen sollen, liegt bei Rawls nicht im gelingenden oder glücklichen Leben selbst. Der Staat hat nicht die Aufgabe, seine Mitglieder glücklich zu machen. Er ist auf Zwecke des Rechts, besonders auf Freiheitssicherung durch Gesetze beschränkt. Zu einer durch Gerechtigkeitsprinzipien bestimmten Verteilung kommen soziale Primärgüter (primary social goods), Güter, die gesellschaft-

---

[3] Rawls (1972) c. I – Andere Versuche, ein für rationale Egoisten überhaupt gültiges politisches System abzuleiten, bei: J. M. Buchanan, G. Tullock, The Calculus of Consent, Ann Arbor 1962, und natürlich schon in Hobbes' Leviathan.

lich bedingt und zugleich allgemeine Vorbedingungen für die Realisierung der unterschiedlichsten individuellen Zielvorstellungen sind: Rechte und Freiheiten, Chancen und Macht, Einkommen, Wohlstand und Selbstachtung[4].

Die beiden Fairneß-Prinzipien, die Rawls zur Regelung der Verteilung sozialer Primärgüter aufstellt[5], richten sich gegen die in der angloamerikanischen Diskussion vorherrschenden (utilitaristischen, intuitionistischen . . .) Positionen. Hier soll aber Rawls' Theorie der Gerechtigkeit nicht inhaltlich, sondern methodisch diskutiert werden. Die Konkurrenz zwischen utilitaristischen Interpretationen von Gerechtigkeit[6], intuitionistischen, egoistischen Vorstellungen und der eigenen Deutung als Fairneß glaubt Rawls nicht nur mit Hilfe intuitiv plausibler Einwürfe, sondern auf dem Weg einer wissenschaftlichen Argumentation entscheiden zu können. Dafür entwickkelt er ein operationales Prüfungsverfahren, mit dem die richtigen Gerechtigkeitsprinzipien zu bestimmen sind.

---

[4] Rawls (1972) § 15.

[5] Die erste Formulierung der beiden Prinzipien lautet: „First: each person is to have an equal right to the most extensive basic liberty compatible with a similar liberty for others.
Second: social and economic inequalities are to be arranged so that they are both (a) reasonably expected to be to everyone's advantage, and (b) attached to positions and offices open to all" (60). Die endgültige Bestimmung ist noch etwas differenzierter (302). Das erste Prinzip bezieht sich auf bürgerliche und politische Rechte; das zweite betrifft materielle und nicht-materielle Interessen. Mit beiden Prinzipien begründet Rawls im wesentlichen einen liberalen und sozialen Rechtsstaat: eine konstitutive Demokratie, in die eine kompetitive Ökonomie eingebunden ist. – Beide Prinzipien sind einander nicht nebengeordnet; dem ersten kommt absolute Priorität zu.

[6] Zum Fairneß-Defizit des Utilitarismus auch: Lyons (1970) c. 5: Limits of Utility A. Arguments from Fairness; gegenüber der Behauptung eines Fairneß-Defizits kritisch: Brandt (1967) 61, Anm. 15.

Der Ansatz von Rawls, die Gerechtigkeitsprinzipien aus einem rationalen Egoismus abzuleiten, ist methodisch bedeutungsvoll. Er ordnet auch die Probleme der Gerechtigkeit unter das Paradigma Nutzenkalkulation: unter Ertragsmaximierung und Verlustminimierung ein. Durch die Annahme von Personen, die nur ihren eigenen Vorteil zu maximieren suchen[7], ist ein ursprüngliches Interesse an Gerechtigkeit ausgeschlossen. Gerechtigkeitsgefühle haben nicht begründenden, sondern begründeten Status[8]. Die Gerechtigkeitsprinzipien erscheinen als Produkt eines Interessenkalküls, als genaues Resultat von Überlegungen strategischer Rationalität. In der Legitimation von Gerechtigkeitsprinzipien nach dem Muster Nutzenkalkulation behauptet Rawls implizit, daß es für alle vorteilhafter sei, in einer durch Fairneß-Prinzipien bestimmten Gesellschaft als in jeder anderen zu leben.

Zu einer rationalen Wahl gehört es nicht, auch den Spielraum der Wahlmöglichkeiten zu erschließen. Da es nur darauf ankommt, aus einer gegebenen Liste alternativer Möglichkeiten jene auszuwählen, die für einen selbst die beste ist, setzt der entscheidungstheoretische Ansatz voraus, daß man eine Liste hat, die nicht gerade alle, aber doch alle relevanten Alternativen enthält. Rawls schlägt 5 Haupt-Ansätze mit insgesamt 13 Wahlmöglichkeiten vor: außer seinen eigenen Gerechtigkeitsprinzipien vor allem die Hauptarten des Utilitarismus sowie intuitionistische und egoistische Vorstellungen in verschiedenen

---

[7] Rawls (1972) § 25.
[8] c. VIII.

Varianten[9]. Auch wenn eine solche Liste die in der anglo-amerikanischen Ethik-Diskussion und vielleicht die heute überhaupt vorherrschenden Positionen enthält, kann man Ergänzungen und Verbesserungen nicht a priori ausschließen. Insofern kann Rawls aus seiner rationalen Wahl kein absolutes Votum für die Fairneß-Prinzipien ableiten. Gemäß dem Ansatz bei der Idee einer strategischen Wahl-Rationalität sind die Fairneß-Prinzipien nicht die schlechthin richtigen Prinzipien von Gerechtigkeit. Sie sind nicht absolut, sondern nur relativ, in bezug auf die berücksichtigten Alternativen gültig. Das Resultat des wissenschaftlichen Testverfahrens heißt: die richtigen Prinzipien ähneln eher den beiden Fairneß-Prinzipien als den anderen zur Wahl gestellten Vorschlägen.

Das rationale Spiel, mit dem Rawls den Gesellschaftsvertrag identifiziert, ist sowohl aufgrund seiner Aufgabe als auch aufgrund seiner Regeln kein gewöhnliches Spiel. Zum ersten handelt es sich hier um ein Meta-Spiel, um ein Spiel zweiter Ordnung, um ein Verfassungsspiel, in dem primär nicht *nach* Regeln, sondern *um* Regeln gespielt wird. Zum zweiten: Auch zu einem Verfassungsspiel gehören Regeln, die die Entscheidungssituation präzisieren und eine Lösung allererst möglich machen. Die Bedingungen oder Regeln, die die Wahlsituation definieren, faßt Rawls unter dem Begriff der ursprünglichen Situation (original position, initial situation) zusammen. Dabei bezeichnet die ursprüngliche Situation weder einen vergangenen historischen Zeitpunkt noch eine wünschenswerte Lebensform. Sie ist eine theoretische Konstruktion, die Rawls in der Absicht vornimmt, allererst Kriterien für mögliche Lebensformen zu gewinnen.

---

§ 21.

Gerechtigkeitsprinzipien üben in der Gesellschaft eine Ordnungsfunktion aus. Dabei gehört es schon zu den formalen Voraussetzungen[10], daß fünf Bedingungen erfüllt sind, unter denen das heute vielfach vertretene Universalisierungskriterium eine notwendige, aber keine hinreichende Bedingung darstellt: Die Prinzipien müssen (1.) ihrer Form nach allgemein sein und (2.) universell angewandt werden; sie müssen (3.) öffentlich bekannt sein, (4.) konkurrierende Ansprüche regeln und (5.) innerhalb des praktischen Diskurses die Bedeutung einer letzten Berufungsinstanz (final court of appeal) einnehmen[11]. Da die verschiedenen egoistischen Ansätze[12] schon die formalen Bedingungen nicht erfüllen, scheiden sie an dieser Stelle als rationale Option aus[13].

Außer den objektiven und subjektiven Umständen, die eine Kooperation möglich und notwendig und damit die Gerechtigkeit überhaupt zu einem aktuellen Problem machen[14]; außer den formalen Voraussetzungen des Rechtsbegriffs und der Annahme, daß sich die Spieler rational entscheiden, stellt Rawls an die Verfassungswahl vor allem zwei Bedingungen. *Erstens:* Da die Regeln der Konfliktlösung durch das Verfassungsspiel erst noch bestimmt werden, muß das Spiel selbst noch diesseits aller Konflikte liegen; die Beschlußfassung muß einstimmig sein[15]. *Zweitens:* Rawls setzt bei den Parteien des Verfassungsspieles ein Informationsdefizit (veil of ignorance) voraus[16]. In der Terminologie der rationalen

---

[10] § 23.
[11] 135.
[12] First-person dictatorship: „jeder muß meinen Interessen dienen"; free-rider: „alle bis auf mich sollen gerecht handeln"; general egoism: „jeder darf seine Interessen nach Belieben verfolgen"
[13] 135 f.
[14] § 22.
[15] Unanimous: 122 f.   [16] 136/42.

Entscheidungstheorie ist das Verfassungsspiel eine Entscheidung unter Unsicherheit. Zwar verfügen die Spieler über sozialwissenschaftliche Kenntnisse, aber in einer Weise, daß sie keine affektive, sondern nur kognitive Bedeutung haben. Die Spieler wissen, daß die Mitglieder einer Gesellschaft höchst unterschiedlich begabt sind, daß sie verschiedene Rollen spielen und ungleiche Rangstufen einnehmen. Sie kennen aber nicht ihren eigenen Platz im Spektrum dieser Möglichkeiten; sie können nicht einmal den Alternativen die Wahrscheinlichkeiten ihres Eintreffens zuordnen, um wenigstens die Chance zu kalkulieren, mit der sie über bestimmte natürliche Talente und Fähigkeiten und über bestimmte Positionen in der Gesellschaft verfügen.

Die Bedingungen des Verfassungsspiels werden von Rawls nicht selbst rational abgeleitet, und das zu Recht. Ein Versuch, auch die Regeln des Verfassungsspieles entscheidungstheoretisch zu begründen, eröffnet nur einen infiniten Regreß. In einer linear fortschreitenden Argumentationskette ist ein Spiel, das die Regeln aller Spiele festlegt, ein prinzipiell erstes Spiel formallogisch gar nicht möglich. (So treten bei einer rationalen Verfassungswahl formal dieselben Probleme wie in der Spieltheorie und der Sozialwahltheorie auf. Das Problem der Legitimation von Regeln wird nur auf eine höhere Stufe der Abstraktion verschoben.) Wenn es überhaupt sinnvoll ist, den Begriff eines Spieles aller Spiele zu bilden, so wäre dies nicht im Sinne des Anfangs einer Reihe, sondern nur als ein transzendentales Prinzip der Reihe, als ein „transzendentales Spiel" denkbar. Ein transzendentaler Begründungsversuch wird von Rawls aber nicht unternommen. So gesehen, muß auch das Verfassungsspiel den Ausgang bei Bedingungen nehmen, die selbst nicht rational begründet sind. Die Konkurrenz zwischen den verschiedenen Interpretationen von Gerechtigkeit kann nur teilweise wissenschaftlich entschieden werden. Das mit dem Paradigma Nutzenkalkulation gegebene Entscheidungsverfahren erweist sich auch – obwohl in anderer Hinsicht – bei der Wahl von Grundbedingungen einer Gesellschaft als strukturell defizient.

Den aus einem vorwissenschaftlichen Raum stammenden Bedingungen kommt jedoch ein hohes Maß an Plausibilität zu. Denn sie operationalisieren die für einen allgemeingültigen Test zu erwartende Haltung der Unparteilichkeit. Durch das Gebot der Einstimmigkeit ist die Möglichkeit von Gruppenbildungen, Privilegien und Lobbys eliminiert: Herrschaftsverhältnisse sind in der ursprünglichen Situation von vornherein ausgeschlossen. Und aufgrund des Informationsdefizits sind Vitalität, Intelligenz, sozialer Status und andere natürliche oder soziale Zufälligkeiten, die die Ungleichheit unter den Menschen, die vor allem ein Kleiner- oder Größer- und ein Stärker- oder Schwächersein verursachen, bei der Wahl als möglicher Bestimmungsgrund ausgesondert. Auch seine tatsächlichen Triebe, Bedürfnisse, Neigungen und selbst seine Wert- und Zielvorstellungen kennt man nicht. Man weiß nur, daß man Bedürfnisse und Ziele hat und daß man die zur Befriedigung bzw. Realisierung erforderlichen allgemeinen Voraussetzungen, die sozialen Primärgüter, zu maximieren trachtet.

Weil jeder seinen eigenen Nutzen zu maximieren sucht, scheidet der Utilitarismus, der den Gesamtnutzen des Kollektivs maximiert, in der Verfassungswahl als rationale Option aus. Da sich der Egoismus schon vorher disqualifiziert hat, bleibt als einziges das allgemeine Fairneß-Prinzip übrig: gleiche Vorteile und gleiche Nachteile für jeden. Damit sind aber immer noch nicht Rawls' genaue Formulierungen seiner Fairneß-Prinzipien legitimiert. Als letztes Element einer rationalen Wahl fehlt noch die präzise Entscheidungsregel. Von den drei Formen rationaler Entscheidung, der unter Sicherheit, der unter Risiko und der unter Unsicherheit, ist die letzte Form die komplizierteste[17]. Während für die Entscheidung unter Sicherheit eine einzige Entscheidungsregel existiert („maximiere deinen Nutzen") und dasselbe für die Entscheidung unter Risiko zutrifft („maximiere deine Nutzenerwartungen"), gibt es für die Entscheidung unter Unsicherheit verschiedene Rationalkriterien. Die Verfassungswahl ist als Entscheidung unter Unsicherheit nicht eindeutig bestimmt[18]. Die „prominentesten" Entscheidungskriterien sind die Maximax-Regel (die Regel des maximalen Maximum: „maximiere den Nutzen der vorteilhaftesten Situation") und die Maximin-Regel (die Regel des maximalen Minimum: „minimiere den Nachteil der ungünstigsten Situation"). In der Verfassungswahl angewandt, favorisiert die Maximin-Regel den Boden der sozialen und ökonomischen Hierarchie (the least advantaged), während die Maximax-Regel größere Nachteile auf dem Boden der Hierarchie gegenüber größeren Vorteilen an der Spitze billigt. Rawls vertritt die risikovermeidende Maximin-Regel[19]. Als ob man gegen eine diabolische Natur spielt, soll man sich für eine Gesellschaftsordnung entscheiden, in der man in jedem Fall, das heißt auch dann noch relativ große Vorteile erwarten kann, wenn einem der ausdrückliche Feind den Platz in der Gesellschaft festlegen würde und man am Boden der sozialen und ökonomischen Hierarchie leben müßte. Man entscheidet sich für die Prinzipien, die auch dem schlech-

---

[17] Siehe o. Kap. 2.2.
[18] Eindeutig wäre eine Entscheidung unter Unsicherheit nur im Fall eines 2-Personen-Konstantsummen-Spiels: s. o. Kap. 3.2.
[19] Rawls (1972) 152 ff.

test gestellten Mitglied der Gesellschaft ein möglichst hohes Minimum an Primärgütern garantiert. Die Entscheidung für die Maximin-Regel ist aber genauso wenig abgeleitet wie die Bedingungen der Wahlsituation. Überdies ist diese Entscheidung gar nicht so einleuchtend. Zwar ist es überzeugend, daß eine Gesellschaft jedem ein ökonomisches und soziales Existenzminimum garantieren soll. Daß dieses Minimum aber selbst zu maximieren ist, wird ohne die empirische Annahme einer pessimistischen Welteinstellung auf seiten der Entscheidungsträger, ohne die Befürchtung, eher am Boden als an der Spitze der Hierarchie zu leben, nicht rational einsichtig. Selbst unter der Annahme einer ursprünglich gleichen Wahlsituation sind Rawls' Gerechtigkeitsprinzipien durch eine rationale Entscheidung allein nicht zu rechtfertigen. Sie bedürfen zu ihrer Begründung zusätzlicher empirischer Annahmen oder aber einer direkt moralischen Argumentation.

6.3 Methodisches Korrektiv: „reflective equilibrium"

Da die Bedingungen der Wahlsituation die Wahl der Prinzipien präjudizieren, die Bedingungen aber nicht selbst aus einer rationalen Wahl abgeleitet werden, muß der mit dem Paradigma Nutzenkalkulation gegebene Versuch, die normativen Grundbestimmungen einer Gesellschaft rein rational abzuleiten, scheitern. Trotz aller Rationalität im Detail erscheint die Verfassungswahl insgesamt doch als irrational. – Dieser durchaus fatalen Konsequenz entgeht Rawls allerdings und dokumentiert dadurch, daß er trotz des entscheidungstheoretischen Denk- und Sprachrahmens seine Theorie nicht rein rational versteht. Zwar sagt er: „We should strive for a kind of moral geometry with all the rigor which this name connotes."[20]

Aber diese Forderung ist, worauf Rawls nicht aufmerksam macht, allein für die Objektebene, die Durchführung der Wahl, nicht auch für die Meta-Ebene, die Definition der Wahlsituation und ihrer Kriterien gültig. Rawls' Analyse nimmt vielmehr ihren Ausgang von einer normativ bestimmten Lebenswelt, genauer: von einem primären Wissen über sie, den alltäglichen Vorstellungen über Gerechtigkeit. Diese alltäglichen Vorstellungen sollen weder als solche bestätigt noch radikal verworfen werden. Sie werden auch nicht transzendental-reduktiv hinterfragt, schließlich nicht naturalistisch oder wesensmetaphysisch begründet.

Das methodische Ziel, das Rawls verfolgt, nennt er „reflective equilibrium", ein Ziel, das sich einer einfachen methodischen Operationalisierung entzieht und von Rawls auch nicht mit hinreichender Klarheit verdeutlicht wird. Das methodische Konzept, das Rawls' Gerechtigkeitstheorie zugrunde liegt, kann man etwa so beschreiben: Aus den alltäglichen Gerechtigkeitsvorstellungen gewinnt man durch Abstraktion inhaltsärmere, „schwächere" Prinzipien, die aufgrund ihres höheren Abstraktionsgrades auf breitere Zustimmung rechnen können. Sie eignen sich als vorläufige Definitionselemente der ursprünglichen Situation und des durch sie mitbestimmten rationalen Prüfungsverfahrens. Aus den Prämissen mit einer relativ hohen Konsensfähigkeit werden Gerechtigkeitsprinzipien abgeleitet, die zunächst nur probeweise gültig sind. Methodologisch dem Status von wissenschaftlichen Hypothesen vergleichbar, werden sie mit dem in der Gesellschaft aufzufindenden Minimal-

---

[20] 121.

konsens über Gerechtigkeit konfrontiert und nach Erfordernissen dieser Wirklichkeit abgewandelt. Entsprechend ändern sich auch die Bedingungen der ursprünglichen Wahlsituation. Im Unterschied zu den Beobachtungsdaten empirischer Wissenschaften sind die alltäglichen Vorstellungen über Gerechtigkeit für die wissenschaftliche Theorie, die Ethik, keine eindeutige Falsifikationsinstanz. Es liegt hier kein einsinniges, sondern ein Rückkoppelungsverhältnis vor. Denn von den Prinzipien aus sind unsere Gerechtigkeitsüberzeugungen selbst zu überprüfen und die in der Regel vorliegenden Unstimmigkeiten, Widersprüche, auch Unsicherheiten und Verzerrungen auszuräumen. Auf dem Weg einer gegenseitigen Korrektur von rational gewonnenen Prinzipien und überlegten Alltagsurteilen über Gerechtigkeit, in einem Prozeß des Hin- und Hergehens zwischen den Elementen der ursprünglichen Wahlsituation, den Gerechtigkeitsprinzipien, die sich aus ihr ableiten lassen, und den qualifizierten Überzeugungen über Gerechtigkeit werden bald die ursprüngliche Situation und die Prinzipien, bald die qualifizierten Überzeugungen verändert. Diese Aufgabe ist so lange durchzuführen, bis die rational legitimierten Prinzipien mit den verbesserten Gerechtigkeitsüberzeugungen zusammenstimmen: die Überzeugungen halten einer wissenschaftlichen Analyse stand[21], das „reflective equilibrium" ist erreicht.

Rawls' Theorie der Gerechtigkeit nimmt zwischen einem rein induktiven Verfahren der Generalisierung von Erfahrungen und einem abstrakten Entwurf erfahrungsunabhängiger Prinzipien einen Weg der Mitte ein. Bei dieser Mitte handelt es sich aber nicht einfach um einen Kompromiß. Denn durch das Rückkoppelungsverfah-

---

[21] 20 f.

ren kommt ein methodisches Element herein, das sich weder in der Induktion noch im abstrakten Entwurf findet: den ursprünglichen Urteilen wird ein bewußter Lern- und Veränderungsprozeß zugemutet. Welche Veränderungen man mitmachen und in welcher Richtung man sie durchführen soll, ob man, ganz formal gesprochen, im Falle eines Widerspruchs zwischen A und B nur A oder nur B oder aber beide verändern muß, läßt sich nicht rational ausmachen. Das „reflective equilibrium" ist keine positive Entscheidungsinstanz; es hat eher die Bedeutung eines negativen Verfahrens. Es prüft alternative Vorschläge und scheidet all die aus, die den wissenschaftlichen Anforderungen (wie konsistente Begriffsbildung und Nähe zu den alltäglichen Urteilen) nicht genügen. Deshalb ist Rawls' Theorie auch bei aller Wissenschaftlichkeit ein sehr persönliches Buch. Es zeigt nicht nur, welche Lernprozesse rational vertretbar sind; es zeigt darüber hinaus, in welche Richtung Rawls' eigene Lernprozesse verlaufen.

Aufgrund des entscheidungstheoretischen Denkrahmens erscheinen die Gerechtigkeitsprinzipien als einmal für immer ausbuchstabierte und übergeschichtlich gültige Grundbestimmungen einer humanen Gesellschaft. Dieses von Rawls selbst nahegelegte Verständnis ist hier zu korrigieren. Indem sich Rawls' Theorie auf eine geschichtlich gewachsene Gestalt des Gerechtigkeitsbewußtseins bezieht – im günstigsten Fall auf das am weitesten fortgeschrittene Bewußtsein –, sie überdies auf ganz persönlichen Lernprozessen beruht, können ihre Gerechtigkeits-Prinzipien keine kulturinvariante Gültigkeit beanspruchen. Indem die Bedingungen der Verfassungswahl weder rational abgeleitet noch willkürlich gesetzt, vielmehr aus gegebenen normativen Überzeugungen heraus entwickelt werden, verliert bei Rawls das Paradigma

Nutzenkalkulation seine absolute Gültigkeit. Die Legitimation von Gerechtigkeitsprinzipien durch rationale Wahl allein hat sich als nicht möglich erwiesen.

Wie verhalten sich nun „reflective equilibrium" und Nutzenkalkulation zueinander? – Durch die Annahme eines Informationsdefizits in bezug auf die natürlichen und sozialen Verhältnisse wird bei den Entscheidungsträgern jede Partikularität, ja sogar jede Individualität ausgeblendet und ein symmetrisches Verhältnis aller begründet. Die weitere Bedingung, die Einstimmigkeitsregel, verhindert eine Auflösung der Chancensymmetrie im Verlauf der Entscheidungsfindung. Durch die ursprüngliche Situation setzt Rawls eine herrschaftsfreie Wahlsituation, in die die Bedingungen eines „fair play" von vornherein hineinkomponiert sind. Durch das Verfassungsspiel wird die Gerechtigkeit bzw. Fairneß einer Gesellschaftsordnung nicht begründet[22]. In der Form von Anfangsbedingungen sind sie der Wahl je schon vorausgesetzt. Rawls' Rede von rationaler Klugheitswahl (rational prudential choice) führt insofern auf eine falsche Fährte, als die Gerechtigkeit gerade nicht ein Derivat der Nutzenkalkulation rationaler Egoisten ist.

Betrachtet man Rawls' Gerechtigkeitsprinzipien ausschließlich vom Standpunkt einer rationalen Nutzenkalkulation, dann erscheinen sie in einem bestimmten Sinn als tautologisch. Sie sind nichts anderes als die Explikation der sittlichen Attribute, die zuvor in die Definition der ursprünglichen Lage, ihrer kognitiven, emotionalen und empirischen Bedingungen eingegangen sind. Der

---

[22] Ähnlich setzt Habermas für die Legitimationsinstanz von Wahrheitsansprüchen, den Diskurs, die ideale Sprechsituation voraus und ihre vierfache Chancengleichheit gemäß den vier Arten von Sprechakten: Wahrheitstheorien, in: Wirklichkeit und Reflexion. FS W. Schulz, Pfullingen 1973, 211–265 (Abschn. V).

Fairneß-Charakter der Konklusionen, der Gerechtigkeitsprinzipien, reproduziert nur den Fairneß-Charakter der Prämissen, der Ausgangs- und Rahmenbedingungen. Gegenüber der Motivation des rationalen Selbstinteresses ist Fairneß das Primäre. Folglich liegt der methodische Primat nicht bei der rationalen Entscheidung, sondern bei dem, was der rationalen Entscheidung die fairneßadäquaten Rahmenbedingungen vorschreibt: bei dem durch das Ziel „reflective equilibrium" angesprochenen Verfahren. Rawls' Rückgriff auf den Denk- und Sprachrahmen der Theorie rationaler Entscheidung ist deshalb erhellend und verstellend zugleich. Es ist das Verdienst von Rawls, daß er auf der einen Seite an eine Argumentationsweise anknüpft, die im Kreis der Einzelwissenschaften verstanden und anerkannt wird, und daß er auf der anderen Seite die rationale Entscheidung durch die Bestimmungen der ursprünglichen Situation so umdeutet, daß sie fundamentaliter keine rationale, sondern eine faire und in diesem Sinn vernünftige oder humane Wahl definieren. Die Grenze der Analyse liegt jedoch darin, daß sie die radikale Transformation, die aufgrund der „Zusatzannahmen" mit der Situation rationaler Wahl und aufgrund der methodischen Anweisung auf ein „reflective equilibrium" geschieht, nicht deutlich genug werden läßt. Nicht nur am Beginn, sondern auch am Schluß der Untersuchung spricht Rawls noch von „rational prudential choice"[23]. Dadurch wird die Differenz zwischen einer Nutzenkalkulation und einer Wahl aus Vernunftinteresse verwischt und ein falscher Erwartungshorizont gesetzt, so als ob es in der Tat klug sei, sich für Gerechtigkeit und Fairneß zu entscheiden.

---

[23] Rawls (1972) 584.

7. Entwurf eines kritischen Utilitarismus

7.1 Das Glück als regulatives Ziel

Mit dem Utilitarismus verbindet sich ein ehrgeiziger Anspruch, der sich nicht einlösen läßt: die wissenschaftliche Bestimmung des Maximums an menschlichem Glück. Auch die Fortentwicklung der utilitaristischen Sozialpragmatik zu Wohlfahrtsökonomie und Sozialwahltheorie erweist sich als unangemessener Versuch, das menschliche Wohlergehen operational zu definieren. Da Utilitarismus und Wohlfahrtsökonomie in intentione recta verfahren, teilen sie die Schwächen jeder unreflektierten, jeder nicht weiter qualifizierten Verwendung des Paradigmas Nutzenkalkulation. Im Gegensatz zu einem kruden Empirismus sind Entscheidungsmöglichkeiten und Nutzenvorstellungen aber nicht einfach vorgegebene Daten. Ohne eine wissenschaftlich abgestützte Erschließung des Aktionsspielraumes und eine Reflexion auf Bedürfnisse aus eigenem wie aus sozialem Interesse kommt es zu einer empfindlichen Verkürzung politischer Entscheidungsrationalität. Um sie zu vermeiden, muß man den Aufgabenbereich der Theorie erweitern; die Strukturen und Methoden, die den genannten Aufgaben gerecht werden, sind im „Instrumentarium" einer problemangemessenen Theorie der Entscheidung zu berücksichtigen.

Die vorgetragene Kritik rechtfertigt es allerdings nicht, den Utilitarismus insgesamt zu verwerfen. Auf der einen

Seite wurde der Utilitarismus nur als Legitimationsverfahren für öffentlich relevante Entscheidungsprobleme diskutiert. Der Sinn einer utilitaristisch vorgenommenen Rechtfertigung von Handlungsnormen stand nicht zur Prüfung[1]. Auf der anderen Seite spricht die unzureichende Operationalisierung nicht gegen das dem Utilitarismus zugrunde liegende Interesse an den Aufgaben einer Sozialpragmatik. Vor allem ist das Mißlingen einer genauen und vollständigen Operationalisierung noch kein Argument gegen die utilitaristische Maxime selbst. Daß man politische Entscheidungsalternativen nach ihren Resultaten, die Resultate nach ihrem Beitrag zum Wohlergehen der Betroffenen beurteilt und unter den Betroffenen nicht einzelne oder Gruppen privilegiert, behält seinen Sinn. Es bleibt einleuchtend, daß man das allgemeine Wohlergehen als gesellschaftspolitisch angemessenes Leitziel betrachtet. Nur läßt sich dieses Leitziel weder ausschließlich noch primär durch nutzenkalkulatorische Verfahren bestimmen. Ohne Prozesse der Selbstbesinnung und Selbstklärung, ohne öffentliche Diskussionen wird das Leitziel verfehlt. Wie man das allgemeine Wohlergehen geeigneter als in der utilitaristischen Form bestimmen kann, soll später untersucht werden. Hier genügt die vorgreifende Bemerkung: Was das allgemeine Wohlergehen ist, muß in kritisch-hermeneutischen und kommunikativen Prozessen immer wieder neu inhaltlich bestimmt, es muß durch Lern- und Veränderungsprozesse immer wieder neu anerkannt und übernommen werden.

Auch wenn die klassischen und zeitgenössischen Versuche, die utilitaristische Maxime in ein operationales Rechenverfahren zu übersetzen, scheitern, bleibt dem

---

[1] Dazu Verf. (1975) Einleitung.

Wohlergehen der Betroffenen der methodische Wert eines regulativen Zieles. Die utilitaristische Maxime erhält dann für gesellschaftspolitische Entscheidungsfindung die Bedeutung einer Aufforderung, die Entscheidungsprozesse am allgemeinen Wohlergehen auszurichten und das Wohlergehen soweit möglich methodisch zu verfolgen – allerdings, ohne ein nutzenkalkulatorisches Verfahren dafür definieren zu können.

Die Interpretation der utilitaristischen Maxime als eines regulativen Zieles greift die kritische Analyse des hedonistischen Kalküls und der rationalen Entscheidungstheorien auf. Gegen eine exakte Methode und ihren überschießenden Anspruch auf Rationalisierung des gesellschaftspolitischen Leitzieles bleibt sie reserviert. Auch ein Begriff von menschlichem Glück, der vom transzendentalen und vom utopischen Begriff verschieden ist, ein pragmatischer Begriff, hat, methodisch gesehen, eher den Wert eines Richtpunktes politischer Entscheidungsfindung als die Bedeutung eines operationalen Kriteriums.

7.2 Glück in intentione indirecta

Die methodische Bedeutung, die dem Glück der Betroffenen in öffentlichen Entscheidungsprozessen zukommt, läßt sich noch genauer fassen. Der Utilitarismus glaubt deshalb im Glück das Kriterium sittlich verantwortlicher Entscheidungsprozesse sehen zu können, weil er unter Glück in keiner Weise ein Sub-Ziel versteht, ein Ziel, das noch um eines anderen und höheren Zieles willen verfolgt werden könnte. Glück bedeutet hier das Letztziel: das, was das menschliche Leben lebenswert macht, die Qualität eines zufriedenen und erfüllten, eines sinnvollen Lebens.

Die formale Bestimmung des Glücks als eines Zieles, das in sich sebst sinnvoll ist, wirft kaum Probleme auf. Um so schwieriger ist es jedoch, bestimmt anzugeben, worin die Menschen ihr Glück sehen und erfahren. Die Pluralität von komplementären und konkurrierenden Sinndeutungen und Glückserwartungen ist uns allen bekannt. Während die einen das Glück von einem Leben erhoffen, das zu Reichtum, öffentlicher Anerkennung oder Macht führt, erwarten es die anderen von persönlichen Beziehungen der gegenseitigen Achtung und Solidarität, der Freundschaft und der Liebe. Wieder andere suchen das Glück in intensiven und anspruchsvollen Tätigkeiten, in wissenschaftlicher Forschung, in Kunst, Meditation oder Kontemplation. Selbst bei einem einzelnen bleiben die Glückserwartungen nicht sein Leben lang konstant. Sie wechseln mit Lebensumständen, Alter und oft genug mit den momentanen Stimmungen. Ein Konsens über das, was „wahrhaft" glücklich macht, ist weder gegeben noch zu erwarten. Denn das Glück besteht ganz formal in der Verwirklichung der eigenen Wünsche und Interessen sowie in der Aktualisierung der eigenen Möglichkeiten. Wenn aber das Glück in Formen der Selbstverwirklichung besteht – gleichwie das jeweilige Selbst des näheren aussieht –, dann liegt der letzte Maßstab des Glücks beim einzelnen. Solange es Unterschiede der Erziehung und der Persönlichkeitsstrukturen gibt, solange sich die Menschen in ihren Traditionen, Erfahrungen und Hoffnungen, in ihren Wünschen und Interessen voneinander abheben, ist die Anerkennung der Pluralität von Sinndeutungen und Glückserwartungen geradezu notwendig. Eine an Benthams utilitaristischer Sozialpragmatik orientierte Politik legt sich deshalb zu Recht auf keine bestimmte Glücksidee fest. Eine Politik, die das Glück des Betroffenen befördern, im Gegensatz zu

Bentham aber die Pluralität unterschlagen oder überspringen wollte, wäre nicht nur totalitär. Sie geriete in einen Widerspruch mit sich selbst. Trotz des erklärten Zieles, das Glück der Betroffenen zu befördern, nähme sie dem einzelnen die Möglichkeit, sein spezifisches und persönliches Glück zu finden.

Es gehört zur Selbstverwirklichung, daß jeder das, was er für sein persönliches Glück hält und im Falle reiflicher Überlegung und gründlicher Lebenserfahrung auch zu Recht dafür halten mag, selbst ergreifen und selbst vollziehen muß. Wer sein Glück in der Freundschaft sucht, muß selbst freundschaftliche Beziehungen anknüpfen und aufrechterhalten; wer es in der Wissenschaft erwartet, muß sich persönlich auf den Forschungsprozeß einlassen und im Vollzug einen Sinn erfahren. Weil das Glück im Selbstvollzug liegt, kann es durch eine auch noch so gute Gesellschaftspolitik nicht hergestellt werden. Diese Konsequenz läßt sich schon an der modernen Entscheidungstheorie aufzeigen. Die Tatsache, daß bei ihr nicht der Nutzen selbst, sondern die an eine Handlung geknüpften Nutzenerwartungen Gegenstand der Kalkulation und Maximierung sind, macht nicht bloß einen anderen, gegenüber dem elementaren Modell grundsätzlich komplizierteren mathematischen Apparat erforderlich. Sie führt auch zu einer wesentlich anderen Bedeutung des mathematischen Instrumentariums: des hedonistischen Kalküls, der Wohlfahrtsfunktion oder allgemein der Nützlichkeitsmatrix. In den rationalen Entscheidungen wird nicht über den tatsächlichen Nutzen, sondern allein über Handlungsausgänge und die an sie geheftete Gratifikationserwartung disponiert. Die tatsächliche Gratifikation hängt aber nicht bloß vom schließlich erreichten Resultat ab, sondern von dem, was man aus ihm macht. Gerade die Resultate öffentlicher Entschei-

dungsprozesse: Einkommensverbesserungen, Arbeits-
zeitverkürzungen, ein größeres und differenzierteres Bildungsangebot usf., stellen eine Globallage von Nutzen-
möglichkeiten dar, die man selbst sehen, ergreifen und
in persönliche Befriedigung umsetzen muß. Von öffentlichen Entscheidungen die Herstellung seines eigenen
Glücks zu erwarten, das wäre nicht nur ein überzogener
Anspruch; er wäre auch sinnlos.

Die hier angesprochene Grenze einer rationalen Politik
ist von anderen Grenzen zu unterscheiden. Eine erste
Grenze stellt schon die Knappheit der Ressourcen dar.
Die Addition der Ansprüche aller gesellschaftlichen
Gruppen kann eine soziale Wohlfahrtspolitik sehr rasch
an das Äußerste ihrer monetären und personellen Möglichkeiten führen. Eine weitere Grenze ist mit Gehlens
Konzept der Hintergrundserfüllung bezeichnet[2]: Gratifikationen nützen sich in dem Maße ab, wie sie gesichert
werden. Eine dritte Grenze liegt in dem, was Rescher
die hedonische Diskontierung nennt[3]: Mit der in den
fortgeschrittenen Industriegesellschaften zu beobachtenden Eskalation der Erwartungen kann die Verbesserung
der Lebensverhältnisse nicht Schritt halten. Trotz gestei-
gerter Wohlfahrt und verbesserter Sozialeinrichtungen
fühlen sich die Menschen doch nicht glücklicher. Durch
eine Inflation der Erwartungen bedingt, kann ihre Zu-
friedenheit sogar abnehmen. – Von diesen drei Grenzen
jeder Politik gegenüber dem menschlichen Glück ist als
vierte zu unterscheiden, daß durch öffentliches Handeln
nur Möglichkeiten für Gratifikationen bereitgestellt werden, das Ergreifen der Möglichkeiten aber dem einzelnen
überlassen werden muß. Das Glück erwächst aus der

Aufgegriffen im Zusammenhang seiner Kritik rationalen Pla-
ens von Tenbruck (1972) c. 2.31.
Hedonic discounting: Rescher (1972) 57.

aktiven, oft auch kreativen Auseinandersetzung mit de
Bedingungen, die man jeweils vorfindet.

Entscheidungen beziehen sich auf Gratifikationspoten
tiale, nicht auch auf ihre Realisation[4]. Daß man die Ver
wirklichung den einzelnen überlassen muß, hat eine me
thodisch wichtige Konsequenz: Eine utilitaristisch
Ethik und auch eine Wohlfahrtsökonomie, die das Glüc
als unmittelbaren Gegenstand einer vernünftigen Ge
sellschaftspolitik ansehen, müssen sich kritisieren un
verändern lassen. Das Glück ist nicht direkt intendier
bar[5]. Allerdings folgt daraus nicht, daß öffentliche Ent
scheidungen gegenüber dem persönlichen Glück de
Menschen belanglos seien. Eine Umweltpolitik, die da
Übermaß an Lärm und Verschmutzung herabsetzt; ein
Stadtplanung, die mehr Grünanlagen und Fußgänger
zonen vorsieht oder verödete Altstädte revitalisier
schaffen Voraussetzungen für lebenswerte Kommunika
tions- und Interaktionsprozesse. Ebenso stellt eine Bil
dungspolitik, die sich an Chancengerechtigkeit, indivi
dueller Förderung orientiert und den Schülern intellek
tuelle, kreative sowie soziale Kompetenzen vermittel
Bedingungen für ein sinnvolles Leben bereit. Zwa
kann und soll die Politik nicht das Glück der Betroffe
nen herstellen. Doch befindet sie über mögliche Hinder
nisse und Barrieren. Sie stellt die Voraussetzungen fü
ein lebenswertes Leben sicher; sie schafft die Spielräum
in der Identitätsbildungen, affektive Bindungen, Iden
tifikationen und persönliche Interaktionen möglich sinc
sie stellt Aktionsfelder für Selbstverwirklichung un

---

[4] Vgl. Tenbruck (1972) c. 2.3, 3.7.
[5] Gegenüber einem überzogenen Anspruch volkswirtschaftliche
Planung bzw. der Wohlfahrtsökonomie schon kritisch: R. A. Dah
C. E. Lindblom, Politics, Economics, and Welfare, New York 195
526; Mishan (1966).

Kommunikation bereit. Mit einem Wort: die öffentlichen Entscheidungsprozesse betreffen nicht das Glück selbst, wohl aber seine limitierenden Grundbedingungen.

Gesellschaftspolitik ist nicht allein reaktiv: als Anpassung an sich wandelnde Lebensverhältnisse und als Erhöhung der Steuerungskapazitäten zur Herabsetzung ungewollter Nebeneffekte denkbar. Gesellschaftspolitik ist ebenso als aktive Politik: als bewußte und verantwortliche Gestaltung des natürlichen und sozialen Lebens sowohl möglich als auch sinnvoll. Dabei ist sie gerade auf das Glück der Betroffenen auszurichten. Auch eine kritische Theorie öffentlicher Entscheidungsprozesse braucht die utilitaristische Maxime nicht als Kriterium aufzugeben. Sie verändert jedoch ihre methodische Position. Das menschliche Glück liegt nicht in den politischen Bemühungen um Frieden, Freiheit, Wohlstand und soziale Gerechtigkeit als solchen, sondern in der damit verbundenen Bereitstellung von gesellschaftlichen Verhältnisse, die dem einzelnen in seinen verschiedenen Interessen und sozialen Bezügen die Chance zu einem glücklichen Leben bieten. In den öffentlichen Entscheidungen ist etwas beabsichtigt, worauf die Entscheidungen als solche nur verweisen können. Das menschliche Glück ist Kriterium im methodischen Sinn eines Fluchtpunktes: intentio indirecta, nicht directa der Gesellschaftspolitik.

7.3 Humanität als kritisches Prinzip

Wer dem Optimismus Benthams folgt und in der utilitaristischen Ethik ein Rechenverfahren zur Bestimmung des menschlichen Glücks: ein erfahrungswissenschaftlich orientiertes rationales Regelsystem für sittlich richtige politische Entscheidungsfindung sucht, wird enttäuscht. Wenn man deshalb Benthams Anspruch und die eigene Erwartung korrigiert und der utilitaristischen Maxime die Aufgabe eines regulativen und zudem nur indirekt intendierbaren Fluchtpunktes für humane Politik zuerkennt, bleibt auch diese Qualifikation noch zu prüfen. Um zu beurteilen, ob die utilitaristische Maxime in der vorgeschlagenen kritischen Neuinterpretation das richtige, von dogmatischen und ideologischen Vorurteilen freie Kriterium sittlich-politischer Praxis abgibt, könnte man von einem allgemeineren selbstevidenten oder in einem anderen Argumentationszusammenhang legitimierten Prinzip ausgehen[6]. Im Zusammenhang der hier unternommenen kritischen Analyse reicht es indessen, einige Probleme politischer Entscheidungen zu benennen und bei ihnen zu untersuchen, ob die Anwendung der utilitaristischen Maxime zu offensichtlich sittlich richtigen Lösungen führt oder zu solchen, deren Richtigkeit zumindestens kontrovers ist.

Im ökonomischen Bereich fordert der Utilitarismus maximalen gesellschaftlichen Wohlstand. Für die Verteilung des Wohlstandes auf die einzelnen Gruppen und Individuen gesteht er den Kriterien der Gerechtigkeit und Gleichheit keinen Wert an sich zu. Gerechtigkeits- und Gleichheitsforderungen sind nicht als solche, sondern nur insoweit verpflichtend, als sie den Gesamtnutzen der Gesellschaft steigern. So ist eine gleichmäßige Verteilung nur dann einer ungleichmäßigen vorzuziehen, wenn sie etwa Neid und Mißgunst herabsetzt und auf diese Weise die totale Nutzenmenge steigert.

---

[6] Ansätze dazu finden sich bei Singer, Generalization in Ethics, New York 1961 (dt. Frankfurt a. M. 1975), Lyons (1965) und Hoerster (1971).

Ob damit die Problemfelder von gerechtem Lohn, gerechter Steuergesetzgebung und einer geeigneten Verteilung des Sozialprodukts auf die Bereiche privaten Konsums und öffentlicher Einrichtungen wirklich richtig gelöst werden, ist in vielen Fällen sittlich-politisch kontrovers. Und in anderen Fällen entscheidet man sich schon deutlich gegen die utilitaristischen Lösungen. So hält man es im allgemeinen für richtig, zumindest denen Formen von Vergünstigungen zuzubilligen, die außergewöhnlich schwere, gefährliche oder unangenehme Arbeit leisten, Kompensationen also, die sich auch nach den extremen Arbeitsbedingungen und nicht bloß nach dem kollektiven Gesamtnutzen richten. Vor allem hält man eine Sklaven- oder eine Feudalgesellschaft und auch einen Polizei- oder Militärstaat für sittlich falsch, auch wenn sie so geschickt organisiert werden, daß sie zwar extreme Ungleichheit, gleichwohl einen maximalen Gesamtnutzen hervorbringen.

Indem Bentham das Gemeinwohl als Summe individueller Glückswerte versteht und das größte Maß an Gemeinwohl, den maximalen Gesamtnutzen, zum Kriterium sittlich-politischer Praxis erklärt, ist das Ziel „maximales Wohlergehen" kollektiv verstanden: jede öffentliche Entscheidung, die ein Schlechterstellen der einen beabsichtigt, ist durch ein gleichzeitig gegebenes größeres Maß an Wohlergehen anderer nicht bloß sittlich erlaubt, sondern sogar sittlich geboten. Jede Form von Gratifikationsverlust und Gratifikationsverweigerung wird durch entsprechend höheren Gewinn anderer legitimiert. Der einzelne zählt nicht als solcher: als für sich selbst sittlich-politisch unverletzliche Person, die ein Recht auf ihr eigenes Wohlergehen hat. Sie ist Baustein und Element eines Kollektivs.

Der Utilitarismus impliziert eine Art Kollektiv-Egoismus, der die Tendenz enthält, einzelne oder Gruppen zu Mitteln der Gesamtheit zu degradieren. Demgegenüber hält man im allgemeinen bestimmte Grund- und Menschenrechte für kompromißlos gültig. Die Interessen von Minderheiten sind auch gegen ein Mehr an kollektivem Nutzen in Schutz zu nehmen; der Mehrheit ist eine entsprechende Einschränkung der zur Verfügung stehenden Ressourcen zuzumuten. Eine sittlich richtige Politik muß mindestens auch dem Prinzip der Fairneß genügen, nach dem es nicht erlaubt ist, daß die einen mehr die Vorzüge (einer Politik oder eines Gesellschaftssystems) genießen, während die anderen mehr die Lasten tragen.

Ohne Zweifel kann man einwenden, daß dort, wo ein Existenzminimum gesichert ist, das Interesse an persönlicher Freiheit das an Gütern, Waren und auch das an gesellschaftlichen Positionen bei weitem übersteigt, so daß die Einschränkung der persönlichen Freiheitsrechte bei wenigen nur in Extremfällen von den damit verbundenen ökonomischen oder sozialen Vorteilen der Mehrheit aufgewogen wird. Aber auch dann, wenn die beiden Deutungen, die utilitaristische und die Fairneß-Deutung, in der Regel zu' denselben Resultaten kommen, bleibt der Unterschied im Prinzipiellen bestehen. Die Institutionalisierung von Grund- und Menschenrechten ist für den Utilitaristen eine Frage der historisch variablen Präferenzen und ihrer Verrechnung zu einem kollektiven Gesamtnutzen. Was für den Utilitaristen noch ein empirisch-anlytisches Problem ist, ist unter Anerkennung des Fairneß-Prinzips aber eine unbedingt gültige normative Vorgabe.

Allerdings ist auch durch Fairneß-Überlegungen eine sittlich verantwortliche Politik noch nicht zureichend bestimmt. Die institutionellen Vorkehrungen für Alter,

Krankheit und Unfälle; die bildungspolitischen Versuche, physisch, psychisch und sozial Benachteiligten eine nach Zeit und Geld überproportionale Förderung zukommen zu lassen, sind weder nur in dem Maße richtig, wie sie den gesellschaftlichen Gesamtnutzen steigern, noch in dem Maß, wie sie nicht zu Lasten bestimmter Gruppen oder Individuen gehen.

Schon aus solchen recht vorläufigen Überlegungen folgt für den Utilitarismus, daß es zwar richtig ist, die in sozial- und bildungspolitischen Maßnahmen vorgenommene Verteilung knapper Ressourcen nicht nach abstrakten Idealen, sondern nach dem geschichtlich konkreten Wohlergehen der Betroffenen auszurichten. Jedoch ist es methodisch unangemessen: zu grob und oft genug unter humanen Gesichtspunkten auch falsch, stets und überall den gesellschaftlichen Gesamtnutzen als Kriterium – und sei es auch nur als indirekten Fluchtpunkt – zugrunde zu legen. Wer trotzdem für den Utilitarismus plädieren mag, wird durch solche Einwürfe wenigstens einsehen müssen, daß die utilitaristische Maxime nicht der letzte, jeder vernünftigen Diskussion entzogene Richtpunkt politischer Sittlichkeit ist. Sie nimmt Partei für eine inhaltlich bestimmte, zudem kontroverse Vorstellung von sittlich richtiger Politik. Entgegen ihrem Selbstverständnis enthält die ethische Komponente der utilitaristischen Sozialpragmatik ein normatives, nicht weiter legitimiertes Vor-Urteil, das – auf der vor-wissenschaftlichen Ebene diskutiert und politisch durchgesetzt – zu inhumanen Entscheidungen führen kann.

Der Fluchtpunkt öffentlich relevanter Entscheidungen ist durch die utilitaristische Maxime nur in erster Annäherung richtig bezeichnet. Ein Ziel wie Humanität ist bei weitem angemessener, jedoch nicht deshalb, weil es ein besser operationalisierbares Kriterium darstellt. Humanität ist selbst nur ein regulatives, kein operationales Ziel. Es ist gegenüber dem Ziel „Wohlergehen aller Betroffenen" sogar unbestimmter. Die inhaltliche und operationale Unbestimmtheit ist aber die hier sachgerechte Genauigkeit[7]. Denn Humanität ist kein inhaltliches, sondern ein formales Ziel. Es meint eine bestimmte Qualität der Lebensverhältnisse und des Lebensvollzugs: das Zusichselbstkommen oder die Selbstverwirklichung der Menschheit als Qualität eines letztlich sinnvollen und gelungenen Lebens. Diese Qualität ist weder für einen Ausschnitt des Lebens noch – im Rahmen der sich wandelnden soziokulturellen und individuellen Umstände der Selbstverwirklichung – für bestimmte Umstände zu reservieren. Deshalb sind die Versuche, Humanität auf bestimmte inhaltliche Ziele und Werte festzulegen, als einseitig oder dogmatisch zu verdächtigen. Mit dem Leitziel Humanität läßt man gegenüber der utilitaristischen Maxime noch Korrektiv-Prinzipien (etwa das Fairneß-Prinzip) zu, ohne einmal und für immer ausbuchstabieren zu wollen, worin tatsächlich eine humane Entscheidung besteht. Methodisch gesehen, ist Humanität eine negative und kritische Kategorie[8]. Sie ist auf Inhumanität: auf Leid, Not, Unfreiheit und Ungerechtigkeit als deren Negation und Destruktion bezogen. Wie auch immer man Humanität im einzelnen konkret verstehen muß: in der Stadtpolitik als Revitalisierung verödeter Altstädte, in der Bildungspolitik als Chancengerechtigkeit und Förderung – der Begriff enthält eine negative Dynamik: die Aufforderung, die sich immer wie-

---

[7] Zu dem im neuzeitlichen Wissenschaftsverständnis verdrängten Begriff einer sachgerechten „Unbestimmtheit": Aristoteles, Nikom. Ethik I 1, 1094 b 11–22 und Verf. (1971) c. II 1, 5.
[8] Vgl. H. M. Baumgartner, H. Krings, C. Wild, Philosophie, in: Krings (1973/74) II 1071–87 (1073 ff.).

der neu bildenden Hindernisse und Barrieren für lebenswerte Gesellschaftsverhältnisse zu beseitigen und ein Zusichselbstkommen der Menschen zu ermöglichen. Zugleich ist der Ausdruck gegen objektivierende Vorstellungen und noch mehr gegen Absolutheitsansprüche kritisch. Worin das Zusichselbstkommen menschlicher Gesellschaft besteht, kann und soll nicht ahistorisch und außerhalb von Kommunikations- und Anerkennungsprozessen entschieden werden.

Zweiter Teil

Bausteine zu einer kommunikativen Entscheidungstheorie

8. Kommunikative Entscheidungsfindung

8.1 Entscheidungsfindung als Konfliktbewältigung

Die rationalen Entscheidungstheorien und die utilitaristische Ethik haben eine sowohl historisch wie systematisch wichtige Konkurrenz. Dem Paradigma Nutzenkalkulation steht der Gedanke der Kommunikation gegenüber. Während in den wirtschaftswissenschaftlichen Disziplinen und in der englischsprachigen Moralphilosophie die kalkulatorischen Modelle vorherrschen, stehen in der deutschen Diskussion um Ethik und Sozialphilosophie mehr die kommunikativen Ansätze im Vordergrund: die durch Popper und Albert entwickelte Idee der offenen Gesellschaft[1]; das von Lorenzen, Schwemmer und Kambartel ausgearbeitete Modell transsubjektiver Beratung[2]; Apels Transformation der Transzendentalphilosophie am Leitfaden des Begriffs der idealen Kommunikationsgemeinschaft[3] und die von Habermas aus immer wieder neuen Blickrichtungen in Angriff genommene Theorie der herrschaftsfreien Kommunikation[4].

---

[1] Popper (1970); Albert (1967, 1968, 1972).
[2] Siehe unten Kap. 9.
[3] K. O. Apel, Transformation der Philosophie, 2 Bde., Frankfurt a. M. 1973; ders., Sprache, in: Krings (1973/74) III 1383–1402.
[4] J. Habermas, Theorie und Praxis, Frankfurt a. M. ⁴1971; ders. (1969); Erkenntnis und Interesse, Frankfurt a. M. 1968; Legitimationsprobleme im Spätkapitalismus, Frankfurt a. M. 1973a; (1973).

Ausdrücke wie Dialog, Beratung, Diskussion und Kommunikation erleben in der zeitgenössischen Auseinandersetzung geradezu eine Hochkonjunktur. Philosophische Ansätze beim Begriff der Kommunikation sind aber keine Erfindung oder Entdeckung der Gegenwart und der nahen Vergangenheit[5]. Obwohl etwa Hegel und Marx noch keine Theorie kommunikativer Entscheidungsfindung vorgelegt haben, konnte Habermas mit Recht und Erfolg von zentralen Kategorien und Argumentationsfiguren dieser Denker ausgehen[6]. Darüber hinaus müßte eine Geschichte philosophischer Kommunikationstheorien Fichtes Interpersonalitätslehre, ferner die Vertragstheorien eines Hobbes, Locke, Rousseau und Kant[7] sowie vor allem auch die klassische Philosophie der Antike berücksichtigen. Denn in dem, was bei Platon und Aristoteles praktische Philosophie ist, in der Ethik, der Ökonomie und der Politik, selbst der Rhetorik, steht der Begriff der Polis, der um der Eudaimonie

[5] Vgl. B. Casper, Das dialogische Denken. Eine Untersuchung der religionsphilosophischen Bedeutung F. Rosenzweigs, F. Ebners und M. Bubers, Freiburg – Basel – Wien 1967; M. Theunissen, Der Andere. Studien zur Sozialontologie der Gegenwart, Berlin 1965; J. Schwartländer, Kommunikative Existenz und dialogisches Personsein, in: Zeitschrift für philosophische Forschung 19 (1965) 53–86; B. Waldenfels, Das Zwischenreich des Dialogs. Sozialphilosophische Studien im Anschluß an E. Husserl, Den Haag 1971.
[6] Habermas (1969, 1971).
[7] J. G. Fichte, Grundlage des Naturrechts nach Prinzipien der Wissenschaftslehre; Hobbes, De cive; Leviathan; J. J. Rousseau, Contrat Social; aus Hegels Phänomenologie des Geistes der Abschnitt über Herrschaft und Knechtschaft sowie das Kapitel „Der Geist"; I. Kant, Metaphysik der Sitten, Teil I. – Aus der Literatur vgl. etwa: J. Ritter, Hegel und die französische Revolution, Frankfurt a. M. 1965; M. Riedel, Studien zu Hegels Rechtsphilosophie, Frankfurt a. M. 1969; H. Duesberg, Person und Gemeinschaft, Bonn 1969; A. Schöpf, Subjektivität und Sozietät. Studien zum Ansatz der Sozialphilosophie bei Fichte, Hegel und Husserl, Habil.-Schr. München 1972.

willen existierenden Gemeinschaft freier Bürger im Mittelpunkt[8].

Ohne Zweifel verdanken sich die beiden Grundansätze, der kalkulatorische und der kommunikative, Entstehungs- und Entwicklungslinien, die höchst verschieden sind. Aus der mathematischen Wahrscheinlichkeitstheorie (Bernoulli, Bayes), dem Utilitarismus (Bentham, J. St. Mill, Sidgwick) und der klassischen Nationalökonomie stammt das Paradigma Nutzenkalkulation. Kommunikation als Grundbegriff von Ethik und Sozialphilosophie kommt dagegen aus der antiken Philosophie, aus jüdisch-christlichen Personalitätsvorstellungen, dem deutschen Idealismus sowie ihren kritischen Fortführungen. Eine derartige Divergenz in der Herkunft hat so unterschiedliche Sprach- und Argumentationsmuster hervorgebracht, daß man bei einem ersten Vergleich eher die Gegensätze entdecken wird und versucht ist, beide Positionen nur auf Polemik hin zu stilisieren. Dabei haben die Theorien in bezug auf ihren geschichtlichen Anlaß und ihr politisches Interesse manches gemeinsam. Die kritischen Rationalisten verstehen sich als Einspruch gegen totalitäre Gesellschaftsverhältnisse, die Vertreter des Utilitarismus und der kritischen Theorie als Widerspruch gegen soziale Ungleichheit und die Untersuchungen der Erlanger als Versuch, ein gravierendes Defizit an methodisch angeleiteter vernünftiger Willensbildung zu beheben. Man kann die kommunikativen und die kalkulatorischen Theorien sogar als Lösungsvorschläge zu einem und demselben Problem

---

[8] Zu Aristoteles: H. Kuhn, Der Mensch in der Entscheidung: Prohairesis in der Nikomachischen Ethik, in: Das Sein und das Gute, München 1962, 275–295; J. Ritter (1967); ders., Metaphysik und Politik. Studien zu Aristoteles und Hegel, Frankfurt a. M. 1969, 9–179; Bien (1973).

verstehen: „Wie lassen sich interpersonelle Konflikte vernünftig bewältigen?" Die Theorien wenden sich – stillschweigend oder ausdrücklich – gegen die Vorstellung einer immer schon gegebenen oder sich je spontan einstellenden Interessen-Harmonie. Mit dem Pluralismus und Antagonismus individueller und gruppenspezifischer Handlungsinteressen machen sie ernst und verstehen öffentliche Entscheidungsfindung als das „Geschäft", trotz rivalisierender Interessen zu einem Konsens und damit der Möglichkeit eines gemeinsamen Handelns zu kommen[9].

Man könnte den Ausgang bei der Konfliktsituation durch eine Art von Geschichts- und Sozial-Metaphysik zu begründen suchen, nach der die Konflikte den schöpferischen Kern jeder gesellschaftlichen Entwicklung darstellen. Konflikte, so könnte man im Anschluß an Dahrendorf[10] argumentieren, artikulieren vorhandene Unzufriedenheiten; sie manifestieren Reibungen, Frustrationen oder Unterdrückungen und setzen schöpferische Energien zu ihrer Überwindung frei. Konflikte bilden den Nährboden für ökonomische, kulturelle und politische Innovationen und können deshalb mit der Chance für Fortschritt und Freiheit gleichgesetzt werden. In einem solchen Begründungsversuch erhält der Konflikt eine (hypothetisch-)normative Qualität. Unter der als

---

[9] Zum Verhältnis von Konflikt und Konsens: J. Barnard u. a. (Hg.), The Nature of Conflict, Paris 1957; R. Dahrendorf, Gesellschaft und Freiheit, München 1965; I. Horowitz, Conflict, Consensus and Cooperation, in: ders., The War Game, New York 1962, 147–169; L. Coser, Theorie sozialer Konflikte, Neuwied a. Rh. 1965; A. Etzioni, Elemente einer Makrosoziologie, in: W. Zapf (Hg.), Theorien des sozialen Wandels, Köln – Berlin 1969, 147–176, Abschn. III: Konsensbildung.
[10] Dahrendorf (1965) 85–111; 112–131; 197–235; ders., Pfade aus Utopia, München 1967.

selbstverständlich akzeptierten Prämisse, daß Fortschritt und Freiheit realisiert werden sollen, soll es auch das dazu notwendige „Mittel", den Konflikt geben. Ohne die Prämisse, die Wünschbarkeit von Fortschritt und Freiheit, zu bestreiten, kann man jedoch die Notwendigkeit einer Bindung an Konfliktsituationen und vor allem die Umkehrung bezweifeln, daß Konflikte eo ipso eine Freiheitschance darstellen. Konflikte sind oft genug lähmend oder zerstörerisch. Ihre Funktion ist ambivalent: für Freiheit und Fortschritt stellen sie eine Chance und zugleich ihre Bedrohung dar.

Es ist deshalb sinnvoller, die Argumentation von Elementen einer Geschichts- und Sozial-Metaphysik freizuhalten und den Ausgang bei der Konfliktsituation anthropologisch und sozialgeschichtlich zu begründen. Die anthropologische Forschung hat gezeigt, daß sich der Mensch in einer biologisch einzigartigen Lage befindet. Er verfügt über keine der Spezies angeborene typische Handlungsweisen, die das Zusammenleben mit den Artgenossen quasi-automatisch leiten[11]. Während bei subhumanem Leben die Bewältigung von Konflikten im wesentlichen durch artspezifische Instinkte fixiert und gesichert ist, müssen beim Menschen an die Stelle natürlicher Handlungsregeln kulturell vermittelte Verhaltensmuster treten, die in einem Prozeß der Sozialisation

---

[11] Über den Menschen als Mängelwesen schon J. G. v. Herder, Abhandlung über den Ursprung der Sprache, 1772; F. Nietzsche spricht vom „nicht festgestellten Tier": Zur Genealogie der Moral, 1887, Werke ed. K. Schlechta II 862 u. a.; aus der neueren anthropologischen Forschung: H. Plessner, Die Stufen des Organischen und der Mensch, Berlin ²1965; M. Scheler, Die Stellung des Menschen im Kosmos, Bern – München ⁷1966a; A. Gehlen, Anthropologische Forschung, Hamburg 1961; A. Portmann, Biologie und Geist, Freiburg i. Br. ³1963; H. Fahrenbach, Mensch, in: Krings (1973/74) II 888–913.

erlernt werden und nicht nur äußere Reaktionen, sondern auch Einstellungen, Werte und Normen, Gefühle sowie Typisierungsmuster zur Definition handlungsrelevanter Situationen umfassen. Die kulturell vermittelten Verhaltensmuster führen aber nicht notwendig zu einer konfliktenthobenen Homogenität der individuellen Bedürfnisse und Interessen.

Zu dieser conditio humana treten besondere sozialgeschichtliche Verhältnisse. Die fortgeschrittenen Industriegesellschaften sind komplexe Systeme, in denen sich allerorten Disharmonien und Antagonismen finden, die auf eine öffentliche Lösung drängen. Solche Konflikte haben die unterschiedlichsten Anlässe, Entwicklungs- und Artikulationsformen. Ob sie spontan oder organisiert entstehen, ob sie sich gewalttätig, terroristisch oder verständigungsbereit artikulieren, ob sie mehr sozialpsychologische oder mehr ökonomische Ursachen haben – die Vielfalt und den ganzen Reichtum an Differenzierungen kann nur eine Phänomenologie des Konfliktes aufzeigen[12]. Hier genügt der Hinweis, daß die Gesellschaften aufgrund einer bestimmten Entwicklung der menschlichen Kulturgeschichte in wesentlichen Teilen aus einem hochkomplexen System des Mit-, Neben- und Gegeneinanderwirkens von Individuen, von ökonomischen, politischen und kulturellen Kräften und einem entsprechend komplexen und vor allem unterschiedlich verlaufenden Sozialisationsprozeß bestehen. Eine immer schon gegebene oder sich je spontan einstellende Interessen-Harmonie bildet nicht (mehr) den Regelfall. Die konfliktlose oder konfliktarme Konsensbildung, die durch ein informelles Miteinandersprechen und Miteinanderhandeln wie selbstverständlich zustande kommt,

---

[12] Ansätze dazu bei der in Anm. 9 genannten Literatur.

bleibt möglich. In öffentlichen Entscheidungssituationen kommt sie aber eher im Sinn eines Grenz- und Sonderfalles vor, der an Randbedingungen geknüpft ist, die relativ unwahrscheinlich sind. Während hier eine methodisch organisierte Konsensbildung nicht erforderlich ist, gehen die kalkulatorischen und kommunikativen Theorien von einem Konsens aus, der allererst zu erarbeiten ist und in seinem Erfolg und Bestand durch neue Konflikte je gefährdet bleibt.

Noch ein Hinweis: In einer Ethik öffentlicher Entscheidungsprozesse wird nicht jede Art von Konfliktgegenständen berücksichtigt. Streitigkeiten im Feld der Mode, der Etiketten und der Konventionen brauchen im allgemeinen weder politisch noch nach sittlich vertretbaren Kriterien entschieden zu werden. Sie können in der Regel gruppen- und gesellschaftsspezifischen Freiräumen und dem spontan-naturwüchsigen oder auch dem quasi-ritualisierten Agon der Beteiligten und Betroffenen überlassen bleiben. Unter dem Titel „Strategien der Humanität" ist daher kein universelles Konfliktlösungsmodell anvisiert.

Den kalkulatorischen und den kommunikativen Ansätzen ist nicht nur das Problem, die Konfliktsituation, gemeinsam. Wollte man der Sozialwahltheorie und der utilitaristischen Ethik die Ausrichtung an einer Vorstellung von Humanität absprechen und diese für die kommunikativen Ansätze reservieren, so hätte das nur den Wert einer suggestiven Polemik. Vielmehr versucht man im Rahmen beider Grundsätze, sich an der Idee der Humanität zu orientieren und die Orientierung in den Griff einer methodischen Disziplinierung zu nehmen. Aber über die präzise Bestimmung dessen, was Humanität, Gerechtigkeit, Glück heißen, und vor allem über deren methodische Realisierung bestehen deutlich kontroverse

Ansichten. Allerdings liegen den Kontroversen als eine gemeinsame Intention noch zwei Minimalbedingungen für Rationalität und Humanität zugrunde: Sowohl nach der Sozialwahltheorie und der utilitaristischen Ethik als auch nach den kommunikativen Ansätzen sollen die Konflikte nicht durch Gewalt, sondern durch Formen von Argumentation gelöst werden; dabei sollen die Argumentationsformen nicht bestimmte Individuen oder Gruppen als solche vor anderen auszeichnen, weder naturwüchsig, noch traditionell oder aufgrund von Autoritäten.

8.2 Konfliktbewältigung als Kommunikationsprozeß

Nach den rationalen Entscheidungstheorien und der utiliteraristischen Ethik sind die individuellen Bedürfnisse und Interessen datenmäßig zu erheben und nach Maßgabe ihres Rationalitätskriteriums zu verrechnen. Die Entscheidungsfindung ist ein von den Intentionen und Einstellungen der Individuen abgelöstes Verfahren der Ausmittelung des Optimums. Kommunikation[13] dagegen ist ein Miteinandersprechen und Miteinanderhandeln, ein Tätigsein, in dem man sich einander zuwendet und sich füreinander engagiert. Öffentliche Entscheidungen in einem Verfahren nach dem Muster von Kommunikation zu treffen, bedeutet, angesichts von Konflikten zusammenzukommen und zum Zweck der Beilegung der Konflikte sich auf eine Auseinandersetzung

---

[13] Zum Begriff der Kommunikation: außer der schon genannten Literatur P. Watzlawick u. a., Menschliche Kommunikation. Formen, Störungen, Paradoxien, Bern – Stuttgart – Wien ³1972; auch H.-G. Gadamers Bemerkungen zur Logik des Gesprächs und zur Logik von Frage und Antwort in: Wahrheit und Methode. Grundzüge einer philosophischen Hermeneutik, Tübingen ²1965.

einzulassen, die eine Einigung intendiert. Kommunikative Entscheidungsfindung besteht aus einem Prozeß des Sich-miteinander-Beratens, der dann sein Ziel und seinen Abschluß erreicht, wenn man in einer praktischen Beratung aus den ursprünglich konfligierenden Bedürfnissen und Interessen einen *gemeinsamen Willen* und in einer theoretischen Beratung aus den ursprünglich konkurrierenden Meinungen (über die angemessenen Mittel und Wege zu den Zielen) eine *gemeinsame Überzeugung* erarbeitet hat.

Nun kann auch in kalkulatorischen Prozessen, nämlich beim Typ strategischer Spiele, eine Art von praktischer Beratung stattfinden, die auf Einigung zielt und im Fall des Gelingens in einem gemeinsamen Willen resultiert. In den strategischen Beratungen, den Verhandlungen, ist die Gemeinsamkeit des Willens aber nicht als solche beabsichtigt. Das Beraten gehört nicht zur Grundstruktur einer strategischen Interaktion. Es findet daher nicht in jedem Fall, sondern nur unter der Bedingung statt, daß sich die Partner des Spiels einen Vorteil davon versprechen: daß sie aufgrund der gegenwärtigen Machtkonstellation die friedliche Lösung für nutzvoller als die gewaltsame, die gemeinsame für gewinnbringender als einen Alleingang halten. Sobald diese Bedingung nicht mehr zutrifft, wird die Beratung aufgekündigt. Im Unterschied zur strategischen Beratung hat die kommunikative aber mehr als instrumentale und akzidentelle Bedeutung. Bloße Nutzenerwägungen und Machtgesichtspunkte werden zugunsten des Interesses an Beratung und Einigung relativiert.

Soll der praktische Konsens über die Ziele und der theoretische über die Mittel möglich werden, so darf man in die kommunikative Beratung zwar mit eigenen und miteinander kollidierenden Interessen und Meinungen eintreten; andernfalls läge gar kein Konflikt vor, und die Beratung wäre überflüssig. Man darf seine Meinungen und Interessen jedoch nicht als der Kritik enthoben und endgültig betrachten. Sie müssen den für das Paradigma Nutzenkalkulation spezifischen Charakter eines Datums verlieren. Das setzt bei den Beratungsteilnehmern die Fähigkeit und die Bereitschaft voraus, Interessen und Meinungen zur Disposition zu stellen und, falls es sich als begründet erweist, in bezug auf sie Lernprozesse durchzumachen. Die Beratung ist nicht bloß eine kognitive Aktivität, in der schlüssige Argumente gesucht werden. Sie ist auch ein Prozeß, in dessen Verlauf man die Argumente auf sich selbst bezieht und auf der einen Seite *theoretische* Lernprozesse durchmacht, indem man Irrtümer und Vorurteile reduziert, neue Aspekte, Kriterien und Argumentationsfiguren aufgreift, kurz, sich ein begründetes Urteil bildet; sowie auf der anderen Seite *praktische Lernprozesse* zuläßt, indem man sich bereitfindet, seine Interessen, Einstellungen und Normen zu verändern. Das kommunikative Lernen geschieht nicht nur adaptiv und reaktiv: als Antwort auf veränderte Umweltverhältnisse usf., sondern auch und primär reflexiv: als Folge von gemeinsam gewonnenen Erfahrungen und Einsichten.

Gewiß, auch in der strategischen Beratung sind Lern- und Veränderungsprozesse erforderlich. Sie erreichen aber nicht die Interessen selbst, sondern nur die Dimension ihrer Befriedigung. Zudem geschehen sie nicht aus Einsicht, sondern aufgrund von Zwang. Der jeweiligen Machtkonstellation entsprechend muß jede Partei zurückstecken und sich auf einen Kompromiß einlassen. Strategische Lernprozesse sind dem Subjekt äußerlich. Sie werden nur nach Maßgabe von Vorteil oder Ohnmacht akzeptiert. Deshalb empfindet man entweder das

Lernen als ein Stück versagter Erfüllung von Interessen, oder man macht überhaupt keine Veränderung durch, sondern stellt nur die Erfüllung der Interessen auf später zurück. Kommunikative Lernprozesse dagegen betreffen das Subjekt selbst. Die Veränderung wird aus Einsicht und Überzeugung bejaht.

Wodurch kommt ein kommunikativer Entscheidungsprozeß zustande? Die Bedingung der Möglichkeit einer kommunikativen Entscheidungsfindung wird am Prototyp von Kommunikation, dem Gespräch, am besten deutlich. Oft wird man sich einer Sache erst bewußt, wenn sie nicht mehr „leicht von der Hand geht". Jeder kennt Situationen, in denen ein Gespräch schwierig ist, Situationen, in denen man sich nicht traut, jemanden anzusprechen, oder in denen man nicht weiß, wie man es am günstigsten anfängt. Ein Gespräch ist nicht so selbstverständlich, wie man es oft empfindet. Soll es tatsächlich stattfinden, so muß jemand die Initiative ergreifen, einen anderen ansprechen und ihn im Modus des Fragens oder Bittens, des Aufforderns, des Erklärens oder des Verkündens zum Gespräch einladen. Durch das bloße Anreden kommt aber noch kein Gespräch zustande. Das Anreden stellt erst ein Angebot dar, das der andere annehmen oder auch ausschlagen kann. Der Spontaneität und Freiheit des Angebots korrespondiert die Freiheit der Annahme oder der Verweigerung. Wenn der Angesprochene sich abwendet oder einfach „weghört"[14], lehnt er das Angebot ab und läßt Kommunikation nicht etwa nur mißlingen, sondern erst gar nicht entstehen. Hört er zu, so nimmt er eo ipso das Angebot zur Kommunikation an.

---

[14] Zum Prototyp des Hörens vgl. Deutsches Wörterbuch IV 2, Sp. 1806–1812; G. Kittel, Theologisches Wörterbuch I 216–225.

Das Annehmen manifestiert sich nicht notwendig in einer verbalen Antwort. Oft ist ein nachdenkliches oder betroffenes Schweigen eine bessere Art, das Gespräch anzunehmen, als eine wortreiche Rede. Zum Gespräch überhaupt gehört es auch nicht, daß der Angesprochene die Form oder den Inhalt des Ansprechens aufgreift. Ein gutes Gespräch zeichnet sich viel eher dadurch aus, daß man einen pathetischen oder sentimentalen, einen polemischen oder zynischen Ton abfiltert; und statt den Inhalt der Rede unkritisch aufzugreifen, wird man ihn je nach Temperament und Lage präzisieren oder weiterentwickeln, man wird Teilfragen auswählen, andere Prioritäten bilden oder das Problem in einen umfassenderen Kontext stellen. Eine Struktur-Skizze soll die Mannigfaltigkeit historisch-faktischer Gesprächsverläufe auch nicht verstellen, sondern offenhalten und nur auf die konstitutiven Elemente aufmerksam machen, hier: daß Kommunikation durch einen allein nicht gestiftet wird. Kommunikation entsteht jeweils dann, wenn sich mindestens zwei gegenseitig als gleichursprüngliche Partner akzeptieren. Ein Gespräch ist immer mehr als das Kundtun von Sätzen, mehr als ein Plaudern, Sichunterhalten oder als ein Austausch von Argumenten. Vor allem in der besonderen Form des wissenschaftlich-argumentativen Redens ist man leicht geneigt, das Gespräch für einen ausschließlich kognitiven Prozeß zu halten. Tatsächlich wird ein Gespräch aber nicht nur durch ein prä-argumentatives, sondern auch durch ein präverbales Moment konstituiert, durch ein Moment reziproker Anerkennung. Wer sich auf Kommunikation einläßt, erkennt den anderen als Partner an.

Wenn man die kalkulatorischen Entscheidungsprozesse genau analysiert, entdeckt man auch bei ihnen, nämlich bei der Sozialwahltheorie und der utilitaristischen Ethik, ein Moment der wechselseitigen Anerkennung. Damit im Einzelfall die Resultate der kalkulatorischen Entscheidung akzeptiert werden, muß das Verfahren und vor allem sein Kriterium, das maximale Wohlergehen aller Betroffenen, grundsätzlich anerkannt sein. Eine solche Anerkennung kann man als Interesse an einer gewaltlosen, dem allgemeinen Wohl dienenden Konfliktlösung interpretieren. Die anderen werden nicht notwendig als Objekte betrachtet, als bloße Instrumente oder als zu überwindende Hindernisse der eigenen Bedürfnisbefriedigung. Sie können auch als Subjekte gleicher Dignität, nämlich als Individuen anerkannt sein, die zu einer rationalen Bedürfnisbefriedigung ebenso legitimiert sind wie man selbst. Auch wenn es in der Wohlfahrtsökonomie und im Utilitarismus weder analysiert noch genannt wird, kann es gleichwohl zutreffen, daß die kalkulatorischen Entscheidungsprozesse ebenfalls durch einen Akt wechselseitiger Anerkennung konstituiert sind.

In der Wechselseitigkeit und der Symmetrie der Anerkennung ist das Spezifische von Kommunikation also noch nicht getroffen. Sowohl in der kalkulatorischen als auch in der kommunikativen Entscheidung können Anerkennungsprozesse vorausgesetzt sein, in beiden Fällen aber jeweils verschiedene. Im ersten Fall handelt es sich um eine Anerkennung, die, einmal für immer gefällt, wie selbstverständlich vorausgesetzt ist, aus dem Prozeß der Entscheidungsfindung deshalb herausgenommen und gewissermaßen „vor die Klammer" gesetzt ist. Kommunikative Entscheidungsmodelle dagegen machen mit dem eigentümlichen Bestand von Anerkennung: mit ihrer Zerbrechlichkeit ernst. Um sie muß nachgesucht, sie kann gewährt und auch verweigert werden; gewährte Anerkennung verleiht trotz verschiedenartiger Stabilisierungsmöglichkeiten nie die Sicherheit eines angeborenen Automatismus. Sie muß immer wieder erneuert werden und bleibt in ihrem Bestand je gefährdet.

Der Versuch, die Konturen eines gegenüber dem Paradigma Nutzenkalkulation komplexeren Grundmodells von Entscheidungsfindung sichtbar zu machen, ist in einem ersten Anlauf auf drei Strukturelemente gestoßen: Kommunikative Entscheidungsfindung ist ein ausdrücklicher Beratungsprozeß, der angesichts theoretischer und praktischer Konflikte einen Konsens sucht; als Bedingung der Möglichkeit von Konsensbildung ist bei den Beratungsteilnehmern die Fähigkeit und Bereitschaft zu einem Lernen und Sich-Verändern vorausgesetzt, das sich aus Einsicht und nicht nach Maßgabe von Vorteil und Macht oder Ohnmacht vollzieht; als Bedingung der Möglichkeit von Kommunikation und als Voraussetzung der kommunikativen Lernbereitschaft steht ein Moment freier und reziproker Anerkennung, aus dem die Entscheidungsfindung, sofern sie nur kommunikativ sein will, logisch ihren Ursprung nimmt.

9. Diskursive Beratung – ein Modell für öffentliche Entscheidungsprozesse?

9.1 Das Erlanger Beratungsmodell

Mit der Angabe von drei Strukturelementen erfährt der kommunikative Ansatz noch nicht eine dem Paradigma Nutzenkalkulation vergleichbare Genauigkeit. Beratung, Lernprozeß und reziproke Anerkennung legen einen neuen theoretischen Rahmen, aber noch nicht eine mit den rationalen Entscheidungstheorien konkurrierende Methodik fest. Aus den mannigfachen Versuchen, den kommunikativen Ansatz zu präzisieren[1], soll hier eine Gruppe der am meisten fortgeschrittenen Arbeiten herausgegriffen und exemplarisch einer kritischen Analyse unterzogen werden: die methodisch durch eine konstruktive Inanspruchnahme des Sprachvermögens gekennzeichneten Beiträge zu einer wissenschaftlichen Bedürfnis- und Interessenkritik.

Der als „Positivismusstreit der deutschen Soziologie" bekannt gewordene, zwischen Popper und Adorno noch zurückhaltend, zwischen Habermas und Albert stärker polemisch geführte Disput um die Frage, ob Werturteile wissenschaftlich möglich seien, hatte weniger zu einer Vermittlung als zu einer Polarisierung geführt[2]. In der

[1] Vgl. Anmerkungen 1, 3–5 zu Kap. 8; ferner B. Badura, Sprachbarrieren. Zur Soziologie der Kommunikation, Stuttgart – Bad Canstatt 1971; Etzioni (1968, 1969); Scharpf (1970); Watzlawick (1972).

[2] Die Kontroverse ist in dem Band dokumentiert: Th. W. Adorno u. a., Der Positivismusstreit in der deutschen Soziologie, Neuwied – Berlin 1969.

Absicht, die beiden wissenschaftlichen Positionen: die deskriptiv und sozialtechnologisch orientierte Sozialwissenschaft einerseits, die normativ und gesellschaftskritisch ausgerichtete andererseits, nicht unversöhnt stehen zu lassen, hat P. Lorenzen ihre Streitfrage aufgegriffen und in die Tradition der praktischen Philosophie gestellt. Der unter dem abgewandelten Titel „Methode einer vernünftigen Willensbildung" skizzierte Lösungsvorschlag enthält das ganze Programm einer praktischen Philosophie[3]. Die in den vergangenen Jahren sich anbahnende, zunächst mehr philosophiehistorisch inspirierte „Rehabilitierung der praktischen Philosophie"[4] hat dadurch eine deutlich systematische Wendung erfahren. Nach Lorenzen soll die praktische Philosophie aus vier Teilen bestehen: aus der Rekonstruktion einer ethischen Modallogik, aus der methodischen Einführung fundamentaler ethischer Termini, aus der präzisen Formulierung eines Moral-Prinzips und aus dem Verfahren zur Anwendung des Moral-Prinzips auf konkrete menschliche Bedürfnisse.

Lorenzen versteht seinen Beitrag zur praktischen Philosophie ausdrücklich als eine Vermittlungsposition, die von den kritischen Rationalisten den Anspruch auf ein nichtklassengebundenes wissenschaftliches Wissen und von den Vertretern der kritischen Theorie, negativ formuliert, das Verdikt gegen eine Totalisierung technischer, bürokratischer und strategischer Rationalität und, positiv gesprochen, den Anspruch auf wissenschaftliche

---

[3] Normative Logic and Ethics, Mannheim – Zürich 1969; Szientismus versus Dialektik, in: Hermeneutik und Dialektik, R. Bubner, K. Cramer, R. Wiel (Hg.), Tübingen 1970, I 57–72; P. Lorenzen, O. Schwemmer, Konstruktive Logik, Ethik und Wissenschaftstheorie, Mannheim 1973.
[4] Vgl. Riedel (1972, 1974).

Begründung von Werturteilen übernimmt. Im Gegensatz zum Paradigma Nutzenkalkulation sollen gerade auch die menschlichen Bedürfnisse und Interessen, Zwecke und Normen einer wissenschaftlichen Begründung und Kritik ausgesetzt werden. Indem die Fragen einer normativ orientierten Willensbildung aus dem Raum emotionaler und willkürlicher Bestimmung herausgenommen und der methodischen Disziplin einer wissenschaftlichen Ethik und einer kritischen Sozialwissenschaft unterworfen werden sollen, wird der Wissenschaft insgesamt: der Philosophie in Zusammenenarbeit mit den Fachwissenschaften, ein hohes Maß an normativ-kritischer Kompetenz zugebilligt. Der von dieser Intention getragene Ansatz ist durch Schwemmer[5], Kambartel[6] und in anderer Weise durch Kamlah[7] ausgearbeitet worden.

Auch die praktische Philosophie der sogenannten Erlanger folgt der in der „Logischen Propädeutik" elementar ausgearbeiteten konstruktiven Methode. Vor allem übernimmt sie das dort entwickelte Verfahren der „interpersonalen Verifikation"[8]. Um der „Disziplinlosigkeit des monologischen Drauflosschreibens und des Aneinandervorbeiredens" entgegenzuwirken[9], hatten Kamlah und Lorenzen schrittweise Begriffe, Maßstäbe und Regeln eines wissenschaftlich disziplinierten Dialogs rekonstruiert. Im Rahmen der konstruktiven Grundlegung

---

[5] Philosophie der Praxis. Versuch zur Grundlegung einer Lehre vom moralischen Argumentieren, Frankfurt a. M. 1971; Lorenzen – Schwemmer (1973).
[6] Ethik und Mathematik, in: Riedel (1972) 489–503; Wissenschaftstheorie als Wissenschaftskritik, 7. Teil: Grundlagen der Sozialwissenschaften, in: Aspekte, März 1973, 26–28.
[7] Philosophische Anthropologie. Sprachkritische Grundlegung und Ethik, Mannheim 1972.
[8] P. Lorenzen, W. Kamlah, Logische Propädeutik. Vorschule des vernünftigen Redens, Mannheim – Wien – Zürich 1967, c. 4.
[9] Ebd. 11.

rationaler Argumentation stand auch eine explizite Vereinbarung der Prädikatoren „wahr" und „falsch"[10]. Obwohl die Vereinbarung an die umgangssprachliche und die wissenschaftliche Verwendung der beiden Prädikatoren anknüpft, geht sie über eine bloße Rekonstruktion des historisch gegebenen alltäglichen und wissenschaftlichen Sprechens hinaus und legt die Anforderungen fest, die an eine vernünftige Sprache von Wissenschaft und Philosophie zu stellen sind[11].

Die methodische Vereinbarung der Prädikatoren „wahr" und „falsch" geschieht als eine Regelung über die Verifikation von Aussagen. Um gravierenden Mißverständnissen entgegenzuwirken: bei dem Verfahren der „interpersonalen Verifikation" geht es streng genommen nicht um eine Theorie der Wahrheit, sondern um ein Verfahren der Prüfung der Wahrheitsansprüche von Aussagen. Überdies beansprucht das Verfahren nicht, eine bis ins einzelne ausgearbeitete wissenschaftliche Methode zu sein. Dies zu entwickeln bleibt den einzelnen Fachwissenschaften und den ihnen korrespondierenden speziellen Wissenschaftstheorien überantwortet[12]. Das Verfahren legt nur den Rahmen fest, an den sich alle Methoden empirischer und nichtempirischer Forschung zu halten haben, sofern sie nur wissenschaftlich sein wollen.

Die Grundthese lautet: Eine Aussage ist dann als wahr zu bezeichnen, wenn sie erfolgreich verteidigt werden kann[13], das heißt wenn sie der kritischen Nachprüfung eines jeden *kompetenten* Beurteilers standhält. Verifikation geschieht durch Rekurs auf das (potentielle) Ur-

---

[10] Ebd. c. IV, § 1.
[11] Ebd.
[12] Lorenzen – Schwemmer (1973) Teil III.
[13] Vgl. auch P. Lorenzen, Logische Strukturen in der Sprache, in: Studium Generale 19 (1966) 398–401.

teil anderer. Es wäre jedoch sehr vergröbernd zu sagen, Bedingung für die Wahrheit von Aussagen sei „die potentielle Zustimmung aller anderen". Denn es zählt hier nicht das Urteil eines jeden. Wer die Absicht hat, seinen Diskussionspartnern durch Täuschung zu schaden, wer nicht aufgrund natürlicher Anlagen und wissenschaftlicher Ausbildung fähig ist, eine geeignete Nachprüfung durchzuführen, scheidet als inkompetent aus. Die „Logische Propädeutik" hat vor allem zwei Kriterien für einen kompetenten Beurteiler formuliert, die man als theoretisches und als praktisches Erfordernis qualifizieren kann. Auf der einen Seite gehört zur Kompetenz Sachkunde oder die Fähigkeit zu einer geeigneten Nachprüfung, auf der anderen Seite Gutwilligkeit oder die Bereitschaft, dem Gesprächspartner und dem zur Frage stehenden Gegenstand überhaupt aufgeschlossen zu sein und sich nicht von Emotionen, Gewohnheiten und Traditionen bestimmen zu lassen. –

Innerhalb des durch die „Logische Propädeutik" gesteckten Rahmens entwickelt die praktische Philosophie Regeln rationaler Argumentation, die für ein vernünftiges Handeln konstitutiv sein sollen. Nach ihren Grundzügen läßt sie sich durch vier Thesen darstellen: (1.) Wenn sich das Erreichen der verfolgten Zwecke wechselseitig behindert: in Situationen sozialer oder innerer Konflikte, sind methodische gesicherte Einigungsprozesse durchzuführen, Eingungsprozesse, die – der subjektiven Willkür entzogen – einem kultur- und situationsinvariant gültigen gewaltlosen Verfahren folgen. – (2.) Nicht nur von der Konfliktbewältigung selbst, sondern auch von ihrer Theorie ist methodische Strenge zu fordern. Man genügt dieser Forderung, indem man schrittweise und zirkelfrei ein hinreichendes Sprachsystem für den Bereich der Konfliktbewältigung einführt. In einer lückenlos aufzubauenden ethischen Terminologie wird jedes Wort, mit dem argumentiert, sowie jede Regel, nach der verfahren werden soll, methodisch vereinbart. – (3.) Unterwirft man sich dieser Sprach- und Argumentationsdisziplin, so werden nicht nur Unschärfen und Mehrdeutigkeiten des Redens eliminiert; es wird auch eine methodisch geleitete vernünftige Willensbildung möglich, praktische Vernunft wird somit lehrbar. – (4.) Ganz in Übereinstimmung mit dem Begriff der interpersonalen Verifikation lautet die Grundaufgabe der methodischen Konfliktbewältigung, daß man sich, mit dem Ziel einer Verständigung aller Betroffenen, berät. Angesichts von Handlungsvorstellungen, die miteinander nicht vereinbar sind, soll man nicht „drauflos handeln" und in sozialdarwinistischer Manier nur die Stärksten und Geschicktesten zum Zuge kommen lassen. Man soll das Handeln erst einmal suspendieren und unter allen Beteiligten und Betroffenen eine Verständigung suchen: Aufforderungen zu einem bestimmten Verhalten zunächst probeweise vortragen, solche „Vorschläge" mit Gegenvorschlägen konfrontieren und sie argumentativ prüfen, bis ein Vorschlag von allen gemeinsam angenommen, das heißt ein Beschluß gefaßt wird. Der Prozeß, der mit den ersten Vorschlägen beginnt und bis zur Beschlußfassung dauert, heißt insgesamt Beratung[14].

Gemäß den beiden grundlegenden Konfliktarten hat die Beratung eine zweifache Einigungs-Aufgabe. Bei kontroversen Meinungen über Wirkungszusammenhänge von Handlungen gilt es, in einer *theoretischen Beratung* eine gemeinsame Meinung zu bilden. Das Resultat, sozialtechnisches Wissen über die voraussichtlichen Wirkungen von Handlungen, besteht aus begründeten Gesetzen im

---

[14] Schwemmer (1971) 57 ff.

Sinne von Verlaufsgesetzen. Aufgabe der *praktischen Beratung* dagegen ist es, Konflikte im Bereich von Bedürfnissen, Interessen und Zielvorstellungen zu lösen. Wenn die Erfüllung von Interessen voraussichtlich zu Wirkungen führt, die nicht miteinander verträglich sind, so ist die Erfüllung zunächst zurückzustellen und eine Basisreflexion durchzuführen. Aufgrund einer rationalen Argumentation sind die anfänglichen Interessen zu verändern und in solche zu transformieren, die untereinander konfliktfrei sind.

Mit dieser Aufteilung der Beratung in eine theoretische und eine praktische wollen die Erlanger sowohl die wissenschaftlich-technische Dimension menschlichen Handelns als auch die ethische Problematik anerkennen. Keine der beiden Aufgaben allein führt zu einem vernünftigen Handeln. Wie die theoretische Beratung die noch vorläufigen Meinungen in Frage stellt und auf Regeln über die Wirkungszusammenhänge von Handlungen zielt, so unterwirft die praktische Beratung die Bedürfnisse, Interessen und Zielvorstellungen einer kritischen Prüfung und intendiert auch hier begründete Regeln. Den Verlaufsgesetzen auf seiten des theoretischen Wissens entsprechen begründete Normen auf seiten des praktischen Wissens.

Die Grundbegriffe: Beratung zum Zweck der Verständigung; Transformation der anfänglichen Meinungen und Interessen; gemeinsame Meinung; gemeinsamer Wille machen es offensichtlich, daß es den Erlangern um ein kommunikatives Modell der Konfliktlösung geht. Die beiden ersten Elemente von Kommunikation: das Beraten sowie das Lernen und Sich-Verändern, sind in das Modell ausdrücklich aufgenommen; und das dritte Element, die reziproke Anerkennung, ist wie selbstverständlich vorausgesetzt und mit dem Hinweis auf ein „kommunikatives Interesse" auch gelegentlich benannt[15].

Mit gemeinsamer Verständigung bezeichnet man im allgemeinen ein historisch-faktisches Ereignis, die Suche nach einem Konsens. Aufgrund von vielerlei Ursachen und Mitursachen kann eine solche Einigung sehr zufällig sein. Selbst wenn man von dem günstigsten, aber außergewöhnlichen Fall ausgeht, daß jeder der Betroffenen auch Teilnehmer der Beratung ist, schaffen schon die für eine Beratung erforderlichen, bei den Teilnehmern höchst unterschiedlich vorhandenen affektiven und intellektuellen Fähigkeiten und Bereitschaften in der Regel eine asymmetrische Situation. Weil die Auffassungsgabe und die Konzentrationsfähigkeit, weil die Fähigkeit der Argumentation und der Gesprächsführung unterschiedlich verteilt sind, ist trotz des „guten Willens" der Beteiligten der schlechthin richtige Konsens sehr unwahrscheinlich. Überdies stellt die Möglichkeit von Vorurteilen und vor allem von Lüge, Täuschung und Betrug, Sanktionen und Manipulationen die Gültigkeit jeder faktischen Einigung in Frage. Auch in einer Beratung entscheidet nicht immer der gute Wille und das bessere Argument, sondern oftmals setzen sich die Stärksten, Geschicktesten und Gerissensten durch. Jeder historisch-faktische Konsens steht deshalb im Verdacht, auf die Weise eines „Argumentationsdarwinismus" zustande gekommen zu sein.

Dem skizzierten Beratungsmodell geht es deshalb nicht um naturwüchsige Einigungsprozesse, vielmehr um einen Konsens, der von der spezifischen Situation und Zusammensetzung der Beratungsgruppe unabhängig, eine universell gültige, von jedem Sachkundigen anzuerkennende Gemeinsamkeit repräsentiert. Eine solche „vernünftig"

---

[15] Ebd. 221.

genannte Einigung heißt für den theoretischen Beratungsteil „wahre Meinung", für den praktischen dagegen „einsichtiger Wille"[16]. Für die Vernünftigkeit der praktischen Beratung stellt Schwemmer drei Kriterien auf, die zusammen die Aufgabe einer moralischen Argumentation bzw. einer vernünftigen Willensbildung definieren und den Anspruch dieser Philosophie, praktische Vernunft lehrbar zu machen, als verhältnismäßig einfach erscheinen lassen. Der Begriff der praktischen Beratung gilt als ein nach drei Dimensionen hin normativer Begriff. Um einen universalen Konsens zu gewährleisten, muß die Beratung (1.) *alle* von den Betroffenen verfolgten Zwecke bzw. befolgten Normen berücksichtigen (das sogenannte Beratungsprinzip[17]); (2.) bei den Beratungsteilnehmern ein Interesse an gewaltfreier Konfliktlösung, ein kommunikatives Interesse, voraussetzen und (3.) in der Durchführung der Beratung der durch das Moralprinzip bestimmten Methode der Interessenkritik folgen: kollidierende Zwecke oder Normen sollen als abgeleitete erwiesen, durch kollisionsfreie Äquivalente ersetzt und die Äquivalente den Betroffenen als neue Zwecke oder Normen zugemutet werden (nach dem Urheber dieser wissenschaftlichen Interessenkritik soll sie „Schwemmer-Methode" heißen).

9.2 Grenzen des Beratungsmodells

Mit dem Erlanger Beratungsmodell wird die Grundstruktur eines Handelns rekonstruiert, das vernünftig sein will. Dabei hat die wissenschaftlich durchgeführte

---

[16] Ebd. 75–77.
[17] O. Schwemmer: Grundlagen einer normativen Ethik, in: Loccumer Kolloquien 3: Grundlagen der Moral, Loccum 1974, 49–66 (56 ff.).

Rekonstruktion methodisch eine doppelte Funktion. Sie zeigt, wie praktische Geltung widerspruchsfrei und zureichend gefaßt werden kann. Zugleich stellt sie die Norm auf, wie praktische Geltung zustande kommen soll: das Beratungsmodell entwickelt das Legitimationsverfahren für eine unter moralischen Gesichtspunkten richtige Konfliktbewältigung. Seine Kriterien, das Beratungsprinzip, das kommunikative Interesse und die Schwemmer-Methode, definieren nicht, wie man sich faktisch, sondern wie man sich auf eine vernunftbestimmte Weise berät. Damit praktische Vernunft tatsächlich lehrbar wird, soll darüber hinaus mit den drei Kriterien das, was Vernunftbestimmung heißen kann, auf dem Präzisionsniveau eines operativen Verfahrens angegeben werden. Das Beratungsmodell verfolgt ein (sozial-)pragmatisches Interesse[18].

Die Bewältigung von Konflikten, sofern sie nur öffentlich relevant sind[19], ist auch die Aufgabe politischer Entscheidungsprozesse. Man kann das Erlanger Modell wissenschaftlich-kommunikativer Interessenkritik deshalb als Vorschlag für eine normative Entscheidungstheorie (oder ihr funktional gleichwertiges Äquivalent) lesen. Einem politischen Konfliktlösungsverhalten, das sich unter die Ansprüche von Rationalität und Humanität stellt, werden hier die angemessenen Grundbegriffe und Methoden vorgeschrieben. Ohne einen Anspruch auf *die* authentische Auslegung zu erheben, geht die folgende kritische Erörterung von dieser Interpretationslinie aus und versucht festzustellen, inwieweit das Beratungsmodell mit seinen drei Kriterien einer wissenschaftlich-kommunikativen Interessenkritik sich

---

18 In dem oben definierten Sinn von (Sozial-)Pragmatik: Kap. 4.3.1.
19 Gegen ein universales Konfliktlösungsmodell siehe oben Kap. 8.1.

für eine Theorie politischer Entscheidungsprozesse bewährt.

Mit dem dritten Kriterium, der Schwemmer-Methode, wird zum kommunikativen Ansatz der Konfliktbewältigung ein Verfahren rationaler Argumentation entwickelt. Dadurch erscheint die kommunikative Konfliktbewältigung als rein argumentativ lösbar. Öffentliche Entscheidungen, die auf Rationalität und Humanität Anspruch erheben, sollen nicht nur mit Hilfe, sondern auch nach Maßgabe von Wissenschaft möglich sein. Eine solche Interpretation des Beratungsmodells wird durch die ausdrückliche These gestützt, praktische Vernunft werde hier methodisch lehrbar. Gegenüber diesem Anspruch stellt sich erneut ein Szientismusverdacht, der dem von den Erlangern geäußerten jedoch diametral entgegengesetzt ist. Die Erlanger wenden sich gegen die Vorstellung, daß die Wissenschaften insgesamt bei Fragen der rechten Ziele und Zwecke kapitulieren müßten. So berechtigt diese Kritik ist, so fragwürdig ist die direkte Gegenposition, nach der normative Probleme allein durch rationale Argumentation positiv entschieden werden könnten. Ist es der Problematik öffentlicher Entscheidungsprozesse wirklich angemessen, wenn man sie in rationale Prozesse auflöst, sofern man nur einen gegenüber dem Paradigma Nutzenkalkulation erweiterten, einen kommunikativen Rationalitätsbegriff vertritt?

Das Beratungsprinzip

In bezug auf die Ausgangssituation gilt die Beratung dann als richtig, wenn in ihr die Handlungszwecke aller Betroffenen zugelassen sind. Die auch Beratungsprinzip genannte Offenheit fordert für die idealisierte Situation, nach der alle Betroffenen auch Teilnehmer sind, daß jeder seine Zwecke vollständig artikuliert und daß die artikulierten Zwecke ohne individuelle oder gruppenspezifische Begünstigungen allesamt beraten werden. Die Situation, daß alle Betroffenen auch Teilnehmer der Beratung sind, mag in den Beratungspraktiken einiger Eingeborenenstämme und in den Abstimmungsverfahren mancher Schweizer Kantone annähernd realisiert werden. Bei größerem Territorium und mehr Einwohnern ist die Situation aber kaum herzustellen. Schon technisch-organisatorisch ist es nicht mehr möglich, daß alle Betroffenen auch mitberaten[20]. Zudem gibt es prinzipiellere Hindernisse: Manche sind gar nicht in der Lage, ihre verfolgten Zwecke auch verbal zu artikulieren, und andere erkennen sich gar nicht als betroffen. In solchen Fällen hält es Schwemmer für erforderlich, die konfliktrelevanten Zwecke durch Deutung der tatsächlich ausgeführten Handlungen erst einmal festzustellen[21] und die durch kritische Deutungsprozesse gefundenen Zwecke mitzuberaten. In den weniger idealisierten Situationen kommt es also nicht nur darauf an, daß jeder sich selbst ins Spiel bringen kann. Es ist auch notwendig, für andere mitzudenken und deren Interesse in der Argumentation mitzuvertreten.

Durch die Aufgaben des Mitdenkens und Mitvertretens erhält die Ausgangssituation eine neue Norm. Nicht die persönliche Präsenz als solche, nicht eigentlich die Offenheit der Beratung, sondern die adäquate Präsentation aller Zwecke – sei es durch den Betroffenen selbst, sei es durch andere: durch Sachverständige oder Reprä-

---

[20] Zur Skepsis gegenüber den Möglichkeiten universeller Partizipation vgl. Scharpf (1970).
[21] Lorenzen – Schwemmer (1973) 190 f.

sentanten – ist das primäre Kriterium für die Richtigkeit der Ausgangssituation[22].

Die bei Schwemmer angelegte Forderung nach Deu-
tungsprozessen und Repräsentationsaufgaben ist noch
zu erweitern. Wenn man einmal nur die Zwecke der an
der Beratung teilnehmenden und auch redegewandten
Betroffenen berücksichtigt und diese schlicht in der
Weise als Basis der Beratung akzeptiert, wie sie vorgetragen werden, setzt man voraus, daß jeder genau
weiß, was er will, und daß er überzeugt ist, dies sei
auch zu seinem Besten. Phänomene wie Unsicherheit
und Selbsttäuschung, tiefenstrukturelle Konflikte oder
ideologische Verzerrungen stellen eine solche Annahme
aber grundsätzlich in Frage. Die anfänglichen Interessen liegen nicht immer unverfälscht und unverzerrt vor,
so daß sie durch die eigene Artikulation und durch Formulierungshilfen der Beratungsteilnehmer hinreichend
abgesichert wären.

Die Aufgaben, umfassende kritisch-hermeneutische Prozesse durchzuführen und fremde Interessen mitzurepräsen-
sentieren, werden von Schwemmer nicht in die Beratung
selbst aufgenommen. Er schlägt vielmehr eine Ergänzung zur praktischen Beratung vor, eine auf der Grundlage von Kulturdeutung und Kulturkritik durchgeführte
wissenschaftliche Kulturreform. Um die angemessene
Ausgangssituation, die offene oder streng egalitäre Beratung, erst einmal herzustellen, sollen typologische
Aussagen über die in einer Gesellschaft befolgten Normen gemacht, die Normen zu einem Normensystem
strukturiert (Kulturdeutung) und die Systeme darauf

---

[22] Von hier aus wäre eine Partizipationseuphorie zu kritisieren, die
sich von der bloßen Präsenz der Betroffenen schon die vernünftige
Entscheidung erwartet.

hin beurteilt werden, ob sie die Beratungssituation verzerre.1 (Kulturkritik). In diesem in der Regel zu erwartenden Fall sind Normensysteme zu entwickeln und anzuwenden, die Entzerrungen herbeiführen (Kulturreform). Die Kulturreform ist nun kein Moment innerhalb der praktischen Beratung selbst, sondern sie ist die Voraussetzung für eine normativ zureichende, für eine offene Ausgangssituation.

Während die Kulturreform in bezug auf ihre Grundbegriffe und Methoden mit großer Akribie ausgearbeitet ist, wird ihre methodische Stellung nicht hinreichend abgesichert. Ohne Zweifel steht auch für Schwemmer eine endgültig erfolgreiche, eine alle Gewalt- und Herrschaftsverhältnisse abschaffende Kulturreform noch aus. Andernfalls hätte die detaillierte Ausarbeitung dieser Aufgabe wenig Sinn. Die (baldige) Realisierung ist auch kaum zu erwarten. Aus der Vielzahl der möglichen Einwände gegen die Realisierbarkeit einer herrschaftsfreien Beratung kann man schon die beiden Argumente anführen, auf die Schwemmer in der Explikation der Kulturkritik und Kulturreform selbst gestoßen ist. (1.) Die für die Kulturreform vorausgesetzte wissenschaftliche Kulturkritik erlaubt nur schwach affirmative Aussagen: auch wenn sich Normen bestimmen lassen, die Entzerrungen der Beratungssituation herbeiführen, ist es grundsätzlich denkbar, daß die Normen, die entzerrend wirken, zugleich andere Verzerrungen herbeiführren[23]. Ein Ende der Kulturkritik, ein Normensystem, das vollständig und ausschließlich entzerrend wirkt, ist prinzipiell nicht abzusehen. (2.) Die wissenschaftlich bestimmte Kulturreform selbst führt die Entzerrung der Beratungssituation nicht unmittelbar herbei. Sie kann

---

[23] Lorenzen – Schwemmer (1973) 212 f.

nur die *Chancen* für die Entzerrung verbessern[24]. Das Ergreifen der Chancen bleibt offen. – Dazu kommt noch, daß (3.) durch eine Kulturreform nur die sozialen Ungleichheiten und nicht auch die natürlichen Ungleichheiten abgebaut werden. Auch wenn die Grenze zwischen natürlichen und sozialen Ursachen in vielen Einzelfällen kaum exakt gezogen werden kann, auch wenn sich viele natürliche Ungleichheiten mindestens teilweise als sozial bedingt entlarven lassen, bleiben andere Differenzen, die gar nicht oder nur zum Teil aus den Gesellschaftsverhältnissen zu erklären sind. Mindestens solange es Geisteskranke, Pflegefälle und vor allem auch noch Kinder gibt, existieren Personengruppen, die, unabhängig von der jeweiligen Gesellschaftsstruktur, ihre eigenen Interessen nicht adäquat zu Gehör bringen können[25]. Auch nach jeder noch so erfolgreichen Kulturreform bleibt die Aufgabe, solche Gruppen mitzurepräsentieren und nicht ihre natürlichen Schwächen auszunützen, bestehen.

Wenn aber die strikt offene Beratung weder gegeben noch für die nächste Zeit zu erwarten ist und in einer vollständigen Weise auch gar nicht erwartet werden kann, dann darf sich eine problemadäquate politische Ethik nicht auf die extrem idealisierte, die abstrakte Situation einer durch Kulturreform herzustellenden streng egalitären Beratung beziehen. Sie muß die tatsächlich vorhandenen Bedingungen anerkennen und eine der begrenzt offenen Beratung gemäße Strategie der Humanität entwerfen. Zu einem realitätsnäheren Modell gehört es, daß die kritisch-hermeneutischen Pro-

---

[24] Lorenzen – Schwemmer (1973) 213 ff.
[25] Vgl. R. Spaemann, Die Utopie der Herrschaftsfreiheit, in: Merkur 26 (1972) 735–752 (749 f.).

zesse in bezug auf die Zwecke der Betroffenen nicht unter die Vorleistungen der Beratung abzgeschoben, vielmehr zu ihren integralen Strukturmomenten hinzugerechnet werden; dazu gehört es auch, daß weder die Abwesenheit von Betroffenen noch die Artikulationsschwächen, Unsicherheiten, Selbsttäuschungen usf. von Teilnehmern ausgenützt werden.

Das kommunikative Interesse

Solange die strenge Symmetrie der Beratung aus prinzipiellen wie aus mehr zufälligen Gründen keine historische Wirklichkeit ist, kann man sich die Ungleichheiten zunutze machen und die eigenen: die individuellen oder die gruppenspezifischen Zwecke zu Lasten anderer in den Vordergrund spielen. Überdies ist die Methode, nach der die anfänglich artikulierten Zwecke transformiert werden sollen, bekannt, so daß mancher versucht ist, sich durch bewußte Täuschung bei der Artikulation der Zwecke eine günstigere Startposition zu verschaffen. Schließlich hat die Spieltheorie gezeigt, daß selbst eine streng symmetrische Rollenverteilung beim Beginn zu einer höchst unfairen, zu einer für alle Beteiligten sehr ungleichen Lösung führen kann[26]. Die Chancen für eine vernunftbestimmte Beratung stehen also denkbar schlecht. Soll sie trotzdem möglich sein, dann darf bei den Beratungsteilnehmern kein rein partikulares Interesse angesetzt werden. Für eine vernünftige Willensbildung setzt Schwemmer deshalb zu Recht ein elementares Interesse am konfliktfreien Miteinanderleben voraus. Er bezeichnet es als das kommunikative Interesse, das dem Interesse an der Konfliktbewältigung je schon vorausgesetzt

---

[26] Siehe oben Kap. 3.3.

ist[27]: eine Vor-Leistung, ohne die eine vernünftige Willensbildung gar nicht in Gang kommt.

Mit dem kommunikativen Interesse ist ein bedeutsames Moment benannt. Durch Schwemmers knappen Hinweis wird es jedoch weder in seinem Gewicht noch in seiner begrifflichen Struktur und seinem Verpflichtungscharakter hinreichend deutlich. Während die kritische Analyse des ersten Momentes, des Beratungsprinzips, im Modell wissenschaftlicher Interessenkritik auf ein mehr pragmatisches Defizit, einen Mangel an Realitätsbezug gestoßen ist, zeigt sich hier ein Defizit an ethischer Analyse (im engeren Sinn von Ethik). Es fehlt eine hinreichende Erläuterung zum Wesen des kommunikativen Interesses; es fehlen eine Rechtfertigung des Interesses als eines fundamentalen sittlichen Gebotes sowie eine Explikation der Ansprüche, die mit dem Interesse je schon mitgesetzt sind bzw. aus ihm folgen. Hier können dazu nur einige knappe Hinweise gegeben werden.

Mit dem kommunikativen Interesse ist ein normatives Moment angesprochen, das die utilitaristische Ethik und die Sozialwahltheorie aus ihren Überlegungen eliminiert, in ihrer Theorie also ganz unterschlagen haben: Ein Konfliktlösungsverhalten, das sittlichen Prinzipien genügt, setzt bei den Betroffenen die entsprechende Bereitschaft voraus. Im Sinne des Beratungsmodells ist die Bereitschaft erforderlich, auf seinem anfänglichen, noch naturwüchsigen Willen nicht grundsätzlich zu beharren, sondern ihn zugunsten eines gemeinsamen und universal gültigen Willens zu verändern. Das kommunikative Interesse weist auf eine fundamentale und radikale Negation der eigenen Interessen hin. Es ist nicht nur ein kurzsichtiges Selbstinteresse zugunsten eines rationalen oder

---

[27] Schwemmer (1971) 221.

aufgeklärten Selbstinteresses zu negieren. Eine solche Negation bezöge sich gerade nicht auf das Selbstinteresse; es würde vielmehr ausdrücklich affirmiert und nur von mancherlei Hemmnissen und Barrieren befreit. Im kommunikativen Interesse emanzipiert sich das Selbstinteresse nicht von seinen mannigfaltigen Behinderungen. Es wird vielmehr selbst negiert und als letzter Bestimmungsgrund des Willens suspendiert. Das Selbstinteresse und die Bereitschaft, einen gemeinsamen Willen zu bilden, schließen sich gegenseitig aus. Die Bereitschaft zum kommunikativen Konfliktlösen ist gleichbedeutend mit der Distanz von seinen bloß naturwüchsigen Neigungen und von der Haltung, ihnen nach Maßgabe von Geschicklichkeit und Macht zu folgen.

Mit der Suspension des bloßen Selbstinteresses ist eine Veränderung angesprochen, die in jeder vernünftigen Konfliktbewältigung schon vorausgesetzt ist. Man könnte sie als einen *sittlichen Grundakt* bezeichnen. Im Gegensatz zu Schwemmer meint der sittliche Grundakt nicht nur allgemein das Interesse am konfliktfreien Miteinanderleben; er meint zugleich und näherhin das Interesse, die Konfliktbewältigung nicht zu Lasten bestimmter Gruppen durchzuführen. Mit ihm ist eo ipso ein Wille gemeint, der auf Lüge, Täuschung, Betrug verzichtet; ein Wille, für den Ungleichheiten nicht auszunützen, sondern auszugleichen sind; ein Wille, nach dem man für andere mitdenkt und sie mitrepräsentiert.

Wegen der Voraussetzung eines elementaren kommunikativen Interesses ist der mit dem Beratungsmodell erhobene Anspruch, hier werde die praktische Vernunft lehrbar, erheblich einzuschränken. Wer zur Transformation seiner anfänglichen Zwecke nach Maßgabe der Schwemmer-Methode und darüber hinaus zu einem Mitdenken und Mitrepräsentieren bereit ist, der bringt schon den im fundamentalen Sinn vernünftigen Willen mit. Weil dem Erlanger Beratungsmodell die Explikation und ethische Rechtfertigung des sittlichen Grundaktes und damit die Analyse der fundamentalen, der ethischen Dimension von Rationalität fehlt, enthält es nicht die vollständige Methode einer vernünftigen Willensbildung, sondern nur einen Ausschnitt, zudem einen – systematisch gesehen – sekundären. Die Vorstellung, bei vernünftigen Willensbildungsprozessen gehe es primär um methodische Anleitung, läßt sich nicht halten. Durch die methodische Anleitung im Sinne einer rationalen Interessenkritik kann die praktische Vernunft nicht originär evoziert, sondern nur diszipliniert werden.

Zudem hat das kommunikative Interesse eine eigentümliche Fragilität, die in einer primär wissenschaftlichen Interessenkritik nicht berücksichtigt wird. Die Suspension des Eigeninteresses ist beim Menschen weder instinktiv abgesichert noch in anderer Weise selbstverständlich gegeben. Die fundamentale sittliche Aufgabe der Suspension ist in die Verantwortlichkeit des Menschen gestellt und immer wieder neu zu erbringen. Die Verantwortung wirklich zu übernehmen, liegt bei den Beratenden. Ob es tatsächlich geschieht, ist daher offen; es kann nicht methodisch verplant werden. Eine pragmatisch adäquate Theorie vernünftiger Willensbildung und einer entsprechenden politischen Entscheidungsfindung müßte diese Art von Offenheit strukturell berücksichtigen. Durch die rationale Interessenkritik wird nicht schon der vernünftige Wille gebildet, sondern erst das Angebot für eine vernünftige Willensbildung entwickelt; es ist nur eine Möglichkeit, noch keine Wirklichkeit. Die Theorie der diskursiven Beratung ist zunächst ein Beitrag zur Planungstheorie, nur mittelbar einer zur Entscheidungstheorie.

Die Offenheit bedeutet nicht, daß das kommunikative

Interesse schier unverfügbar und unvorhersehbar ist. Die Fähigkeit und Bereitschaft zu kommunikativem Konfliktlösungsverhalten kann durch geeignete Sozialisations- und Erziehungsprozesse geweckt, entwickelt und zu einem bestimmten Grad auch stabilisiert werden. Die Erziehungsprozesse können aber nicht garantieren, daß das kommunikative Interesse in jeder Situation auch verfolgt wird. Vor allem ist es illusorisch, anzunehmen, daß solche in hohem Maße schwierige Erziehungs- und Sozialisationsprozesse von jedem so erfolgreich durchlaufen werden, daß er die Fähigkeit und Bereitschaft zu sozial verantwortlichem Handeln hinreichend erwirbt. Eine an Humanität orientierte politische Entscheidungsfindung steht also dem Dilemma gegenüber, daß auf der einen Seite das kommunikative Interesse unabdingbar ist, daß es aber auf der anderen Seite nicht je schon vorhanden ist. Es gehört zur Rationalität politischer Entscheidungsstrukturen, diesem Dilemma nicht auszuweichen. Politische Entscheidungsfindung müßte daher so organisiert sein, daß ein gemeinsamer Wille gebildet werden kann, obwohl nicht jeder der Betroffenen immer und von vornherein einem genuin kommunikativen Interesse folgt. Neben die Aufgabe, wissenschaftlich abgestützte Pläne zu entwerfen, tritt die stärker politische Aufgabe, für die Entwürfe die öffentliche Zustimmung zu finden. Da das kommunikative Interesse eine so fundamentale Bedeutung für eine vernünftige Willensbildung hat, ist es weder sinnvoll, das Interesse, wie im Utilitarismus, als gewissermaßen geschenkt aus der theoretischen Analyse zu eliminieren, noch es, mit den Erlangern, zu benennen, es im übrigen aber als eine Vor-Leistung zu behandeln, die entweder erbracht wird und somit einen vernünftigen Konsens ermöglicht oder nicht erbracht wird, so daß eine vernünftige Willensbildung ab ovo unmöglich wird. Der für das kommunikative Interesse charakteristischen Offenheit und Fragilität wird man eher dadurch gerecht, daß man Institutionen der Willensbildung entwirft, die weder von einer Gesellschaft ausgehen, in der das kommunikative Interesse der Regelfall ist, noch die Gesellschaft in ihrer aktuellen Verfaßtheit und ihrem faktischen Defizit an kommunikativem Interesse kritiklos akzeptiert. Die zu entwerfenden Institutionen müßten gerade in dieser Hinsicht der Gesellschaft voraus und befähigt sein, einen (relativ) vernünftigen Konsens zu erproben, der für die Gesellschaft Beispiel- und Fermentcharakter hat. Damit die Konsensmöglichkeiten tatsächlich aufgegriffen werden, müßten die Institutionen darüber hinaus so strukturiert sein, daß ihr exemplarisch gefundener Konsens ein Angebot und ein Stimulans darstellt, durch die die Gesellschaft als ganze sich dazu provoziert findet, die kommunikativen Interessen zu entwickeln und zu realisieren sowie die erforderlichen Lern- und Veränderungsprozesse durchzumachen. Der erst experimentell gültige Konsens könnte dann auf eine breitere Basis gestellt und die dem Konsens entsprechenden öffentlichen Entscheidungen herausgefordert werden.

Die Schwemmer-Methode

Sollen rivalisierende Zwecke oder Interessen nach Maßgabe einer rationalen Argumentation miteinander verträglich werden, so muß man die Interessen einer argumentativen Kritik unterziehen und den Betroffenen eine der Kritik gemäße Veränderung zumuten. Für diese Aufgabe der rationalen Interessenkritik sind zwei Grundmuster denkbar. Entweder unterzieht man die Interessen direkt einer inhaltlichen Kritik, sucht Argumente, die für die einen und gegen die anderen Interessen sprechen, und überzeugt die Betroffenen, die weniger vertretbaren Interessen aufzugeben und nur solche zu verfolgen, die sich kritisch absichern lassen; oder man akzeptiert die Interessen und zeigt, daß sie, nur oberflächlich betrachtet, unverträglich sind, da sie sich als Unterzwecke zu gemeinsam anerkannten Oberzwecken interpretieren lassen. Schwemmers Entwicklung des Beratungsmodells folgt dem zweiten Grundmuster von Kritik[28]. Die anfänglichen Handlungsinteressen gelten nicht als Selbstzweck, sondern als Mittel zu allgemeineren, den Betroffenen in dieser Form oft gar nicht bewußten Oberzwecken. Man leitet deshalb ein Verfahren der Relativierung von Zwecken ein, das so weit fortzusetzen ist, bis man zu gemeinsam anerkannten Oberzwecken gelangt. Zu diesen Oberzwecken sucht man konfliktfreie Unterzwecke und mutet sie den Betroffenen als Handlungsinteressen zu. Um die neuen Zwecke tatsächlich zu akzeptieren und genauso entschlossen und zielstrebig wie die ursprünglichen Zwecke zu verfolgen, müssen die Betroffenen einen Lern- und Veränderungsprozeß durchmachen, der nicht nur unter Vorbehalt gelten darf. Es reicht nicht aus, wenn man die ursprünglichen Zwecke bloß zurückstellt und auf günstigere Situationen vertagt. Es kommt vielmehr darauf an, sich in seinen Interessen wirklich zu verändern, die neuen Zwecke als äquivalente Substitute der anfänglichen Zwecke zu verstehen und die neuen als die moralisch richtigen, weil konfliktfreien Substitute anzuerkennen. Sofern man nur bei allen Beratungsteilnehmern das kommunikative Interesse voraussetzen kann und ohnehin von Oberzwecken ausgeht, die von allen gemeinsam anerkannt sind, ist der Lern- und Veränderungsprozeß primär ein Verstehensprozeß: die Interes-

---

[28] Schwemmer (1971) c. 4; Lorenzen – Schwemmer (1973) 118–122.

senkritik eine kreative Interpretationsleistung und die Übernahme der neuen Zwecke ein Nachvollzug der Interpretation[29].

Indem man die ursprünglichen Zwecke unter allgemeinere Begriffe stellt, wird die Fixierung der Betroffenen auf ihre vordergründigen Zwecke aufgelöst, der Konflikt als Oberflächenkonflikt entlarvt. Sofern man bei den Betroffenen die intellektuelle Fähigkeit zu kritischem Verstehen ansetzen kann und eine zu starke affektive Besetzung der anfänglichen Interessen als solcher nicht vorliegt – eine Situation, die nicht diskutiert wird –, ist eine methodische Konfliktbewältigung möglich. Die entsprechende Planungsaufgabe innerhalb des Entscheidungsprozesses erscheint als rein argumentativ lösbar.

So berechtigt es ist, Entscheidungsprozesse als konsensorientierte Kommunikationsprozesse durchführen und den Konsens in Ablösung öffentlicher und privater Autoritäten methodisch organisieren zu wollen, so unzureichend ist es, die methodische Konsensfindung auf rationale Planung und die rationale Planung auf die von Schwemmer entwickelte Methode festzulegen. Weder läßt sich der Begriff wissenschaftlicher Rationalität auf das Schwemmer-Verfahren einengen, noch kann man die methodische Konsensfindung durch wissenschaftliche Rationalität (gerade auch in einem umfassenderen Verständnis) allein erreichen. Daß die methodische Konsensfindung von Schwemmer nur in szientistischer Verkürzung begriffen wird, dafür sprechen mindestens drei Argumente zunehmender sachlicher Bedeutung.

Zunächst: Die Schwemmer-Methode ist von einer Gefahr bedroht, die der der Suboptimierung bei den rationalen Entscheidungstheorien analog ist. Um die Verfahren der

[29] Lorenzen – Schwemmer (1973) c. III, 4.

Nutzenkalkulation praktikabel zu halten, konzentriert man sich bei ihrer Anwendung auf die Aspekte und Sektoren, die leichter operationalisierbar sind, und neigt dazu, die schwerer operationalisierbaren Probleme sowie die kaum abzuschätzenden sozialen Kosten und Nebenkosten zu vernachlässigen[30]. Entsprechend läuft eine Anwendung des Schwemmer-Verfahrens Gefahr, bei einer Handlung mit ihrem komplexen Bündel von Zwecken und Nebenzwecken mehr die offensichtlichen und leichter substituierbaren Zwecke zu berücksichtigen, um die oft unbewußten und schwer explizierbaren Nebenzwecke zu vergessen.

Ferner: Das angegebene Verfahren führt weder notwendig noch in der Regel zu einer einzigen Lösung. Wenn aber mehrere Unterzwecke existieren, die den beiden Kriterien genügen: gemeinsam anerkannter Oberzweck und Verträglichkeit mit den Unterzwecken der anderen Beratungsteilnehmer (und die Mannigfaltigkeit der Lösungsmöglichkeiten ist nur ein Problem der politischen Phantasie), dann ist es vom moralischen Standpunkt aus freigestellt, welche der Lösungen man wählt. Eine bestimmte Entscheidung hängt noch von anderen Kriterien ab. Insofern man mit der Schwemmer-Methode im allgemeinen nur etwas wie einen Lösungsraum gewinnt, der eine Vielzahl von Entscheidungen als moralisch illegitim aussondert, aber nicht eine einzige auszeichnet, kommt der Methode nur die Bedeutung eines negativen, nicht auch die eines positiven Entscheidungsverfahrens zu.

Schließlich, und das führt zum Haupteinwand, bleibt zu prüfen, ob die Methode, äquivalente Substitute der ursprünglichen Interessen zu suchen und den Betroffenen

[30] Siehe oben Kap. 2.3.

als ihre neuen Handlungsintentionen zuzumuten, wenigstens für die eingeschränkte Aufgabe der negativen Entscheidungsinstanz ausreicht. Lassen sich die Konflikte überhaupt immer als Oberflächenkonflikte auflösen und gemeinsam anerkannte Oberzwecke finden? – Kontroversen in der Politik stellen sich oft in der Form von Prioritätsfragen dar. Gerade dort, wo es um längerfristige Zielbestimmung geht, sieht sich die Politik Alternativen gegenüber, die nicht zum Typ des Entweder-Oder, sondern zum Typ des Mehr-oder-Weniger gehören. Die rivalisierenden politischen Positionen vertreten unterschiedliche Schwerpunktbildungen, wobei die Frage, ob unter Beibehaltung der gegenwärtigen Prioritäten bestehende Verhältnisse nur gewandelten Situationen angepaßt werden sollen oder aufgrund einer Veränderung der Prioritäten eine mittel- und langfristige Umstrukturierung vorzunehmen ist, zu global und zu abstrakt gestellt ist. Die Fragen lauten etwa: Sollen die Zuwachsraten beim Bruttosozialprodukt mehr der Bildung oder mehr der inneren und äußeren Sicherheit, mehr dem Gesundheitswesen oder mehr den Verkehrssystemen zugute kommen? Und innerhalb dieser Bereiche: Sollen wir mehr den Individualverkehr oder mehr die öffentlichen Verkehrsmittel, mehr die technisch-ökonomischen Kenntnisse und Fähigkeiten oder mehr das allgemeine Sprachniveau und die sozialen Kompetenzen fördern?

Bei solchen Alternativen geht es im Prozeß der Entscheidungsfindung um die angemessenen Prioritäten und das rechte Maß, wobei den verschiedenen Vorschlägen wenigstens zum Teil konkurrierende Zwecke und Normen zugrunde liegen. Nach der Schwemmer-Methode wären sie durch Zwecke und Normen von einem höheren Allgemeinheitsgrad zu begründen. In der Bildungspolitik könnte man etwa argumentieren: Wir brauchen mehr technisch-ökonomische Intelligenz, damit wir den gegenwärtigen Stand an technischem Niveau und an Wirtschaftskraft erhalten oder verbessern; dies wieder zum Zweck, um die internationale Konkurrenzfähigkeit oder ein internationales Prestige, um die militärische Macht oder die Konsumchancen und den privaten materiellen Wohlstand zu erhalten oder zu verbessern. Analog kann man in bezug auf allgemeinsprachliche und auf soziale Kompetenzen argumentieren: Sie dienen dem Bewahren, Tradieren und Weiterentwickeln eines Kulturerbes, der Erhöhung der individuellen Sozialchancen oder der Vermehrung der Chancen der Selbstrealisation. In beiden Argumentationen taucht ein Bündel von Zwischenzwecken auf, die untereinander oft recht disparat sind. Vor allem lassen sich kaum identische und inhaltlich homogene Oberzwecke feststellen. Man könnte zwar relativ leicht gemeinsame Oberzwecke *benennen:* Wohlergehen, Glück, Selbstrealisation. Aber hinter den gemeinsamen Namen verbergen sich sehr unterschiedliche Vorstellungen und Erwartungen. – In pluralistischen Gesellschaften-ist die Chance sehr groß, daß man bei gesellschaftspolitischen Konflikten auf ein Defizit an gemeinsam anerkannten Oberzwecken stößt. Wenn aber den konfligierenden Interessen verschiedene Zielvorstellungen und schließlich unterschiedliche Lebensentwürfe zugrunde liegen, dann besteht die Aufgabe nicht mehr darin, zu identischen Oberzwecken die Unterzwecke zu variieren. Es sind vielmehr die Oberzwecke selbst einer Veränderung auszusetzen. Damit wird auch die Struktur der Lernprozesse verändert. Statt nur Deutungsprozesse zu sein – eine mehr intellektuelle Aufgabe –, geht es auch um eine Umorientierung der Wertvorstellungen und Glückserwartungen: etwa um die Transformation eines Sicherheits- und Wohlstandsdenken zu einem Sozial-

und Bildungsdenken. Will man die Problematik von Strategien der Humanität nicht erheblich verkürzen, dann muß man auch hier die Forderung nach einer vernünftigen Willensbildung aufrechterhalten und Methoden suchen, nach denen sich unterschiedliche Wertvorstellungen und Lebensentwürfe verträglich machen lassen. (Dazu gehört es natürlich auch, daß sich die politischen Entscheidungsträger eine Zurückhaltung auferlegen, nicht in alle Bereiche durch Gesetze, Verordnungen und Erlasse eingreifen, sondern individuelle und gruppenspezifische Freiräume lassen.)

Durch das Erlanger Beratungsmodell wird ein Problem aufgegriffen, das die rationalen Entscheidungstheorien nicht zulassen: eine Kritik der anfänglichen Interessen. Im Unterschied zum Erlanger Vorschlag ist die Interessenkritik noch einmal zu erweitern und auf Fälle anzuwenden, in denen tiefere Konflikte vorliegen. Auch dort, wo sich zunächst keine verträglichen Oberzwecke zeigen, sind Aufklärungs- und Beratungsprozesse zu initiieren, in denen Gemeinsamkeiten gefunden und akzeptiert werden können. Der Versuch, wissenschaftliche Rationalität im Bereich des Praktischen auf das Schwemmer-Verfahren zu reduzieren, ist deshalb zurückzuweisen.

Das Erlanger Beratungsmodell macht eine anthropologische Voraussetzung, die sich kritisieren läßt. Es betrachtet den Menschen als ein Wesen, das Triebe, Bedürfnisse und Interessen hat, von denen man nur graduell abgeht. Der Mensch ist jedoch auf seine anfänglichen Interessen nicht soweit festgelegt, daß er nur äquivalente Substitute akzeptiert. Er macht sich vielmehr in persönlichen Lebensentwürfen und in politischen Programmen, in Religionen, Weltanschauungen und Utopien Entwürfe von dem, was er sein will und wie seine natürliche und soziale Umwelt gestaltet sein soll. Durch solche Entwürfe werden die Interessen wesentlich vorgeprägt; eine Veränderung der Entwürfe verändert nach und nach auch die Interessen und umgekehrt. Zwar können in den Entscheidungsprozessen keine neuen Religionen, Weltanschauungen und Utopien entworfen werden. Gleichwohl kann man zwischen einem Festschreiben der gegenwärtig konkurrierenden Vorstellungen und der Flucht in eine zu ferne und illusionäre Zukunft eine Mitte suchen. Eine solche Mitte ist aber nicht einfach vorhanden und nur den Blicken verborgen; sie kann auch nicht aus der jeweiligen Konfliktsituation abgeleitet werden. Man muß vielmehr die Konkurrenz der gegenwärtig rivalisierenden Interessen austragen und einen auf sie zugeschnittenen Konsens erproben. Mit anderen Worten: es ist ein Modell der Willensbildung und Entscheidungsfindung erforderlich, das Elemente der Erlanger Interessenkritik aufgreift, aber noch stärker vom Grundansatz der Kommunikation bestimmt ist, dem Entscheidungsprozeß ein größeres Stück methodischer Offenheit läßt und den wissenschaftlichen Methoden ein weiteres Stück im Anspruch auf rationale Planbarkeit nimmt.

10. Das Beispiel einer politischen Praxis: konzeptorientierte wissenschaftliche Politikberatung

10.1 Vermittlung von Rationalität und Kommunikation

Der kritische Durchgang durch einige der gegenwärtig relevanten normativen Entscheidungstheorien und ethischen Sozialpragmatiken ist auf deren Grenzen gestoßen. Den Theorien liegt im wesentlichen ein zu enger Begriff von Rationalität und damit auch ein methodisch zu enges Entscheidungsverfahren zugrunde. Das Hauptdesiderat der nutzenkalkulatorischen Ansätze (der Entscheidungstheorie im engeren Sinn, der Spieltheorie, der Wohlfahrtsökonomie und der utilitaristischen Sozialpragmatik) für eine normative Theorie öffentlicher Entscheidungsprozesse besteht darin, daß die Bedürfnisse und Interessen der Betroffenen in Ziel- oder Nutzenfunktionen dargestellt werden, die für den Entscheidungsprozeß den Status von invarianten Vorgaben haben. Verstanden als Ertragsmaximierung, kennt eine rationale Entscheidung kein reflexives Verhältnis gegenüber den Zielfunktionen. Eine Zielreflexion ist sowohl hinsichtlich der persönlichen als auch der öffentlichen Ziele aus dem Entscheidungsprozeß ausgeschlossen; die Bedürfnisse und Interessen stehen in den Entscheidungen nicht mehr zur Disposition. Die durch Informations- und Kalkulationsprozesse zu erzielende Erfolgskontrolle bleibt damit letztlich auf der Ebene der Mittelwahl stehen. Auch in den Formen der Nutzenkalkulation, die ausdrücklich vom Wohlergehen aller Betroffenen und damit von einer

sittlichen Orientierung bestimmt sind: der Wohlfahrtsökonomie und der utilitaristischen Ethik, sind die individuellen Interessen als fertige Daten vorgegeben. Das
öffentliche Interesse ist nichts anderes als die Amalgamation der Individualinteressen, so daß auch hier eine kritische Distanz sowie eine Reflexion und Veränderung
der Individualinteressen aus dem Rationalitätsbegriff
und dem Entscheidungsprozeß herausgenommen sind.
Den Mangel an Zielreflexion sucht das Erlanger Modell
einer wissenschaftlichen Interessenkritik zu beheben. Die
Interessenkritik wird als ein Beratungsprozeß entworfen,
wobei die Beratung nicht in einem planen Gegensatz zur
wissenschaftlichen Rationalität steht, sondern gerade
durch sie ihre spezifische Qualifikation erfährt. Damit
wird die Interessenkritik als Kommunikationsprozeß
verstanden, zugleich der Kommunikationsprozeß als rationale Argumentation (gemäß dem Schwemmer-Verfahren) gedeutet. Auf diese Weise werden die Grund-
merkmale von Kommunikation wie von wissenschaftlicher Rationalität verkürzt. Die spezifisch kommunikativen Elemente sind als kommunikatives Interesse und
als Offenheit der Beratung bloße Vorleistungen des Entscheidungsverfahrens, und dieses selbst ist auf die
Schwemmer-Methode verengt. Gesucht ist deshalb ein
Entscheidungsverfahren, das durch einen weiteren Begriff von wissenschaftlicher Rationalität bestimmt ist, das
ein kommunikatives Interesse nicht als Vorleistung betrachtet, sondern in die Entscheidung selbst integriert
und bei dem eine Vermittlung der rationalen und der
kommunikativen Momente stattfindet. Bei einem solchen
Verfahren stellt sich dann wieder die Frage, welchen Beitrag im Sinne von Strategien der Humanität es leistet.
Beide: die kalkulatorischen Ansätze und die rationale Interessenkritik, versuchen, ein dem öffentlichen Handeln

fremdes Muster auf dieses selbst zu übertragen. Die kalkulatorischen Ansätze verstehen *die* Politik als rational, die sich am Vorbild der empirisch-analytischen Methode ausrichtet. Zwar nimmt das Beratungsmodell eine Modifikation vor. Sie betrifft jedoch nicht die Orientierung am Vorbild der Wissenschaften insgesamt, sondern das Verständnis der Methode und Reichweite von Wissenschaft. Darin kommt das Modell mit den Theorien von rationaler Wahl, strategischer Interaktion, von rationalen Kollektiventscheidungen und rationaler Verfassungswahl überein, daß öffentliches Handeln, so der methodische Anspruch, nicht nur mit Hilfe, sondern auch aufgrund von wissenschaftlichen Methoden legitimiert werde. Es handelt sich in einem wörtlichen Sinn um szientifische Theorien.

Die traditionelle Alternative zu den Vorstellungen einer wissenschaftlichen Politik ist der *Dezisionismus*. Allerdings wird er heute – aufgrund des politischen Engagements der meisten seiner Vertreter kompromittiert – mehr als Gegenfolie diskutiert, denn als philosophische Position vertreten[1]. Um die verschiedenen Spielarten und Modifikationen zu übergehen und nur den gemeinsamen Kern zu nennen: der Dezisionismus versucht, ein eigenständiges Moment von Politik festzustellen, welches er im Daß des Wählens und Entscheidens, im souveränen Akt der Setzung identifiziert. Diesem voluntativen Moment politischer Entscheidung wird der Primat zugesprochen: die rationalen und vor allem auch die kommunikativen Momente gelten als relativ belanglos. Während die „Szientisten" die Aufgabe der Wissen-

---

[1] Zu den Ausnahmen gehört vielleicht H. Lübbe. – Zum Dezisionismus: C. v. Krockow, Die Entscheidung. Eine Untersuchung über E. Jünger, M. Heidegger, C. Schmitt, Stuttgart 1958; Lübbe (1971) 7 ff., 144 ff.; Verf. (1973) 361–364.

schaft in der Politik überziehen und die Dezisionisten sie unterschätzen, verkennen beide die Bedeutung von Kommunikation.

In einer problemadäquaten Theorie öffentlicher Entscheidungsprozesse sind die wissenschaftlichen wie die kommunikativen Momente je in ihrem Eigenrecht anzuerkennen und zugleich aufeinander zu beziehen. Im folgenden kann dazu nur ein erster Schritt getan werden. Er geht davon aus, daß zur öffentlichen Entscheidungsfindung auch methodisch durchgeführte Planungsprozesse gehören. Schon solche Planungsprozesse sind aber, so die erste These, nicht nur wissenschaftliche, sondern auch kommunikative Prozesse. Überdies stellen die Planungsresultate, so die zweite These, nur Möglichkeiten für politische Entscheidungen, nicht ihre Wirklichkeit dar. Sie sind Angebote, nicht Substitute für öffentliches Handeln; die Wissenschaften insgesamt haben nur die Aufgabe einer Entscheidungshilfe für Politik (sofern man hier unter Politik den komplexen Legitimationszusammenhang einer parlamentarischen Demokratie versteht). Allerdings ist eine Politik, die sich unter die Ansprüche einer wissenschaftlich und kommunikativ bestimmten Planung stellt, nicht eo ipso auch eine humane Politik. Die methodisch durchgeführten Planungsprozesse, so die dritte These, stellen erst dann einen wesentlichen Beitrag zu Strategien der Humanität dar, wenn sie von Leitprinzipien ausgehen, die ihrerseits von der Idee der Humanität bestimmt sind.

Der vielleicht bedeutsamste institutionelle Ort der Beziehung von Wissenschaft zur Politik ist die konzeptorientierte wissenschaftliche Politikberatung. Um die Frage nach der Vermittlung von Rationalität und Kommunikation nach Maßgabe von Humanität in öffentlichen Entscheidungsprozessen nicht abstrakt und realitätsfern, sondern mit kritischem Bezug auf deren tatsächliche Probleme zu stellen, soll bei dieser institutionellen Beziehung angesetzt und ihre Struktur- und Methodenproblematik einer ersten Analyse unterzogen werden. Die folgende Untersuchung versteht sich als eine empiriebezogene Detailanalyse, die das Problemfeld einer wissenschaftlich abgestützten kommunikativen Entscheidungsfindung an einem Aspekt und Ausschnitt, der Konzeptplanung vor allem im Bereich der Bildungspolitik, etwas deutlicher zu fassen sucht. (Die Bildungspolitik ist deshalb gewählt, weil sie aufgrund ihrer weitläufigen und vielschichtigen Probleme ein hinreichend komplexes Beispiel für gesellschaftspolitisch relevante, sowohl Rationalität wie Humanität herausfordernde Planungs- und Entscheidungsprozesse darstellt.)

Mit der Analyse der wissenschaftlichen Politikberatung betritt die Untersuchung ein neues Gebiet. Es stehen nicht mehr theoretische Modelle zur Diskussion, sondern eine tatsächlich vorhandene Institution, genauer: eine sich etablierende politische Praxis. Diese soll über sich selbst aufgeklärt werden, um damit einen neuen, einen legitimen Status zu gewinnen. Zugleich hat diese politische Praxis einen Beispielcharakter. Konzeptorientierte wissenschaftliche Politikberatung steht für Entscheidungsverfahren, die einen umfassenderen Begriff von wissenschaftlicher Rationalität implizieren als den der formalen Wahlrationalität oder den der Schwemmer-Methode, vor allem aber für Verfahren, die außer durch wissenschaftliche auch durch kommunikative Elemente bestimmt sind, beide Elemente zu vermitteln suchen und auf eine Orientierung an der Idee der Humanität hin geöffnet sind. Insofern könnte institutionalisierte wissenschaftliche Politikberatung ein für reale Politik richtungweisendes Modell abgeben.

In einem weiten Verständnis des Ausdrucks umfaßt die wissenschaftliche Politikberatung mindestens drei heterogene Formen. Die Diskussion wissenschaftlicher Ansätze, Methoden und Resultate findet heute nicht nur im engen Kreis von Fachkollegen, sondern auch im Rahmen der öffentlichen Medien statt. Dem oft eklektisch vorgehenden, intellektuelle Modeströmungen kreierenden Aufgreifen der fachwissenschaftlichen Diskussion kommt selbst eine politische Bedeutung zu. Vor allem die öffentliche Diskussion der Humanwissenschaften führt nicht nur zu einem besseren Verständnis dieser Wissenschaften, sondern auch zu einer (im einzelnen häufig schwer greifbaren) Vorstrukturierung des politischen Meinungsfeldes[2]. Ein solcher von den Wissenschaften selbst nur teilweise zu kontrollierender Einfluß auf die Politik stellt höchstens eine sehr diffuse Form wissenschaftlicher Politikberatung dar. Als ein Beitrag der Wissenschaft zur Politik, der nicht selbst wissenschaftlichen Methoden folgt, wird er in den Rahmen dieser Untersuchung nicht einbezogen. – Einbezogen wird auch nicht das, was man die „Dauerkommunikation zwischen Wissenschaft und Politik" genannt hat[3]: das ständige Gespräch zwischen den wissenschaftlichen Experten verschiedener Disziplinen und den Trägern der politischen Entscheidung. Dort geht es zwar um eine wissenschaftlich verantwortbare Politikberatung, aber sie findet nicht in einer gezielt konzeptorientierten Form statt. – Die dritte und in diesem

---

[2] Vgl. F. H. Tenbruck, Wissenschaft, Politik und Öffentlichkeit, in: Maier (1971) 323–356, Abschn. II: Die Öffentlichkeitsstruktur der Wissenschaft.
[3] Vgl. H. Lenk, Erklärung – Prognose – Planung, Freiburg i. Br. 1972, 69. Der Ausdruck geht auf J. Habermas und sein pragmatisches Modell zum Verhältnis von Wissenschaft und Politik zurück: Verwissenschaftlichte Politik und öffentliche Meinung, in: Habermas (1969) 120–145 (126 f., 130 f. u. a.).

Zusammenhang spezifische Form besteht in einer Beratungsaktivität, die sich auf Konzeptplanung bezieht und institutionell abgesichert ist. Für diese institutionalisierte, konzeptorientierte wissenschaftliche Politikberatung sollen die Grundelemente zunächst thetisch und summarisch vorgebracht, später mehr im einzelnen entwickelt und begründet werden.

Erstens: Die Politikberatung ist keine Erfindung der Gegenwart oder der jüngsten Vergangenheit[4]. Neuartig ist nur, daß sich die Politik des Rates von Wissenschaftlern bedient und daß es nicht nur gelegentlich und zufällig, sondern systematisch geschieht. In einer schon als Wissenschafts- und Planungseuphorie zu diagnostizierenden rapiden Entwicklung haben sich im vergangenen Jahrzehnt auch in der Bundesrepublik nicht nur Regierungen[5], Parlamente und Parteien, sondern auch kirchliche und politische Akademien und sogar die Illustrierten, die auf sich halten, einen wissenschaftlichen Beirat zugelegt. Eine nüchterne Beurteilung der Relevanz wissenschaftlicher Planung und Beratung wird aber zwischen einem überzogenen Planungsoptimismus und skeptischer Abstinenz einen Weg der Mitte einschlagen. Die ausdrückliche und aufgabenspezifische Mithilfe von Wissenschaftlern in der Politik wie auch in den anderen Bereichen nimmt vielfältige Formen an. In einer ersten, keineswegs vollständigen und systematischen Diairese stößt man zunächst auf den wissenschaftlichen Freund und persönlichen Berater, dessen Ratschläge privaten

---

[4] Siehe M. Rassem, Einige historische Exempla zum Thema Wissenschaft und Politik, in: Maier (1971) 357–385.

[5] Auf Anfrage hat das Bundesministerium des Inneren, ohne Anspruch auf Vollständigkeit zu erheben, 203 Beiräte, Ausschüsse, Arbeitskreise und Kommissionen mit Mitgliedern genannt, die nicht dem Regierungsapparat angehören: Bundesdrucksache V/4137.

Charakter haben. Von diesem informellen Status wissenschaftlichen Ratgebens ist der formelle Status zu unterscheiden: die öffentlich eingesetzte und institutionell abgesicherte Politikberatung[6], wobei sich noch Gutachter-, Sachverständigen- und Beiratstätigkeiten unterscheiden lassen. Hier wird die Wissenschaft ausdrücklich um Rat gefragt; die Kenntnisnahme der Empfehlungen ist nicht dem Belieben der einzelnen Politiker überlassen. Der Rat steht zwischen den unverbindlichen Ansichten nicht entscheidungsbefugter Personen und Gruppen sowie den geltenden Entscheidungen entscheidungskompetenter Regierungsstellen.

Bei den politischen Funktionen der Wissenschaft stößt man nicht selten auf bloße Aushängeschild- und Alibi-Aufgaben; Lübbe spricht hier zu Recht von Dekor- und Feigenblattfunktionen[7]. Von solchem Mißbrauch abgesehen, reicht das Spektrum wissenschaftlicher Mitarbeit von Formulierungshilfen bis zu Programmen für gesamtgesellschaftliche Entwicklungen. Die wissenschaftliche Konzeptplanung zählt zu den weitergehenden und anspruchsvolleren Aufgaben. Hier geht es nicht nur um Planung *durch* Wissenschaftler – das ließe auch Dekor- und Feigenblattfunktionen zu –, sondern auch um Planung, die zu wissenschaftlich ausgearbeiteten oder wis-

---

[6] In den USA etwa das Council of Economic Advisers, in Großbritannien die Royal Commissions, in der Bundesrepublik der Sachverständigenrat zur Begutachtung der gesamtwirtschaftlichen Entwicklung, der Sozialbeirat, der Finanzbeirat, die Atomkommission, der Wissenschaftsrat, der Deutsche Bildungsrat, die Finanzreformkommission. Vgl. H. Koch, Die Wirtschaft im Spannungsfeld von Politik und Wissenschaft, in: H. Scholz (Hg.), Die Rolle der Wissenschaft in der modernen Gesellschaft, Berlin 1969, 172–206; H. Harnischfeger, Planung in der sozialstaatlichen Demokratie, Neuwied – Berlin 1969, Teil III; Beratungsplan 1972 des Bundesministeriums für Bildung und Wissenschaft, Bonn 1972.

[7] Lübbe (1971) 57.

senschaftlich abgestützten Konzepten kommt. Um das Selbstverständliche auszusprechen: ihrer *Infrastruktur* nach ist wissenschaftliche Konzeptplanung durch *wissenschaftliche Rationalität* abgesichert.

Zweitens: Pläne im Sinne von Handlungsentwürfen[8] sind, vereinfacht ausgedrückt, entweder der Entwurf eines Zieles (in komplizierteren Fällen der eines Zielsystems) oder der Entwurf der dazu geeigneten Mittel und Wege. Das Charakteristische von Konzeptplanung liegt nun darin, daß sie sich nicht auf eine der Möglichkeiten festlegen läßt. In einem Konzept werden weder zu vorgegebenen Zielen nur die Mittel und Wege noch unter Ausklammerung der Frage nach Mitteln und Wegen nur die Ziele bestimmt. Das Konzept richtet sich vielmehr auf beide Aspekte in ihrer Verknüpfung und wechselseitigen Dependenz. Die in die Konzeptplanung

---

[8] Mit der Untersuchung der gesellschaftlichen Konzeptplanung im Sinne einer wissenschaftlichen Politikberatung ist keine umfassende, für alle Planungsphänomene gültige Analyse der Planung intendiert. Eine Einschränkung ist schon deshalb notwendig, weil die umgangssprachliche Verwendung des Wortes „Plan" von der Bezeichnung genetischer Erbmuster bis zu der von Handlungsentwürfen und Baumodellen reicht. Derselbe Ausdruck bezeichnet also eine Mannigfaltigkeit von Phänomenen, die sich kaum durch einen homogenen Gehalt, sondern eher im Sinne Wittgensteins (Philosophische Untersuchungen, §§ 65 ff.) durch Familienähnlichkeiten auszeichnen. Darauf hat schon H. Lenk aufmerksam gemacht: Prolegomena zur Wissenschaftstheorie der Planung, in: Lenk (1972) 63–94 (81). H. Lenk fällt jedoch hinter seine eigene Einsicht zurück, wenn er von „Wissenschaft der Planung" spricht und dann über Planung schlechthin und ihre Wissenschaftstheorie Thesen formuliert. Im übrigen überzieht Lenk den Hinweis auf das Bedeutungsspektrum von „Plan" und die davon ausgehende Kritik an anderen Autoren, wenn er auf die Bedeutungsmannigfaltigkeit von „Plan" aufmerksam macht, ohne einzuräumen, daß es sich bei Planung bzw. Plänen, die Gegenstand von Planung sind, ohnehin nur um eine Teilmenge handelt; Dinge wie Genstrukturen sind gar nicht gemeint.

einbezogene Zielplanung läßt sich aber nicht auf wissenschaftliche Rationalität reduzieren. Sie ist durch Impulse aus dem politischen Raum wesentlich mitbestimmt. Die *Wissenschaft* insgesamt hat nicht die Bedeutung einer positiven, vielmehr die einer *negativen Entscheidungsinstanz.*

Drittens: Die Zielplanung ist als ein methodisch angelegter kommunikativer Prozeß durchzuführen, der sich angesichts der Willensvielfalt in der Gesellschaft und nach Maßgabe grundlegender Leitprinzipien um eine Verständigung über die vorhandenen Bedürfnisse und Ziele bemüht, indem er einen gesamtgesellschaftlich gültigen, aufgeklärten Rahmenkonsens erprobt. Dabei ist der Ausdruck „Erproben" emphatisch gemeint. Der Rahmenkonsens stellt keine Entscheidung, wohl aber die Möglichkeit und die Empfehlung für Entscheidungen dar. Er hat, so die These zur *Binnenstruktur* wissenschaftlicher Konzeptplanung, den Status eines *experimentellen Konsenses.*

Viertens: Wie jede Beratung, so ist auch die wissenschaftliche Politikberatung eine Weise der Hilfe und Unterstützung. Es kommt darauf an, nicht die eigenen individuellen oder gruppenspezifischen Interessen zu besorgen, sich vielmehr von ihnen zu distanzieren, sich auf den Ratsuchenden einzustellen und zu überlegen, was in dessen wohlverstandenem Interesse liegt. Im Fall der Politikberatung bedeutet es, den Politikern zu raten, aber nicht ihnen als Individuen, sondern ihnen als den (wie auch immer näher zu bestimmenden) Sachwaltern des öffentlichen Interesses. – Ein Ratschlag enthält mehr als eine Information. Ratgeben heißt, Vorschläge unterbreiten und zu einem den Vorschlägen entsprechenden Handeln auffordern oder ermutigen. Ein Rat ist jedoch nicht mit der Entscheidung zum entsprechenden Handeln identisch. Die als Politikberatung verstandene Mitarbeit von seiten der Wissenschaftler kann nicht bedeuten, daß der Prozeß der Entscheidungsfindung als ganzer durch Wissenschaftler okkupiert wird. Die Wissenschaft stellt weder die maßgebliche politische Legitimationsinstanz noch das vornehmliche Führungsinstrument der Politik dar. Ihr kommt, ganz allgemein ausgedrückt, die Theoriekompetenz, nicht die Entscheidungskompetenz zu. Wissenschaftliche Ratschläge sind mehr als unverbindliche Meinungsäußerungen und zugleich weniger als eine Anweisung. Sie haben den Status von Empfehlungen, nicht den von Präjudizien oder Prädeterminationen. Zwischen Wissenschaft und Politik besteht weder ein dezisionistisches Verhältnis der Beziehungslosigkeit noch ein szientistisches der Konvergenz oder gar der Identität. Unter ihrem *Außenaspekt*, unter dem Gesichtspunkt ihres Verhältnisses zur Politik, läßt sich wissenschaftliche Konzeptplanung auf *Kooperation* ein. Und von der Politik aus betrachtet, hat die Institutionalisierung der Konzeptplanung die Bedeutung, daß sich die Politiker selbst dem Kriterium des Sachverstandes, der Sachlegitimation unterwerfen.

Fünftens: Der Sinn der Kooperation liegt in einer *rational und kommunikativ aufgeklärten Politik*.

Sechstens: Eine solche Aufklärung hat dann eine wesentlich humane Bedeutung, wenn der als experimentelle Konsensfindung durchgeführte Prozeß der Zielplanung auf allgemeine normative Leitprinzipien zurückgreifen kann, die von der Idee der Humanität bestimmt sind, und wenn sich die Konzeptplanung insgesamt es zur Aufgabe macht, die *humanen Leitprinzipien mit den Anforderungen der soziokulturellen Situation zu vermitteln.* –

In einer als kooperative Politikberatung auftretenden

wissenschaftlichen Konzeptplanung wird weder die Politik von der Wissenschaft noch die Wissenschaft von der Politik aufgesaugt oder eskamotiert. Beiden wird ihr Eigenrecht gelassen, der Wissenschaft die Theoriekompetenz, der Politik die Entscheidungskompetenz. Zugleich werden beide Seiten und damit auch beide Kompetenzen in eine Beziehung zueinander gestellt – mit dem Ziel, die Politik in ihrer rationalen und humanen Qualität zu verbessern. Ein kooperatives Modell des Verhältnisses von Wissenschaft und Politik nimmt insofern eine Mitte zwischen den verschiedenen Formen von Szientismus und Dezisionismus ein, als die Sphären von Wissenschaft und Politik nicht verwischt werden: weder wird die Wissenschaft zum relativ belanglosen technologischen Gehilfen der Politik noch die Politik zum Vollzugsorgan der Wissenschaft degradiert.

Für die politischen Wissenschaften ist die Kooperation von Wissenschaft und Politik geradezu ein Faktum. Obwohl eine ausreichende empirische Erhellung der tatsächlichen Bezüge, ihrer Erfolge, Rückschläge, Chancen und Barrieren noch aussteht[9], soll hier nicht die empirische Klärung als solche vorangetrieben werden[10]. Die Untersuchung geht vielmehr den theoretischen Problemen einer sich etablierenden Praxis nach; sie stellt die Frage nach der Struktur und dem Sinn einer wissenschaftlichen Politikberatung.

[9] Maier (1971) Vorwort.
[10] In dem Sammelband (Maier 1971) finden sich einige Beispiele dazu, etwa H. Friedrich, Die Wissenschaft im Dienste der Regierung. Die wissenschaftliche Beratung der Politik aus der Sicht der Ministerialbürokratie, a. a. O. 465–496. Ferner: K. Lompe, Gesellschaftspolitik und Planung, Freiburg i. Br. 1971, c. 6; P. Grottian, Strukturprobleme staatlicher Planung, Hamburg 1974.

Auf Anregung von Popper hat man in der frühen Planungsdiskussion zwei Grundvorstellungen einander konfrontiert: den Inkrementalismus und die synoptische Gesamtplanung der Gesellschaft[11]. Die sich etablierende Praxis der Konzeptplanung erscheint jedoch als die Aufhebung der Alternative in den Planungsaktivitäten selbst. Zwischen den Extremen einer inkrementalistischen Selbstbeschränkung und der utopischen Vorstellung, durch rationale Planung das Menschheitsglück oder das Reich der Freiheit endgültig realisieren zu können, geht Konzeptplanung einen Weg der Mitte. Sie sucht inkrementale Verbesserungen im Zusammenhang und unter Anleitung eines konstruktiven Entwurfs von gesellschaftspolitischen Struktur- und Rahmenbedingungen.

Das inkrementalistische Planungsmodell, das Popper in der „Offenen Gesellschaft und ihre Feinde"[12] vertritt und dort „piecemeal engineering" (Sozialtechnologie der Einzelprobleme oder Stückwerktechnologie) nennt[13], stellt noch immer einen wichtigen Gesprächspartner in der Planungsdiskussion dar[14]. Unter dem Eindruck totalitärer Regimes dieses Jahrhunderts hatte sich Popper gegen eine totale Systemkritik gewandt und jene Philo-

---

[11] Popper (1970), 2 Bde. (englische Originalausgabe: London 1944).
[12] Die Diskussion wird unter dem Titel „Ästhetizismus, Perfektionismus, Utopismus" (c. I 9) geführt.
[13] Ebd. I, 214.
[14] Neuere Vertreter eines eigenständigen Inkrementalismus sind D. Baybrooke, Ch. E. Lindblom, A Strategy of Decision. Policy Evaluation as a Social Process, New York – London ²1970; Ch. E. Lindblom, The Intelligence of Democracy, New York – London 1965; eine kritische Auseinandersetzung mit Popper bei Etzioni (1968) c. 11; Etzionis eigenständiger Gegenentwurf in c. 12: „Mixed Scanning: An Active Approach to Decision Making"; R. Jochimsen, Strategie der wirtschaftspolitischen Entscheidung, in: Weltwirtschaftliches Archiv 99 (1967) 52 ff.

sophen einer vehementen Kritik unterzogen, deren Gedankengut seiner Meinung nach an den historischen Ereignissen mitverantwortlich war: Platon und Marx[15]. Während beide Denker, so Popper, in ihrem Ziel, der radikalen Veränderung der Gesellschaft auf dem Weg einer apokalyptischen Revolution, übereinstimmen, unterscheiden sie sich wesentlich in der Vorstellung von deren Vollzug. Nach Marx finde die Revolution aufgrund historischer Prozesse[16], nach Platon mittels rationaler Planung statt[17]. Beide Positionen sind von Poppers kritischem Rationalismus aus nicht haltbar: sowohl die „Technik der Ganzheitsplanung"[18], die, von einem Idealbild der Gesellschaft geleitet, eine völlige Neuordnung der jeweils gegebenen Gesellschaftsverhältnisse unternimmt (Platon), als auch die Vorstellung, soziale Institutionen ließen sich überhaupt nicht rational planen, ihre Veränderung müßte dem notwendigen Gang der Geschichte überlassen bleiben (Marx)[19].

Poppers eigene Planungstheorie zeichnet sich vor allem durch fünf Merkmale aus[20]:

(1.) Da es weder institutionelle Mittel gibt, um den Menschen glücklich zu machen, noch eine moralische Nötigung existiert, das Glück derer zu mehren, denen es ohnehin gut geht, und da überdies Ideale nicht rational erkennbar sind, hat Gesellschaftsplanung nicht die Aufgabe, politische Ideale zu realisieren: eine schlechthin gerechte Gesellschaft, eine ausnahmslos glückliche Menschheit. Der Auftrag einer rationalen und humanen Gesellschaftsplanung liegt vielmehr darin, empirisch feststellbare Mängel: Übel, Leiden, Ungerechtigkeit und Krieg,

---

[15] Die Frage nach der Angemessenheit von Poppers Platon- und Marx-Interpretation muß hier übergangen werden.
[16] Popper (1970) I, 223.
[17] I, 212 ff.   [18] I, 213.   [19] I, 222 f.   [20] I, 213 ff.

zu vermindern. Mit anderen Worten: aufgrund eines sozialpsychologischen, eines moralischen und eines wissenschaftstheoretischen Arguments vertritt Popper einen negativen Utilitarismus[21]. – (2.) Die Aufgabe, Übelstände zu reduzieren, läßt sich nur dann rational lösen, wenn man die Planung auf die Basis einer methodischen Defizitanalyse: einer systematischen Beobachtung und kategorialen Erfassung konkreter Übelstände (Einzelprobleme) stellt. – (3.) Auf dieser empirisch-analytischen Grundlage sind sozialtechnologisch durchkonstruierte Wege zu entwerfen, die eine schrittweise Verminderung der einzelnen Übelstände versprechen. – (4.) Nach der Maxime „trial and error" sind die sozialtechnologischen Handlungsmöglichkeiten einer *Bewährung an der Erfahrung* auszusetzen und (5.) je nach dem tatsächlichen Erfolg oder Mißerfolg bei der Bekämpfung der Übelstände beizubehalten, zu modifizieren oder zu verwerfen.

Popper hat seinen Beitrag zur Planungstheorie angesichts einer noch sehr elementaren Alternative entwickelt. Gegenüber den Extremen: utopische Gesamtplanung und Negation von Planung überhaupt, erscheint der Inkrementalismus auch als eine Verbesserung. Aufgrund der fortgeschrittenen Planungstheorie werden seine Mängel jedoch ebenso deutlich wie angesichts der zeitgenössischen Planungspraxis. Die These, rationale Planung habe es ausschließlich mit Einzelproblemen und ihrer schrittweisen Behebung zu tun, setzt voraus, daß die Einzelprobleme nicht nur analytisch, sondern auch realiter isolierbare Größen sind. Diese Prämisse läßt sich heuri-

---

[21] Zur Kritik: R. N. Smart, Negative Utilitarianism, in: Mind 67 (1958) 542 f.; vgl. auch J. W. N. Watkins, Negative Utilitarianism, in: Aristotelian Society, Supplementary Volume 37 (1963) 95–114; A. D. M. Walker, Negative Utilitarianism, in: Mind 83 (1974) 424–428.

stisch, nicht aber als systematischer Grundsatz einer umfassenden Theorie politischer Planung verwenden. Zwar geht Planung häufig von konkreten Einzelproblemen aus, von offensichtlichen Schwierigkeiten, wie dem Lehrermangel, der Schulraumnot oder der im internationalen Vergleich festzustellenden Unterrepräsentation von Arbeiterkindern bei den Abiturienten und Studenten. In einer ersten Phase von Planungsaktivitäten kann es auch sinnvoll sein, einen Katalog von Einzelmaßnahmen zu entwerfen, um konkrete Schwierigkeiten für den Augenblick abzumildern oder ihnen entgegenzuwirken[22]. Aber im Fortgang der Planung läßt sich eine Interdependenz der Probleme nicht verleugnen: die Vernetzung der bildungspolitischen Fragen untereinander[23], der Zusammenhang von Bildungs- und Hochschulplanung[24], die wechselseitige Abhängigkeit von Bildungs- und Wirtschaftspolitik[25]. Wenn man die Abhängigkeiten und die wechselseitigen Bezüge der als Einzelprobleme beobachteten Schwierigkeiten übersieht oder die wahrscheinli-

[22] So war es sinnvoll, daß die Bildungskommission des Deutschen Bildungsrates, ein Konzeptplanungsgremium also, in ihrer ersten Empfehlung das Zentralproblem aller qualitativen und quantitativen Bildungsreformen in Angriff nahm und einen Katalog von Maßnahmen zusammenstellte, mit dem man dem Lehrermangel wirksam begegnen kann: Deutscher Bildungsrat, Empfehlungen der Bildungskommission, Zum Lehrermangel in den mathematisch-naturwissenschaftlichen Fächern an den Gymnasien, Bonn 1967.
[23] Ein augenfälliges Beispiel: der Zusammenhang der Erweiterung der Schulpflicht mit dem Bedarf an Lehrern und Schulräumen.
[24] So beim Zusammenhang der Abiturientenzahlen mit der Nachfrage nach Studienplätzen; beim Zusammenhang der Eingangsforderungen der Hochschulen mit den Oberstufen- bzw. Kollegstufencurricula.
[25] Um bei schon trivialen Aspekten zu bleiben: der Ausbau des Bildungswesens ist an das Steueraufkommen, das wirtschaftliche Wachstum an Quantität und Qualität der Ausbildungsmöglichkeiten zurückgebunden. – Zum Verhältnis von Wirtschaft und Bildung: H. P. Widmaier, Bildung und Wirtschaftswachstum. Eine

chen Nebenfolgen für andere Bereiche und Sektoren vernachlässigt, läuft man Gefahr, die Schwierigkeiten erst gar nicht zu lösen oder nur an andere Stellen und auf später zu verschieben. Die Verbesserung einzelner Aspekte kann sogar zu einer gesamtgesellschaftlichen Verschlechterung führen[26].

Aufgrund der mannigfachen Interdependenzen darf eine vernünftige Planung ihre Aufgaben nicht als streng isolierte Einzelprobleme behandeln und sich auf punktuelle ad-hoc-Maßnahmen beschränken. Ohne die Gesellschaft als ganze und auf einmal verplanen zu wollen – angesichts der Komplexität, Dynamik und Interdependenz der verschiedenen Sozialprozesse und Sozialsysteme reichen schon die Steuerungskapazitäten dafür bei weitem nicht aus –, bleibt die Möglichkeit, Konzepte zu entwerfen und sie als Grundlage politischer Entscheidungen zu empfehlen. Konzepte schaffen einen Grundriß; sie legen ihre Sache nicht bis in alle Einzelheiten fest. Sie konzentrieren sich auf Grundstrukturen und Rahmenbedingungen, die durch weitere Planungs- und Entscheidungsprozesse noch ausgefüllt, korrigiert und vor allem mit anderen Bereichen und Gesichtspunkten abgestimmt werden können. Konzeptplanung stellt einerseits nur die erste Stufe in einem mehrstufigen Planungspro-

Modellstudie zur Bildungsplanung im Auftrag des Kultusministeriums Baden-Württemberg, Villingen 1966; F. Harbison, Educational Planning and Human Resource Development, Paris 1967; R. Poignant, The Relation of Educational Plans to Economic and Social Planning, Paris 1967; F. Edding, Auf dem Weg zur Bildungsplanung, Braunschweig 1970, 119–153; K. Hüfner (Hg.), Bildungsinvestitionen und Wirtschaftswachstum. Ausgewählte Beiträge zur Bildungsökonomie, Stuttgart 1970; J. Naumann (Hg.), Forschungsökonomie und Forschungspolitik. Ausgewählte amerikanische Beiträge, Stutgart 1970; Ph. H. Coombs, What is Educational Planning, Paris 1970.
[26] Vgl. Churchman (1973) 26 ff.

zeß dar[27]; andererseits entwirft sie schon das Grundmuster der Sache: ihre wesentlichen Elemente und Momente. Sie bringt die Teile und Aspekte in einen Zusammenhang, richtet ihn an konsensfähigen gesellschaftspolitischen Zielvorstellungen und Grundsätzen aus und weist auf problem- und ausschnittsspezifische Wege der Realisierung hin[28]. Konzepte stellen zwischen dem, was man inkrementale Verbesserungen nennen kann (im Bildungsbereich etwa die Herabsetzung des Einschulungs-

---

[27] Aus der Erfahrung der Arbeit des Deutschen Bildungsrates und am Beispiel der westdeutschen Bildungspolitik hat H. Krings ein differenziertes mehrstufiges Planungsmodell entwickelt. Krings unterscheidet zwischen: (a) Konzeptplanung, die sich als produktive Synthese einer Bestandsanalyse und einer Antizipation von Zielvorstellungen vollzieht und die den begrifflichen Umriß der Sache darstellt; (b) politischer Entscheidungsplanung, die das Konzept politisch prüft und entscheidungsreif macht; (c) der Realplanung, die die politischen Entscheidungen individualisiert und terminiert. In der Bundesrepublik lassen sich, so die These, die den Planungsphasen entsprechenden Funktionen mit jeweils eigenständigen Institutionen identifizieren. Die Aufgabe der Konzeptplanung übernehmen der Deutsche Bildungsrat und der Wissenschaftsrat, die Entscheidungsplanung wird von der Bund-Länder-Kommission für Bildungsplanung durchgeführt, die Realplanung durch die Kultusministerien: Die Aporie der Bildungsplanung, in: Neues Lernen, München 1972, 65–81.

[28] Ein besonders treffendes Beispiel für eine systematische Strukturskizze stellt der von der Bildungskommission des Deutschen Bildungsrates empfohlene „Strukturplan für das Bildungswesen" dar (verabschiedet am 13. 2. 1970). Der umfangreiche Plan (ca. 400 Seiten) analysiert den damaligen Stand des Bildungswesens und macht auf seine Schwächen aufmerksam. Vor allem entwickelt er ein umfassendes systematisches Reformkonzept für die Lehr- und Lernvorgänge vom Elementarbereich (Kindergarten) über den Primarbereich und die Sekundarstufe I bis zur Sekundarstufe II und dem Bereich der Weiterbildung (lediglich die dem Wissenschaftsrat vorbehaltenen Hochschulprobleme sind ausgespart). Orientiert an bildungs- und gesellschaftspolitischen Grundsätzen sowie pädagogischen Leitmotiven, soll unter anderem das vorhandene vertikal gegliederte Schulwesen in ein horizontal gegliedertes umgewandelt sowie für das gesamte Sekundarschulwesen ein wis-

alters, die Verwirklichung des 10. Schuljahres für alle,
die Durchlässigkeit zwischen den verschiedenen Schulfor-
men und Schultypen), nicht bloß die wechselseitigen Bezüge und Abhängigkeiten her. Indem sie die einzelnen
Sektoren und Aspekte unter übergreifenden Kriterien
organisieren, vermeiden sie die andere Gefahr des Inkrementalismus, nur eine relativ kurzsichtige und damit
in ihrem Erfolg ständig bedrohte Gesellschaftsreform
durchzuführen. Konzeptplanung hat eine ausgesprochene
Orientierungsfunktion, und zwar in erster Linie für die
nachfolgenden Planungs- und Entscheidungsprozesse.
Mit einem Kompaß oder einer Seekarte vergleichbar,
weisen Konzepte den inkrementalen Verbesserungen die
gemeinsame Richtung.

Eine Politik, die sich durch konstruktive Konzeptentwürfe bestimmen läßt, beschränkt sich nicht auf das,
was man politischen Aktionen oft vorwerfen muß, auf
Krisenmanagement. Auch wenn Konzeptplanung durch
krisenähnliche Entwicklungen ausgelöst sein mag – eine
Bildungsplanung durch das lawinenartige Ansteigen von
Schüler- und Studentenzahlen[29], eine Energieplanung

---

senschaftsbestimmtes Lernen eingeführt werden. Der Strukturplan
entwickelt auch die Zusammenhänge zwischen einer Strukturreform
der Bildungsgänge, einer Reform der Lehrerbildung, einer Verwaltungsreform und den Finanzierungsaufgaben.

[29] Übrigens ist die damit zusammenhängende „Bildungskrise" weder auf den genannten Aspekt noch auf die Bundesrepublik begrenzt. Man muß schon von einer Weltbildungskrise sprechen, für
die P. H. Coombs in seiner Studie für eine Konferenz der UNESCO
fünf wesentliche Krisenmerkmale nennt: explosionsartige Zunahme
der Nachfrage nach Bildung; erhebliches Defizit an finanziellen,
personellen und sachlichen Mitteln; Erhöhung der realen Kosten
pro Schüler bzw. Student; Trägheit in bezug auf Modernisierung
der Unterrichtsmethoden und Unterrichtsverwaltung; ein Ungenü-
gen der erworbenen Bildung in einer sich rasch wandelnden Welt
in sozialer, ökonomischer und individueller Hinsicht: The World
Educational Crisis, New York u. a. 1968, 164 f. u. a.

durch die plötzliche Energieverknappung und rapide Energieverteuerung –, so verfällt sie doch nicht einem punktuellen und systemlosen Interventionismus, der den je auftretenden Problemen und ihrer krisenhaften Zuspitzung immer nachläuft. Die Probleme sollen vielmehr rechtzeitig in ihrem Zusammenhang erkannt sowie durch die kritische Übernahme und die problemspezifische Weiterentwicklung gesellschaftspolitischer Leitlinien einer längerfristigen Lösung zugeführt werden.

In der Konzeptplanung wird auch die These vom negativen Utilitarismus in der Praxis unterlaufen. Sicher nehmen viele politische Planungen ihren zeitlichen Ausgang bei der Erfahrung von Mängeln und gewinnen ihre Durchsetzungskraft aus der Überzeugung, solche Mängel beheben oder doch zumindest reduzieren zu können. Wirtschaftsplanung sieht sich den Problemen der Arbeitslosigkeit und Inflation konfrontiert; Bildungsplanung kann durch Lehrermangel oder Schulraumnot, durch Abiturientendefizit oder Bildungsschranken motiviert, ausgelöst und auch über weite Strecken geleitet sein. Aber in den Mängeln steckt begrifflich immer mehr als ein bloßes Defizit. Erst unter der Antizipation positiver Zielvorstellungen als den Kriterien und im Vergleich mit ihnen tritt der Mangelcharakter hervor. (Die Inflation erscheint nur dort als Defizit, wo man ein Interesse an Geldwertstabilität annimmt; der Lehrermangel besteht im Vergleich mit der pädagogischen Wünschbarkeit bestimmter Lehrer-Schüler-Relationen; der Abbau von Bildungsschranken und Sprachbarrieren ist unter der Annahme von Chancengleichheit und individueller Förderung sinnvolles Ziel eines Bildungssystems.) Das Beseitigen von Mängeln und die Realisation positiver Ziele sind keine strikt konkurrierenden Planungsinteressen, sondern verschiedene Perspektiven desselben

Interesses. Ebenso wie die Defizitanalyse gehört auch die (explizite oder implizite) Antizipation von Zielen zu den unabdingbaren methodischen Elementen von Planung. Der Gegensatz: Milderung von Mängeln oder Orientierung an Zielen und Idealen, ist als Basis einer distinkten Planungstheorie begrifflich nicht tauglich.

Das von einem negativen Utilitarismus bestimmte Planungsmodell enthält nicht nur, theoretisch gesehen, einen Widerspruch. Es hat darüber hinaus planungspraktische Konsequenzen. Eine sich als bloße Mängelbeseitigung verstehende Planung nimmt die Diskussion der Kriterien, in deren Licht Tatbestände als Mängel erscheinen, aus der Planungsaktivität selbst heraus. Obwohl sich die Mängelbeseitigung nur unter der Bedingung positiver Zielvorstellungen *denken* läßt, werden bei der *faktischen* Mängelbeobachtung solche Ziele zwar vorausgesetzt, aber nicht notwendig auch expliziert und problematisiert. Für die Planungspraxis ist es jedoch entscheidend, ob man das begrifflich unabdingbare Element, die Antizipation der Ziele, ausdrücklich vornimmt oder nur implizit mitlaufen läßt. Die Ziele, an denen sich die Bildungsplanung ausrichtet, sind als Chancengleichheit und individuelle Förderung weder utopische Ideale noch atomistische Einzelmängel. Es sind die Kriterien, an denen die inkrementalen Verbesserungen: die Veränderung von Strukturen und Organisationsformen, von Bildungsinhalten und Lernzielen, beurteilt und als sinnvoll oder sinnwidrig qualifiziert werden können. Konzeptplanung verfolgt das Interesse, auch solche Kriterien nicht unbesehen zu übernehmen, sie vielmehr einer angemessenen Prüfung zu unterziehen und damit eine Dimension der Kritik und der Veränderung zu eröffnen.

11. Zur Struktur
wissenschaftlicher Politikberatung

11.1 Zur Infrastruktur: wissenschaftliche Rationalität

Daß Planung und ihr besonderer Fall, die Konzeptplanung, sich der Wissenschaften bedienen sollen, wird heute weder in den theoretischen noch in den politischen Diskussionen um Planung bestritten. Die Kontroversen beziehen sich auf die weniger grundsätzlichen Fragen nach der Reichweite von Planung und ihren Methoden. In diesem Problemfeld steckt die Forschung allerdings erst in den Anfängen. Trotz einer Fülle von Detail- und Spezialuntersuchungen[1] ist eine umfassende und elaborierte Methodologie gesellschaftspolitischer Planungsprozesse noch immer ein Desiderat. Es ist nicht einmal geklärt, an welche der etablierten Wissenschaftsdisziplinen sich eine Methodologie der Planung anzuschließen hätte. Nach H. Lenk sollte es die Wissenschaftstheorie sein, die ihren Untersuchungsbereich erweitert und die logische

---

[1] Vgl. das Literaturverzeichnis bei Lompe (1971) 320–344. – Zu den methodologischen Arbeiten gehören H. C. Rieger, Begriff und Logik der Planung, Wiesbaden 1967; F. Weinberg, C. A. Zehnder (Hg.), Heuristische Planungsmethoden, Berlin – Heidelberg – New York 1969; E. Jantsch (Hg.), Perspectives of Planning, Paris 1969 (darin besonders H. Ozbekhan, Toward a General Theory of Planning, 47–155); K. Hüfner, Traditionelle Bildungsökonomie und systemorientierte Bildungsplanung, Berlin 1969; S. Jensen, Bildungsplanung als Systemtheorie, Berlin 1970. – Ein Aufriß der zeitgenössischen Diskussion u. a. bei V. Ronge, G. Schmieg (Hg.), Politische Planung in Theorie und Praxis, München 1971, Einleitung und Lenk (1972) 63–94.

Struktur, die prognostische Verläßlichkeit und die fundamentalen Gesetzlichkeiten: die Naturgesetze, die soziologisch-ökonomischen Gesetze oder die Quasi-Gesetze des Planungsverfahrens, analysiert[2]. Insofern die Wissenschaftstheorie aber heute in erster Linie eine Metatheorie der empirisch-analytischen Wissenschaften ist, die sich an der Mathematik und den Naturwissenschaften orientiert und, um eine praktische Dimension erweitert, als Metatheorie der empirisch-analytischen Erkenntnis sowie des rationalen Handelns definiert wird[3], ist durch sie eine hinreichende und ausgewogene Erhellung der Planungsproblematik nicht gewährleistet. Eine allgemeine Methodologie von Planung, die sich zu eng an die herkömmliche Wissenschaftstheorie anschließt, läuft Gefahr, Planungsprozesse als wissenschaftliche oder wissenschaftsanaloge Verfahren zu rekonstruieren, die genuin nicht-wissenschaftlichen Momente zu unterschlagen und sich so der szientistischen Verkürzung politischer Planungs- und Entscheidungsprozesse anzuschließen. Darüber hinaus wird sie tendenziell die empirisch-analytischen und technisch-ökonomischen Beiträge zur Planung überschätzen, die wissenschaftstheoretisch noch umstrittenen, in einer methodischen Planung aber unabdingbaren Methoden der Hermeneutik und der Kritik unterbewerten.

Statt mit einem fertigen Begriff von Wissenschaft zu beginnen und sich dadurch den Blick für die besondere Situation zu verstellen, müßte eine angemessene Metho-

[2] Lenk (1972) 71 f.
[3] Vgl. Stegmüller (1973) 1–5. – Ein weiterer Begriff von Wissenschaftstheorie bei Lorenzen – Schwemmer (1973), die zur Wissenschaftstheorie vier Bereiche rechnen: die Theorie des mathematischen, des technischen, des historischen und des praktischen Wissens. Die Gefahr der szientistischen Verkürzung besteht aber auch dort, siehe oben Kap. 9.2.

dologie der Planung das aufgabenspezifische Spektrum der Wissenschaften in den Planungsprozessen aufgreifen und erst im Ausgang von ihm die für Planung eigentümliche Kompetenz der Wissenschaften eruieren. Hier bewährt sich ein wissenschaftstheoretisches Prinzip, das Aristoteles in der Nikomachischen Ethik formuliert hat[4], das Prinzip der sachgerechten Klarheit. Nach ihm kommt es nicht darauf an, ein vorgefertigtes Schema von Wissenschaftlichkeit jedem Gegenstandsbereich aufzustülpen, sondern sehr allgemeine Ansprüche von Wissenschaftlichkeit mit dem jeweiligen Gegenstandsbereich zu vermitteln und erst aus dieser Vermittlung heraus die genaue, die bereichsspezifische Rationalität und Kompetenz von Wissenschaft zu gewinnen. – Die folgenden methodischen Bemerkungen sind lediglich eine erste Vorstufe. Sie sollen einige der in Konzeptplanungsprozessen erforderlichen wissenschaftlichen Verfahren benennen, um eine qualitative Beurteilung des Beitrages der Wissenschaften zur politischen Planung vorzubereiten.

Die bisherige Planungsdiskussion hat eine Vielzahl von Strukturmodellen und Prozeßschemata von Planung hervorgebracht. Meistens wird die Realisierung des Planes zur Planung selbst hinzugerechnet und der Planungsprozeß etwa in (a) Information oder Datenerhebung, (b) Programmierung, (c) Plandurchsetzung und (d) Auswertung untergliedert[5]. Um aber die begrifflich wichtige Differenz zwischen der wissenschaftlichen Planung auf der einen und der politischen Entscheidung auf der anderen Seite nicht terminologisch zu verwischen, bezieht sich hier der Ausdruck Planung lediglich auf den Prozeß, der die Ausarbeitung von Plänen zum Ziel hat. Im

---

[4] I 1, 1094 b 11–27; dazu Verf. (1971), bes. 108 ff.
[5] Zum Planvollzug als intregalem Bestandteil der Planung Lompe (1971) 34 f. u. v. a. m.

Unterschied zur Entscheidung hat Planung nur Entwurfscharakter[6].

Auch in dem so definierten Planungsprozeß lassen sich analytisch mehrere Momente unterscheiden:

(1.) Problemanalyse,

(2.) Zielbestimmung,

(3.) konstruktiver Entwurf[7].

Die drei Momente bilden zusammen das idealtypisch gültige Grundmuster von Konzeptplanung. Man darf sie jedoch nicht mit bestimmten Planungsmethoden identifizieren. Keines von ihnen verweist auf ein einziges, in sich homogenes wissenschaftliches Verfahren; sie bezeichnen vielmehr strukturanalytisch unterscheidbare, funktional aufeinander bezogene Teilziele im Planungsprozeß.

Problemanalyse

Eine Konzeptplanung hat als erstes die Aufgabe, die Probleme ihres Planungsbereiches zu sehen, sie gründlich zu analysieren und sie auf dem Allgemeinheitsgrad von Konzeptproblemen präzis zu formulieren. Konzeptplanung beginnt mit einem diagnostischen Teil, der seinen Ausgang bei einer vorwissenschaftlichen Mängelbeobachtung nehmen kann: bei der Wahrnehmung von Unzufriedenheit oder Ineffizienz, von dysfunktionalen oder inhumanen Verhältnissen. Der wissenschaftliche Beitrag zur Problemanalyse besteht dann in der methodischen Überprüfung der vorwissenschaftlichen Beobach-

---

[6] Vgl. J. H. Kaisers anspruchsvolle Definition: „Planung ist der systematische Entwurf einer rationalen Ordnung auf der Grundlage alles verfügbaren Wissens" (Planung I. Recht und Politik der Planung in Wirtschaft und Gesellschaft, Baden-Baden 1965, 7).

[7] Vgl. H. Krings' Unterscheidung der drei Momente: Analyse, Antizipation und Konzept, in: Krings (1972) 50.

tungen und Meinungen[8], in ihrer Bestätigung oder aber Korrektur[9] sowie der Aufbereitung zu Konzeptproblemen.

Die wissenschaftliche Problemdiagnose besteht selbst aus mehreren Elementen. So braucht es Kategorien, die als Kriterien die Beobachtung orientieren und strukturieren (Lehrermangel, Sprachbarrieren usf.). Mit Hilfe einer kategorialen Aufgliederung des beobachteten Sachverhaltes sind die in der vorwissenschaftlichen Beobachtung und die in der alltagssprachlichen Diskussion vorausgesetzten Begriffe und Kriterien einem analytischen Klärungsprozeß zu unterziehen. Die oft unbewußt angenommenen, im allgemeinen noch mehrdeutigen und teilweise miteinander konfligierenden Kriterien sind als solche zu explizieren, in ihre verschiedenen Teilelemente aufzugliedern und als Teilkriterien für sich sowie im Verhältnis zueinander zu definieren. Soweit es sich ermöglichen läßt, bildet man quantitative Maßstäbe. – Nach Maßgabe der präzisierten Begriffe ist die Beobachtung methodisch durchzuführen, wobei Begriffsklärung und Beobachtung sich wechselseitig beeinflussen. Aufgrund der verschiedenen Erhebungs- und Auswertungstechniken ermittelt die empirische Sozialforschung die erforderlichen Daten, deren Interpretation zu einer

---

[8] Nur als Beispiel die einflußreiche, systemtheoretisch durchgeführte Diagnose einer weltweit zu beobachtenden Bildungskrise von Coombs (1968) und H. Peisert, Soziale Lage und Bildungschancen in Deutschland, München 1967.

[9] Eine aufsehenerregende Korrektur bei C. Jencks, Inequality – A Reassessment of the Effect of Family and Schooling in America, dt. unter dem irreführenden Titel: Chancengleichheit. Hamburg 1973. Hier wird der in den Vereinigten Staaten und anderswo gehegte Traum von der Schule als Instrument der sozialen Egalisierung zerstört. Die Studie ist allerdings nicht ohne Widerspruch aufgenommen worden. Vgl. E. Nyssen, Plädoyer gegen die Schulreform?, in: Schulmanagement 3 (1974) 26–28.

methodisch abgestützten Bestandsaufnahme führt[10]. – Da Konzeptplanung die sozialen Prozesse und Institutionen in ihrer künftig gültigen Struktur entwerfen soll, ist es über Begriffsbildung, Erhebung und Auswertung hinaus erforderlich, die gegenwärtige Situation zu extrapolieren und mit Hilfe von Gesetzen oder Quasi-Gesetzen (Trends, Entwicklungslinien oder Tendenzen) zu Prognosen über jene zukünftige Situation zu kommen, in der die Konzepte, sofern sie tatsächlich zur Grundlage politischer Entscheidungen werden, ihre politisch-sozialen Konsequenzen zeigen[11]. Dabei dürfen die Rückkoppelungseffekte, die Möglichkeiten von self-fulfilling und self-destroying prophecies nicht vergessen werden: die Rückwirkungen der Prognosen auf die Entwicklungslinien, die sie prognostizieren, und die dadurch zu erwartenden, aber kaum abzuschätzenden Modifikationen im Ereignisablauf. – Je nach Forschungslage kann die Konzeptplanung bei den skizzierten Teilaufgaben

---

[10] Zum Beispiel Deutscher Bildungsrat, Empfehlungen der Bildungskommission, Zur Planung berufsqualifizierender Bildungsgänge im tertiären Bereich, Bonn 1973, c. II 2: Gegenwärtige Strukturen im Bildungs- und Beschäftigungssystem.

[11] Zum Begriff der Prognose und zur These von der strukturellen Gleichheit von Erklärung und Prognose: W. Stegmüller, Wissenschaftliche Erklärung und Begründung, Berlin – Heidelberg – New York 1969, c. II; H. Lenk (1972) 13–44, 45–62; P. Streeten, Programm und Prognose, in: Gäfgen (1966) 53–74. Vgl. E. Topitsch (Hg.), Logik der Sozialwissenschaften, Köln – Berlin [4]1967, 113–161 (K. Popper; H. Albert; R. Merton). Zur Problematik bildungspolitischer Prognosen: F. Edding, Der Ausbau der Hochschulen bis 1980, in: Recht und Wirtschaft der Schule 3 (1962) 33–40; D. Berstecker, B. Dieckmann, Planung und Prognose mit Hilfe internationaler Vergleiche, in: K. Hüfner, J. Naumann (Hg.), Bildungsplanung: Ansätze, Modelle, Probleme, Stuttgart 1971, 52–64. – Ein Beispiel aus der bildungsplanerischen Praxis: Deutscher Bildungsrat (1973) c. 3: Längerfristige Entwicklungstendenzen und die zukünftige bildungs- und beschäftigungspolitische Bedeutung tertiärer Ausbildungen.

auf schon vorliegende Forschungsergebnisse zurückgreifen oder muß sie selbst organisieren bzw. in Auftrag geben[12].

Mit der methodischen Ermittlung von Daten und Prognosen ist die Problemanalyse noch nicht abgeschlossen. Selbst die klare Einsicht in vorhandene, quantitativ präzisierbare Bildungsschranken und Sprachbarrieren, auch das Wissen um bestehende Lehrer- und Schulraumdefizite und die Prognose steigender oder abnehmender Defizitverläufe geben für sich noch keine Basis für Konzeptplanung ab. Die korrigierten und präzisierten Befunde sind noch zu Konzeptproblemen aufzuarbeiten. Die Mängel sind in ihren Zusammenhang mit dem gegebenen Bildungssystem: seinen Organisationsformen, Lernzielen, Bildungsinhalten sowie seiner sozialen Umwelt, zu stellen und aus bestimmten Eigenschaften des Bildungs- und Gesellschaftssystems zu erklären: das Lehrerdefizit etwa aus mangelndem Sozialprestige oder geringer Besoldung[13]; Sprachbarrieren aus einem zu späten Lernbeginn, aus einseitigen Lernzielen, Bildungsinhalten oder regional, konfessionell, schichtenspezifisch bedingten Unterschieden in der Bildungsbereitschaft[14].

---

[12] So gibt der Deutsche Bildungsrat eine eigene Reihe „Gutachten und Studien der Bildungskommission" heraus.

[13] Vgl. Deutscher Bildungsrat, Gutachten und Studien der Bildungskommission Bd. 17, Materialien und Dokumente zur Lehrerbildung (Hg. B. Hanssler), Stuttgart 1971a.

[14] Vgl. die im Auftrag des Kultusministeriums von Baden-Württemberg erstellte psychologische Modellstudie: K. Aurin, Ermittlung und Erschließung von Begabungen im ländlichen Raum, Villingen 1966; ferner: B. Bernstein, Soziokulturelle Determinanten des Lernens. 4. Sonderheft der Kölner Zeitschrift für Soziologie und Sozialpsychologie, Köln 1959; R. Geipel, Bildungsplanung und Raumordnung, Frankfurt a. M. 1968; Peisert (1967); H. P. Widmaier (Hg.), Begabung und Bildungschancen, Berlin – Bonn – München 1967.

Solche „Systemmängel" sind ihrerseits in einen Zusammenhang zu bringen und, soweit möglich, aus allgemeineren Eigenschaften, aus Grundsätzen oder Strukturprinzipien des Bildungssystems zu erklären. Erst durch die Diagnose systematischer Mängel liegen wissenschaftlich aufbereitete Probleme vor.

Zielbestimmung

Die weitere Aufgabe der Konzeptplanung, die Antizipation einer für lebenswert und auch realisierbar gehaltenen Zukunft, weist nicht nur auf wissenschaftliche, sondern auch auf genuin politische Elemente. Die Methode der Zielbestimmung wird deshalb später noch näher erörtert[15]. Aber so viel läßt sich schon hier sagen: Die Zielbestimmung rekurriert auf übergreifende gesellschaftspolitische Grundsätze und Kriterien, die von der Idee der Humanität und den Funktionsanforderungen einer Industriegesellschaft bestimmt sind. Die Konzeptplanung sucht solche allgemeinen Ziele für ihren spezifischen Problemkreis zu präzisieren. Für den Bildungsbereich etwa hat man vier Ziele benannt. Aufgrund einer Interpretation der entsprechenden Verfassungsabschnitte im Grundgesetz und den Länderverfassungen über die Grundrechte sowie den demokratischen und sozialen Rechtsstaat lassen sich (I.) Chancengleichheit und (II.) individuelle Förderung[16], aus den Funktionsanforderungen einer Industriegesellschaft lassen sich (III.) Deckung des ökonomischen und sozialen Bedarfs an gebil-

---

[15] Kap. 11.2–3.
[16] So schon in dem temperamentvollen Beitrag von R. Dahrendorf, Bildung ist Bürgerrecht. Plädoyer für eine aktive Bildungspolitik, Hamburg ²1966. Zum Verhältnis von Grundgesetz und einem Bildungsprogramm: H. Becker, Bildungsforschung und Bildungsplanung, Frankfurt a. M. 1971, 135–139.

deten Menschen sowie (IV.) ein effizienter Einsatz der materiellen Ressourcen als angemessene bildungspolitische Ziele gewinnen. Mit ihrer Hilfe werden gegebene Situationen überhaupt als veränderungsbedürftig, die beobachteten und kategorial aufgegliederten Mängel als Mängel und damit als Herausforderung zur Behebung legitimiert und disqualifiziert[17]. Zugleich geben die bildungspolitischen Grundsätze die Richtlinien ab, nach denen das Bildungswesen neu zu organisieren ist. Die durch hermeneutische und andere Verfahren gewonnenen Ziele bezeichnen aber erst einen sehr allgemeinen Grundrahmen, der für konkrete Planung noch zu unbestimmt ist. Besonders ist nichts darüber ausgesagt, wie man solche Ziele realisieren kann.

Auch unter dem Gesichtspunkt der zielangemessenen Realisierungsmöglichkeiten kann die Konzeptplanung auf wissenschaftliche Resultate zurückgreifen. In bezug auf Chancengleichheit und individuelle Förderung rekurriert sie auf Ergebnisse der Pädagogik, vor allem der Begabungsforschung[18]. Mit ihrer Hilfe werden die Grundsätze zu pädagogischen Leitmotiven, zu Zielen mittlerer Allgemeinheit spezifiziert. Der Grundsatz der Chancengleichheit wird zu den Forderungen nach Durchlässigkeit, frühem Lernen sowie wissenschaftsbestimmtem Lernen nicht nur für Gymnasiasten, sondern für alle präzisiert; das Kriterium der individuellen Förderung wird zum Leitmotiv der Förderung statt dem der Auslese und zu einer inneren und äußeren Differen-

---

[17] Vgl. oben Kap. 10.2.
[18] Vgl. H. Roth (Hg.), Begabung und Lernen. Ergebnisse und Folgen neuerer Forschungen, Stuttgart ⁴1970 (= Band 4 der Gutachten und Studien der Bildungskommission). Über den Bezug der bildungspolitischen Konzeptplanung auf diese Forschung siehe Deutscher Bildungsrat (1970) 15.

zierung der Schule konkretisiert[19]. Bei den anderen Zielen (III: Bedarfsdeckung, IV: effizienter Ressourceneinsatz) kommen bildungsökonomische Forschungen und ihre verschiedenen Ansätze (der Nachfrage-Ansatz: social demand approach, der Arbeitskräftebedarfs-Ansatz: manpower approach, der Ertragsraten-Ansatz: rate of return approach) in Betracht[20]: insgesamt ist eine Vielzahl wissenschaftlicher Disziplinen und Forschungszweige vonnöten.

Konstruktiver Entwurf

Auf der Basis einer gründlichen Problemdiagnose und nach Maßgabe von präzisen pädagogischen Leitzielen ist ein Zusammenhang von Bildungseinrichtungen zu entwerfen[21]. Das Entwerfen ist eine Tätigkeit kreativer Vorstellungen, ein freies Spiel mit Möglichkeiten und deshalb zunächst nicht durch Wissenschaft, sondern durch Phantasie bestimmt. Aber die Phantasie erhält keinen unbegrenzt freien Lauf; sie steht im Dienst einer rationalen Politik. Sie soll Möglichkeiten entwerfen, die zielangemessen und unter den gegebenen sozioökonomischen Bedingungen auch realisierbar sind. Zu diesem Zweck muß Konzeptplanung auf die für sie relevanten wissenschaftlichen Erkenntnisse und Einsichten zurückgreifen.

Im allgemeinen reichen die vorhandenen Forschungsresultate nicht aus, um Folgen und Nebenfolgen, Kosten

---

[19] Vgl. Deutscher Bildungsrat (1970) Teile I, II; ferner Becker (1971) 38–61, 88–146.

[20] Zu diesem am weitesten entwickelten Zweig der Bildungsforschung, der Bildungsökonomie, siehe Anm. 25 zu Kap. 10.

[21] Zum Beispiel Deutscher Bildungsrat (1970) Teil III; ders., Zur Neuordnung der Sekundarstufe II. Konzept für eine Verbindung von allgemeinem und beruflichem Lernen, Bonn 1974, c. 2–3.

und Nebenkosten mit hinreichender Gewißheit zu übersehen. Konzeptplanung kann dann ihre Empfehlungen einer systematischen Bewährung in der Erfahrung aussetzen. Als eine erste Annäherung bieten sich internationale Erfahrungen an. Genauer und verläßlicher ist es, Modellversuche zu initiieren und durch eine begleitende wissenschaftliche Untersuchung systematisch auszuwerten. Vor allem neuartige Konzeptvorstellungen, Empfehlungen zu bildungsinnovatorischen Maßnahmen wie zur Errichtung einer integrierten Gesamtschule oder zu einem Verbund von Schulen, Lehrwerkstätten, Betrieben und „Studios"[22], sind so in bezug auf Zielangemessenheit, Realisierungschancen, Kosten und Nebenkosten in Experimentalprogrammen empirisch zu überprüfen[23].

Zur wissenschaftlichen Rationalität von Konzeptplanung

Schon der vorläufige Strukturaufriß wissenschaftlicher Konzeptplanung stößt auf eine Mannigfaltigkeit von wissenschaftlichen Disziplinen und Verfahren. Ihre Beiträge zur Konzeptplanung stehen nicht beliebig nebeneinander, sondern bilden einen komplexen, in sich strukturierten und folgerichtig aufgebauten Prozeß, dessen Grundmuster durch das Ineinandergreifen von drei Momenten: der Problemanalyse, der Zielbestimmung und

[22] Die Empfehlung zur Errichtung dieses neuartigen Verbundes: Deutscher Bildungsrat (1974).
[23] Beispiele für Experimentalprogramme sind die zwei Empfehlungen der Bildungskommission des Deutschen Bildungsrates zur Einrichtung von Schulversuchen mit Ganztagsschulen, Bonn 1968, und zur Einrichtung von Schulversuchen mit Gesamtschulen, Bonn 1969; ferner schon die vom Deutschen Ausschuß für das Erziehungswesen ausgesprochene Empfehlung zur Errichtung von Versuchsschulen, Bonn 1954.

des konstruktiven Entwurfs, gekennzeichnet ist. Die sinnvoll gestellte Frage nach der Methode von Konzeptplanung zielt deshalb nicht auf ein einziges Verfahren. Es treten verschiedene: etwa begriffsanalytische, empirische und hermeneutische Methoden zusammen, die in den einen Prozeß der Konzeptplanung zu integrieren sind. Deshalb sind all die wissenschaftstheoretischen Vorstellungen abzuwehren, die die Konzeptplanung auf ein einziges Verfahren festlegen wollen, gleich ob es als sozial-technologische Konstruktion, als Kalkulation oder als kritisches Sinnverstehen identifiziert wird. Zwar kommen den verschiedenen Verfahren – je nach dem Gegenstandsbereich (Bildungsplanung, Finanz- oder Energieplanung usf.), seinem theoretischen und politischen Diskussionsstand sowie der Planungsaufgabe – unterschiedliche Gewichte zu. Gelegentlich können einige sogar ganz in den Vordergrund treten. Ein solcher Primat gilt aber nicht grundsätzlich, sondern nur für bestimmte Fälle und deren Kontext.

Die Pluralität wissenschaftlicher Forschungszweige und -verfahren gibt dem in den letzten Jahren wieder verstärkten Ruf nach interdisziplinärer Arbeit recht. Politische Planungsaufgaben können nicht von den Vertretern einer einzigen der etablierten Methoden und noch weniger von denen einer einzigen Disziplin getragen werden. Unter dem Aspekt des wissenschaftlichen Beitrages ist Planung in der Tat ein „hochkomplexes interdisziplinäres Unternehmen"[24]. Mit der Qualität des Interdisziplinären ist Konzeptplanung aber erst oberflächlich charakterisiert. So würde es der Forderung nach interdisziplinärer Arbeit nicht widersprechen, wenn die einzelnen Fachbeiträge wissenschaftlich, die

[24] Lenk (1972) 68.

Organisation und Integration der Beiträge in ein Konzept aber naturwüchsig, nach dem Modell von „countervailing powers" stattfindet. Dadurch werden die wissenschaftlichen Möglichkeiten für Konzeptplanung jedoch erheblich verkürzt; denn nur die einzelnen Teile, nicht auch die Vermittlung der Teile zu einem Ganzen, dem Konzept, folgt wissenschaftlichen Kriterien.

In der Wissenschaft, ganz allgemein als Inbegriff von Theoriekompetenzen zu definieren, lassen sich strukturanalytisch zwei Aspekte unterscheiden. Als Sachverstand interpretiert, sind die Wissenschaften für Fachkenntnisse, als Methodenverstand für die systematische Durchführung von Denk- und Beobachtungsprozessen zuständig. Die Theoriekompetenz in ihren beiden Aspekten, der Sach- und der Methodenkompetenz, kann zur Konzeptplanung auf verschiedenen, mindestens drei Ebenen in eine Beziehung treten. Die drei Ebenen stellen Formen fortschreitenden Einflusses von Wissenschaft auf gesellschaftspolitische Planung dar. Mit Hilfe dieses Schemas wird der spezifische Beitrag der Wissenschaften insgesamt deutlicher:

(1.) Auf der untersten Stufe ihres Einflusses liefern die Wissenschaftler für die Planung sachkompetente Informationen. Im Fall der Bildungspolitik stellen Pädagogen die Erkenntnisse der Begabungsforschung zur Verfügung; Sozialwissenschaftler bringen empirische Erhebungen und Analysen zur Situation des Bildungssystems; Bildungsökonomen liefern Bedarfsmodelle, und Juristen geben Gutachten zu den rechtlichen Problemen ab. Die politischen Planer stellen die genauen Fragen, die Wissenschaftler geben die Antworten. Verstanden als Inbegriff der dem jeweiligen Forschungs- und Diskussionsstand entsprechenden Ergebnisse, erscheint die Wissenschaft als Summe der methodisch abgesicherten

Daten, Erkenntnisse und Einsichten, die man in kleineren oder in größeren Portionen abfragt. Wissenschaft hat ausschließlich Hilfs- und Ergänzungsfunktion. Als sachverständige Auskunftsstelle benützt, ist sie Zulieferant, nicht Träger der Planung; die wissenschaftliche Methodenkompetenz ist nicht unmittelbar gefragt, sondern bloß so weit, wie sie sich in Daten, Resultaten und Einsichten niedergeschlagen hat. So wissenschaftlich die Einzelbeiträge zur Konzeptplanung gewonnen sind, so außer- und unwissenschaftlich geschieht deren Integration.

(2.) In der Regel sind die Erkenntnisse für Mitglieder der wissenschaftlichen Kommunität und zudem für die kompetenten Fachkollegen formuliert. Für Nicht-Wissenschaftler und häufig schon für fachfremde Kollegen sind die Ergebnisse gar nicht verständlich. Überdies bewegen sie sich auf einem Abstraktionsniveau, das ihre planungsspezifische Relevanz unmittelbar gar nicht einsichtig macht. Aus diesem Grund reicht es nicht aus, daß Wissenschaftler lediglich Resultate liefern. Der charakteristische Beitrag zur Planung setzt vielmehr das Vorhandensein von Resultaten voraus und erfordert als planungsspezifischen Beitrag der Wissenschaft, daß die gegebenen Resultate im Licht der Planungsprobleme interpretiert und nach den Erfordernissen der Praxis ausgewertet werden. – Für diese planungsorientierte Interpretation reicht die fachspezifische Theoriekompetenz weder als Sachverstand noch als Methodenkompetenz aus. Zur Fachkompetenz muß eine mit ihr als solcher nicht notwendig gegebene fachübergreifende Beurteilungsfähigkeit treten, die die oft komplizierten Vermittlungsprozesse zwischen allgemeinen wissenschaftlichen Erkenntnissen und konkreten Planungsproblemen angemessen durchführt.

Eine Konzeptplanung, die sich auf wissenschaftliche Ergebnisse und ihre sachkundige Interpretation stützt, hat primär eine negative Qualität; sie widerspricht nicht dem Stand der Forschung.

(3.) Die Konzeptplanung gewinnt eine weitere Stufe von Rationalität, wenn nicht nur die Einzelbeiträge und ihre Interpretation, sondern wenn auch die Integration der interpretierten Fachbeiträge methodisch geschieht. Erst wenn die Wissenschaftler bei der Durchführung der Konzeptplanung selbst beteiligt werden, erhält ihre Beziehung zur Politik den Status eines im eminenten Sinn wissenschaftlichen Ratgebens. Dann steht aber nicht mehr der fachspezialisierte Sachverstand im Mittelpunkt. Die für die Problemanalyse, die Zielbestimmung und den konstruktiven Entwurf erforderlichen Sachkenntnisse können auch durch Gutachten und Konsultationen von Sachverständigen (Hearings) wie Informationen „abgefragt" werden. Noch stärker als in der Rolle des Informationslieferanten und des Informationsinterpreten ist der Wissenschaftler in der Rolle des Konzeptplaners und Ratgebers auf eine übergreifende, nicht fachbegrenzte Methodenkompetenz angewiesen: auf die Fähigkeit, auch in solchen Bereichen folgerichtige und zielorientierte Denkprozesse durchzuführen, die ihm nicht schon aus der bisherigen Forschungspraxis geläufig sind[25]. Deshalb ist es sinnvoll, zu den Planungsaufgaben auch fachunspezifische Wissenschaftler heranzu-

---

[25] Für eine nicht fachbegrenzte Methodenkompetenz hat Aristoteles den Begriff des pan pepaideumenos geprägt. Im 1. Buch von De partibus animalium, ursprünglich einer selbständigen Schrift über Fragen der Methoden der Wissenschaft, definiert Aristoteles den Gebildeten (pepaideumenos) als jemanden, der fähig ist, eine Sache kritisch zu beurteilen, und den allseitig Gebildeten (pan pepaideumenos) als jemanden, der die Beurteilungsfähigkeit für alle oder fast alle Bereiche des Wissens besitzt: I 1, 639a 1 ff.

ziehen, für Gremien der Bildungsplanung also nicht nur Vertreter der Pädagogik, Bildungsökonomie oder der empirischen Sozialforschung, sondern auch Naturwissenschaftler, Historiker, Soziologen und Philosophen[26].

Aus diesen Gründen sieht sich methodische Konzeptplanung nicht bloß den psychologischen und organisatorischen Problemen jeder interdisziplinären Zusammenarbeit konfrontiert. Zwar tun sich hier schon erhebliche Hindernisse auf. Die Erfordernisse einer wissenschaftlichen Karriere[27] und die Organisationsformen von Wissenschaft: die Mitarbeit in Fachinstitutionen, noch stärker die bei spezialisierten Fachzeitschriften und Fachkongressen führen dazu, daß die Wissenschaftler primär mit Fachkollegen und kaum mit fachfremden Wissenschaftlern diskutieren. Eine interdisziplinäre Arbeit macht es aber erforderlich, daß wenigstens einige der vorherrschenden Tendenz entgegensteuern, die Sprache fachfremder Disziplinen in ihren Grundzügen verstehen lernen und sich auch in den Ansätzen, Methoden und Resultaten anderer Wissenschaften etwas auskennen[28]. Der Blick über die eigenen Fachgrenzen reicht jedoch bei weitem nicht aus. Zugegeben: es ist notwendig, daß Vertreter der einzelnen Fächer ihre wechselseitige Abschirmung aufgeben und sich zu einer Zusammenarbeit bereitfinden. Darüber hinaus ist es erforderlich, die Bereitschaft zu organisieren: die verschiedenen institutionellen Hindernisse zu überwinden und tatsächlich zu einer Kooperation zu kommen. Aber die

---

[26] Im Fall der Bildungskommission des Deutschen Bildungsrates zählen K. D. Erdmann, H. Krings, H. Maier, R. Mayntz-Trier, H. Bredereck, H. Bauersfeld dazu.

[27] Zu den Hindernissen für interdisziplinäre Arbeit unter dem Aspekt der wissenschaftlichen Karriere: H. D. Ortlieb, Theorie und Praxis, in: Wirtschaftsdienst (1965) 437 ff.

[28] Vgl. Lompe (1971) 246, Anm. 72.

eigentliche Aufgabe beginnt dann erst: die Organisation wissenschaftlicher Beiträge nach dem idealtypischen Muster von Problemanalyse, Zielbestimmung und konstruktivem Entwurf. Ein Konzept entsteht weder durch die Verschmelzung von Partialwissen noch als Resultante aus einer Vielzahl fachspezifischer Beiträge. Durch eine Addition der einzelnen Teile: der empirischen Sozialforschung mit Bildungsökonomie, Verfassungsexegese und Pädagogik, ergibt sich noch kein Grundriß des Bildungswesens. Dazu gehört es, daß man die konzeptspezifischen Beiträge als solche überhaupt identifiziert, sie gezielt abruft und mit konstruktiver Phantasie zu einem Ganzen integriert. Das Konzept ist – soweit wissenschaftlich bestimmt – nicht die Summe ihrer einzelwissenschaftlichen Beiträge, sondern deren produktive Synthese.

Wissenschaft, die sich auf Politikberatung einläßt, legt sich selbst eine Einschränkung ihrer Autonomie auf. Sie verzichtet nicht auf die strengen Ansprüche, die im Begriff von Fach- und Methodenverstand enthalten sind. Andernfalls würde sie nämlich nicht nur sich selbst aufgeben. Sie würde auch für die Politik das Wesentliche verlieren, um dessentwillen sie um Rat gefragt wird, ihre Sachkompetenz und Rationalitätsforderungen. Indessen gibt Wissenschaft ihre Autarkie auf. In der näheren Ausfüllung des durch Fach- und Methodenkompetenz bezeichneten allgemeinen Rahmens folgt sie nicht lediglich ihrer Eigengesetzlichkeit. Sie öffnet sich für die Aufgaben und Probleme des in Frage stehenden politischen Bereichs. Das geschieht dort besonders nachdrücklich, wo sich die Wissenschaft nicht auf die Abgabe von Informationen und auf deren Interpretation beschränkt, sondern eine Integration der interpretierten Fachbeiträge methodisch vornimmt.

11.2 Wissenschaft als negative Instanz

Verläßlichkeitsgrenzen der Wissenschaft

Sowohl von Wissenschaftlern als auch von Politikern und der aktiven Öffentlichkeit wird häufig eine Wissenschaftsgläubigkeit eingenommen, die sich nicht selten zu einer Wissenschaftseuphorie steigert und dann Gefahr läuft, im Falle der kaum vermeidbaren Enttäuschung in Wissenschaftsfeindlichkeit umzuschlagen. Wissenschaftler können aber weder eindeutige noch zweifelsfrei gewisse Rezepte liefern, und zwar aus Gründen, die zum Teil schon aus dem wissenschaftlichen Forschungsprozeß selbst, zum Teil erst aus seiner Vermittlung mit (Konzept-)Planung stammen. In lockerer Folge lassen sich mindestens sieben Argumente aufführen.

(1.) Die überspannte Erwartung, die Wissenschaft könne eindeutige Rezepte liefern, hat schon H. Lenk kritisiert: Für die hochkomplexen Probleme der politischen Planungen ist das wissenschaftliche Instrumentarium oft nur sehr schwierig anwendbar. So sind die Algorithmen der mathematischen Optimierung zu präzise und damit zu voraussetzungsreich, um bei Rahmenplanungen mit ihren nicht exakt definierten Strukturen, mit ihren Spielräumen und Vorbedingungen eindeutig anwendbar zu sein[29].

Zu den Grenzen der Eindeutigkeit treten solche der Verläßlichkeit von Wissenschaft:

(2.) Die Entwicklung der Naturwissenschaften, vor allem der neueren Physik, und ihre wissenschaftstheoretische Diskussion hat die naive Vorstellung kritisiert, die empirischen Wissenschaften würden aufgrund metho-

---

[29] Lenk (1972) 68 f.

disch durchgeführter Verifikationsverfahren zu absolut gewissen und unbezweifelbar richtigen Erkenntnissen führen[30]. Die Analyse des Induktions- und des Basisproblems hat die Einsicht erbracht, daß die tatsächliche Gewißheit naturwissenschaftlicher Erkenntnis nicht auf letzte Gewißheiten zurückgeführt werden kann. Pointiert gesprochen: Nicht die strikte Unbezweifelbarkeit von empirischen Daten und ihre Verknüpfung, sondern die Übereinstimmung in der Anerkennung bestimmter Methodologien, insbesondere bestimmter negativer (empirischer und analytischer) Prüfungsinstanzen sowie die Anerkennung leitender Paradigmata[31] begründen den Erfolg der Naturwissenschaften. Wissenschaftliche Resultate haben den Rang von (mehr oder minder stark bewährten) Hypothesen, die, der kritischen Diskussion ausgesetzt, modifiziert und revidiert werden können.

Auch die fachwissenschaftlichen Beiträge zur politischen Konzeptplanung sind nicht absolut gewiß. Die volle Theoriekompetenz der Wissenschaften für politische Planung bezieht sich ohnehin weder auf einen einzelnen Wissenschaftler noch auf eine gegebene Menge von Aussagen. Wissenschaftlichkeit dokumentiert sich weniger in einem System wahrer Sätze als in dem Problembewußtsein, der Methodenkompetenz und einem dyna-

---

[30] Trotz aller Kontroversen stimmen die Vertreter der zeitgenössischen Wissenschaftstheorie in der Kritik dieser „naiven" Auffassung überein.

[31] Vgl. Kuhn (1970) c. 5 u. a. Zur Auseinandersetzung mit Kuhn: Lakatos-Musgrave (1970); Stegmüller (1973) c. 9; Diederich (1974). Vgl. auch K. Hübners These, wissenschaftliche Erfahrung enthalte apriorische Elemente, die sich nur historisch begründen ließen: Theorie und Empirie, in: Philosophia naturalis X (1968) 198–210; ders., Duhems historistische Wissenschaftstheorie und ihre Weiterentwicklung, in: 9. Dt. Kongreß für Philosophie – Düsseldorf 1969, Meisenheim 1972, 319–337.

mischen Lernprozeß. Die den Wissenschaften zugesprochene Theoriekompetenz betrifft den Forschungsprozeß mit seiner historischen und sozialen Dimension. Kennzeichnend für ihn sind intradisziplinäre Beratungsprozesse: die kritische Diskussion unter Fachgenossen[32] sowie die Bewährung an der Erfahrung.

(3.) Was für die Naturwissenschaften zutrifft, ihr fallibilistischer Charakter, gilt in einem ungleich höheren Maße für jene Wissenschaften, auf die sich gesellschaftspolitische Planung naturgemäß in erster Linie stützt, für die Humanwissenschaften. Sie verfügen noch kaum über Theorien im wissenschaftstheoretisch strikten Sinn des Wortes. Die sich wiederholenden, noch sehr elementaren Methodenstreitigkeiten[33] nicht nur unter den Wissenschaftstheoretikern, sondern gerade auch unter den praktizierenden Forschern sind ein eindrucksvolles Indiz dafür, daß die Humanwissenschaften nicht einmal eine relativ gesicherte, wenigstens in den Grundzügen allgemein anerkannte Methodologie besitzen. Die wissenschaftlichen Beiträge zur politischen Planung haben in der Regel nicht einmal denselben, oft sehr hohen Bewährungs- und Anerkennungsgrad naturwissenschaftlicher Forschungsresultate.

(4.) Dazu tritt die Unsicherheit komplexer Zukunftsprognosen im Bereich der Gesellschaftswissenschaften. Da die sozialen Prozesse und Institutionen in kaum überschaubaren und noch schwieriger zu operationalisierenden Wechselverhältnissen stehen, zudem die Gesellschaft und ihre Subsysteme sich in dynamischen Verän-

---

[32] Zur Wissenschaft als Kommunikationsprozeß: Tenbruck (1971) 331 ff.

[33] Vgl. Adorno (1969); Hermeneutik und Ideologiekritik, Frankfurt a. M. ²1971; J. Habermas, N. Luhmann, Theorie der Gesellschaft oder Sozialtechnologie, Frankfurt a. M. 1971.

derungsprozessen befinden, da sich ferner die Bedürfnisse, Interessen und die Bezüge der einzelnen wandeln und schließlich das sozialtechnologische Wissen nicht konstant bleibt, sind die für Konzeptplanungen erforderlichen Prognosen in der Regel extrem unsicher. Der Optimismus der Bildungsökonomen der sechziger Jahre ist längst starken Zweifeln an der Leistungsfähigkeit der Prognoseinstrumente gewichen. Es fehlen Grunddaten, die über die Unsicherheit von Trendextrapolationen hinausgehen[34]. Die Auseinandersetzung über Konzepte beginnt deshalb zu Recht bei der Darstellung und Beurteilung der Ausgangslage[35]. Zudem fehlt häufig selbst das für eine empirische Sozialforschung noch relativ leicht zu erstellende Material[36].

(5.) Gesellschaftspolitische Pläne beziehen sich in der Regel auf neuere Entwicklungen. Infolgedessen ist das entsprechende Wissen noch nicht so lange der kritischen Diskussion ausgesetzt und daher noch relativ ungesichert[37]. Zwar steht die politische Planung nicht unter dem Entscheidungszwang tagespolitischer Entscheidungsprozesse. Planung braucht auf die kritische Diskussion nicht zu verzichten; sie kann sogar Experimentalprogramme initiieren und erste Befunde abwarten. Im Unterschied zur autonomen wissenschaftlichen Forschung steht sie jedoch unter einem mittleren Handlungszwang: die problematisch gewordene Wirklichkeit drängt auf eine Lösung; die Politiker, die sich beraten

---

[34] Vgl. R. Jochimsen, Zur Philosophie staatlicher Planung, in: Baumgartner – Höffe – Wild (1974) 155–163 (160 f.).

[35] Vgl. Th. Dams, Berufliche Bildung – Reform in der Sackgasse, Freiburg i. Br. 1973, 56 ff.

[36] Vgl. Deutscher Bildungsrat, Empfehlungen der Bildungskommission, Aspekte für die Planung der Bildungsforschung, Bonn 1974a, 9, 22 u. a.

[37] Dazu Tenbruck (1971) 327 ff.

lassen, warten auf Empfehlungen. Das in die Konzeptplanung einfließende wissenschaftliche Wissen nimmt auch im Rahmen des für einen gesellschaftswissenschaftlichen Forschungsgang möglichen Gewißheitsgrades einen relativ niedrigen Rang ein.

(6.) Außerdem gehen in die Konzeptplanung Beiträge von vielen wissenschaftlichen Ansätzen, Verfahren und Disziplinen ein. Es sind nicht nur, wie es die moderne Wissenschaftstheorie in das Selbstverständnis wissenschaftlicher Forschung einzuarbeiten beginnt, fachinterne (intradisziplinäre), sondern auch fachübergreifende (interdisziplinäre) Beratungsprozesse vonnöten. Da diese Beratungsprozesse oft ganz neu und zudem zwischen heterogenen Wissenschaften durchzuführen sind, werden sie von Sprach- und Verständigungsschwierigkeiten begleitet und durch eine fachspezialisierte Ausbildung gehemmt; in der Verläßlichkeit ihrer Resultate sind sie ein weiteres Mal eingeschränkt.

(7.) Schließlich läßt sich die allgemeine Methodenkompetenz, die für eine methodische Organisation der Einzelbeiträge zu einem Konzept erforderlich ist, nicht so leicht abschätzen wie eine fachspezifische Methodenkompetenz. Die für die politische Planung entscheidende Frage, wer hier eigentlich als wissenschaftlicher Experte gelten kann und deshalb in das Planungsgremium berufen werden soll, läßt sich nicht so einfach beantworten wie im Fall von fachspezifischen Fragen. Zwar bezieht sich die innerfachliche Urteilsbildung, die Diskussion unter den Fachgenossen, ganz allgemein nicht nur auf Meinungen, sondern auch auf die relative Zuständigkeit, den Rang und die Kompetenz von Personen und führt zur Qualifikation einzelner als Experten[38]. Für das All-

---

[38] Ebd. 352.

gemeine gibt es aber kein eigenes Fach, daher auch keine innerfachliche Urteilsbildung über relative Kompetenzen.

H. Lenk hat den Ausdruck „Generalisten" geprägt und damit Wissenschaftler gemeint, die, wie die Philosophen, Humanwissenschaftler und Sozialpsychologen, in einem Planungsteam nicht Spezialwissen einbringen, sondern das Spezialwissen in umfassendere Zusammenhänge stellen, kritische und systematisch-methodische Korrektive beitragen und eine wirksame Kontrolle im Allgemeininteresse ausüben[39]. Ohne Zweifel sind die genannten Funktionen der Generalisten für politische Planung unabdingbar. Es ist jedoch fraglich, ob die Vertreter der angeführten Wissenschaften, ob überhaupt Vertreter bestimmter Wissenschaften eo ipso die Funktion ausüben können. Zum einen ist auch der kompetente Philosoph (Humanwissenschaftler, Sozialpsychologe) nicht für Philosophie schlechthin, sondern für einzelne Methoden, für gewisse Disziplinen oder für bestimmte Epochen bzw. Autoren zuständig. Hier bilden sich, wie in jeder anderen Wissenschaft auch, Spezialisten heraus, die zunächst nur für ihre Spezialgebiete kompetent sind und nicht eo ipso die allgemeine Sach- und Methodenkompetenz ihres ganzen Faches repräsentieren. Zum anderen kann eine erfolgreiche Fachausbildung zwar allgemeinere Methodenkompetenzen vermitteln, ohne aber die entsprechende Qualifikation zu garantieren; überdies ist die Vermittlung nicht ohne weiteres an bestimmte Fächer gebunden. Wenn man allgemeine Methodenkompetenz lernen kann und auch lernen soll, dann hat kaum ein einzelnes Fach oder eine Fächergruppe das Monopol dazu. –

---

[39] Lenk (1972) 71.

Ohne systematisch und vollständig sein zu wollen, zeigen diese verschiedenen Gründe und Aspekte, daß der wissenschaftliche Beitrag zur Politik schon wissenschaftsimmanent deutliche Grenzen hat. Die Grenzen lassen sich, einmal global gesprochen, als Signum der Endlichkeit menschlicher Wissenschaft kennzeichnen. Sie sind insgesamt der Ausdruck einer nicht absoluten, sondern grundsätzlich nur bedingten Verläßlichkeit von Theoriekompetenz im Rahmen der wissenschaftlichen Konzeptplanung und Politikberatung.

„Rollende Reform"

Wissenschaftliche Konzeptplanung kann die begrenzte Verläßlichkeit nicht aufheben; sie kann ihr jedoch entgegensteuern. Es geschieht zunächst dadurch, daß man nicht – aus Verzweiflung, keine absolut verläßlichen Verfahren zu finden – auf methodische Konzeptplanung überhaupt verzichtet, sondern Methoden mittlerer Verläßlichkeit sucht und sich mit ihnen zufriedengibt. Vor allem begegnet man der Situation, indem man einmal erarbeitete Konzepte nicht gegen Kritik und Revisionen abschirmt, sie vielmehr für Veränderungen offenhält. Gesellschaftspolitische Reformen sind auf die Weise eines revolvierenden Prozesses in Angriff zu nehmen, eines Prozesses, der innovatorische Maßnahmen mit parallelen wissenschaftlichen Untersuchungen verbindet, um auch während des Reformprozesses Änderungen der wissenschaftlichen Grundlagen: der Hypothesen sowie der empirischen Befunde als solchen, wahrzunehmen und zu berücksichtigen. Wie das in concreto durchgeführt werden kann, läßt sich ohne organisatorische, juristische und andere Überlegungen nicht entscheiden.

Vorschläge dazu liegen schon vor[40]; sie bedürfen aber noch der weiteren Diskussion[41].

Zielbestimmung am Beispiel des Deutschen Bildungsrates

Auch wenn man einmal die verschiedenen Aspekte der Endlichkeit ausblendet und sich eine vollständig verläßliche Wissenschaft vorstellt, verfügt sie nicht über die politische Entscheidungskompetenz. Selbst in dem (bloß utopischen) Fall einer wissenschaftlichen Konzeptplanung, deren Resultate ohne Einschränkung gewiß sind, bleibt zwischen dem wissenschaftlichen Beitrag zur Planung und der öffentlichen Entscheidung eine Differenz. Diesen Sachverhalt kann man mit Bezugnahme auf das Moment der Zielbestimmung und im Ausgang von einem Beispiel erläutern. Das Konzeptplanungsgremium für die deutsche Bildungspolitik, die Bildungskommission des Deutschen Bildungsrates, hat folgende Aufgaben erhalten:

1. Bedarfs- und Entwicklungspläne für das Deutsche Bildungswesen zu entwerfen, die den Erfordernissen des kulturellen, wirtschaftlichen und sozialen Lebens entsprechen und den zukünftigen Bedarf an ausgebildeten Menschen berücksichtigen.

2. Vorschläge für die Struktur des Bildungswesens zu machen und den Finanzbedarf zu berechnen.

---

[40] Zum Beispiel H.-G. Rolff, Bildungsplanung als rollende Reform, Frankfurt a. M. – Berlin – München 1970, bes. 4 ff., 167 ff. Vgl. auch Deutscher Bildungsrat (1969) VII 1: Versuchsschulen und ‚rollende Reform‘ des Bildungswesens.

[41] Ein anderer Grund für eine rollende Reform findet sich in der steten Veränderung der Bedürfnisse, Interessen, politischen Ziele usf.

3. Empfehlungen für eine langfristige Planung auf den verschiedenen Stufen des Bildungswesens auszusprechen[42].

Mit den drei Aufgaben ist ein Rahmen vorgeschrieben, der für die Arbeit der Bildungskommission verbindlich ist. Dort, wo die Wissenschaft in öffentlichem Auftrag und öffentlicher Verantwortung tätig wird, ist es nicht sie selbst, sondern die Politik, die bestimmt, zu welchem Bereich und in welcher Hinsicht wissenschaftlich abgestützte Ratschläge erstellt werden. Schon unter diesem Aspekt sind die Wissenschaften bei ihrer Planung nicht autonom auf sich selbst gestellt. Der Rahmen ist jedoch weit gesteckt und sehr allgemein formuliert. Die angesprochenen kulturellen, wirtschaftlichen und sozialen Erfordernisse hängen mit der historischen Situation der Bundesrepublik, ihren soziokulturellen Bedingungen sowie ihrem technisch-ökonomischen Entwicklungsstand zusammen. Insofern sind sie einer entsprechenden wissenschaftlichen Analyse zugänglich. Aus der Situationsanalyse allein ergibt sich aber noch kein Konzept. Was kulturell, wirtschaftlich und sozial erforderlich ist, wird erst dann sichtbar, wenn man die Situation im Licht und nach Maßgabe vorgängig anerkannter Zielvorstellungen und Führungsgrößen betrachtet. Diese sind in pluralistischen und dynamischen Gesellschaften weder einheitlich artikuliert noch einmal für immer fertig vorgegeben. Deshalb gehört es zur Konzeptplanung, ihren politischen Auftrag sowie den Rahmen und die Kriterien der Lösung selbst genauer zu bestimmen. Zudem werden drei Arten von Erfordernissen benannt. Selbst wenn man für jeden der Teilbereiche eine in sich homogene, allgemein akzeptierte Zielvorstellung annehmen

---

[42] Abkommen über die Errichtung eines Deutschen Bildungsrates vom 15. Juli 1965 i. d. F. vom 12. Februar 1970, Art. 2 (1).

könnte, stellt sich noch die Frage nach der Vereinbarkeit und der Vermittlung der Teilziele. Zu den kulturellen Erfordernissen gehört etwa eine allgemeine Bildung, die historische, literarische und musische, die mathematische, naturwissenschaftliche, ökonomische und soziale Bereiche umfaßt; angesichts von ökonomischem Wachstum und technischem Fortschritt zählt zu den wirtschaftlichen Erfordernissen dagegen eher eine berufsspezifische: eine weniger allgemeine als eine in hohem Maße fachspezialisierte, vor allem technisch und kaufmännisch orientierte Ausbildung; soziales Erfordernis wiederum ist eine soziale Kompetenz, die sich nicht so sehr in kognitiven oder musischen Lernprozessen als in Kommunikations- und Interaktionsprozessen ausbildet. Das durch ein schlichtes „und" verbundene Nebeneinander von drei Teilbereichen weist auf Ziele hin, die mindestens teilweise miteinander konkurrieren. Für den Fall eines Konfliktes zwischen den verschiedenen Erfordernissen des Bildungswesens ist von seiten der politischen Auftraggeber aber weder eine Instanz noch ein Kriterium der Konfliktlösung vorgegeben. Die beiden anderen Aufgaben des Abkommens sind noch unbestimmter gelassen. Mit dem Auftrag, für das Bildungswesen Strukturvorschläge zu machen und Empfehlungen auszusprechen, sind konzeptorientierte Veränderungen im Bildungswesen angesprochen, ohne die Ziele und Grundsätze sowie den Grad und das Ausmaß der angestrebten Veränderungen festzulegen. Kurz: von seiten der Politik erhält die Konzeptplanung in diesem Fall zwar bestimmte Aufgaben, aber keine präzisen und endgültig fixierten Zielvorgaben.

Planung, die im Dienst politischer Praxis steht, kann die gesellschaftspolitischen Ziele und Grundsätze, an denen sie sich orientiert, nicht willkürlich und selbstherrlich wählen. Damit Konzeptentwürfe zustimmungsfähig sind, müssen sie sich mit ihren Zielen und Grundsätzen auf den politischen Raum beziehen: auf Verfassungsbestimmungen, parlamentarische Beschlüsse, auf einen informellen gesellschaftspolitischen Konsens, die Bedürfnisse und Interessen der Betroffenen sowie die öffentliche Diskussionslage. Auch die Ziele und Grundsätze der Konzeptplanung werden nicht rein wissenschaftlich bestimmt, sondern enthalten in sich ein Moment politischer Vorgabe.

Der politische Raum, auf den sich die Konzeptplanung beziehen kann, signalisiert allerdings noch nicht den gesellschaftspolitischen Konsens eines homogenen, sich selbst sicheren und klaren politischen Willens, der auf dem Wege einer empirischen Erhebung festzustellen und zur Grundlage der Konzepte zu erklären wäre. Angesichts der Unsicherheiten, Unklarheiten, der Dishomogenitäten und Konflikte braucht die Konzeptplanung jedoch nicht zu kapitulieren. Unter Anerkennung von Verfassungsprinzipien sowie anderer Formen eines gesellschaftspolitischen Rahmenkonsenses als den Leitprinzipien und unter Berücksichtigung der vielfältigen Meinungs- und Willensäußerungen in der Gesellschaft besteht die kritisch-hermeneutische Aufgabe darin, Bedürfnisse und Interessen aufzugreifen, dabei auf die oft unbewußten oder noch unklaren Zielvorstellungen zu achten, die Bedürfnisse und Interessen im Licht der Leitprinzipien zu interpretieren und auch kritisch zu modifizieren. Der analytische Aspekt besteht darin, angesichts von begrifflichen Unklarheiten und Widersprüchen die Ziele und Kriterien zu präzisieren und zu kompatiblen Zielbegriffen zu gelangen. Bei diesen Teilaufgaben kann wissenschaftliche Konzeptplanung auf ihre (empirisch-analytischen und kritisch-hermeneutischen)

Theoriekompetenzen rekurrieren. Die gesellschaftspolitischen Ziele sind ganz offensichtlich nicht Vorgaben im Sinne eindeutig festgelegter, unumstößlicher positiver Daten. Zielüberlegung, Zielfeststellung und Zielpräzisierung sind selbst integrale Bestandteile einer wissenschaftlichen Konzeptplanung. Aber weder der Sachverstand noch der fachspezifische Methodenverstand und auch nicht eine fachübergreifende Methodenkompetenz legen die Ziele und die an sie geknüpften Konzepte letztlich fest: sie fällen nicht die Entscheidung für oder gegen sie. Die wissenschaftliche Konzeptplanung stellt grundsätzlich keine kategorischen Behauptungen auf: eine integrierte Gesamtschule, ein Ausbildungswechsel zwischen den Lernorten Schule und Betrieb usf. sollen sein. Sie argumentiert vielmehr hypothetisch: *„Wenn* diese oder jene Grundsätze und Kriterien übernommen werden – und dafür spricht eine Vielzahl von Argumenten –, *dann* ist – nach dem derzeitigen Stand der Wissenschaft – das Konzept K_i eine empfehlenswerte, rationalen Kriterien genügende Möglichkeit."

Kritik der Alternative:
instrumentelle Vernunft oder politische Kompetenz
einer kritischen Intelligenz

Eine Konzeptplanung, die sich auf politische Vorgaben: auf eine bestimmte Aufgabenstellung und gesellschaftspolitische Grundsätze bezieht, ohne sie als eindeutig festgelegte positive Daten vor sich zu haben, kritisiert die gängige Vorstellung, nach der zwischen Politik auf der einen und den Wissenschaften auf der anderen Seite eine komplette Arbeitsteilung vorliege. Zugleich kritisiert sie die entgegengesetzte Position. Die wissenschaftlichen Planungsgremien verstehen sich sinnvollerweise

weder als zweckrationale Dienstleistung, die die Bestimmung der Ziele, Richtwerte und Führungsgrößen
ganz jenen politischen Prozessen überläßt, die sich vor
und außerhalb der Planung abspielen, noch halten sie
sich, in planer Entgegensetzung, für eine zielkompe-
tente kritische Intelligenz. Gegenüber der Vernünftigkeit der Ziele weder ahnungslos noch gleichgültig, beschränken sie sich nicht darauf, eindeutig vorgegebene
Ziele in sozialtechnologische Verhaltensweisen zu übersetzen und die Resultate den Politikern zur Verfügung
zu stellen.

Der der Vorstellung von einer strengen Arbeitsteilung
zugrunde liegende Begriff von Rationalität ist unter
dem Titel „instrumentelle" oder „subjektive Vernunft"
in der kritischen Theorie heftig angegriffen worden:
„Subjektive Vernunft", so Horkheimer, „hat es wesentlich mit Mitteln und Zwecken zu tun, mit der Angemessenheit von Verfahrensweisen an Ziele, die mehr
oder minder hingenommen werden . . . Sie legt der
Frage wenig Bedeutung bei, ob die Ziele als solche vernünftig sind."[43]

Aus der Fülle der Argumente und Polemiken, mit denen die Nachteile eines derart reduzierten Rationali-
tätsverständnisses diskutiert worden sind[44], lassen sich
vor allem zwei triftige Argumente herausfiltern. Das
erste ist ein methodisches Argument: Der Begriff der
instrumentellen Vernunft setzt eindeutig vorgegebene
und zugleich statische Zwecke voraus. Er arbeitet mit
einer extrem idealisierten Situation, die bei konkreten
gesellschaftspolitischen Planungsaufgaben gar nicht ge-

---

[43] Zur Kritik der instrumentellen Vernunft. Aus den Vorträgen
und Aufzeichnungen seit Kriegsende, Hg. A. Schmidt, Frankfurt
a. M. 1967, 15.
[44] So vor allem im sogenannten Positivismusstreit: Adorno (1969).

geben ist. – Das zweite ist ein Meta-Argument: Selbst wenn sich der Rationalitätsbegriff in der angegebenen Form anwenden ließe, wäre es wenig sinnvoll; denn was hilft es, die Mittel rational zu überlegen, solange die Ziele und Zwecke selbst irrational sind. – Während das eine Argument an der Möglichkeit zweifelt, mit dem genannten Rationalitätsbegriff zu operieren, zweifelt das andere an dessen Vernünftigkeit.

Im Gegensatz zu einer „positivistisch halbierten Vernunft"[45] haben die Vertreter der kritischen Theorie versucht, eine wissenschaftliche Methode zu entwickeln, die gerade die Rationalität der Zwecke verbürgt[46]. Die sich zu Recht gegen ein sozialtechnologisch reduziertes Wissenschaftsverständnis richtenden Versuche haben aber – als Modelle politischer Entscheidungsfindung betrachtet – ihrerseits grundlegende Mängel. In dem Bemühen, die wissenschaftliche Arbeit auf die Bestimmung politischer Zwecke zu konzentrieren, wird die Aufgabe unterschätzt, auch dann, wenn über die Ziele und Zwecke keine Kontroversen bestehen, deren Realisierung sicherzustellen. Die vor allem in hochindustrialisierten Gesellschaften öffentlich aufgegriffenen Umweltprobleme – dringlich wären sie auch in den weniger entwickelten Gesellschaften – dokumentieren, daß ein Industrialisierungsprozeß, der zu kurzsichtig an wirtschaftlichem Wachstum und gesellschaftlicher Wohlfahrt orientiert ist, ökonomisch wie sozial gesehen, dysfunktional wird. Das Bemühen, der ökologischen Störeffekte Herr zu werden, wird auch von denen befürwortet, die an

---

[45] J. Habermas in: Adorno (1969) 235 ff.
[46] Die Entwicklung der kritischen Theorie kann hier nicht nachgezeichnet werden. Dazu M. Theunissen, Gesellschaft und Geschichte, Berlin 1969; G. Rohrmoser, Das Elend der kritischen Theorie. T. W. Adorno, H. Marcuse, J. Habermas, Freiburg i. Br. 1970.

den Zielen: wirtschaftliches Wachstum und gesellschaftliche Wohlfahrt, selbst keine Kritik üben. Die Dysfunktionalität des Industrialisierungsprozesses allein indiziert weder das Fehlen gesellschaftspolitischer Führungsgrößen noch deren Irrationalität. Sie macht zunächst nur auf einen Mangel an Regelkapazitäten zur Kompensation von Systemstörungen durch unberücksichtigte und auch nicht erwartete Nebenfolgen aufmerksam[47]. Im Rahmen des allgemein anerkannten Zieles, die Industriegesellschaften zu humanisieren, besteht die leicht unterschlagene Teilaufgabe gerade darin, auch die technisch-ökonomisch und die, sozial gesehen, dysfunktionalen Nebenfolgen zu antizipieren und bewußt zu verhindern. Die Humanisierung läßt sich nicht nur mit den Mitteln eines an der Vernünftigkeit der Zwecke orientierten Rationalitätsbegriffs lösen.

Um die mangelnde Einbeziehung zweckrationaler Fragen zu vermeiden und zugleich den berechtigten Vorwürfen an einem reduktiven Rationalitätsbegriff zu begegnen, könnte man ein Planungsgremium fordern, das zugleich aus Sozialtechnologen und aus Vertretern der kritischen Intelligenz besteht. Wenn man den einen die Mittel-, den anderen die Zielkompetenz zuspräche, könnte man dem Gremium als ganzem die Entscheidungsbefugnis übertragen. – So elegant dieser Vermittlungsvorschlag erscheint – er ist doch nicht gangbar. Und nicht nur deshalb, weil die beiden Gruppen sich weder untereinander verständigen noch gegenseitig akzeptie-

---

[47] Dazu H. Lübbe, Technik und Gesellschaft. Zur Metakritik der Kritik an der technischen Intelligenz, in: Technik – Wirtschaft – Gesellschaft. Die Vorträge der Plenarversammlung zum Deutschen Ingenieurtag 1973, Beilage der VDI Nachrichten; ders., Lebensqualität oder Fortschrittskritik von links, in: Schweizer Monatshefte 53 (1973a) 606–620 (617).

ren könnten. Vielmehr läßt sich der Anspruch, die politischen Ziele und die ihnen folgenden öffentlichen Entscheidungen seien rein wissenschaftlich zu bestimmen, nicht halten. Daß sich wissenschaftliche Methoden zur Verbesserung der Zielrationalität denken und auch entwickeln lassen, soll gar nicht bezweifelt werden. Schon das von den Erlangern vorgeschlagene Verfahren einer wissenschaftlichen Interessenkritik liefert dazu einen wichtigen Beitrag. Die Kritik der utilitaristischen Ethik, der kalkulatorischen Ansätze und auch die Einwände gegen den von den Erlangern auf ihre Methode erhobenen Gültigkeitsanspruch haben gezeigt, daß sich politische Ziele fundamentaliter nicht schon aufgrund einer die Richtigkeit verbürgenden wissenschaftlichen Methode festlegen lassen. Gleich ob die Methode kalkulatorisch, hermeneutisch oder kritisch definiert wird – politische Ziele und Konzepte legitimieren sich letztlich nicht aufgrund von wissenschaftlichen Überlegungen, sondern durch freie Anerkennungs- und Kommunikationsprozesse. Aus diesem Grund kann es keine gruppen-, vorbildungs- oder tätigkeitsspezifische kritische Intelligenz geben, der eo ipso die Zielkompetenz zukäme. Für gesellschaftspolitische Ziele gibt es keine positive Entscheidungsbefugnis der Wissenschaft.

Wissenschaft als negative Instanz

Weder die Beschränkung auf Zweckrationalität noch die politischen Ansprüche einer kritischen Intelligenz und auch nicht ihr Zusammenwirken mit Sozialtechnologen werden der Aufgabe wissenschaftlich abgestützter öffentlicher Entscheidungen gerecht. Problemadäquater ist folgende Vorstellung: Aufgrund der Mannigfaltigkeit ihrer Sachkenntnisse und methodischen Verfahren prüfen die Wissenschaften insgesamt alternative Vorschläge und eliminieren jene, die ihren Anforderungen: konsistenter Begriffsbildung, methodischer Bewährung an der Erfahrung usf., nicht genügen. Alle Vorschläge, die zu den Rationalitätskriterien – in einem weiten, auch hermeneutische, kritische und reflexive Verfahren einschließenden Sinn von Rationalität – im Widerspruch stehen, sind auszuschließen. Dieses Verfahren führt in der Regel zu einem Lösungs*raum* und nur in Sonderfällen zu einer einzigen Lösung. Aber selbst in diesen Sonderfällen hat die Wissenschaft nicht den Rang einer positiven Entscheidungsinstanz. Die Transformation dessen, was rational möglich ist, zu etwas, das tatsächlich realisiert werden soll, geschieht durch außerwissenschaftliche Momente: durch die teils vor, teils während und nach der Planung vollzogene Anerkennung der rationalen Möglichkeiten als das, was aufgrund der Ziele, der Mittel, der wahrscheinlichen Folgen und Nebenfolgen von der betroffenen Kommunität oder ihren Repräsentanten gewollt ist. Die Wissenschaft hat für die Politik den Rang einer negativen Instanz[48].

11.3 Zur Binnenstruktur: experimenteller Konsens

Aufgrund ihres konstitutiven Bezuges auf den politischen Raum ist die Konzeptplanung nicht nur ein wissenschaftsimmanenter, sondern auch ein politikorientierter Prozeß. Dabei hat der politische Raum, auf den sich die Planung bezieht, unterschiedliche Bedeutung. Die Verfassungen enthalten normative Leitprinzipien, die – wie die Grundrechte und der Auftrag, den demokrati-

---

[48] Vgl. H. Krings, Philosophie als Voraussetzung von Planung, in: Baumgartner – Höffe – Wild (1974) 180–185.

schen und den sozialen Rechtsstaat zu entwickeln (GG
Art. 20 [1], 28 [1]) – von der Idee der Humanität bestimmt sind, die die rechtliche Grundordnung festlegen
und damit den Spielraum eingrenzen, innerhalb dessen
Konzepte humanitätsorientiert und verfassungskonform
sind. Die Leitprinzipien bedeuten gleichsam die höchste
Berufungsinstanz, vor der sich die Ziele und Kriterien
als „legitim" ausweisen müssen. Auch für die organisatorische und die inhaltliche Gestaltung des Bildungswesens
sind sie der verpflichtende Maßstab. Indessen sind die
Leitprinzipien so allgemein formuliert, daß sie für den
jeweiligen gesellschaftspolitischen Bereich und die konkrete sozio-kulturelle Situation noch näher zu bestimmen sind[49]. Auch ist die inhaltliche Ausfüllung für die
Konkurrenz politischer Anschauungen offengehalten.
Die auf einem relativ hohen Abstraktionsgrad formulierten Verfassungsgrundsätze werfen nicht nur Interpretationsprobleme auf, sondern geben auch den Raum
für politisch legitime Zielkontroversen frei. Die präzise

---

[49] Zu Demokratie, Sozial- und Rechtsstaatlichkeit: W. Weber, Die
verfassungsrechtlichen Grenzen sozialstaatlicher Forderungen, in:
Der Staat 4 (1965) 409 ff.; Harnischfeger (1969) 20–36; Lompe
(1971) 73 ff.; G. Leibholz, H. J. Rinck u. a., Grundgesetz für die
Bundesrepublik Deutschland. Kommentar an Hand der Rechtssprechung des Bundesverfassungsgerichts, Köln ⁴1971, 380–384,
395–436; B. Schmidt-Bleibtreu, F. Klein, Kommentar zum Grundgesetz für die Bundesrepublik, Neuwied – Berlin ³1973, 327 ff.;
Th. Maunz, G. Dürig, R. Herzog, Grundgesetz. Kommentar, München 1973, zu Art. 20, IV, VIII; E. Forsthoff (Hg.), Rechtsstaatlichkeit und Sozialstaatlichkeit, Darmstadt 1968. – Zur Orientierung tatsächlicher Konzeptplanung am Auftrag des Grundgesetzes,
den demokratischen und sozialen Rechtsstaat zu verwirklichen:
Deutscher Bildungsrat (1970) 29 f.; ders. (1974) 33 f.; Wissenschaftsrat – Empfehlungen zur Struktur und zum Ausbau des Bildungswesens im Hochschulbereich nach 1970, Bonn 1970, I, 13;
Becker (1971) 136–139; I. Richter, Öffentliche Verantwortung für
berufliche Bildung, Stuttgart 1970 (= Deutscher Bildungsrat, Gutachten und Studien der Bildungskommission, Bd. 14).

Bestimmung der Ziele kann daher nicht lediglich als ein Ableiten aus übergeordneten, noch vagen Zielformulierungen verstanden werden[50]. Die Lösung der Zielkonflikte erschöpft sich auch nicht in der Aufgabe, Führungsgrößen zu finden, die präzis und in sich homogen sind. Im Ausgang von der Situation legitimer Kontroversen sind vielmehr in einem offenen Prozeß der Willensbildung solche Ziele zu gewinnen, die über die Negativkriterien der Konsistenz, Präzision und der Verfassungskonformität hinaus die Bedingung erfüllen, sich als Basis eines neuen gesellschaftspolitischen Konsenses zu eignen. Deshalb ist auch die öffentliche Diskussion aufzugreifen, allerdings nicht kritiklos und unqualifiziert. (Im Falle sehr konträrer und gegenüber einem Konsens renitenter gesellschaftspolitischer Positionen mag es gelegentlich sinnvoll sein, alternative Grundsätze zu formulieren und ihnen entsprechend alternative Konzepte zu entwerfen.)

Durch die Aufgabe, auch einen Zielkonsens zu erarbeiten, obwohl sie für ihn nicht entscheidungskompetent ist, wird die Konzeptplanung zu einem Kommunikationsprozeß, in dem ein Konsens erprobt wird. Die Konzeptplanung muß nicht nur rationale Möglichkeiten entwerfen, sondern auch politische Vorgaben aufgreifen und sie experimentell zu einem aufgeklärten Konsens forttreiben. – Die Ausdrücke „erproben" und „experimentell" sind hier emphatisch gemeint. Gesellschaftspolitische Konzeptplanung ist ein Experiment, dessen Ergebnis zeigen soll, was in der jeweiligen gesellschaftspolitischen Situation unter rationalen wie unter kommunikativen Aspekten an aufgeklärten Handlungsentwürfen möglich ist.

---

[50] Dieses Mißverständnis z. B. bei Dams (1973) 26.

Wer ist für die Bildung eines experimentellen Konsenses Experte? – Insofern zur Konsensfindung empirisch-analytische und kritisch-hermeneutische Transformationsprozesse gehören, kommen Vertreter der entsprechenden wissenschaftlichen Methodenkompetenzen in Betracht. Da die Konzeptplanung aber nicht auf Formen und Bereiche von Theoriekompetenz reduziert werden kann, sondern auch dort zu einem konzeptuellen Konsens gelangen soll, wo die wissenschaftlichen Sach- und Methodenfragen überschritten werden – vor allem bei der Zielbestimmung und ihren Problemen der Prioritätenabwägung –, ist kein Wissenschaftler im vollen Sinn Experte. – Es wurde schon darauf hingewiesen, daß die moderne wissenschaftstheoretische Diskussion für den in der Neuzeit einfachsten und unbestrittensten Fall von Wissenschaft, für die Naturwissenschaften und deren Vorbild, die Physik, gezeigt hat, daß kein Verfahren existiert, das unbezweifelbar gewisse Forschungsergebnisse garantiert. Dies gilt um so mehr für den komplizierteren und nicht vollständig verwissenschaftlichten Bereich, die Konzeptplanung.

Insofern das gesellschaftspolitische Konzept durch einen Konsens begründet wird, der nicht zwingend beweisbar ist, ist es auch nicht für jedermann schlechthin gültig. Gleichwohl ist das Ergebnis des experimentellen Konsenses nicht unverbindlich. Den mannigfachen Versuchen zu einer verwissenschaftlichten Politik liegt die Meinung zugrunde, dort, wo nicht stringent bewiesen werden könne, bliebe als Ausweg nur die subjektive Willkür. Da man sie aber zu Recht vermeiden will, sieht man als einzige Möglichkeit den stringenten Beweis. Dieser Vorstellung liegt ein Irrtum zugrunde. Auch eine nicht-stringente Konsensfindung kann unter Regeln stehen. Selbst dort, wo der Konsens nicht vollständig aus wissenschaftlichen Erkenntnissen und Verfahrensweisen abgeleitet wird, kann er methodisch herbeigeführt sein, so daß Zufall, persönliche Vorurteile, usf. nicht gerade ausgeschlossen, aber doch erheblich reduziert werden. Zu den Regeln gehört es, daß sich mehrere Personen einig werden müssen. Für eine Konzeptplanungsaufgabe sucht man nicht nach dem einen „Weisen". Man bildet ein Gremium, das sich zu gemeinsamen Lernprozessen bereitfinden und im Gespräch, in der Diskussion einen gemeinsamen Willen bilden muß. Schon dieser Zwang zur Willensbildung durch Beratungsprozesse hat einen eminent kontra-arbiträren Wert[51]. – Zu den Regeln gehört auch die Zusammensetzung des Gremiums. Die Mitglieder müssen so ausgewählt sein, daß willkürliche Aussagen und Gegenaussagen mit hoher Wahrscheinlichkeit auf Widerspruch stoßen und eine sachliche Argumentation herausfordern. Dazu sind Personen erforderlich, die weder voneinander abhängig noch aufeinander angewiesen sind. Vor allem aber müssen die Konzeptplaner gegenüber den gesellschaftlichen und politischen Kräften unabhängig sein. Es verbietet sich, Mitglieder zu berufen, die sich aufgrund starker Bindungen an bestimmte Gruppen und Verbände, Parteien oder Ressorts bloß als Interessenvertreter verstehen. Ein Konzept soll ja nicht aus dem (möglicherweise spieltheoretisch berechenbaren) Kompromiß zwischen antagonistischen Kräften entstehen. Im öffentlichen Interesse berufen, sollen die Planungsgremien weder die gegenwärtigen politischen Kräfteverhältnisse reproduzieren, noch sich darauf beschränken, die organisierten Bedürfnisse und Interessen zu berücksichtigen, die noch nicht organisierten, die vielleicht überhaupt schwer orga-

---

[51] Ein Plädoyer für den einheits- und wahrheitsstiftenden Wert der Diskussion schon bei J. St. Mill, On Liberty, London 1848 (dt. Stuttgart 1974), c. 2.

nisationsfähigen aber zu unterschlagen[52]. Überhaupt soll das Gremium keine neue „Partei" bilden, die wiederum partikulare Interessen ins Spiel zu bringen sucht. Es soll Dritten Ratschläge geben, und das heißt zumindest, hinter den eigenen Interessen zurücktreten.

So wichtig es auf der einen Seite ist, daß die Planungsgremien von Bindungen an die Interessen der Regierung, deren Bürokratien und der großen sozialen Verbände unabhängig sind, so unabdingbar ist es auf der anderen Seite, daß sie sich deren Interessen annehmen. Daher kommt es darauf an, ein Gremium zu berufen, das nach seiner Zusammensetzung einen Reflex der gesellschaftspolitischen Vorstellungen darstellt. Eine Mannigfaltigkeit von Erfahrungen und Tätigkeiten, von politischen Positionen und weltanschaulichen Haltungen trägt dafür Sorge, daß man auf die Strittigkeit bestimmter Fragen gestoßen wird, bei ihrer Beurteilung einen pluralistischen Ausgang nimmt und im Resultat allzu starke Gruppenvorurteile verhindert[53]. Weitere wirksame Schutzvorkehrungen finden sich in der Institution des Minderheitengutachtens; im Zwang, Konzepte zu begründen und öffentliche Rechenschaft über sie abzugeben; in der Erwartung und der Durchführung einer kritischen öffentlichen Diskussion.

---

[52] Dazu C. Offe, Strukturprobleme des kapitalistischen Staates, Frankfurt a. M. 1972, 65 ff.

[53] Unter den 18 Gründungsmitgliedern der Bildungskommission des Deutschen Bildungsrates sieht Becker (1971, 66) 6 Mitglieder als Sachverständige der Bildungsforschung oder für Bildungsbereiche, 6 als Repräsentanten sozialer Bereiche, 4 als Wissenschaftler mit einem allgemeinen Interesse am Bildungswesen, außerdem einen Oberbürgermeister und einen Oberstadtdirektor. In dieser Heterogenität der Zusammensetzung erblickt K. D. Erdmann, der damalige Vorsitzende, zu Recht keine Belastung, sondern die eigentliche Chance: Die Anfänge des Deutschen Bildungsrates, in: Die neue Gesellschaft 13 (1966) 440–446 (441).

Derartige Vorkehrungen schaffen nicht gerade die absolut ideale Kommunikationssituation. Sie stellen aber in der Regel weit idealere Kommunikationsbedingungen her, als sie sich in homogenen Gruppen oder den Querelen, Vorurteilen und Handlungszwängen der Tagespolitik darbieten. Sie bedeuten eine „Rationalisierung" der Konsensfindung, ohne sie deshalb zu verwissenschaftlichen. Konzeptplanung, die sich derartigen Regeln unterwirft, erhöht die Chancen für aufgeklärte Handlungsentwürfe.

Gegenüber den politischen und gesellschaftlichen Prozessen ist Konzeptplanung in ihrer Struktur nicht toto genere verschieden. Im experimentellen Prozeß der Konsensfindung werden politische Ansätze aufgegriffen und gesellschaftliche Tendenzen fortgesetzt. Denn in der politischen und sozialen Ordnung sowie in der öffentlichen Diskussion ist je schon ein Weg von Konfliktlösung und Konsensfindung beschritten. Selbst wenn Konzeptplanung mit engeren Zielvorgaben arbeitet als etwa der Deutsche Bildungsrat[54], liegt gegenüber den Zielen nicht

---

[54] Ein wissenschaftliches Beratungsgremium mit weit engeren politischen Zielvorgaben ist der Sachverständigenrat zur Begutachtung der gesamtwirtschaftlichen Entwicklung. Laut Gesetz hat er die Aufgabe (1.) zu zeigen, wie die Ziele Stabilität des Preisniveaus, hoher Beschäftigungsstand, außenwirtschaftliches Gleichgewicht und angemessenes und stetiges Wachstum gleichzeitig gewährleistet werden können; (2.) aufzuzeigen, wann Fehlentwicklungen zu erwarten sind und welche Möglichkeiten zu deren Vermeidung oder Beseitigung bestehen; dabei soll er keine Empfehlungen aussprechen (nach Holzheu [1971] 609). Worauf Holzheu (1971) aufmerksam gemacht hat: auch diese Bestimmung der Ziele läßt dem Sachverständigenrat einen Spielraum für wirtschaftspolitische Ermessensentscheidungen; ferner einen Ermessensspielraum für die Gewichtung der Ziele. Aufgrund der viel engeren Zielvorgaben ist das kritische Potential des Sachverständigenrates aber von vornherein sehr begrenzt. Der Sachverständigenrat gehört weniger in die Gruppe der konzept- als in die der diagnose- und prognoseorientierten Politikberatung.

schon ein dezisionistisches Verhältnis vor. Die Zielvorgaben stammen selbst aus Kommunikationsvorgängen. Auch die Verfassungsbestimmungen sind das Ergebnis eines Prozesses der Konsensfindung. Durch Konzeptplanung wird der ständig aufgegebene Prozeß der Kommunikation und Konsensfindung in der Gesellschaft ein Stück weitergetragen. Aufgrund der *relativ* idealen Kommunikationsbedingungen ist die Chance, dabei eine in höherem Maß aufgeklärte Politik zu finden, größer als in den Befangenheiten der Tagespolitik.

Um die Quintessenz noch einmal zu formulieren: durch Konzeptplanung werden die gesellschaftspolitischen Ziele weder konstituiert noch legitimiert, noch werden sie von außerhalb vorbehaltlos: ohne Interpretation und kritische Diskussion, übernommen und nur in wissenschaftlich gewonnene, sozialtechnologische Handlungsanweisungen „übersetzt". Das Konzept geht überhaupt nicht von unbezweifelbar gewissen Zielvorstellungen aus, ohne deshalb willkürlich zu verfahren. Weder die wissenschaftlich vermittelte Gewißheit über Ziele noch ihre dezisionistische Vorgabe begründen Konzepte. Konzeptplanung bestimmt selbst ihre Ziele, wenn auch nicht absolut. Vernünftige Gesellschaftspolitik basiert auf der Übereinstimmung in der Anerkennung bestimmter Ziele und Kriterien, eine Übereinstimmung, die – durch kritisch-hermeneutische und empirisch-analytische Methoden abgestützt – durch ein Verfahren der Konsenserprobung in relativer Distanz zu den politischen Instanzen und Kontroversen experimentell gefunden wird.

11.4 Zur Außenstruktur:
Kooperation zwischen Wissenschaft und Politik

Die Mittlerrolle, die die wissenschaftliche Politikberatung ausüben soll, kann sie nur dann erfüllen, wenn beide Seiten: die Politik und die Wissenschaft, sich einander zuwenden, ohne ihre Eigenart aufzugeben. Indem die Politik wissenschaftliche Beratungsgremien institutionalisiert, überträgt sie nicht einfach die politische Kompetenz auf die Sachkompetenz. Wissenschaftliche Politikberatung heißt nicht, daß sich der Legitimationszusammenhang einer parlamentarischen Demokratie auflöst und daß die Wissenschaftler als Wissenschaftler die öffentlichen Entscheidungen treffen. Wohl aber öffnet sich die Politik dem Sach- und Methodenverstand. Sie stellt sich selbst und ausdrücklich unter die Ansprüche von Wissenschaft, deren Eigenrecht, die Sachkompetenz, sie anerkennt. Dadurch erhält die Wissenschaft ein politisches Mitwirkungsrecht, allerdings kein pauschales, sondern bezogen auf bestimmte Aufgaben, die sie nach Maßgabe ihrer eigenen Kriterien und Kompetenzen ausfüllt. Und umgekehrt: Wissenschaft, die sich zur Politikberatung bereit findet, gibt nicht ihr Eigenrecht auf, um sich Erkenntnisse von der Politik vorschreiben zu lassen. Doch schränkt sie ihre Autonomie ein und wendet sich den Aufgaben zu, für deren Lösung man sie in Anspruch nimmt. Darüber hinaus greift sie normative Leitprinzipien sowie gesellschaftspolitische Diskussionslagen auf, womit sie sich den Ansprüchen der Politik stellt.

Wissenschaftliche Politikberatung kann nur dort gelingen, wo Wissenschaft und Politik aufeinander zugehen, ohne sich einander zu bemächtigen. Sowohl die Herrschaftsanmaßung von Wissenschaftlern gegenüber der Politik als auch die konträre Anmaßung von Politikern gegenüber der Wissenschaft würde die Vermittlungsaufgabe unmöglich machen. In dem einen Fall würde die demokratische Willensbildung und Entscheidungsfindung, in dem anderen Fall die wissenschaftliche Rationalität manipuliert. Um beide Gefahren zu vermeiden, muß die relative Autonomie von Wissenschaft und Politik sichergestellt werden. Dazu gehört es, daß auf beiden Seiten die Freiheit der Kritik gewahrt bleibt[55]: Einerseits muß das Beratungsgremium unabhängig sein, wozu auch materielle und personelle Mittel, vor allem ein eigener Arbeitsapparat und eine genügende Anzahl wissenschaftlicher Mitarbeiter zählen[56]; andererseits dürfen die Pläne keinen imperativen, sondern nur einen Empfehlungscharakter haben.

Der Begriff des imperativen Plans stammt aus der französischen Planungstheorie. Aus der Praxis der Wirtschaftsplanung heraus hat man dort eine begriffliche Differenzierung vorgenommen, die für die Diskussion der Verbindlichkeit von Plänen weite Verbreitung gefunden hat, die Unterscheidung zwischen indikativen und imperativen Plänen. Französische Wirtschaftspläne sind gegenüber öffentlichen Unternehmen imperativ: sie haben den verwaltungsrechtlichen Status einer zu befolgenden hoheitlichen Anordnung. Die Privatwirtschaft dagegen wird durch die staatlichen Pläne unter keinen direkten Zwang gestellt. Die Pläne setzen hier nur Indikatoren und Orientierungspunkte[57].

---

[55] Vgl. Jochimsen (1974) 163.   [56] Vgl. Erdmann (1966) 444.

[57] J. H. Kaiser, Exposé einer pragmatischen Theorie der Planung, in: Kaiser I (1965) 23 f.; P. Bauchet, La planification française. 15 ans d'expérience, Paris 1962; J. u. A. M. Hachett, Economic Planning in France, London 1963; B. Cazes, Prinzipien und Methoden der französischen Planung, in: R. Jungk, H. J. Mundt (Hg.), Modelle für eine neue Welt. Wege ins neue Jahrtausend, München 1964, 157 ff.

Die in der Absicht und im Auftrag einer wissenschaftlichen Politikberatung erarbeiteten Konzeptpläne haben
ganz offensichtlich keinen Weisungscharakter. Die politischen und administrativen Instanzen, an die sich die
Pläne richten: die Parlamente, Regierungen oder Mini-
sterien, werden durch sie nicht rechtlich gebunden. Gleichwohl haben die Pläne mehr als eine Orientierungsfunktion. Es sind wissenschaftlich abgestützte Ratschläge einer
besonders nachdrücklichen Form. Deutlich heben sie sich
aus der Mannigfaltigkeit wissenschaftlicher Ratschläge
ab. Aussagen wie die Erklärung der 18 Atomwissenschaft-
ler vom 12. 4. 1957 oder die Veröffentlichungen des Club
of Rome gehören zu den zahlreichen Vorschlägen, die die
Politiker aus Verantwortungsbewußtsein einzelner Wissenschaftler oder (mehr oder weniger) repräsentativer
wissenschaftlicher Gruppen erhalten. Hier werden Initiativen entwickelt sowie Aufklärungs- und Appell-Funk-
tionen ausgeübt. Die Bedeutsamkeit solcher informeller
Politikberatung ist auch unbestritten. Doch kommen die
Ratschläge aus persönlichem Entschluß. Auch wenn sie
aus wohlmeinender Absicht und einer umsichtigen Beurteilung der Sachlage entstanden sind, stellen sie im Kon-
zert der Gruppen und Meinungen eine politisch nicht
autorisierte Stimme dar, auf die die politisch Verantwortlichen hören, die sie aber auch übergehen können. Die
Vorschläge institutionalisierter Politikberatung dagegen
können im Einzelfall ungelegen sein; ungebeten aber
kommen sie nicht. Planungsgremien wie der Wissenschaftsrat, der Deutsche Bildungsrat oder die Royal Commissions in Großbritannien sind nicht selbst ernannt.
Nach Aufgabenstellung und Personenkreis von den ent-
scheidungsbefugten Stellen berufen, bilden sie eine rechtlich abgesicherte, öffentlich legitimierte Instanz, deren
Aussagen die politischen Stellen nicht unbedingt zu

akzeptieren brauchen, die sie aber zur Kenntnis nehmen und positiv oder negativ beurteilen müssen[58]. Deshalb erscheint hier die Gegenüberstellung von imperativen und indikativen Plänen noch zu grob. Zwischen dem politisch unverbindlichen Angebot nicht entscheidungsbefugter Personen oder Gruppen und den geltenden Entscheidungen entscheidungskompetenter politischer Instanzen gibt es eine mittlere Form von Verbindlichkeit: die Gutachten, Studien und vor allem die Empfehlungen öffentlich beauftragter wissenschaftlicher Beratungsgremien[59]. –

Im Prozeß öffentlicher Entscheidungsfindung nehmen Wissenschaft und Politik je verschiedene Funktionen wahr. Zwar läßt sich ihr Verhältnis nicht im Sinne eines linearen Prozesses vorstellen. Es handelt sich um ein Hin und Her von Impulsen, um einen Prozeß wechselseitigen Regulierens, der dem eines kybernetischen Systems ver-

---

[58] Als Beispiel mag die sehr detaillierte und in diesem Fall weitgehend zustimmende „Erklärung der Kultusministerkonferenz zu den Empfehlungen der Bildungskommission des Deutschen Bildungsrates ‚Strukturplan für das Bildungswesen' vom 2. Juli 1970" gelten (abgedruckt in: Bildung und Erziehung 23 [1970] 373–382).
[59] Die in sich noch einmal gestufte Verbindlichkeit von Aussagen der wissenschaftlichen Politikberatung dokumentiert sich im Fall des Bildungsrates in zwei getrennten Schriftenreihen. Die „Empfehlungen" enthalten Meinungen und Vorschläge, die nach Beratungen in der Bildungskommission und nach Konsultierung der Regierungskommission von der Bildungskommission beschlossen und verabschiedet wurden. Die „Gutachten und Studien" dagegen enthalten Arbeiten, die im Auftrage der Bildungskommission erstellt wurden und in den Beratungen als Materialien dienen. Die hier dargelegten Sachverhalte sind ebenso wie die aus ihnen gezogenen Folgerungen und die in ihnen ausgesprochenen Ansichten Meinungsäußerungen der jeweiligen Verfasser. Die genannte mittlere Form von Verbindlichkeit kommt insofern primär nur den „Empfehlungen" zu. Diese zielen entweder auf Maßnahmen oder in einer Vorstufe nur auf Planungsüberlegungen. – Zu dieser Unterscheidung: Deutscher Bildungsrat (1973) 9; Becker (1971) 76–78.

gleichbar ist. In den Rückkoppelungsprozessen sind beide Subsysteme: Wissenschaft und Politik, aufeinander bezogen. Die Politik sucht den Rat des Sachverstandes; die Wissenschaft plant nach Maßgabe politischer Leitprinzipien und praktischer Bedürfnisse. Zugleich behalten beide Subsysteme ihre relative Autonomie; die Impulse, die sie abgeben, sind verschiedener Natur. Die Wissenschaft gibt Auskunft über rationale Möglichkeiten. Sie entwirft Konzepte, die in sich widerspruchsfrei, die zielklar, zieleffizient sowie durch empirische Forschung abgestützt sind und darüber hinaus das Resultat eines aufgeklärten Konsenses darstellen. Die Politik gibt über die Verfassungen normative Leitprinzipien, und in ihren Entscheidungsgremien nimmt sie Rücksicht auf das unmittelbar Notwendige, auf das Machbare und das Durchsetzbare; sie bewertet die alternativ möglichen Ziele, setzt die Prioritäten und entscheidet über den Zeitplan. Mit einem Wort: die Wissenschaft trägt Sachlegitimation: Rationalität und Reflexion, bei, die Politik die politische Legitimation.

Die Zusammenarbeit unter Wahrung der je eigenen Prinzipien ist terminologisch als partnerschaftliche Kooperation zu fassen[60], ein Verhältnis, das weder konfliktlos noch grundsätzlich feindlich ist. Organisatorisch kann es recht verschiedene Formen einnehmen. Während der Vorgänger des Deutschen Bildungsrates, der Deutsche Ausschuß für das Erziehungs- und Bildungswesen, ohne eine Mitwirkung von seiten der Regierung und der Verwaltung arbeitete, bestehen der Wissenschafts- und der Bildungsrat je aus zwei Kommissionen: aus der Wissenschaftlichen bzw. der Bildungskommission auf der einen

---

[60] Dazu H. Krings, Schul- und Bildungspolitik und Wissenschaft. Vortrag gehalten auf der Generalversammlung der Görres-Gesellschaft in Wien am 2. 10. 1972.

und der Verwaltungs- bzw. der Regierungskommission auf der anderen Seite. Aufgrund dieser Konstruktion kann die Kooperation zwischen Sachverstand und Politik schon innerhalb der Beratungsinstitutionen stattfinden. Die wissenschaftlichen Berater werden frühzeitig auf die Fragen der politischen Realisierbarkeit, die Vertreter der Exekutive frühzeitig auf die Einsichten des Sachverstandes aufmerksam gemacht. Der gemeinsame Lern- und Kooperationsprozeß beginnt schon vor der Verabschiedung und Veröffentlichung der Empfehlungen. Im Fall des Deutschen Bildungsrates berät sich das wissenschaftliche Beratungsgremium, die Bildungskommission, mit der Regierungskommission, den Vertretern der Länder, der Bundesregierung und der kommunalen Spitzenverbände, bevor sie ihre Empfehlungen ausspricht. Die Beschlüsse über die Empfehlungen werden jedoch von der Bildungskommission allein gefaßt. Der Wissenschaftsrat dagegen kann entweder in der wissenschaftlichen Kommission allein oder aber in der Vollversammlung (zusammen mit den Regierungsvertretern) seine Beschlüsse fassen. Die zweite Konstruktion schafft eine größere Nähe zur politischen Wirklichkeit, die erste läßt mehr Freiheit zur eigenen Konzeption, mehr Chancen zur kritischen Initiative. Die britischen Royal Commissions wiederum kommen dem Deutschen Ausschuß näher; sie werden von der Regierung mit einem bestimmten Auftrag eingesetzt und arbeiten dann völlig unabhängig.

Das Gelingen einer durch wissenschaftliche Politikberatung rationalisierten Politik hängt sehr stark von solchen organisatorischen Unterschieden ab. Durch eine kritische Auswertung der bisherigen Erfahrungen lassen sich sicherlich noch bessere Formen finden, auch wenn man ein für alle Situationen optimales Modell nicht erwarten kann[61]. In diesem Zusammenhang ist auch nur das gemeinsame Merkmal: die kooperative Grundstruktur im institutionalisierten Zusammenwirken von Wissenschaft und Politik, entscheidend.

---

[61] Dazu: C. A. Moser, Der Robbins Report in Großbritannien, in: Bildungsplanung und Bildungsökonomie, Göttingen 1964, 29–43; A. Morkel, Politik und Wissenschaft. Möglichkeiten und Grenzen wissenschaftlicher Beratung in der Politik, Hamburg 1967, c. 4; Harnischfeger (1969) 133 ff.; Koch (1969); Becker (1971) 62 ff.; D. Ranft, Politik und Sachverstand. Über die Rolle der Beratungsgremien in der Bildungspolitik, in: Schulmanagement 3 (1974) 5 f.; Wieviel Beratung braucht die Bildungspolitik? Interview mit K. v. Dohnanyi, B. Vogel, S. Heinke, T. Heidhues, H. Krings, ebd. 37–43.

12. Zum Sinn wissenschaftlicher Politikberatung

Fortgeschrittene Industriegesellschaften lassen ihre sich dynamisch entwickelnden sozialen Prozesse und Institutionen sich nicht naturwüchsig entfalten. Auch sie sind, so wird es jedenfalls versucht, absichtsvoll zu planen und zu verändern. Dabei soll die Veränderung bei der Pluralität von Zielen, Werten und Normen ihren Ausgang nehmen und insgesamt an der Idee der Humanität orientiert sein. Öffentliche Entscheidungsfindung, die sich dieser Situation stellt und Rationalität und Pluralismus nach Maßgabe der Idee der Humanität zu vermitteln sucht, ist, worauf der kritische Durchgang normativer Entscheidungstheorien und Sozialpragmatiken gestoßen ist, strukturanalytisch komplizierter, als es die kalkulatorischen, dezisionistischen und rein argumentativen Ansätze darstellen. Entscheidungsfindung, die die technisch-wissenschaftliche Verfügung des Menschen über die Sozialprozesse einer sittlich-politischen Kontrolle unterwerfen will, läßt sich eher als ein kommunikatives: als ein durch Argumentations-, Lern- und Anerkennungsprozesse bestimmtes Verfahren verstehen. Was kommunikative Entscheidungsfindung und ihre drei Elemente des näheren bedeuten, sollte am Bindeglied zwischen der Wissenschaft und der Politik, nämlich der wissenschaftlichen Politikberatung hier am Beispiel des Bildungsbereichs, einer ersten Präzisierung zugeführt werden. Welchen Beitrag im Sinne von Strategien der Humanität kann nun dieser Ausschnitt aus dem Entscheidungsprozeß leisten?

Durch die Arbeit der Wissenschaften wird ein höheres Rationalitätsniveau erreicht; durch das Verfahren des experimentellen Konsenses und aufgrund des Kooperationsverhältnisses zur Politik werden besondere kommunikative Möglichkeiten erschlossen. So erhält der politische Wille die Chance zu einer doppelten Aufklärung. Sowohl unter Rationalitäts- als auch unter Kommunikationskriterien gesehen, schlagen die Empfehlungen wissenschaftlicher Politikberatung ein höheres gesellschaftspolitisches Entscheidungsniveau vor.

Der Ausdruck „vorschlagen" ist wörtlich gemeint. Die Empfehlungen stellen nur ein Angebot dar. Das Angebot geht jedoch aus öffentlich berufenen Planungsgremien hervor, und ihr erster Adressat ist nicht die strukturell noch diffuse Öffentlichkeit, sondern es sind die im Legitimationszusammenhang der parlamentarischen Demokratie entscheidungskompetenten politischen Instanzen. Aufgrund der öffentlichen Planungs- und Beratungslegitimation können die politischen Instanzen allerdings das Angebot nicht einfach übergehen. Auch wenn sie es nicht (vollständig) akzeptieren, fordert es die intensive Auseinandersetzung heraus. Zugleich setzt es für die Auseinandersetzung ein rationales und kommunikatives Argumentationsniveau an, auf dem sich auch die Kritiker und Gegner aus dem Raum der Politik bewegen müssen— sofern die Institutionalisierung der Politik nur ernstgemeint war und man die Wissenschaftler nicht als Dekor oder Feigenblatt, sondern als Ratgeber gesucht hat, unter deren Ansprüche von Sach- und Methodenverstand man sich stellen wollte. Selbst dort, wo die Empfehlungen nicht in allen Einzelheiten, vielleicht nicht einmal in ihren Grundzügen als Entscheidungsbasis aufgegriffen werden,

initiieren sie Lern- und Veränderungsprozesse, indem sie
ein höheres politisches, ein höheres rationales und kommunikatives Argumentationsniveau provozieren[1]. Schon
eine solche Provokation ermöglicht ein höheres Maß an
aufgeklärter Politik. (Der Ausdruck „aufgeklärte Politik" ist nicht im absoluten Sinn als ein prinzipiell nicht
mehr zu überbietendes Maß an Aufklärung zu verstehen.
Er ist komparativ als ein höheres und oft weit höheres
Maß an Aufklärung gemeint, als es der tagespolitische
Interessenkampf hervorbringt.)
Obwohl sich die wissenschaftliche Politikberatung in erster Linie an jene entscheidungskompetenten Politiker
wendet, durch die sie zur Beratung aufgerufen wurde, ist
Gesellschaftspolitik in demokratischen Staaten doch keine Geheimpolitik. Sie findet vor den Augen und unter
der Beteiligung der (aktiven) Öffentlichkeit statt[2]. Auch
die wissenschaftlich abgestützten Empfehlungen richten
sich nicht allein an die gewählten Repräsentanten. Aus
diesem Grund und um die politische Unabhängigkeit der
Beratungsgremien zu verstärken, gehört es zu den Empfehlungen, daß man sie publiziert. So rufen sie auch in
der öffentlichen Diskussion Kritik und Gegenkritik hervor und stimulieren dort auf diese Weise Lern- und Veränderungsprozesse. Der aus pluralistisch zusammenge-
setzten Beratungsgremien hervorgehende experimentelle
Konsens soll für die pluralistisch strukturierte Öffent-

---

[1] Vgl. Moser (1964) 30.
[2] Aus der Diskussion um den Begriff der Öffentlichkeit: Dahrendorf (1967a); Habermas (1969) 120–145; ders., Strukturwandel
der Öffentlichkeit, Neuwied ³1968; H. Holzer, Massenkommunikation und Demokratie in der BRD, Opladen 1969; U. K. Preuß,
Zum staatsrechtlichen Begriff des Öffentlichen. Texte und Dokumente zur Bildungsforschung, Stuttgart 1969; S. B. Robinsohn, Bildungspolitik und Öffentlichkeit, in: Bildung und Erziehung 23
(1970) 241–256.

lichkeit Beispiel- und Fermentcharakter haben und ein –
rational und kommunikativ gesehen – höheres Wissen sowie ein entsprechend hohes Problembewußtsein und
Argumentationsniveau provozieren[3]. Die mit der öffentlichen Diskussion initiierten Lern- und Veränderungsprozesse beeinflussen wiederum die politischen Instanzen.
Außer dem direkten Lernprozeß zwischen den Beratungsgremien und den Politikern findet noch ein indirek-
ter, ein über die öffentliche Diskussion vermittelter statt
und erhöht den Einfluß der Empfehlungen. Gleichwohl
bleiben sie ein Angebot. Um die vorgeschlagene aufgeklärte Politik selbst zu realisieren, fehlt ihnen die politische und kommunikative Legitimation. Das Angebot
muß von den Angesprochenen, vor allem den Politikern,
dann auch von der Öffentlichkeit wahrgenommen werden. Ob es tatsächlich geschieht, muß in einem als Kooperationsprozeß verstandenen Verhältnis der Wissenschaft
zur Politik den Angesprochenen freigestellt bleiben. Wissenschaftliche Beratungsprozesse können und sollen sich
der Fragilität von Anerkennungsprozessen nicht entziehen[4].

Je besser die wissenschaftlichen und kommunikativen Be-

---

[3] Zur tatsächlichen Bedeutung der wissenschaftlichen Politikberatung in der Bildungspolitik vgl. Krings (in: Beratung [1974] 43):
„Der ‚Strukturplan für das Bildungswesen‘ (1970) wurde der Inhalt des ‚Bildungsberichts 70‘ der Bundesregierung und ging in der
Hauptsache in den ‚Bildungsgesamtplan‘ (1973) ein. Die Empfehlung der Bildungskommission ‚Zur Neugestaltung der Abschlüsse
im Sekundarschulwesen‘ (1969) wurde die Grundlage der Vereinbarung der KMK. ‚Zur Neugestaltung der gymnasialen Oberstufe
in der Sekundarstufe II‘ (1971) hat schon auf die Vorarbeiten zur
Neufassung des Berufsbildungsgesetzes eingewirkt usw.“ – Er-
nüchternder dagegen sind andere Erfahrungen: J. L. S. Sundquist,
Politics and Policy: The Eisenhower, Kennedy and Johnson Years,
Washington 1968.
[4] Siehe oben Kap. 9.2.

315

dingungen innerhalb der Beratungen sind und je besser das Kooperationsverhältnis zur Politik ist, desto höher sind die Chancen der Anerkennung. Und werden die Empfehlungen anerkannt, dann wird in die Politik nicht nur ein höheres Argumentations-, sondern auch ein höheres Entscheidungsniveau getragen. Ob die bisherigen Erfahrungen mit der wissenschaftlichen Politikberatung eher zu Optimismus oder eher zu Pessimismus Anlaß geben – das zu entscheiden ist weder die Aufgabe einer strukturanalytisch orientierten Untersuchung, noch käme man für die verschiedenen Länder und die unterschiedlichen Politikbereiche zu gleichen Ergebnissen[5]. Die tatsächliche Anerkennung hängt von vielerlei Gründen ab. Es kommt nicht nur auf die Qualität der Ratgeber, sondern auch auf die der Ratsuchenden: auf die Urteilsfähigkeit und das Verantwortungsbewußtsein der Politiker, dann auch auf die Qualität der öffentlichen Meinung an. Diese nur sehr allgemein bezeichneten Qualifikationen hängen selbst von mancherlei Bedingungen ab, nicht zuletzt von dem, worum es bei der Reform des Bildungswesens inhaltlich geht: von der Ausrichtung der Lernprozesse auf die Entwicklung von sprachlichen, sozialen und humanen Kompetenzen sowie von der chancengerechten Verteilung des entsprechenden Bildungsangebots.

12.2 Chance der Humanität

Mit Strategien der Humanität ist eine Politik bezeichnet worden, die sich unter einen humanen Anspruch stellt. Dieser Anspruch ist der Politik nicht äußerlich. Das auf der Verfassung basierende öffentliche Handeln hat, zumindest in den westlichen Demokratien,

---

[5] Vgl. Anm. 61 zu Kap. 11 und Anm. 3 zu Kap. 12.

eine prozedurale und eine inhaltliche Seite. Es meint sowohl den Legitimationszusammenhang der parlamentarischen Demokratie als auch seine Orientierung an der Idee der Humanität (so durch die Verpflichtung der Politik auf die Menschenwürde, die Grund- und Menschenrechte und den sozialen Rechtsstaat). Und nicht nur in den normativen Leitprinzipien der Verfassungen, sondern auch im Selbstverständnis moderner Gemeinwesen (etwa als Rechts- und Sozialstaaten) sowie in den vielfältig erhobenen Forderungen nach freieren und gerechteren Lebensverhältnissen kommt der humane Anspruch der Politik zum Ausdruck.

Dieser Anspruch sollte hier nicht für sich selbst gedacht werden. Die Explikation und Legitimation der Idee der Humanität sowie die Entfaltung der mit ihr zusammenhängenden Grundsätze ist Aufgabe der Moralphilosophie im engeren Sinn. Auch wenn es nicht ausgeschlossen ist, daß in öffentliche Entscheidungsprozesse moralphilosophische Überlegungen eingehen – der umfassende Begriff wissenschaftlicher Rationalität läßt auch logische, transzendentale, dialektische Argumentationsformen usf. zu –, können und sollen sie nicht durch öffentliche Entscheidungsprozesse ersetzt werden. Mit Strategien der Humanität sind vielmehr Verfahren angesprochen, die eine Vermittlung der Idee der Humanität mit konkreten Bereichen und Situationen leisten können und auf diese Weise dazu beitragen, Grundsätze und Ziele, die der Idee der Humanität verpflichtet sind, öffentlich zur Anwendung zu bringen.

Nun haben diese Grundsätze eine regulative und keine operationale Bedeutung. Es sind Kriterien, auf die das öffentliche Handeln verpflichtet wird, ohne daß sie genau angeben, was aus ihnen für den Bereich der Bildung, des Strafvollzugs oder des Wirtschaftssystems folgt und wie man sie unter den Bedingungen der jeweils gegebenen Verhältnisse verwirklicht. Die allgemeinen Grundsätze sind mit den besonderen Erfordernissen der entsprechenden Sachbereiche und ihrer gegenwärtigen Umstände noch zu vermitteln, um bereichsspezifische Grundsätze zu gewinnen und eine Erschließung der Situation: ihre kritische Beurteilung und Fortentwicklung nach Maßgabe der humanen Grundsätze, zu ermöglichen. In diesem Aufgabenfeld liegen die humanen Chancen einer konzeptorientierten wissenschaftlichen Politikberatung. Wie es des näheren gezeigt wurde, kann sie normative Leitprinzipien, die der Idee der Humanität verpflichtet sind, bereichs- und situationsgerecht aufarbeiten. Sie vermag über die humanen Ansprüche aufzuklären und geeignete Wege der Realisierung ausfindig zu machen. Kurz, der Beitrag wissenschaftlicher Politikberatung zu Strategien der Humanität besteht darin, daß der humane Anspruch, der der Politik immanent ist, mit den Lebensbereichen und geschichtlichen Verhältnissen vermittelt wird.

Aufgrund ihrer Vermittlungsmöglichkeiten steckt in der Politikberatung (bzw. in den durch sie repräsentierten rationalen und kommunikativen Entscheidungsverfahren) mehr als eine humanitätsneutrale Pragmatik; denn man braucht sich nicht auf die sozialtechnologische Aufgabe zurückzuziehen, das jeweils Machbare: also humanitätsindifferente Spielräume des Handelns zu erschließen. Zugleich handelt es sich um weniger als um ein Verfahren, das aus sich heraus Humanität verbürgt. Denn wissenschaftliche Politikberatung ist nicht unmittelbar von der Idee der Humanität bestimmt, wohl aber von allgemeinen gesellschaftspolitischen Vorgaben, zum Beispiel Grundrechten, die ihrerseits von der Idee der Humanität geprägt sein sollen.

Die Inhalte der Empfehlungen, die von seiten wissenschaftlicher Politikberatung ausgesprochen werden, sind nicht schon deshalb human, weil sie nach rationalen und kommunikativen Kriterien erarbeitet worden sind. Eine Gleichsetzung von Rationalität und Kommunikation mit Humanität ist unzulässig. Zwar stellt die intersubjektive Verständigung über Ziele und ihre freie Anerkennung selbst ein Element des Humanen dar. In einem kommunikativen Entscheidungsprozeß werden fundamentale Grund- und Rahmennormen anerkannt, die mit der Idee der Humanität mitgesetzt sind, etwa die Forderung nach Unversehrtheit des Lebens, die Ablehnung von Gewalt, Lüge und Betrug oder die Anerkennung des anderen als gleichwertigen Partners. Auch die Rationalität der Mittel und Wege ist ein konstitutives Moment von Strategien der Humanität. Denn wenn humane Leitprinzipien tatsächlich zur Anwendung kommen sollen, dann ist eine Überlegung der angemessenen Wege vonnöten. Die Planung des Erfolgs gehört zur Ernsthaftigkeit einer Orientierung an Humanität hinzu. Aber in der Einleitung (Kap. 1.2) wurde darauf hingewiesen, daß sich mit Strategien der Humanität ein dreifacher Anspruch verbindet: die (materiale) Richtigkeit der Ziele, Zwecke und Kriterien; die (formale) Richtigkeit: die freie Anerkennung der Ziele; schließlich die Richtigkeit der Mittel und Wege. Während nun die formale Zielrichtigkeit durch das kommunikative Element und die Richtigkeit der Wege durch die Verpflichtung auf einen umfassenden Begriff von wissenschaftlicher Rationalität verfolgt werden, ist die materiale Zielrichtigkeit nur zum Teil methodisch anzustreben. Insofern es der wissenschaftlichen Politikberatung um das Aufgreifen und problemspezifische Ausarbeiten, nicht um das Setzen der humanen Leitprinzipien geht, ist die fundamentale Orientierung an inhaltlichen Kriterien von Humanität mit dem Beratungsverfahren selbst nicht mitgegeben, sondern ihm methodisch vorgeordnet. Dort, wo die grundsätzliche Orientierung an Humanität stattfindet, kann auch die Aufgabe der Vermittlung von humanen Ansprüchen mit geschichtlicher Wirklichkeit übernommen werden. Und nur dort sind die von rationalen und kommunikativen Kriterien bestimmten Entscheidungsprozesse im vollen Sinn als Strategien der Humanität zu qualifizieren.

Allerdings darf man auch dann nicht die Humanitätserwartungen überziehen. Es wurde schon darauf hingewiesen (Kap. 7.2), daß Humanität selbst in dem eingeschränkten Verständnis von Wohlergehen aller Betroffenen kein direktes Ziel der Politik sein kann. Dies gilt um so mehr für die umfassendere Deutung der Humanität als Vollendung und Erfüllung von Menschsein überhaupt. Eine Politik, die ihre humanen Ansprüche recht versteht, konzentriert sich deshalb auf limitierende Grundbedingungen. Ihr geht es darum, Barrieren zu einem humanen Leben abzubauen, Dispositionen und Kompetenzen zu entwickeln, die dem Menschen ein Zusichselbstkommen erlauben, sowie die erforderlichen ökonomischen und sozialen Voraussetzungen bereitzustellen. Die Suche nach Strategien der Humanität ist auch gar nicht an die Annahme gebunden, es sei möglich und erstrebenswert, das Zusichselbstkommen der Menschheit mittels öffentlicher Entscheidungsprozesse unmittelbar zu realisieren. Ähnlich wie das allgemeine Wohlergehen kann Humanität lediglich als das indirekte, nicht auch das direkte Ziel von Politik gelten.

Die Detail-Analyse zur konzeptorientierten wissenschaftlichen Politikberatung war exemplarisch gemeint.

Am Beispiel einer sich etablierenden politischen Praxis sollten Struktur und Sinn eines Entscheidungsverfahrens deutlicher werden, das sich den Ansprüchen von Rationalität und Kommunikation stellt sowie beide Ansprüche zu vermitteln sucht. Aufgrund solcher Verfahren eröffnet sich dem politischen Handeln ein Maß an rationaler und kommunikativer Aufklärung, das einer Entscheidungsfindung nach dem Paradigma Nutzenkalkulation (und auch nach dem Erlanger Beratungsmodell) methodisch verschlossen ist. Durch die Grundelemente: die Tatsache, daß sich die Politik unter die Ansprüche der Wissenschaft stellt; durch einen Wissenschaftsbegriff, der sich nicht auf bestimmte Disziplinen und Methoden festlegt, sondern ganz allgemein Sach- und Methodenkompetenz meint; durch die Anerkennung der Wissenschaften insgesamt als einer negativen und nicht einer positiven Entscheidungsinstanz; durch die Idee des experimentellen Konsenses und den Begriff einer kooperativen Beziehung zwischen Wissenschaft und Politik werden methodische Beschränkungen überwunden, die mit den gegenwärtig vorherrschenden Entscheidungstheorien verbunden sind.

Die damit anvisierten Verbesserungen bestehender Sozialpragmatiken gehen in zwei Richtungen. Mit dem in Ansätzen skizzierten Modell rationaler und kommunikativer Entscheidungsfindung werden die Möglichkeiten einer methodischen Beziehung zur Idee der Humanität erweitert. Zugleich ist die Vorstellung abzuwehren, hier könne Humanität vollständig geplant und rational verfügbar werden. Weder der Durchgang durch einige der gegenwärtig vorherrschenden Entscheidungstheorien noch die Analyse einer sich etablierenden politischen Praxis ist auf Methoden oder Verfahren gestoßen, die aus sich heraus das Zusichselbstkommen der Menschheit verbürgen. Schon wegen der vielfältigen Verläßlichkeitsgrenzen der Wissenschaft, dann wegen ihrer Bedeutung als negativer Entscheidungsinstanz, wegen der Fragilität kommunikativer Beziehungen, und weil Humanität lediglich ein indirektes Ziel von Politik sein kann, ist eine öffentliche Verfügung über Humanität nicht möglich. Dazu kommt es, daß die humanen Leitprinzipien die methodische Bedeutung von allgemeinen Vorgaben haben.

Diese Grenzen von öffentlichen Entscheidungsverfahren gegenüber der Idee der Humanität bedeuten jedoch nicht, daß die Entscheidungsverfahren und ihre Verbesserung gegenüber der Realisierung von Humanität gleichgültig seien. Der humane Sinn eines rational und kommunikativ bestimmten Entscheidungsverfahrens und die Überlegenheit gegenüber anderen Verfahren liegt darin, daß eine humane Grundorientierung bereichs und situationsgerecht erschlossen werden kann, eine Aufgabe, ohne die sich eine Verpflichtung auf Humanität nicht erfüllen läßt. Wenn öffentliches Handeln ernsthaft Humanität befördern und das Befördern nicht dem Zufall überlassen, sondern soweit wie möglich methodisch durchführen will, dann braucht es Entscheidungsverfahren, die – an humanen Grundsätzen orientiert – durch die formellen Bedingungen von Rationalität und Kommunikation bestimmt sind. Mit solchen Verfahren wird Humanität nicht garantiert, jedoch eine maßgebliche Chance zur Humanität eröffnet.

Nachwort zur Taschenbuchausgabe:

Läßt die politische Philosophie einen Raum für die Ethik?

Die hier nachgedruckten *Strategien der Humanität* gehören zu einer neuen politischen Philosophie, die jene Dimension nicht mehr ausklammert, die lange Zeit als Privatsache abgetan worden ist, die Ethik. Eine politische Philosophie, die den Zusammenhang mit der Ethik sucht, könnte man „politische Ethik" oder auch „normative politische Philosophie" nennen. Sie behandelt nicht nur das Geschäft der „professionellen Politiker", die Auseinandersetzung um Macht, sondern ebenso den institutionellen Rahmen, die Rechts- und Staatsordnung, in der die Auseinandersetzungen stattfinden. Auch wenn die *Strategien der Humanität* sich mehr dem ersten Aspekt widmen, ist ihr Platz doch in einem umfangreicheren Forschungsprogramm, das die Rechts- und Staatsphilosophie miteinschließt[1].

Zu dem Versuch, die politische Philosophie für die ethische Reflexion zu öffnen, tritt ein weiterer Versuch. Die Philosophie soll sich nicht länger auf die Begründung höchster Prinzipien einschränken, sondern ihre normativ-kritische Kompetenz auch für den Bereich der konkreten Verwirklichung unter Beweis stellen; unter Voraussetzung einer Begriffsklärung und Prinzipien-

---

[1] Das entspricht dem „Schritt in die Rechts- und Staatsphilosophie", den V. Heinen in seiner Studie zu den *Strategien* vorgeschlagen hat: Probleme einer „Ethik öffentlicher Entscheidungsprozesse", in: *Archiv für Rechts- und Staatsphilosophie* 63, 1977, 261–266 (266).

begründung konzentriert sie sich auf die „Anwendung" sittlicher Prinzipien. Wenn sich die Arbeit im Untertitel als ein Beitrag „zur Ethik" ankündigt, so ist die Ethik nicht in ihrem Grundlegungsteil, sondern in einem ihrer Anwendungsbereiche gemeint. Man könnte deshalb von einer Art Pragmatik sprechen, freilich nicht einer normativ neutralen, sondern einer „ethischen Pragmatik". Diese unterwirft sich einer sittlichen Leitverpflichtung, die hier allgemein und vorläufig als Humanität bezeichnet ist.

Da die Humanitätsverpflichtung nicht willkürlich und zufällig realisiert werden soll, spricht der Haupttitel von „Strategien". Dabei darf man jedoch nicht an ein „strategisches Handeln" denken, dem es um Selbstbehauptung und Expansion, jedenfalls um das eigene Interesse geht. Denn in diesem Fall würde der Titel „Strategien der Humanität" nicht bloß dissonant klingen. Er wäre geradezu ungereimt. Zur ethischen Dimension, die mit „Humanität" angezeigt wird, gehört nämlich eine Relativierung von Macht und Selbstinteresse. Mit dem Ausdruck der Strategien wird dagegen die Forderung angezeigt, eine Verpflichtung auf Humanität so weit wie möglich methodisch zu verwirklichen.

Der Versuch einer „angewandten politischen Ethik" oder „ethisch-politischen Pragmatik" ist zwei Einwänden ausgesetzt. Zum einen, so kann man behaupten, wird die Politik moralisiert und jene Errungenschaft der neuzeitlichen Rechts- und Staatsentwicklung preisgegeben, nach der aus dem öffentlichen Bereich ein privater ausgegrenzt worden ist, der aller staatlichen Verfügung entzogen bleibt und jedem Individuum einen Raum persönlicher Freiheit zubilligt. Nach dem anderen Einwand bleibt der ethische Leitaspekt in einer eigentümlichen Weise vage.

Beide Einwände weisen in unterschiedliche Richtungen, so daß sie sich gegenseitig aufheben könnten; denn nach dem ersten Bedenken scheinen die „Strategien der Humanität" zu viel, nach dem zweiten zu wenig Ethik für die Politik zu verlangen. Weil die vorliegende Arbeit nicht die Fragen der Grundlegung, sondern die der konkreten Anwendung behandelt, setzt sie sich mit den beiden Einwänden allenfalls im Vorbeigehen auseinander. Um mögliche Mißverständnisse auszuräumen, trage ich im folgenden einige Erläuterungen zur Intention der Arbeit nach.

1. Politische Ethik ohne Moralisierung der Politik

Der erste Einwand, eine normative politische Philosophie würde die Politik moralisieren, fächert sich bei näherer Betrachtung in zwei Gegenargumente auf: in die These des Rechtspositivismus, wonach Recht und Moral voneinander zu trennen seien, und in die Behauptung des politischen Liberalismus, wonach der Freiheit eine sittliche Priorität vor allen anderen Prinzipien zukomme und womit die ethische Neutralität der Politik paradoxerweise mit einem ethischen Argument begründet wird, nämlich mit dem Vorrang der Freiheit.

Der Trennungsthese kann man – wenn auch mit gewissen Einschränkungen[2] – zustimmen, sofern man darunter

---

[2] So darf man die Wechselwirkung zwischen Recht und Moral nicht übersehen, insbesondere nicht den Umstand, daß seit dem römischen Recht Begriffe konventioneller Moral direkt in Rechtstexten auftreten, so „Treu und Glauben", „Arglist", „gute Sitten" und „Sittenwidrigkeit". (Zum Verhältnis von Recht und Moral aus der Perspektive des Verfassers siehe: Recht und Moral: ein kantischer Problemaufriß, in: *Neue Hefte für Philosophie* 17, 1979, 1–36).

nur die *begriffliche* Unterscheidung zweier Sozialphänomene versteht, des positiven Rechts von der konventionellen Moral. Aber wenn die *Strategien* die Politik auf eine ethische Leitidee verpflichten, so denken sie nicht an die konventionelle, sondern an die kritische Moral, an die Idee eines uneingeschränkt oder schlechthin Guten als Bewertungsmaßstab für die menschliche Praxis. Das hier vertretene Forschungsprogramm einer politischen Ethik (einschließlich einer ethisch-politischen Pragmatik) richtet sich also nicht gegen die (begriffs-)analytische Form des Rechtspositivismus. Sie verwirft allein jene strenge (dezisionistische und tendenziell absolutistische) Version, die das öffentliche Handeln jeder Verpflichtung auf eine Idee des schlechthin Guten entzieht und dem „Kampf um Macht" überläßt. Zwar ist die politische Ethik keineswegs so realitätsblind, daß sie in der Innen- und der Außenpolitik keine Aspekte von Macht sieht. Aber aus der Tatsache, vielleicht sogar Notwendigkeit von Machtkämpfen kann man nicht ableiten, daß die Idee eines schlechthin Guten im Bereich der Politik sinnlos sei. Im übrigen finden die Machtkämpfe in der Regel nicht ungeordnet, rein naturwüchsig statt, sondern im Rahmen und nach Maßgabe gewisser Rechtsregeln und innerstaatlicher sowie überstaatlicher Strukturen. An diese Rechts- und Staatsverhältnisse richtet nun die kritische Moral die Frage, unter welchen Bedingungen und nach welchen Prinzipien sie als schlechthin gut und richtig, als sittlich gelten können.

Die Beurteilung der politischen Praxis von einem Standpunkt der Sittlichkeit („moral point of view") wird an die Rechts- und Staatsverhältnisse nicht von außen herangetragen, ist ihnen vielmehr in gewisser Weise immanent. Denn ob es auf dem Weg der kritischen Überlegung, des Protestes gegen Unrecht oder aber der freien

Anerkennung einer zustimmungsfähigen Rechts- und Staatsordnung geschieht: die Betroffenen werfen die Frage auf, ob die gegebenen Rechts- und Staatsverhältnisse auch gut und richtig seien. Und ihre Frage beschränkt sich nicht auf die Angemessenheit der Verhältnisse an beliebige Ziele oder Zwecke; sie gibt sich auch nicht mit dem Wohlergehen der Mehrheit zufrieden, sondern beansprucht ein Gut- und Richtigsein, das uneingeschränkt gültig ist.

In bezug auf die Rechts- und Staatsverhältnisse nennen wir die Dimension des sittlich Richtigen die politische Gerechtigkeit. Diese ist das höchste normative Prinzip des äußeren Zusammenlebens der Menschen, der fundamentale Maßstab und das letzte Kriterium der politischen Welt, die Gerechtigkeit als Rechts- und Staatsidee. Begrifflich ist sie zu unterscheiden von der Gerechtigkeit als jener Lebenseinstellung einer Person, wonach sie die Forderungen der politischen Gerechtigkeit nicht bloß gelegentlich und aus Angst vor Strafen, sondern ständig und freiwillig verfolgt; das wäre die Gerechtigkeit als persönliche Grundhaltung, als Tugend.

Ohne nun die vielfache Bedeutung der personalen Gerechtigkeit und überhaupt der persönlichen Sittlichkeit, der Moralität, für das menschliche Zusammenleben zu leugnen, geht es der Ethik in der Politik zuerst um die Sittlichkeit der Rechts- und Staatsverhältnisse. Wenn in den *Strategien der Humanität* die Politik einem ethischen Anspruch unterworfen wird, so ist dieser Anspruch im Sinne der politischen und nicht der persönlichen Gerechtigkeit zu verstehen. Die zur Untersuchung stehenden öffentlichen Entscheidungsprozesse werden nicht auf die sittliche Tugend der Beteiligten, der Politiker, Wissenschaftler, Medienleute und Bürger, vielmehr auf normative Leitprinzipien der Rechts- und Staatsverhältnisse verpflichtet, beispielsweise auf die Menschen- und Grundrechte oder auf sittlich orientierte Staatszwecke wie die Rechtsstaatlichkeit, die Demokratie oder die Sozialstaatlichkeit. Auf diese Weise wird die Politik auf ethische Verbindlichkeiten festgelegt und trotzdem keine Moralisierung von Recht und Staat vorgenommen, was in der Tat dem freiheitlichen Grundinteresse der westlichen Demokratien widersprechen würde und tendenziell totalitär wäre. Allerdings kann eine gründliche Philosophie das politische Leitziel einer freiheitlichen Demokratie und eines sozialen Verfassungsstaates nicht als vorgegeben betrachten; sie muß es zuerst argumentativ rechtfertigen.

Wie man zwischen einer personalen und einer politischen Sittlichkeit (Gerechtigkeit) unterscheidet, läßt sich eine personale von einer politischen Humanität abheben. Während die personale Humanität, die Humanität als Lebensziel einer Person, vor allem in seiner Selbstverwirklichung liegt, fordert die politische Humanität, die Rechts- und Staatsverhältnisse so einzurichten, daß das Gemeinwesen nicht letztlich ein Kampfplatz menschlicher Selbstbehauptung ist, sondern zuerst einmal durch gegenseitige Anerkennung und Verständigung bestimmt wird. Zwar schließt die politische Humanität nicht jede Rivalität und jeden Konflikt aus. Aber die Streitigkeiten und Machtkämpfe sollen auf der Grundlage und im Rahmen einer gegenseitigen Anerkennung der Menschen als gleichberechtigter Bürger durchgeführt werden. Weil dieses Sollen eine Gerechtigkeitsforderung ist, zeigt sich die politische Humanität eines Rechts- und Staatswesens vornehmlich in seiner politischen Gerechtigkeit, und die „Strategien der Humanität" lassen sich in „Strategien politischer Gerechtigkeit" präzisieren.

2. Ist die politische Humanität nur eine vage Idee?

Obwohl schon der Titel der Arbeit von Humanität spricht, bleibt dieser Begriff in der ganzen Studie eigentümlich unbestimmt. Dafür gibt es verschiedene Gründe, von denen einige genannt sind. So wird in der Arbeit noch nicht der spezifische Begriff einer politischen Humanität gebildet, unter Humanität deshalb auch die personale Seite verstanden, die Selbstverwirklichung, das Zu-sich-selbst-Kommen des Menschen. Nun ist der Mensch gemäß elementaren anthropologischen Befunden nicht auf bestimmte Verhaltensweisen festgelegt. Je nach den persönlichen und gesellschaftlich-kulturellen Bedingungen, Interessen und Sinnvorstellungen fällt die Selbstverwirklichung deshalb unterschiedlich aus. Folglich ist die Humanität nicht bloß ein sehr formaler und inhaltlich unscharfer Begriff. Eine Politik, die der (personalen) Humanität verpflichtet ist, kann sich diese nur als ein indirektes Ziel vornehmen; andernfalls wird sie kontraproduktiv. Weil es zur Selbstverwirklichung gehört, daß jeder das, was er für richtig hält und im Fall reiflicher Überlegung und Lebenserfahrung auch zurecht dafür halten mag, selbst ergreifen und selbst vollziehen muß, kann die Politik für ein humanes Leben ihrer Bürger keine direkte Verantwortung übernehmen; aber sie kann die Rechts- und Staatsverhältnisse so einrichten, daß sie den Individuen und Gruppen den nötigen Spielraum für ihre verschiedenen Humanitätsvorstellungen lassen.

Da die Arbeit den Titelbegriff der Humanität nicht näher erläutert, am Ende jedoch ein kommunikatives Entscheidungsverfahren vorstellt, könnte man ihr die These unterlegen, der Begriff der Humanität ließe sich überhaupt nicht ethisch-philosophisch, sondern nur im

Verlauf der jeweils geschichtlich konkreten Kommunikationsprozesse formulieren. Mit dieser These wäre aber der Grundansatz mißverstanden. Gesucht ist eine ethische Pragmatik, *ohne* deshalb die ihr systematisch vorgelagerte ethische Grundlagenforschung für unmöglich zu halten. Zwar behaupte ich, daß die Idee der Humanität erst im geschichtlichen Hier und Jetzt und dann auf dem Weg eines Kommunikationsprozesses ihre konkrete Gestalt gewinnt. Das heißt aber nicht, daß die Theorie der konkreten Realisierung alles ist, was es an Theorie der Humanität geben kann[3]. Wenn hier die (personale) Humanität nicht durch ein überall gültiges Ziel bestimmt wird, so liegt der Grund dafür nicht primär in der Tatsache, daß sich pluralistische Industriegesellschaften faktisch nicht einigen können, worin die personale Humanität liegt. Die (personale) Humanität besteht vielmehr in der freien Selbstverwirklichung; und diese ist je verschieden, so daß eine inhaltliche Festlegung der Humanitätsidee ihrem Wesen widerspräche. Trotzdem ist eine Philosophie der Humanität möglich, die über die Theorie der geschichtlich konkreten Kommunikationsprozesse hinausreicht.

Ihr erstes Element besteht im Gedanken der Humanität als eines negativen und kritischen Prinzips (siehe Kap. 7.3). Danach ist eine „ethische Politik" auf Inhumanität: auf Leid, Not, Unfreiheit und vor allem Ungerechtigkeit als deren Negation und Destruktion bezogen. Die Rechts- und Staatsverhältnisse sind so zu gestalten, daß sie den verschiedenen Gruppen und Individuen den erforderlichen Spielraum für eine humane

---

[3] So Rüdiger Bittner in seiner schönen Studie zu den *Strategien,* die unter dem Titel „Rationale Entscheidung und Humanität" erschienen ist: *Kant-Studien* 69, 1978, 205–208 (208).

Existenz lassen und darüber hinaus dazu beitragen, wirtschaftliche, gesellschaftliche und politische Hindernisse und Barrieren zu beseitigen.

Im übrigen verstehen sich die *Strategien der Humanität* nicht als Ersatz einer ethischen Grundlagenreflexion, sondern schließen sich, systematisch betrachtet, an sie an. Deren Aufgabe, das ethische Leitprinzip begrifflich näher zu klären und zu begründen, zerfällt in zwei Hauptaufgaben. (1) Eine allgemeine Ethik untersucht die Idee der Sittlichkeit, wie sie noch vor aller Anwendung auf den personalen oder aber politischen Bereich menschlicher Praxis zu denken ist, während (2) die normative Rechts- und Staatsphilosophie den Begriff und das Prinzip der politischen Gerechtigkeit entwickelt, also die Idee der Sittlichkeit auf den besonderen Bereich der Rechts- und Staatsordnung anwendet. Dabei ist einerseits (2.1) zu untersuchen, warum es überhaupt eine Rechts- und Staatsordnung braucht, andererseits (2.2), nach Maßgabe welchen Prinzips sie als sittlich, mithin als gerecht gelten kann. Beide Aufgaben erweisen sich bei näherer Betrachtung als ineinander verschränkt. Rechts- und Staatsverhältnisse sind nicht schlechthin, sondern nur unter der Voraussetzung legitim, daß sie nicht willkürlich gestaltet werden, sich vielmehr der Idee der politischen Gerechtigkeit unterwerfen. Die Legitimation von Recht und Staat ist nur als gleichzeitige Limitation möglich[4].

---

[4] Ansätze zu einer entsprechenden Theorie des Verfassers: *Politische Gerechtigkeit: Grundproblem der praktischen Philosophie*, (Fernuniversität) Hagen 1981. Dort und nicht in der „ethisch-politischen Pragmatik" der *Strategien* ist der systematische Ort für eine „Überprüfung und Rechtfertigung der Leitprinzipien" zu suchen, auf die W. Schrader zu Recht in seiner Besprechung hinweist: *Zeitschrift für philosophische Forschung* 30, 1976, 629–632 (632). – Größere und verständnisvolle Rezension verdanke ich

3. Die Menschenrechte als positive Prinzipien
der politischen Humanität

Während für die personale Seite der Humanität die öffentlichen Entscheidungsprozesse nur eine negative und kritische Bedeutung haben, übernehmen sie gegenüber der politischen Seite, insbesondere der politischen Gerechtigkeit, eine konstruktive Aufgabe. Für deren Lösung hat sich sogar ein positiver Ausdruck gefunden, der in seinem prinzipiellen Aspekt den politischen Streitigkeiten weitgehend entzogen ist. Es sind die Menschenrechte, in denen grundlegende Ansprüche der politischen Humanität zusammenlaufen, Ansprüche, die seit der Zeit der Aufklärung von allen politischen Gemeinwesen eingeklagt werden und deren Mißachtung ein gemeinsamer Nenner ist, der Bürger höchst verschiedener politischer und religiöser Überzeugungen zum Protest vereint. Außerdem sind die Menschenrechte heute nicht bloß der Gegenstand von Proklamationen und Deklamationen, von Appellen und „flammenden Protesten“. Sie bilden seit langem einen festen Bestandteil der westlichen Demokratien, ihrer Verfassungen (Grundgesetze) und ihrer (höchstrichterlichen) Rechtsprechung; aus den Sollwerten der Menschenrechte sind „im Prinzip“ Istwerte, nämlich positivrechtliche verbürgte Ansprüche geworden. Aus diesem Grund nehmen die *Strategien der Humanität,* wenn auch mehr beiläufig, auf die Menschenrechte sowie die ihnen korrespondierenden Staatszwecke (Rechtsstaat, Demokratie, Sozialstaat) Bezug. (S. 317 u. ö.)

auch F. Ricken: Zur Ethik öffentlicher Entscheidungsprozesse, in: *Stimmen der Zeit* 101, 1976, 783–786; H. Titze: *Philosophischer Literaturanzeiger* 29, 1976, 129–133; F. Kapp: *Grazer philosophische Studien* 23, 1985.

In einer umfassenderen normativen Rechts- und Staatsphilosophie müßten die Menschenrechte freilich noch als
positive Prinzipien der politischen Humanität ausge-
wiesen werden[5]. Denn so berechtigt es ist, daß eine
ethisch-politische Pragmatik topisch argumentiert und
von allgemein anerkannten Prinzipien der politischen
Humanität (politischen Gerechtigkeit) ausgeht: rechts-
und staatsphilosophische Grundsatzüberlegungen müßten den Begriff der Menschenrechte näher bestimmen, so-
dann einen höchsten Maßstab begründen (er wäre zugleich das letzte Prinzip der politischen Gerechtigkeit)
und schließlich jene grundlegenden Rechte oder Gruppen
von Rechten explizieren, die tatsächlich dem Menschen
als Menschen zukommen und „nicht weil er Jude, Katho-
lik, Protestant, Deutscher, Italiener u. s. f. ist" (Hegel,
Rechtsphilosophie, § 209). In diesem Zusammenhang
wäre auch die Frage aufzugreifen, die die zeitgenössischen Demokratien und ihre normative politische
Theorie bedrängt: Handelt es sich bei den Aufgaben,
die der Staat in den letzten Generationen zur Lösung
der sozialen Fragen übernommen hat, um legitime
Staatszwecke; ist der Sozialstaat eine Bedingung der
Verwirklichung menschlicher Freiheit oder eher, wie
neoliberale Denker, beispielsweise Nozick[6], annehmen,
eine illegitime Einschränkung?

---

[5] Erste Skizzen einer Menschenrechtstheorie des Verfassers: Die
Menschenrechte als Legitimation demokratischer Politik, in: *Frei-
burger Zeitschrift für Philosophie und Theologie* 26, 1979, 3–24;
Die Menschenrechte als Prinzipien politischer Humanität, in: Vf.,
Sittlich-politische Diskurse, Frankfurt/M. 1981, Kap. 5.
[6] *Anarchy, State, and Utopia*, Oxford 1975, dt. *Anarchie, Staat
und Utopia*, München o. J. Zur Diskussion vgl. P. Jeffrey (Hrsg.),
Reading Nozick: Essays on Anarchy, State and Utopia, Basil
Blackwell, Oxford 1981; siehe auch Vf., Minimalstaat oder Sozial-
rechte?, in: *Studia Philosophica* 41, 1982, 91–114.

4. Konkrete Gerechtigkeit in demokratischen Industriegesellschaften: methodischer Dialog

Gegen das Programm einer sittlich-politischen Pragmatik erhebt sich ein weiterer Einwand, der noch nicht erwähnt worden ist: Da die positiven Prinzipien der politischen Humanität (Gerechtigkeit) schon in die Verfassungen eingegangen und als Grundrechte und verbindliche Staatszwecke anerkannt sind, könnte man meinen, die „Strategien der Humanität" seien als Verfahren der konkreten Anerkennung von Humanitätsprinzipien überflüssig. Aber dieser Einwand übersieht die methodische Bedeutung der meisten Verfassungsgrundsätze. In der Regel handelt es sich um allgemeine normative Leitprinzipien, die es unter den jeweils gegebenen Randbedingungen noch zu konkretisieren gilt. Dabei kommen auch andere Verbindlichkeiten ins Spiel, vor allem die Funktionsanforderungen der betreffenden Sachgebiete. Und genau an diesem Punkt treten die *Strategien der Humanität* auf den Plan. Sie untersuchen, wie die prinzipielle Verpflichtung des Gemeinwesens auf die Idee der Humanität und auf ihre Spezifizierung in den Menschenrechten bzw. den entsprechenden Staatszwecken hier und jetzt geschichtlich konkret bestimmt und anerkannt werden kann.

Die normativen Leitprinzipien von Recht und Staat werden gern als Teile eines idealen Plans angesehen, den man nach und nach realisieren solle, oder als Elemente eines idealen Vorbilds, das man möglichst getreu abzubilden habe. Diese Ansicht ist jedoch methodisch falsch, was ich einmal anhand einer Analogie erläutert habe[7]:

---

[7] Strategien der Humanität; Öffentliche Entscheidungsfindung als methodischer Kommunikationsprozeß, in: *Ethik und Politik*, Frankfurt/M. ²1984, Kap. 15.

Die Grundsätze der politischen Gerechtigkeit verhalten sich zur politisch-sozialen Wirklichkeit nicht wie der ideale Entwurf eines Hauses zum realen Bauen, wobei sich nicht vorhersehbare oder aber leichtfertig übersehene Schwierigkeiten (der Statik, der Finanzierung usw.) auftun können, die eine Veränderung des ursprünglichen Plans erzwingen. Und zwar sind die normativen Leitprinzipien deshalb kein idealer Plan, weil ihre methodische Bedeutung eine Stufe grundlegender ist. Sie verhalten sich so zur politisch-sozialen Wirklichkeit, wie sich die normativen Kriterien für den Bauplan, die Forderungen nach Wohnlichkeit, Bequemlichkeit, Wärmeschutz und dergleichen, zum konkreten Entwurf eines Hauses und dessen Verwirklichung verhalten. Deshalb sind die Gerechtigkeitsprinzipien weder ideale Pläne noch konkrete Utopien, aus denen man rechtlich-staatliche Institutionen, Strukturen und Verbindlichkeiten direkt ableiten könnte. Sie sind vielmehr kritische Beurteilungsmaßstäbe, nach denen die Rechts- und Staatsverhältnisse wahrgenommen, beurteilt, entworfen und gestaltet werden sollen.

Die Aufgabe, relativ allgemeine Grundsätze der politischen Gerechtigkeit bereichs- und situationsgerecht anzuwenden, fällt der sittlich-politischen Urteilskraft zu. Während deren Untersuchung in der neueren Philosophie fast vollständig vernachlässigt wird, war sie in der klassischen Philosophie ein wichtiges Thema. Besonders Aristoteles' Lehre der *phronesis* und später die in dieser Tradition stehende *prudentia*-Lehre des Thomas von Aquin haben eine bedeutende Wirkungsgeschichte entfaltet. Obwohl die *Strategien* diesen Bezug nicht herstellen, könnte man sie als Wiederaufgreifen eines klassischen Themas lesen. Allerdings wird nur das Thema, nicht zugleich eine Lösung übernommen.

Während Aristoteles die sittliche Urteilskraft, die *phronesis*, von der sittlich neutralen *deinotes* (Schlauheit, Geschicklichkeit) abhebt und beim Verfolgen nichtsittlicher Ziele von *panurgia* (Verschlagenheit, Gerissenheit) spricht, verliert bei Machiavelli und Hobbes die Urteilskraft ihre normative Dimension. Auch bei Kant bleibt die Klugheit eine sittlich neutrale Kompetenz, die für die pragmatischen Imperative zuständig ist und sich im Unterschied zum sittlichen oder kategorischen Imperativ das persönliche oder gesellschaftliche Wohlergehen zum Ziel nimmt. Beim sittlichen Imperativ dagegen billigt Kant der Urteilskraft keine besondere Rolle zu, obwohl der kategorische Imperativ fordert, nach verallgemeinerungsfähigen Maximen zu handeln, Maximen aber (subjektive) praktische Grundsätze sind, deren konkrete Anwendung häufig, vielleicht sogar in der Regel auf Erfahrung und Urteilskraft angewiesen ist[8].

Unter dem Titel *Strategien der Humanität* wird keine allgemeine Theorie der sittlich-politischen Urteilskraft entworfen. Die Überlegungen sind vielmehr an besondere Randbedingungen geknüpft. Erstens untersuchen sie die Urteilskraft in bezug auf das öffentliche, nicht das persönliche („private") Handeln. Zweitens gehen sie von der Situation fortgeschrittener Industriegesellschaften aus, deren Lebensverhältnisse sich in vielen Bereichen so weit kompliziert haben, daß sie nicht mehr von jedem Bürger oder auch nur jedem professionellen Politiker in allen relevanten Aspekten durchschaut werden können. Deshalb ist eine vielfältige Fachkompetenz notwendig, die in zahlreichen Fällen nur von seiten der

---

[8] Vgl. *Ethik und Politik* (s. Fn. 7), Kap. 3: Kants kategorischer Imperativ als Kriterium des Sittlichen, Abschn. I: Zum Gegenstand der Verallgemeinerung, den Maximen.

Wissenschaften erbracht werden kann; der Beurteilungs- und Entscheidungsprozeß, der hier „Strategien der Humanität" heißt, muß sich der wissenschaftlichen Unterstützung versichern. Andererseits haben die Wissenschaften keine Entscheidungskompetenz, weshalb sich ihr Beitrag zur Politik in der Form einer Beratung abspielt.

Das Verfahren der sittlich-politischen Beurteilungs- und Entscheidungsprozesse wird zuerst indirekt untersucht, als „Kritik eines falschen Bewußtseins". Denn in der wissenschaftlichen Diskussion der Entscheidung herrscht ein Paradigma vor, die Nutzenkalkulation, die in ihren verschiedenen Spielarten wesentliche Mängel und Grenzen aufweist. Das erste Resultat der Arbeit ist negativ; das Paradigma Nutzenkalkulation muß als Grundmodell einer ethischen Pragmatik öffentlicher Entscheidungsprozesse verabschiedet werden. Ähnliches gilt für Poppers Theorie der Stückwerktechnologie, sie ist prinzipiell unzureichend und daher ebenfalls aufzugeben.

Während die Defizitanalyse klar und vergleichsweise einfach ist, bereitet die positive Bestimmung des Beurteilungs- und Entscheidungsverfahrens größere Schwierigkeiten. Auch wenn deshalb manche Frage offen bleibt und die Studie ohnehin nur beansprucht, „Bausteine" beizutragen, haben sich doch einige Grundgedanken bewährt. Dies gilt insbesondere für die Basisstruktur, die als kommunikativ behauptet wird; und diese Behauptung hat zwei Aspekte. Der Entscheidungsprozeß ist sowohl in seiner Tiefendimension als auch an seiner Oberfläche kommunikativ.

Ein öffentlicher Entscheidungsprozeß ist in seiner Tiefendimension kommunikativ, wenn er elementare Bedingungen der gegenseitigen Anerkennung vorweg erfüllt, etwa daß man sich nicht umbringt, daß im Entscheidungsprozeß jeder gleichberechtigt ist und man seine Meinungen und Interessen frei vortragen darf usw. Diese Bedingungen der gegenseitigen Anerkennung entsprechen im wesentlichen den Menschenrechten, hier dem Anspruch auf die Integrität von Leib und Leben, auf die demokratischen Mitwirkungsrechte und die Meinungsfreiheit. Ein öffentlicher Entscheidungsprozeß ist also schon dann kommunikativ, wenn er im Rahmen und nach Maßgabe einer Rechts- und Staatsordnung stattfindet, die – wie im demokratischen und sozialen Rechtsstaat – wesentliche Elemente der gegenseitigen Anerkennung verfassungsmäßig verbürgt. Der Entscheidungsprozeß ist ferner dadurch kommunikativ, daß er als ein methodischer Dialog stattfindet, was in den *Strategien* am Beispiel der wissenschaftlichen Politikberatung erläutert wird. Hier spielen die Einsicht in die Wissenschaft als negative Instanz, der Gedanke eines experimentellen Konsenses sowie die Kooperation zwischen Wissenschaft und Politik die entscheidende Rolle.

Wenn man nur auf die kommunikative Oberfläche, den methodischen Dialog, achtet und den vorweggesetzten normativ verbindlichen Strukturrahmen übersieht, so könnte das kommunikative Entscheidungsmodell leicht als ethisch neutral erscheinen, nämlich als indifferent gegenüber der Idee der Humanität. Zwar wäre das kommunikative Verfahren dann immer noch dem Paradigma Nutzenkalkulation überlegen, da es jene theoretischen und praktischen Lernprozesse zuläßt, ohne die sich die komplexen politischen Entscheidungsaufgaben nicht sachgerecht lösen lassen. Aber das Hauptziel, ein der Humanitätsidee verpflichteter Entscheidungsprozeß, würde verfehlt.

Gegen ein ethisch neutrales Verständnis der *Strategien*

sprechen aber zwei Gründe. Erstens kommt in den Gedanken des experimentellen Konsenses und der Kooperationsbeziehung zwischen Wissenschaft und Politik das demokratische Element zum Tragen und mit ihm ein unverzichtbarer Bestandteil der Menschenrechtsidee, nämlich der Anspruch aller Bürger, nicht bloß Betroffener der Politik zu sein, sondern gleichberechtigt als Subjekt an den öffentlichen Entscheidungsprozessen teilzunehmen. Zweitens obliegt es der Politik, auch die anderen von der Verfassung verbürgten Prinzipien der politischen Gerechtigkeit konkret zu verwirklichen. Deshalb ist die hier skizzierte wissenschaftliche Politikberatung nicht an beliebigen Zielen orientiert, sondern von vornherein auf die Aufgabe einer konkreten Verwirklichung politischer Humanität verpflichtet. Nicht jede wissenschaftliche Politikberatung kann als Beispiel für „Strategien der Humanität" gelten, sondern allein jener Entscheidungsprozeß, der sich vorweg auf Grundsätze der (politischen) Humanität festlegt und die Grundsätze unter den jeweiligen geschichtlichen Randbedingungen sowie den betreffenden Funktionsanforderungen konkret auszubuchstabieren sucht. Nur unter dieser Voraussetzung ist die wissenschaftliche Politikberatung ein Beispiel politischer *phronesis*; ohne diese Bedingung wäre sie bloß politische *deinotes*, eine sittlich neutrale Geschicklichkeit in demokratischen Industriegesellschaften.

Literaturverzeichnis

Abach, H.: Teamtheorie, in: Handwörterbuch der Organisation, Stuttgart 1969, 1629–1636.

Abkommen über die Errichtung eines Deutschen Bildungsrates vom 15. Juli 1965 in der Fassung vom 12. Februar 1970, Bonn 1970.

Acham, K.: Wissenschaftliche Politikberatung aus der Sicht der analytischen Philosophie, in: Maier (1971) 53–138.

Adorno, Th. W. u. a.: Der Positivismusstreit in der deutschen Soziologie, Neuwied–Berlin 1969.

Albee, E.: A History of English Utilitarians, London–New York [2]1957 ([1]1902).

Albert, H.: Marktsoziologie und Entscheidungslogik. Ökonomische Probleme in soziologischer Perspektive, Neuwied–Berlin 1967.

–: Politische Ökonomie und rationale Politik. Vom wohlfahrtsökonomischen Formalismus zur politischen Soziologie, in: Theoretische und institutionelle Grundlagen der Wirtschaftspolitik. Th. Wessels zum 65. Geburtstag, Berlin 1967 a, 59–87.

–: Traktat über kritische Vernunft, Tübingen 1968.

–: Konstruktion und Kritik. Aufsätze zur Philosophie des kritischen Rationalismus, Hamburg 1972.

Aldrup, D.: Das Rationalitätsproblem in der politischen Ökonomie. Methodenkritische Lösungsansätze, Tübingen 1971.

Anderson, C. A.: The Social Context of Educational Planning, Paris 1967.

Anderson, S. (Hg.): Die Zukunft der menschlichen Umwelt, Freiburg i. Br. 1971.

Apel, K.-O.: Transformation der Philosophie, 2 Bde., Frankfurt a. M. 1973.

–: Sprache, in: Krings (1973/74) III 1383–1402.

Apter, D. E.: The Politics of Modernization, Chicago [4]1969.

–: Choice and the Politics of Allocation, New Haven 1971.

Arendt, H.: Macht und Gewalt, München [2]1971.

Aristoteles: Les parties des animaux. Texte et trad. par. P. Louis, Paris 1956.

–: Ethica Nicomachea, Hg. I. Bywater, Oxford [14]1962 (dt. Nikomachische Ethik, Hg. G. Bien, Hamburg 1972).

–: Politica, Hg. W. D. Ross, Oxford 1964 (dt. Politik, Hg. O. Gigon, Zürich–München [2]1971).

Arnaszus, H.: Spieltheorie und Nutzenbegriff aus marxistischer Sicht. Eine Kritik aktueller ökonomischer Theorien, Frankfurt a. M. 1974.

Arrow, K. J.: Social Choice and Individual Values, New York 1951.

–: Values and Collective Decision-Making, in: P. Laslett, W. G. Runciman (Hg.): Philosophy, Politics, and Society, Bd. III, Oxford 1967, 215–232.

Aurin, K.: Ermittlung und Erschließung von Begabungen im ländlichen Raum, Villingen 1966.

Bachrach, P.: Die Theorie demokratischer Elitenherrschaft, Frankfurt a. M. 1970 (egl. 1967).

Badura, B.: Sprachbarrieren. Zur Soziologie der Kommunikation, Stuttgart-Bad Cannstatt 1971.

Bahrdt, H. P.: Die wissenschaftspolitische Entscheidung, in: Atomzeitalter (1964) 159–165.

Barnard, J. (Hg.): The Nature of Conflict, Paris 1957.

Barry, B.: Political Argument, London 1965.

Bauchet, P.: La planification française. 15 ans d'expérience, Paris 1962.

Baumgardt, D.: Bentham and the Ethics of Today, with Manuscripts Hitherto Unpublished, Princeton/N.J. 1952.

Baumgartner, H. M., Höffe, O., Wild, C. (Hg.): Philosophie – Gesellschaft – Planung, München 1974.

Baumgartner, H. M., Krings, H., Wild, C.: Philosophie, in: Krings 1973/74) II 1071–1087.

Baybrooke, D., Lindblom, Ch. E.: A Strategy of Decision. Policy Evulation as a Social Process, New York–London ²1970 (¹1963).

Bayes, Th.: An Essay towards Solving a Problem in the Doctrine of Chances, London 1763; wiederabgedruckt in: Biometrika 45 (1958) 296–315.

Bayles, M. D.: Contemporary Utilitarianism, Garden City/N. J. 1968.

Beck, L. W.: A Commentary on Kant's Critique of Practical Reason, Chicago–London ⁴1966 (dt. Kants „Kritik der praktischen Vernunft, München 1974).

Becker, H.: Bildungsforschung, Bildungsplanung, Bildungspolitik, in: Die neue Gesellschaft 13 (1966) 457–464.

–: Bildungsforschung und Bildungsplanung, Frankfurt a. M. 1971.

Beckerath, E. v., Giersch, H. u. a. (Hg.): Probleme der normativen Ökonomik und der wirtschaftspolitischen Beratung, Berlin 1963.

Bentham, J.: An Introduction to the Principles of Morals and Legislation, London 1789 (J. H. Burns, H. L. A. Hart [Hg.], London 1970).

–: Of Laws in General, H. L. A. Hart (Hg.), London 1970.

Beratung = Wieviel Beratung braucht die Bildungspolitik? Interview mit K. v. Dohnanyi, B. Vogel, S. Heinke, T. Heidhues, H. Krings, in: Schulmanagement 3 (1974) 37–43.

Beratungsplan 1972 des Bundesministeriums für Bildung und Wissenschaft, Bonn 1972.

Berelson, B., Lazarsfeld, P. F. u. a.: Voting, Chicago 1954.

Bergson, A.: Essays in Normative Economics, Cambridge/Mass. 1966.

Bergstraesser, A.: Geschichtliches Bewußtsein und politische Entscheidung, in: W. Besson, H. v. Gaertringen (Hg.): Geschichte und Gegenwartsbewußtsein. Festschrift für H. Rothfels, Göttingen 1963, 9–38.

Bernoulli, D.: Specimen theoriae novae de mensura sortis, Petersburg 1738; egl. Exposition of a New Theory on the Measurement of Risk, in: Econometrica 22 (1954) 23–36 (dt. Leipzig 1896).

Berstecker, D., Dieckmann, B.: Planung und Prognose mit Hilfe internationaler Vergleiche, in: Hüfner-Naumann (1971) 52–64.

Bernstein, B.: Soziokulturelle Determinanten des Lernens. 4. Sonderheft der Kölner Zeitschrift für Soziologie und Sozialpsychologie, Köln 1959.

Bien, G.: Die Grundlegung der politischen Philosophie bei Aristoteles, Freiburg/München 1973.

Bildungsplanung und Bildungsökonomie (Schriften des Hochschulverbandes, Bd. 16), Göttingen 1964.

Bohnen, A.: Die utilitaristische Ethik als Grundlage der modernen Wohlfahrtsökonomie, Göttingen 1964.

Böhret, C.: Entscheidungshilfen für die Regierung. Modelle, Instrumente, Probleme, Opladen 1970.

Bolte, K. M., Aschenbrenner, K.: Die gesellschaftliche Situation der Gegenwart, Opladen ²1967.

Bormann, C. v.: Entscheidung, in: Historisches Wörterbuch der Philosophie II 541–544.

Boulding, K.: Einführung in die Wohlfahrtsökonomie, in: Gäfgen (1966) 77–109.

Braithwaite, R. B.: Theory of Games as a tool for the Moral Philosopher, Cambridge ²1965.

Brandt, R. B.: Ethical Theory. The Problems of Normative and Critical Ethics, Englewood Cliffs/N. J. 1959.

–: Some Merits of one Form of Rule-Utilitarianism, in: University of Colorado Studies in Philosophy 3 (1967) 39–65.

Bubner, R.: Dialektik und Wissenschaft, Frankfurt a. M. 1973.

Buchanan, J. M., Tullock, G.: The Calculus of Consent. Logical Foundations of Constitutional Democracy, Ann Arbor/Mich. 1962.

Bundesdrucksache V/4137.

Burger, E.: Einführung in die Theorie der Spiele, Bonn 1963.

Calhoun, J. C.: Disquisition on Gouvernment, in: Katz, Cartwright, Eldersfeld, Lee, Public Opinion and Propaganda, New York 1954.

Carnap, R.: Logical Foundations of Probability, Chicago–London ²1962.

Carnap, R., Stegmüller, W.: Induktive Logik und Wahrscheinlichkeit, New York–Berlin 1958.

Casper, B.: Das dialogische Denken. Eine Untersuchung der religionsphilosophischen Bedeutung F. Rosenzweigs, F. Ebners und M. Bubers, Freiburg–Basel–Wien 1967.

Cazes, B.: Prinzipien und Methoden der französischen Planung, in: R. Jungk, H. J. Mundt (Hg.), Modelle für eine neue Welt. Wege ins neue Jahrtausend, München 1964 u. a., 157 ff.

Churchman, C. W.: Philosophie des Managements. Ethik von Gesamtsystemen und gesellschaftliche Planung, Freiburg i. Br. 1973 (orig. Challenge to Reason, New York u. a. 1968).

Coombs, C. H.: Social Choice and Strength of Preference, in: Thrall-Coombs-Davis (1954) 69 ff.

Coombs, P. H.: The World Educational Crisis. A System Analysis, New York–London–Toronto 1968.

–: What is Educational Planning, Paris 1970.

Coser, L.: Theorie sozialer Konflikte, Neuwied a. Rh. 1965.

Dahl, R. A.: Who Governs? Power and Democracy in an American City, New Haven–London 1961.

–: A Preface to Democratic Theory, Chicago–London ¹¹1970.

Dahl, R. A., Lindblom, C. E.: Politics, Economics, and Welfare, New York 1953.

Dahrendorf, R.: Gesellschaft und Freiheit, München 1965.

–: Bildung ist Bürgerrecht. Plädoyer für eine aktive Bildungspolitik, Hamburg ²1966.

–: Pfade aus Utopia, München 1967.

–: Aktive und passive Öffentlichkeit, in: Merkur 21 (1967 a) 1109–1122.

Dams, Th.: Berufliche Bildung – Reform in der Sackgasse, Freiburg i. Br. 1973.

–: Planungsprobleme beruflicher Bildung im Rahmen des Gesamtbildungssystems, in: Baumgartner–Höffe–Wild (1974) 164–178.

Davidoff, P.: Normative Planning, in: Anderson (1971) 147–163.

Davidson, D., Suppes, P.: Decision Making, Stanford 1957.

Deutsch, K. W.: Politische Kybernetik. Modelle und Perspektiven, Freiburg i. Br. 1969 (orig. The Nerves of Government: Modells of Political Communication and Control, New York 1963).

Deutscher Ausschuß für das Bildungswesen, Empfehlung zur Errichtung von Versuchsschulen, Bonn 1954.

Deutscher Bildungsrat, Empfehlungen der Bildungskommission, Zum Lehrermangel in den mathematisch-naturwissenschaftlichen Fächern an den Gymnasien, Bonn 1967.

–: Empfehlungen . . . Einrichtung von Schulversuchen mit Ganztagsschulen, Bonn 1968.

–: Empfehlungen . . . Einrichtung von Schulversuchen mit Gesamtschulen, Bonn 1969.

–: Gutachten und Studien der Bildungskommission, Bd. 4: Begabung und Lernen. Ergebnisse und Folgen neuerer Forschungen, Hg. H. Roth, Stuttgart 1969 a ([4]1970).

–: Gutachten . . ., Bd. 12: Lernziele der Gesamtschule, Stuttgart 1969 b.

–: Empfehlungen . . . Strukturplan für das Bildungswesen, Bonn 1970.

–: Gutachten . . . Bd. 16: Materialien und Analysen zum Fachschulbereich, Hg. R. Mayntz-Trier, Stuttgart 1971.

–: Gutachten . . ., Bd. 17: Materialien und Dokumente zur Lehrerbildung, Hg. B. Hanssler, Stuttgart 1971 a.

–: Empfehlungen . . . Zur Planung berufsqualifizierender Bildungsgänge im tertiären Bereich, Bonn 1973.

–: Empfehlungen . . . Zur Reform von Organisation und Verwaltung im Bildungswesen, Teil I: Verstärkte Selbständigkeit der Schule und Partizipation der Lehrer, Schüler und Eltern, Bonn 1973 a.

–: Empfehlungen . . . Zur Neuordnung der Sekundarstufe II. Konzept für eine Verbindung von allgemeinem und beruflichem Lernen, Bonn 1974.

–: Empfehlungen . . . Aspekte für die Planung der Bildungsforschung, Bonn 1974 a.

Diederich, W. (Hg.): Theorien der Wissenschaftsgeschichte. Beiträge zur diachronischen Wissenschaftstheorie, Frankfurt a. M. 1974.

Dilthey, W.: System der Ethik. Gesammelte Schriften Bd. X, Stuttgart-Göttingen 1958.

Downs, A.: Ökonomische Theorie der Demokratie, Tübingen 1968 (orig. An Economic Theory of Democracy, New York 1957).

Dreitzel, H. P. (Hg.): Sozialer Wandel, Neuwied–Berlin 1967.

–: Die gesellschaftlichen Leiden und das Leiden an der Gesellschaft. Vorstudien zu einer Pathologie des Rollenverhaltens, Stuttgart 1972.

Duesberg, H.: Person und Gesellschaft, Bonn 1969.

Edding, F.: Der Ausbau der Hochschulen bis 1980, in: Recht und Wirtschaft der Schule 3 (1962) 33–40.

–: Auf dem Weg zur Bildungsplanung, Braunschweig 1970.

Ehmke, H.: Planen ist keine Sünde, in: Die Zeit, 10. 12. 1971.

–: Computer helfen der Politik, in: Die Zeit, 17. 12. 1971.

Eisfeld, R.: Der ideologische und soziale Stellenwert der Pluralismustheorie, in: Politische Vierteljahresschrift 12 (1971) 332–366.

Ellwein, T.: Politik und Planung, Stuttgart 1968.

Elstermann, G.: Eine Prioritätenformel für die Forschungsplanung,

in: Wissenschaftsrecht, Wissenschaftsverwaltung, Wissenschafts-
förderung 6 (1973) 126–132.

Emmons, D. C.: Act vs. Rule-Utilitarianism, in: Mind 82 (1973)
226–233.

Erdmann, K. D.: Die Anfänge des Deutschen Bildungsrates, in:
Die neue Gesellschaft 13 (1966) 440–446.

Essler, W. K.: Induktive Logik. Grundlagen und Voraussetzungen,
Freiburg/München 1970.

Etzioni, A.: The Active Society. A Theory of Societal and Political Processes, London–New York 1968.

–: Elemente einer Makrosoziologie, in: W. Zapf (Hg.), Theorien
des sozialen Wandels, Köln–Berlin 1969, 147–176.

Fahrenbach, H.: Deontologie, in: Historisches Wörterbuch der Philosophie II 114.

–: Mensch, in: Krings (1973/74) II 888–913.

Fehl, G. (Hg.): Planungs-Informations-Systeme für die Raumpla-
nung. Städtebauliche Beiträge 2, München 1973.

Fichte, J. G.: Grundlage des Naturrechts nach Prinzipien der Wissenschaftslehre, Jena–Leipzig 1796 (Hamburg ²1967).

Finetti, B. de: La prévision: Ses lois logiques, ses sources subjectives, in: Annales de l'Institut Henri Poincaré 7 (1937) 1–68.

Flechsig, K.-H., Haller, H. D.: Entscheidungsprozesse in der Curri-
culumentwicklung (= Gutachten und Studien der Bildungskommission Bd. 24), Stuttgart 1973.

Flohr, H.: Über den möglichen Beitrag der Wissenschaft zur Rationalität der Politik, in: Maier (1971) 139–166.

Foot, P. (Hg.): Theories of Ethics, Oxford 1967.

Forsthoff, E. (Hg.): Rechtsstaatlichkeit und Sozialstaatlichkeit,
Darmstadt 1968.

Frankena, W. K.: Analytische Ethik. Eine Einführung, München
1972.

Freyer, H.: Herrschaft und Planung. 2 Grundbegriffe der politischen Ethik, Hamburg 1933.

Friedrich, C. J.: Demokratie als Herrschafts- und Lebensform,
Heidelberg 1959.

Friedrich, H.: Die Wissenschaft im Dienst der Regierung. Die wissenschaftliche Beratung der Politik aus der Sicht der Ministerialbürokratie, in: Maier (1971) 465–496.

Gadamer, H.-G.: Wahrheit und Methode. Grundzüge einer philosophischen Hermeneutik, Tübingen ²1965.

Gäfgen, G. (Hg.): Grundlagen der Wirtschaftspolitik, Köln–Berlin
1966.

–: Theorie der wirtschaftlichen Entscheidung, Tübingen ²1968.

–: Formale Theorie des politischen Handelns: Wissenschaftliche Politik als rationale Wahl von Strategien, in: Maier (1971) 209–
257.

Gauthier, D. P.: Morality and Advantage, in: The Philosophical Review 76 (1967) 460–475.

–: The Logic of Leviathan. The Moral and Political Philosophy of Th. Hobbes, Oxford 1969.

Gehlen, A.: Anthropologische Forschung, Hamburg 1961.

Geipel, R.: Bildungsplanung und Raumordnung, Frankfurt a. M. 1968.

Goldhammer, H., Speier, M.: Einige Bemerkungen über politische Planspiele, in: Shubik (1965) 273–285.

Görlitz, A. (Hg.): Handlexikon zur Politikwissenschaft, München 1972.

–: Handlexikon zur Rechtswissenschaft, München 1972.

Gorman, W. G.: Tasks, Habits, and Choices, in: International Economic Review 8 (1967) 218 ff.

Graaf, J. de: Theoretical Welfare Economics, Oxford [2]1957.

Greifenhagen, M. (Hg.): Demokratisierung in Staat und Gesellschaft, München 1973.

Grewendorf, G., Meggle, G. (Hg.): Seminar: Sprache und Ethik. Zur Entwicklung der Metaethik, Frankfurt a. M. 1974.

Grottian, P.: Strukturprobleme staatlicher Planung, Hamburg 1974.

Grüner, G., Berke, R.: Verknüpfung studien- und berufsbezogener Bildungsgänge (= Gutachten und Studien der Bildungskommission Bd. 29), Stuttgart 1974.

Guetzkow, H.: Eine Anwendung der Simulationstechnik auf die Untersuchung zwischenstaatlicher Beziehungen, in: Shubik (1965) 286–294.

Habermas, J.: Erkenntnis und Interesse, Frankfurt a. M. 1968.

–: Strukturwandel der Öffentlichkeit, Neuwied a. Rh. [3]1968 a.

–: Technik und Wissenschaft als ,Ideologie', Frankfurt a. M. [2]1969.

–: Theorie und Praxis, Frankfurt a. M. [4]1971.

–: Wahrheitstheorien, in: Wirklichkeit und Reflexion. FS W. Schulz, Pfullingen 1973, 211–265.

–: Legitimationsprobleme im Spätkapitalismus, Frankfurt a. M. 1973 a.

– Luhmann, N.: Theorie der Gesellschaft oder Sozialtechnologie, Frankfurt a. M. 1971.

Hachett, J. u. A. M.: Economic Planning in France, London 1963.

Halévy, E.: The Growth of Philosophical Radicalism, London [2]1952 (orig. La formation du radicalisme philosophique, 3 Bde., Paris 1901 ff.).

Hammacher, K.: Glück, in: Krings (1973/74) II 606–614.

Hamm-Brücher, H.: Unfähig zur Reform? Kritik und Initiativen zur Bildungspolitik, München 1972.

Harbison, F.: Educational Planning and Human Resource Development, Paris 1967.

Hare, R. M.: Freedom and Reason, Oxford 1963.

Harnischfeger, H.: Planung in der sozialstaatlichen Demokratie. Überlegungen zum Verhältnis von politischem Willensbildungsprozeß und Wissenschaft sowie zum Verfahren bei der Planung, Neuwied–Berlin 1969.

Hart, H. L. A.: Bentham's ‚Of Laws in General', in: Rechtstheorie 2 (1971) 55–66.

Hartmann, N.: Ethik, Berlin [3]1949.

Hax, H.: Die Koordination von Entscheidungen, Köln u. a. 1965.

–: Entscheidungen bei unsicheren Erwartungen. Beiträge zur Theorie der Unternehmung, Köln–Opladen 1970.

Hayek, F. A.: The Road to Serfdom, London 1944.

Hegel, G. W. F.: Phänomenologie des Geistes, Hg. J. Hoffmeister, Hamburg [6]1952.

Helvetius, C. A.: De l'esprit. Œuvres complètes, Nouv. Éd., Bd. I, Paris 1818 (Nachdruck: Aalen 1968).

Hentig, H. v.: Wiederherstellung der Politik. Cuernavaca revisited, Stuttgart–München 1973.

Herder, J. G. v.: Abhandlung über den Ursprung der Sprache, 1772 (in: Sprachphilosophische Schriften, Hg. E. Heintel, Hamburg [2]1964, 1–87).

Hermeneutik und Ideologiekritik, Frankfurt a. M. [2]1971.

Hicks, J. R.: The Foundations of Welfare Economics, in: Economic Journal 49 (1939) 696–712.

–: Value and Capital, Oxford 1946.

–: The Theory of Wages, London [2]1963.

Hobbes, T.: Vom Körper, Hg. M. Frischeisen-Köhler, Hamburg [2]1967.

–: Vom Menschen. Vom Bürger, Hg. G. Gawlick, Hamburg [2]1966.

–: Leviathan, Hg. C. B. Macpherson, Harmondsworth 1968.

Hodgson, D. H.: Consequences of Utilitarianism, Oxford 1967.

Höffe, O.: Praktische Philosophie – Das Modell des Aristoteles, München–Salzburg 1971.

–: Rationalität, Dezision oder praktische Vernunft. Zur Diskussion des Entscheidungsbegriffs in der Bundesrepublik, in: Philosophisches Jahrbuch 80 (1973) 340–368.

–: Sittlichkeit, in: Krings (1973/74a) III 1341–1358.

–: Streben, in: Krings (1973/74) III 1419–1430.

–: J. Rawls A Theory of Justice, in: Philosophische Rundschau 21 (1974/75) 187–208.

–: (Hg.), Einführung in die utilitaristische Ethik, München 1975.

Holz, H.: Philosophie humaner Praxis in Gesellschaft, Religion und Politik, Freiburg/München 1974.

Holzer, H.: Massenkommunikation und Demokratie in der BRD, Opladen 1969.

Holzheu, F.: Zur Zielproblematik in den Jahresgutachten des Sachverständigenrates zur Begutachtung der gesamtwirtschaftlichen Entwicklung, in: Zeitschrift für die gesamte Staatswissenschaft 127 (1971) 609–620.

Hommes, U.: Utopie, in: Krings (1973/74) III 1571–1577.

Horkheimer, M.: Zur Kritik der instrumentellen Vernunft. Aus den Vorträgen und Aufzeichnungen seit Kriegsende, Hg. A. Schmidt, Frankfurt a. M. 1967.

Horowitz, I.: Conflict, Consensus and Cooperation, in: ders.: The War Game, New York 1962, 147–169.

Hoernke, H.: Politische Entscheidung als Sozialwahl, in: Zeitschrift für die gesamte Staatswissenschaft 127 (1971) 529–546.

Hoerster, N.: Utilitaristische Ethik und Verallgemeinerung, Freiburg/München 1971.

Hübner, K.: Theorie und Empirie, in: Philosophia naturalis X (1968) 198–210.

–: Duhems historistische Wissenschaftstheorie und ihre Weiterentwicklung, in: 9. Dt. Kongreß für Philosophie – Düsseldorf 1969, Meisenheim 1972, 319–337.

–: Zur Frage rationaler Entscheidung, in: Baumgartner – Höffe – Wild (1974) 106–110.

Hüfner, K.: Traditionelle Bildungsökonomie und systemorientierte Bildungsplanung, Berlin 1969.

– (Hg.): Bildungsinvestitionen und Wirtschaftswachstum. Ausgewählte Beiträge zur Bildungsökonomie, Stuttgart 1970.

Hüfner, K., Naumann, J. (Hg.): Bildungsplanung: Ansätze, Modelle, Probleme, Stuttgart 1971, 52–64.

Hume, D.: A Treatise of Human Nature, 3 Bde., London 1739–40 (dt. Traktat über die menschliche Natur, Hg. Th. Lipps, Nachdruck: Hamburg 1973).

Hunter, B. F.: Community Power Structure, Chapel Hill/N. C. 1953.

Iklé, F. C., Leites, N.: Verhandlungen – ein Instrument zur Modifikation der Nutzenvorstellungen, in: Shubik (1965) 255–270.

Ilting, K.-H.: Hobbes und die praktische Philosophie der Neuzeit, in: Philosophisches Jahrbuch 72 (1964/65) 84–102.

Jansen, P.: Nächstenliebe als Gesellschaftsspiel, in: Evangelische Kommentare 5 (1972) 538–541.

Jantsch, E. (Hg.): Perspectives of Planning, Paris 1969.

Jeffrey, R. C.: Logik der Entscheidungen, Wien – München 1957 (orig. The Logic of Decision, New York [2]1967).

Jencks, C.: Inequality – A Reassessment of the Effect of Family and Schooling in America, New York – London 1972 (dt. Chancengleichheit, Hamburg 1973).

Jensen, St.: Der Begriff der Planung im Rahmen der Theorie sozialer Systeme, in: Kommunikation VI (1970) 115–125.

–: Bildungsplanung als Systemtheorie, Berlin 1970.

–: Über die Zukunft des europäischen Bildungswesens, Freiburg – Berlin – München 1973 (egl. 1971).

Jochimsen, R.: Grundlagen, Grenzen und Entwicklungsmöglichkeiten der Welfare Economics, in: Beckerath – Giersch (1963) 129–153.

–: Strategie der wirtschaftspolitischen Entscheidung, in: Weltwirtschaftliches Archiv 99 (1967) 52 ff.

–: Planung im staatlichen Bereich, in: Bulletin der Bundesregierung Nr. 113 (23. 7. 1971) 1236–1244.

–: Zur Philosophie staatlicher Planung, in: Baumgartner – Höffe – Wild (1974) 155–163.

Jodl, F.: Geschichte der Ethik als philosophischer Wissenschaft, 2 Bde., Stuttgart – Berlin ²1906, ²1912.

Jouvenel, B. de: Jenseits der Leistungsgesellschaft. Elemente sozialer Vorausschau und Planung, Freiburg i. Br. 1971 (frz. Arcadie. Essais sur le mieux-vivre, Paris 1968).

Kaiser, J. H. (Hg.): Planung, 6 Bde., Baden-Baden 1965–1971.

Kaldor, N.: Welfare Propositions of Economics and Interpersonal Comparisons of Utility, in: Economic Journal 49 (1939) 549–552.

Kale, G., Meißner, W.: Wissenschaft und Politik als kybernetisches System, in: Maier (1971) 259–285.

Kambartel, F.: Ethik und Mathematik, in: Riedel (1972) 489–503.

–: Wissenschaftstheorie als Wissenschaftskritik, 7. Teil: Grundlagen der Sozialwissenschaften, in: Aspekte, März 1973, 26–28.

Kamlah, W.: Philosophische Anthropologie. Sprachkritische Grundlegung und Ethik, Mannheim 1972.

Kamlah, W., Lorenzen, P.: Logische Propädeutik. Vorschule des vernünftigen Redens, Mannheim – Wien – Zürich 1967.

Kant, I.: Grundlegung zur Metaphysik der Sitten, Riga 1785 (Akad. Ausg. IV 385–464).

–: Kritik der praktischen Vernunft, Riga 1788 (Akad. Ausg. V 1–164).

–: Die Metaphysik der Sitten, Königsberg 1797 (Akad. Ausg. VI 203–494).

Kaplan, A.: Mathematik und sozialwissenschaftliche Analyse, in: Shubik (1965) 89–94.

Keller, P.: Dogmengeschichte des wohlstandspolitischen Interventionismus, Winterthur 1955.

Kirsch, W.: Entscheidungsprozesse, Bd. 2: Informationsverarbeitungstheorie des Entscheidungsverhaltens, Wiesbaden 1971.

Kittel, G.: „akouo", in: ders. (Hg.): Theologisches Wörterbuch, Bd. I, Stuttgart 1933, 216–225.

Klages, H.: Soziologie zwischen Wirklichkeit und Möglichkeit, Köln – Opladen 1968.

–: Planungspolitik, Stuttgart u. a. 1971.

Klaus, G.: Spieltheorie in philosophischer Sicht, Berlin 1968.

Klein, H. K.: Heuristische Entscheidungsmodelle. Neue Techniken des Programmierens und Entscheidens für das Management, Wiesbaden 1971.

Kluxen, K.: Politik und menschliche Existenz bei Machiavelli, dargestellt am Begriff der necessità, Stuttgart 1967.

Koch, H.: Die Wirtschaft im Spannungsfeld von Politik und Wissenschaft, in: Scholz (1969) 172–206.

Krelle, W.: Präferenz- und Entscheidungstheorie, Tübingen 1968.

–: Anwendung der Entscheidungstheorie auf soziale Probleme, in: Scholz (1969) 159–171.

–: Dynamics of Utility Function, in: J. R. Hicks, W. Weber (Hg.): Carl Menger and the Austrian School of Economics, Oxford 1973, 90–128.

Krings, H.: Neues Lernen, München 1972.

–: Schul- und Bildungspolitik und Wissenschaft. Vortrag, gehalten auf der Generalversammlung der Görres-Gesellschaft in Wien am 2. 10. 1972 a.

–: Philosophie als Voraussetzung von Planung, in: Baumgartner – Höffe – Wild (1974) 180–185.

Krings, H., Baumgartner, H. M., Wild, C. (Hg.): Handbuch philosophischer Grundbegriffe, 3 Bde., München 1973/74.

Krockow, C. v.: Die Entscheidung. Eine Untersuchung über E. Jünger, C. Schmitt, M. Heidegger, Stuttgart 1958.

Krüger, G.: Philosophie und Moral in der Kantischen Kritik, Tübingen [2]1967.

Kuhn, H.: Der Mensch in der Entscheidung: Prohairesis in der Nikomachischen Ethik, in: ders: Das Sein und das Gute, München 1962, 275–295.

–: Der Staat, München 1967.

Kuhn, Th.: The Structure of Scientific Revolutions, Chicago [2]1970 ([1]1962, dt. Frankfurt a. M. 1967).

Kühne, K.: Planung als Ideologie und Methode, in: Die neue Gesellschaft 13 (1966) 90–104.

Kultusministerkonferenz = Erklärung der KMK zu den Empfehlungen der Bildungskommission des Deutschen Bildungsrates „Strukturplan für das Bildungswesen" vom 2. 7. 1970, nach: Bildung und Erziehung 23 (1970) 373–382.

Kutschera, F. v.: Einführung in die Logik der Normen, Werte und Entscheidungen, Freiburg/München 1973.

Kyburg, H. D., Smoker, H. E. (Hg.): Studies in Subjective Probability, New York u. a. 1964.

Lakatos, I., Musgrave, A. (Hg.): Criticism and the Growth of Knowledge, Cambridge 1970.

Lauschmann, E.: Grundlagen, Grenzen und Entwicklungsmöglichkeiten der Welfare Economics, in: Beckerath – Giersch (1963) 99–114.

Leibholz, G., Rinck, H. J. u. a.: Grundgesetz für die Bundesrepublik Deutschland. Kommentar anhand der Rechtssprechung des Bundesverfassungsgerichts, Köln ⁴1971.

Lenk, H.: Erklärung – Planung – Prognose, Freiburg i. Br. 1972.

Levi, I.: Gambling with Truth. An Essay on Induction and the Aims of Science, New York 1967.

Lindblom, Ch. E.: The Intelligence of Democracy, New York – London 1965.

Little, I. M. D.: A Critique of Welfare Economics, Oxford ²1957.

Lobkowicz, N.: Theory and Practice, London 1969.

Lohmar, U.: Wissenschaftliche Beratung in der Politik, in: Kommunikation. Zeitschrift für Planung und Organisation 5 (1969) 101–109.

Lompe, K.: Wissenschaftliche Beratung der Politik. Ein Beitrag zur Theorie anwendender Sozialwissenschaften, Göttingen 1966.

–: Gesellschaftspolitik und Planung. Probleme politischer Planung in der sozialstaatlichen Demokratie, Freiburg i. Br. 1971.

Lorenzen, P.: Logische Strukturen in der Sprache, in: Studium Generale 19 (1966) 398–401.

–: Normative Logic and Ethics, Mannheim – Zürich 1969.

–: Szientismus versus Dialektik, in: R. Bubner, K. Cramer, R. Wiel (Hg.): Hermeneutik und Dialektik, Tübingen 1970, I 57–72.

Lorenzen, P., Schwemmer, O.: Konstruktive Logik, Ethik und Wissenschaftstheorie, Mannheim 1973.

Lübbe, H.: Theorie und Entscheidung. Studien zum Primat der praktischen Vernunft, Freiburg i. Br. 1971.

–: Technik und Gesellschaft. Zur Metakritik der Kritik an der technischen Intelligenz, in: Technik – Wirtschaft – Gesellschaft. Die Vorträge der Plenarversammlung zum Deutschen Ingenieurtag 1973, Beilage der VDI Nachrichten o. J.

–: Lebensqualität oder Fortschritt von links, in: Schweizer Monatshefte 53 (1973 a) 606–620.

Luce, R. D., Raiffa, H.: Games and Decisions: Introduction and Critical Survey, New York 1957.

Luhmann, N.: Politische Planung, in: Jahrbuch für Sozialwissenschaft 17 (1966) 271–296.

–: Zweckbegriff und Systemrationalität. Über die Funktion von Zwecken in sozialen Systemen, Frankfurt a. M. 1973.

–: Grundbegriffliche Probleme einer interdisziplinären Entscheidungstheorie, in: Die Verwaltung 4 (1971) 470–477.

Lyons, D.: Forms and Limits of Utilitarianism, Oxford 1965.

–: In the Interest of the Governed. A Study in Bentham's Philosophy of Utility and Law, Oxford 1973.

Machiavelli, N.: Der Fürst, Hg. R. Zorn, Stuttgart 1955.

–: Politische Betrachtungen . . ., Hg. F. v. Oppeln-Bronikowski, Köln – Opladen 1965.

Mack, M. P.: Jeremy Bentham. An Odyssee of Ideas. 1748–1792, Bd. I: London 1962.

Mäding, H.: Bildungsplanung und Finanzplanung. Abstimmungsprobleme in der Bundesrepublik Deutschland (= Gutachten und Studien der Bildungskommission Bd. 36), Stuttgart 1974.

Maier, H. u. a. (Hg.): Politik und Wissenschaft, München 1971.

Mannheim, K.: Mensch und Gesellschaft im Zeitalter des Umbaus, Darmstadt 1958.

Marcuse, H.: One-Dimensional Man, Boston [11]1969.

Marquard, O.: Schwierigkeiten mit der Geschichtsphilosophie, Frankfurt a. M. 1973.

Marschak, J.: Towards an Economic Theory of Organization and Information, in: R. M. Thrall, C. H. Coombs, R. L. Davis (Hg.): Decision Processes, London 1954, 187–220.

–: Nutzenmessung und Wahrscheinlichkeit, in: Shubik (1965) 103–118.

Marx, K., Engels, F.: Die Deutsche Ideologie. MEW III, Berlin 1969.

Maunz, T., Dürig, G., Herzog, R.: Grundgesetz. Kommentar, München 1973.

Meadows, D.: Die Grenzen des Wachstums. Bericht des Club of Rome zur Lage der Menschheit, Stuttgart 1972 (orig. The Limits to Growth, 1972).

Medina, M.: Ansätze einer normativen Spieltheorie, in: F. Kambartel, J. Mittelstraß (Hg.): Zum normativen Fundament der Wissenschaft, Frankfurt a. M. 1973, 200–215.

Menges, G.: Bibliographie zur statistischen Entscheidungstheorie. 1950–1967, Köln – Opladen 1968.

–: Grundmodelle wirtschaftlicher Entscheidungen. Einführung in moderne Entscheidungstheorien unter besonderer Berücksichtigung volks- und betriebswirtschaftlicher Anwendungen, Köln – Opladen 1969.

– (Hg.): Entscheidung und Information. Einführung in moderne Entscheidungskalküle und elektronische Informationssysteme, Freiburg – Berlin 1968.

– (Hg.): Information, Inference, and Decision, Dordrecht 1974.

Menges, G., Diehl, H.: Über die operationale Eignung von Entscheidungsmodellen, in: Statistische Hefte NF 7 (1966) 30–41.

–: Entwicklung eines allgemeinen dynamischen Entscheidungsmodells, in: Statistische Hefte NF 8 (1967) 173–182.

Mesarovic, M., Pestel, E.: Menschheit am Wendepunkt, Stuttgart 1974.

Meyerson, M., Banfield, E. C.: Politics, Planning and the Public Interest, Glencoe/Ill. 1955.

353

Mill, J. St.: On Liberty, London 1848 (dt. Über die Freiheit, Stuttgart 1974).

–: Considerations on Representative Government, London 1861.

–: Utilitarianism, London 1863 (dt. Utilitarismus, Stuttgart 1975).

Milnor, J.: Spiele gegen die Natur, in: Shubik (1965) 129–139.

Mishan, E. J.: Ein Überblick über die Wohlfahrtsökonomie. 1939–1959, in: Gäfgen (1966) 110–176.

Monro, D. H.: Bentham, in: Encyclopedia of Philosophy, Hg. P. Edwards, I 280–285.

Moore, G. E.: Principia Ethica, Cambridge 1968 ([1]1903, dt. Stuttgart 1970).

Morgenstern, O.: Spieltheorie: Ein neues Paradigma der Sozialwissenschaft, in: Zeitschrift für Nationalökonomie 28 (1968) 145–164.

Morkel, A.: Politik und Wissenschaft. Möglichkeiten und Grenzen wissenschaftlicher Beratung in der Politik, Hamburg 1967.

Moser, C. A.: Der Robbins Report in Großbritannien, in: Bildungsplanung (1964) 29–43.

Myrdal, G.: Das politische Element in der nationalökonomischen Doktrinenbildung, Hannover [2]1963 ([1]1932).

–: Das Zweck-Mittel-Denken in der Nationalökonomie, in: Zeitschrift für Nationalökonomie 4 (1933) 305–329.

–: Jenseits des Wohlfahrtsstaates, Stuttgart 1961 (orig. Beyond the Welfare State, London 1958).

–: Aufsätze und Reden, Frankfurt a. M. 1971.

Naumann, J. (Hg.): Forschungsökonomie und Forschungspolitik. Ausgewählte amerikanische Beiträge, Stuttgart 1970.

Neumann, J. v.: Zur Theorie der Gesellschaftsspiele, in: Mathematische Annalen 100 (1928) 295–320.

Neumann, J. v., Morgenstern, O.: Theory of Games and Economic Behaviour, Princeton 1944 (dt. Spieltheorie und Wirtschaftswissenschaft, Wien – München 1963).

Nietzsche, F.: Jenseits von Gut und Böse, in: Werke, Hg. K. Schlechta, II 563–759.

Nussbaum, H. v. (Hg.): Die Zukunft des Wachstums. Kritische Antworten zum „Bericht des Club of Rome", Düsseldorf 1973.

Nyssen, E.: Plädoyer gegen die Schulreform?, in: Schulmanagement 3 (1974) 26–28.

Oberndörfer, D.: Politische Planung. Anlagenband, 1. Bericht zur Reform der Struktur von Bundesregierung und Bundesverwaltung, vorgelegt von der Projektgruppe für Regierungs- und Verwaltungsreform beim Bundesministerium des Inneren, August 1968, Bonn 1968.

Offe, C.: Strukturprobleme des kapitalistischen Staates, Frankfurt a. M. 1972.

–: Das Verhältnis von Legitimität und Effizienz als Dilemma der staatlichen Verwaltung, in: Fehl (1973) 256–269.

Oeing-Hanhoff, L.: Konkrete Freiheit. Grundzüge der Philosophie Hegels, in: Stimmen der Zeit 187 (1971) 372–390.

Oldenquist, A.: Choosing, Deciding, and Doing, in: Encyclopedia of Philosophy II 96–104.

Olson, M.: Die Logik des kollektiven Handelns. Kollektivgüter und die Theorie der Gruppen, Tübingen 1968 (orig. 1965).

Oltmans, W. L. (Hg.): ,Die Grenzen des Wachstums.' Pro und Contra, Hamburg 1974.

Ortlieb, H. D.: Theorie und Praxis, in: Wirtschaftsdienst 45 (1965) 437 ff.

Ozbekhan, H.: Toward a General Theory of Planning, in: Jantsch (1969) 47–155.

Pahlke, J.: Welfare Economics, Berlin 1960.

Palm, G.: Die Kaufkraft der Bildungsausgaben. Ein Beitrag zur Analyse der öffentlichen Ausgaben für Schulen und Hochschulen in der Bundesrepublik Deutschland 1950–1962, Olten – Freiburg 1966.

Parekh, B. (Hg.): J. Bentham. The Critical Essays, New York 1973.

Pareto, V.: Manuel d'économie politique, Paris 1909.

Paton, H. J.: The Categorical Imperative. A Study in Kant's Moral Philosophy, New York [5]1965 (dt. Der kategorische Imperativ, Berlin 1962).

Patzig, G.: Ethik ohne Metaphysik, Göttingen 1971.

–, Rezension zu Hoerster (1971), in: Zeitschrift für philosophische Forschung 26 (1972) 622–627.

Peirce, C. S.: Schriften, Hg. K.-O. Apel, 2 Bde., Frankfurt a. M 1967, 1970.

Peisert, H.: Soziale Lage und Bildungschancen in Deutschland, München 1967.

Perkop, D.: Handel – Entscheiden – Planen. Zur soziologischen Diagnose von Planungsprozessen, in: Soziale Welt 17 (1966) 24–34.

Peston, M.: Changing Utility Functions, in: M. Shubik (Hg.): Essays in Mathematical Economics in Honor of Oskar Morgenstern, Princeton 1967, 233 ff.

Plessner, H.: Die Stufen des Organischen und der Mensch, Berlin [2]1965.

Picht, G.: Die deutsche Bildungskatastrophe, München 1965.

Pieper, A.: Analytische Ethik. Ein Überblick über die seit 1900 in England und Amerika erschienene Ethik-Literatur, in: Philosophisches Jahrbuch 78 (1971) 144–176.

–: Sprachanalytische Ethik und Freiheit. Das Problem der Ethik als autonomer Wissenschaft, Stuttgart 1973.

355

–: Die Funktion von Utopien in der Philosophie, in: Neues Hochland 65 (1973) 351–363.

Pigou, A. C.: The Economics of Welfare, London ⁴1952.

Pitcher, G. (Hg.): Truth, Englewood Cliffs/N. J. 1964.

Plamenatz, J.: The English Utilitarians, Oxford 1949.

Platon: Politeia, in: Opera, Hg. J. Burnet, Oxford 1962 (dt. Der Staat, Hg. K. Bormann, Hamburg 1973).

–: Protagoras, in: Opera, Hg. J. Burnet, Bd. III, Oxford 1965 (dt. Hamburg 1956).

Plitzko, A. (Hg.): Planung ohne Planwirtschaft. Frankfurter Gespräch der List-Gesellschaft, 7.–9. 6. 1963, Basel–Tübingen 1964.

Poignant, R.: The Relation of Educational Plans to Economic and Social Planning, Paris 1967.

Popper, K. R.: Logik der Forschung, Tübingen ³1969.

–: Die offene Gesellschaft und ihre Feinde, 2 Bde., Bern ²1970) orig. The Open Society and its Enemies, London 1944).

Portmann, A.: Biologie und Geist, Freiburg i. Br. ³1963.

Potthoff, E.: Führung und Planung in der Wirtschaft, in: Die neue Gesellschaft 13 (1966) 114–124.

Prauss, G. (Hg.): Kant. Zur Deutung seiner Theorie von Erkennen und Handeln, Köln 1973.

Preuß, U. K.: Zum staatsrechtlichen Begriff des Öffentlichen. Texte und Dokumente zur Bildungsforschung, Stuttgart 1969.

Puntel, L.: Wahrheit, in: Krings (1973/74) III 1649–1668.

Quinton, A.: Utilitarian Ethics, London 1973.

Radzinowicz, L.: A History of English Criminal Law: The Movement for Reform 1750–1833, London 1948.

Rahmeyer, F.: Pluralismus und rationale Wirtschaftspolitik, Stuttgart u. a. 1974.

Ramsey, F. P.: Truth and Probability, . . . London 1931.

Ranft, D.: Politik und Sachverstand. Über die Rolle der Beratungsgremien in der Bildungspolitik, in: Schulmanagement 3 (1974) 5 f.

Rapoport, A.: Two-Person Game Theory – The Essential Ideas, Ann Arbor/Mich. 1966.

–: Critique of Strategic Thinking, in: N. Rosenbaum (Hg.): Readings of the International Political System, Englewood Cliffs/N. J. 1970, 201–227.

– (Hg.): Game Theory as a Theory of Conflict Resolution, Dordrecht 1974.

Rapoport, A., Chammah, A. M.: Prisoner's Dilemma – A Study in Conflict and Cooperation, Ann Arbor/Mich. 1965.

Rassem, M.: Einige historische Exempla zum Thema Wissenschaft und Politik, in: Maier (1971) 357–385.

Rawls, J.: A Theory of Justice, Oxford 1972.

Rescher, N. (Hg.): The Logic of Decision and Action, Pittsburgh 1967.

–: Welfare. The Social Issues in Philosophical Perspective, Pittsburgh 1972.

Richter, H.: Wahrscheinlichkeitstheorie, Berlin ²1966.

Richter, I.: Öffentliche Verantwortung für berufliche Bildung. Zur Bestandsgarantie und zur gesetzlichen Regelung der privaten beruflichen Bildung (= Deutscher Bildungsrat, Gutachten und Studien der Bildungskommission, Bd. 14), Stuttgart 1970.

Riedel, M.: Studien zu Hegels Rechtsphilosophie, Frankfurt a. M. 1969.

– (Hg.): Rehabilitierung der praktischen Philosophie, 2 Bde., Freiburg i. Br. 1972, 1974.

Rieger, H. C.: Begriff und Logik der Planung, Wiesbaden 1967.

Riese, H.: Planung als Mittel einer rationalen Wirtschaftspolitik, in: Die neue Gesellschaft 13 (1966) 105–113.

Riker, W. H.: The Theory of Political Coalitions, New Haven 1962.

Rittel, W.: Zur wissenschaftlichen und politischen Bedeutung der Entscheidungstheorie, Manuskript 1963 (wiederabgedruckt in: H. Krauch u. a. [Hg.]: Forschungsplanung, München–Wien 1966, 110–129).

Ritter, J.: Hegel und die französische Revolution, Frankfurt a. M. 1965.

–: ,Politik' und ,Ethik' in der praktischen Philosophie des Aristoteles, in: Philosophisches Jahrbuch 74 (1967) 235–253.

–: Metaphysik und Politik. Studien zu Aristoteles und Hegel, Frankfurt a. M. 1969.

–: Zur Grundlegung der praktischen Philosophie bei Aristoteles, in: Archiv für Rechts- und Sozialphilosophie 46 (1960) 179–199.

Ritter, J., Pesch, O. H., Spaemann, R.: Glück, Glückseligkeit, in: Historisches Wörterbuch III 679–707.

Robbins, L. C.: An Essay on the Nature and Significance of Economic Science, London 1932.

Robbins, L. R.: The Theory of Economic Policy in English Classical Political Economy, London 1952.

Robinsohn, S. B.: Bildungspolitik und Öffentlichkeit, in: Bildung und Erziehung 23 (1970) 241–256.

Röd, W.: Geometrischer Geist und Naturrecht. Methodengeschichtliche Untersuchungen zur Staatsphilosophie im 17. und 18. Jahrhundert, München 1970.

–: Rationalistisches Naturrecht und praktische Philosophie der Neuzeit, in: Riedel (1972) 269–295.

Rohrmoser, G.: Das Elend der kritischen Theorie. T. W. Adorno, H. Marcuse, J. Habermas, Freiburg i. Br. 1970.

Rolf, H.-G.: Bildungsplanung als rollende Reform, Frankfurt–Berlin–München 1970.

Rolshausen, C.: Rationalität und Herrschaft. Zum Verhältnis von Marktsoziologie und Entscheidungslogik, Frankfurt a. M. 1972.

Rombach, H.: Entscheidung, in: Krings (1973/74) I 361–373.

Ronge, V., Schmieg, G. (Hg.): Politische Planung in Theorie und Praxis, München 1971.

Ross, W. D.: The Right and the Good, Oxford 1930.

Rothenberg, J.: The Measurement of Social Welfare, Englewood Cliffs/N. J. 1961.

Rousseau, J. J.: Du Contrat Social. Ecrits politiques. Œuvres Complètes Bd. 3, Hg. B. Gagnebin, M. Raymond, Paris 1964.

Ryan, A.: The Philosophy of J. St. Mill, London 1970.

Samuelson, P. A.: Foundations of Economic Analysis, Cambridge/Mass. 1948.

Sasso, G.: Niccolò Machiavelli. Geschichte seines politischen Denkens, Stuttgart 1965.

Savage, L. J.: The Theory of Statistical Decision, in: Journal of the American Statistical Association 46 (1951) 55–67.

–: The Foundations of Statistics, New York 1954.

Scharpf, F.: Demokratietheorie zwischen Utopie und Anpassung, Konstanz 1970.

–: Planung als politischer Prozeß. Aufsätze zur Theorie der planenden Demokratie, Frankfurt a. M. 1973.

Scheler, M.: Der Formalismus in der Ethik und die materiale Wertethik, Bern [5]1966.

–: Die Stellung des Menschen im Kosmos, Bern–München [7]1966 a.

Schelling, T. C.: The Strategy of Conflict, Cambridge/Mass. 1963.

Schelsky, H.: Planung der Zukunft. Die rationale Utopie und die Ideologie der Rationalität, in: Soziale Welt 17 (1966) 155–172.

Schmidt-Bleibtreu, B., Klein, F.: Kommentar zum Grundgesetz für die Bundesrepublik, Neuwied–Berlin [3]1973.

Schmitz, E.: Die öffentlichen Ausgaben für Schulen in der Bundesrepublik Deutschland 1965 bis 1970 (= Gutachten und Studien der Bildungskommission, Bd. 1), Stuttgart 1967.

–: Sozialprodukt, öffentliche Haushalte und Bildungsausgaben in der Bundesrepublik. Eine Projektion bis 1975 (= Gutachten und Studien der Bildungskommission, Bd. 5), Stuttgart 1967.

Schneeweiß, H.: Das Grundmodell der Entscheidungstheorie, in: Statistische Hefte NF 7 (1966) 125–137.

–: Entscheidungskriterien bei Risiko, Berlin–Heidelberg–New York 1967.

Schneewind, J. B. (Hg.): Mill: A Collection of Critical Essays, Garden City/N. Y. 1968.

Schneider, H.: Das allgemeine Gleichgewicht in der Marktwirtschaft. Eine mikroökonomische Analyse mit Hilfe der Theorie der strategischen Spiele, Tübingen 1969.

Schöpf, A.: Subjektivität und Sozietät. Studien zum Ansatz der Sozialphilosophie bei Fichte, Hegel und Husserl, Habil.-Schr. München 1972.

Scholz, H. (Hg.): Die Rolle der Wissenschaft in der modernen Gesellschaft, Berlin 1969.

Schulz, W.: Philosophie in der veränderten Welt, Pfullingen 1972.

Schumacher, E. F.: Small is beautiful. A Study of Economics as if People Mattered, New York 1973.

Schwartländer, J.: Kommunikative Existenz und dialogisches Personsein, in: Zeitschrift für philosophische Forschung 19 (1965) 53–86.

–: Verantwortung, in: Krings (1973/74) III 1577–1588.

Schwemmer, O.: Philosophie der Praxis. Versuch zur Grundlegung einer Lehre vom moralischen Argumentieren, Frankfurt a. M. 1971.

–: Grundlagen einer normativen Ethik, in: Loccumer Kolloquien 3: Grundlagen der Moral, Loccum 1974, 49–66.

Scitovsky, T.: A Reconsideration of the Theory of Tariffs, in: Review of Economic Studies 9 (1941/42) 89–110.

Selten, R.: Anwendungen der Spieltheorie auf die politische Wissenschaft, in: Maier (1971) 287–320.

Sen, A. K.: Collective Choice and Social Welfare, San Franzisko 1970.

Shackle, G. L. S.: Decision, Order, and Time in Human Affairs, Cambridge ²1969.

Shelly, M. W. II, Bryan, G. L. (Hg.): Human Judgments and Optimality, New York–London–Sidney 1964.

Shubik, M. (Hg.): Spieltheorie und Sozialwissenschaften, Hamburg 1965 (orig. Game Theory and Related Approaches to Social Behavior, New York u. a. 1964).

Sidgwick, H.: Principles of Political Economy, London ³1901 (¹1883; Nachdruck New York 1963).

–: The Methods of Ethics, London ⁷1907 (¹1874; Nachdruck New York 1967).

Simon, H.: Models of Man. Social and Rational, New York–London 1957.

–: The Logic of Heuristic Decision Making, in: Rescher (1967) 1–20, 32 f.

Singer, M. G.: Generalization in Ethics, New York 1961 (dt. Frankfurt a. M. 1975).

Symphilosophein, 3. Dt. Kongreß für Philosophie – Bremen 1950, München 1952.

Smart, J. J. C.: Utilitarianism, in: Encyclopedia of Philosophy VII 206–212.

Smart, J. J. C., Williams, B.: Utilitarianism – For and Against, Cambridge 1973.

Smart, R. N.: Negative Utilitarianism, in: Mind 67 (1958) 542 f.

Smith, A.: An Inquiry into the Nature and Causes of the Wealth of Nations, 1776, Hg. E. Cannan, New York 1937.

Snyder, R. C.: Game Theory and Analysis of Political Behaviour, in: J. N. Roseman (Hg.): International Politics and Foreign Policy, New York ³1965, 381–390.

Sohmen, E.: Grundlagen, Grenzen und Entwicklungsmöglichkeiten der Welfare Economics, in: Beckerath-Giersch (1963) 69–98.

Spaemann, R.: Die Utopie der Herrschaftsfreiheit, in: Merkur 26 (1972) 735–752.

–: Moral und Gewalt, in: Riedel (1972) 215–241.

–: Die Aktualität des Naturrechts, in: F. Böckle, E. W. Böckenförde (Hg.): Naturrecht in der Kritik, Mainz 1973.

Stachowiak, H.: Allgemeine Modelltheorie, Wien–New York 1973.

Stegmüller, W.: Das Wahrheitsproblem und die Idee der Semantik, Wien ²1968.

–: Probleme und Resultate der Wissenschaftstheorie und Analytischen Philosophie. Bd. I: Wissenschaftliche Erklärung und Begründung, Berlin–Heidelberg–New York 1969.

–: Probleme und Resultate . . ., Bd. II, II: Theorienstrukturen und Theoriendynamik, Berlin u. a. 1973.

–: Probleme und Resultate . . ., Bd. IV: Personelle und Statistische Wahrscheinlichkeit, Berlin u. a. 1973 a.

Stephen, L.: The English Utilitarians, 3 Bde., London 1900.

Sternberger, D.: Machiavellis ‚Principe‘ und der Begriff des Politischen, Wiesbaden 1974.

Stout, A. K.: But Suppose Everybody Did the Same, in: Australasian Journal of Philosophy 32 (1954) 1–29.

Streeten, P.: Programm und Prognose, in: Gäfgen (1966) 53–74.

Sturm, S.: Mehrstufige Entscheidungen unter Ungewißheit. Zur Theorie adaptiver Prozesse, Meisenheim/Glan 1970.

Sundquist, J. L. S.: Politics and Policy: The Eisenhower, Kennedy and Johnson Years, Washington 1968.

Suppes, P.: The Philosophical Relevance of Decision Theory, in: The Journal of Philosophy 58 (1962) 605–614.

Teichmann, H.: Der Stand der Entscheidungstheorie, in: Die Unternehmung 25 (1971) 127–147.

Tenbruck, F. H.: Regulative Funktionen der Wissenschaft in der pluralistischen Gesellschaft, in: Scholz (1969) 61–85.

–: Wissenschaft, Politik und Öffentlichkeit, in: Maier (1971) 323–356.

–: Zur Kritik der planenden Vernunft, Freiburg–München 1972.

Theunissen, M.: Der Andere. Studien zur Sozialontologie der Gegenwart, Berlin 1965.

–: Gesellschaft und Geschichte, Berlin 1969.

Thomae, H.: Der Mensch in der Entscheidung, München 1960.

Thrall, R. M., Coombs, C. H., Davis. R. L. (Hg.): Decision Processes, London 1954.

Topitsch, E. (Hg.): Logik der Sozialwissenschaften, Köln–Berlin ⁴1967.

Uhlig, C.: Das Problem der Social Costs in der Entwicklungspolitik. Eine theoretische und empirische Analyse, Stuttgart 1966.

Vajda, S.: The Theory of Games and Linear Programming, London 1956.

Vickrey, W.: Utility, Stratgy, and Social Decision Rules, in: The Quarterly Journal of Economics 74 (1960) 507–535.

Vogelsang, R.: Die mathematische Theorie der Spiele, Bonn 1963.

Wald, A.: Über einige Gleichungssysteme der mathematischen Ökonomie, in: Zeitschrift für Nationalökonomie 7 (1936) 637 ff.

Waldenfels. B.: Das Zwischenreich des Dialogs. Sozialphilosophische Studien im Anschluß an E. Husserl, Den Haag 1971.

–: Ethische und pragmatische Dimension der Praxis, in: Riedel (1972) 375–393.

Walker, A. D. M.: Negative Utilitarianism, in: Mind 83 (1974) 424–428.

Walton, K. A.: Rational Action, in: Mind 76 (1967) 537–547.

Warnock, G. J.: Contemporary Moral Philosophy, London 1966.

Warnock, M. (Hg.): Utilitarianism, Cleveland/Ohio ⁷1970.

Wasmus, H.: Ethik und gesellschaftliche Ordnungstheorie. Kritik des Liberalismus als Lebensform einer entwickelten Gesellschaft, Meisenheim/Glan 1973.

Watkins. J. N. N.: Negative Utilitarianism, in: Aristotelian Society, Supplementary Volume 37 (1963) 95–114.

Watzlawick, P. u. a.: Menschliche Kommunikation. Formen, Störungen, Paradoxien, Bern–Stuttgart–Wien ³1972.

Weber. W.: Die verfassungsrechtlichen Grenzen sozialstaatlicher Forderungen, in: Der Staat 4 (1965) 409 ff.

Weihnacht, P.-L.: Bildungsforschung – Bildungsplanung – Bildungspolitik, München ²1971.

Weinberg, F., Zehnder, C. A. (Hg.): Heuristische Planungsmethoden, Berlin–Heidelberg–New York 1969.

Weisser, G.: Politik als System aus normativen Urteilen, Göttingen 1951.

Weizsäcker, C. F. v.: Die Verantwortung der Wissenschaft im Atomzeitalter, Göttingen ⁴1963.

Widmaier, H. P.: Bildung und Wirtschaftswachstum. Eine Modellstudie im Auftrag des Kultusministeriums Baden-Württemberg, Villingen 1966.

–: Rationale Grundlagen der Bildungspolitik, Bern 1968.

–: Machtstrukturen im Wohlfahrtsstaat, in: Österreichische Zeitschrift für Politikwissenschaft 3 (1974) 69–83.

– (Hg.): Begabung und Bildungschancen, Frankfurt–Berlin–Bonn–München 1967.

Winkel, H.: Die Volkswirtschaftslehre in der neueren Zeit, Darmstadt 1973.

Wissenschaftsrat, Empfehlungen zur Struktur und zum Ausbau des Bildungswesens im Hochschulbereich nach 1970, Bonn 1970.

Witte, E.: Mikroskopie einer unternehmerischen Entscheidung, in: IBM Nachrichten 19 (1969) 490–495.

– u. a.: Das Informationsverhalten in Entscheidungsprozessen, Tübingen 1972.

Wittgenstein, L.: Philosophical Investigations. Philosophische Untersuchungen, New York ⁴1970.

Wöhler, K.: Entscheidungstheorie, in: Historisches Wörterbuch der Philosophie II 544–547.

Wohlstetter, A.: Sünde und Spiele in Amerika, in: Shubik (1965) 219–235.

Wolff, F. O.: Die neue Wissenschaft des T. Hobbes, Stuttgart-Bad Cannstatt 1969.

Wolff, R. P.: In Defense of Anarchism, New York–Evanston–London 1970.

Wright, G. H. v.: An Essay in Deontic Logic and the General Theory of Action, Amsterdam 1968.

Zacharias, G.: Der Kompromiß. Vermittlung zwischen gegensätzlichen Positionen als Ermöglichung des Friedens. Interdisziplinäre Untersuchungen, München 1974.

Zermelo, E.: Über eine Anwendung der Mengenlehre auf die Theorie des Schachspiels, in: Proceedings of the Fifth International Congress of Mathematicians, Cambridge 1913, 501 ff.

Zimmermann, H.: Wirtschaftspolitische Beratung unter Wertabstinenz. Wirtschaft und Politik, in: Maier (1971) 497–536.

Zohlnhöfer, W.: Die wirtschaftspolitische Willens- und Entscheidungsbildung in der Demokratie, Freiburg i. Br. 1972.

Zschoche, D.: Das Entscheidungsproblem bei Abraham Wald und Richard Bellman, in: Statistische Hefte NF 3 (1962) 79–98.

Namenregister

(ohne Einbeziehung des Nachworts zur Taschenbuchausgabe)

Sachregister

(ohne Einbeziehung des Nachworts zur Taschenbuchausgabe)

Höffes »Strategien der Humanität« erschienen zuerst in der

Reihe »Praktische Philosophie«

Unter Mitarbeit von Norbert Hoerster, Reinhart Maurer,
Annemarie Pieper, Manfred Riedel, Robert Spaemann und
Meinolf Wewel
herausgegeben von Günther Bien und Karl Heinz Nusser

Verlag Karl Alber, Freiburg/ München

Hans Blumenberg
Die Genesis der kopernikanischen Welt

804 Seiten

Ein Jahrzehnt Astronautik hat eine ›vorkopernikanische‹
Überraschung gebracht: die Erde ist eine kosmische Aus-
nahme. Das Universum scheint voller Wüsten zu sein. Die
photographische Fernaufklärung im Planetensystem hat
nichts als narbige Kraterwelten, stickige Gluthöllen, alle
Arten von ausgeklügelten Lebenswidrigkeiten enthüllt.
Inmitten dieser enttäuschenden Himmelswelt ist die Erde
nicht nur ›auch ein Stern‹, sondern der einzige, der diesen
Namen zu verdienen scheint.
Es ist die irritierende Umkehrung von Erwartungen der
Aufklärung. Sie glaubte sich in einem Universum bewohn-
barer Welten und vernünftiger Wesen. Es entsprach der
kopernikanischen Konsequenz, daß die irdischen Bedingungen der Vernunft keine bevorzugten, eher provinzielle sein
konnten. Der Rückstand gegenüber dem kosmischen Stan-
dard sollte durch Fortschritt aufgehoben, die Mitgliedschaft
in der sternenweiten Kommunität durch Würdigkeit er-
worben werden. Die Vernunft durfte nicht einsam, nicht
den faktischen Bedingungen ihrer irdischen Geschichte ausgeliefert sein.
Es schien, als könne niemals eine Erfahrung diesen Mythos
der kosmischen Intersubjektivität zerstören. Aber es ist ein
adäquater Schritt des Kopernikanismus als des großen
Überwinders menschheitlicher Selbsttäuschungen, seine eigenen frühen Illusionen mit den Mitteln zu überwinden, die
er in eine Welt gebracht hat, deren Homogenität und
Durchquerbarkeit in seiner Konsequenz lag. Auch nüchterne Köpfe, die von der Rückseite des Mondes nicht viel
Neues erwartet hatten, empfanden noch die Enttäuschung
alter Erwartungen, als die automatischen Kundschafter aus
dem Weltall nicht einmal ein wenig Grün, keine Anzeichen
von niedrigstem Leben auf den bewunderten Sternen der
Kindheit zu vermuten übrigließen.
Immer wieder in den Jahrhunderten nach Kopernikus ent-
deckte man, nach der Formel des Astronomen Lambert,
daß man ›noch lange nicht genug kopernikanisch‹ geworden sei. Die kopernikanische Welt ist eine unvollendete:
immer wieder sieht es so aus, als könne die Stellung des
Menschen im Universum nun nicht exzentrischer mehr ge-

dacht werden. Immer wieder ist es ihre Illusion, bei der Zerstörung der letzten ihrer Illusionen angekommen zu sein. Immer noch wissen wir nicht bis zur Neige, was das Wort Goethes in seinem letzten Lebensjahr zum Kanzler Müller bedeutete, dieses sei »die größte, erhabenste, folgenreichste Entdeckung, die je der Mensch gemacht hat; in meinen Augen wichtiger als die ganze Bibel«.

Eine »Genesis der kopernikanischen Welt« kann kein isoliertes Stück Wissenschaftsgeschichte sein. Sie nimmt ein wissenschaftliches als ein anthropologisches Ereignis. Sie muß davon sprechen, wie ein peripheres Bewußtsein sich selbst auf die Spur dessen kommt, dies zu sein. Das ist die Zweideutigkeit des Himmels: er vernichtet unsere Wichtigkeit durch seine Größe, aber er zwingt uns auch durch seine Leere, nicht anderes wichtiger zu nehmen als uns selbst. Die Paradoxie einerseits jener Vernichtung, von der Kant gesprochen hat, und andererseits dieses Selbstbewußtseins, von dem er gleichfalls gesprochen hat, spannt die kopernikanische Welt zum Zerreißen an. Kann im Konvergenzpunkt ihrer Prozesse eine neue Eindeutigkeit stehen? Der bestürzende Verdacht, daß alles nur Wüste sei mit der einzigen Ausnahme dieser tellurischen Oase, könnte alle Intentionen auf die Erde verweisen als auf das Zentrum aller möglichen Vernunftinteressen, das selbst die Fluchtlinien der Astronautik zu sich zurückzwingt und sie zur Episode der Menschheitsgeschichte macht.

Der Betrachter des Himmels ist gepackt von der Unwahrscheinlichkeit seiner eigenen Daseinsbedingungen, ausgenommen zu sein von den Schrecknissen der kosmischen Strahlungen und Teilchenschauer.

In der Genesis der kopernikanischen Welt ist dem Menschen keine neue ›Stellung im Kosmos‹ definiert worden; aber sie macht es ihm dringend, eine solche zu definieren.

Die »Frankfurter Rundschau« schrieb zu diesem Werk u. a.: »Das Buch von der Genesis der kopernikanischen Welt zeigt auch ihr Ende an. Blumenbergs Kadenz der Frage nach dem Verhältnis von Mensch und Kosmos scheint voltairisch: ›Il faut cultiver notre jardin.‹ Aber in einer solch brillanten Weise auf die Sonderstellung des Menschen in der Welt, die unter Verzicht auf seine alte, kosmologisch definierte Würde neu begründet werden muß, hingewiesen zu haben, ist ein wissenschaftsgeschichtliches Ereignis.«

Hans Blumenberg
Die Legitimität der Neuzeit

Erweiterte Neuausgabe. Drei Bände in Kassette.
Band 1: Säkularisierung und Selbstbehauptung,
stw 79.
Band 2: Der Prozeß der theoretischen Neugierde,
stw 24.
Band 3: Aspekte der Epochenschwelle, stw 174

Die Bände dieser Kassette versammeln Blumenbergs Arbeiten zur Herkunft und Konstitution des Zeitalters, das
sich zur ›Neuzeit‹ erklärte. Die in den Jahren 1973–76
zunächst getrennt wieder vorgelegten Teile der 1966 er-
schienenen »Legitimität der Neuzeit« sind in dieser durch-
gehend erneuerten und erweiterten Ausgabe zusammen-
gefaßt. Sie dokumentiert damit zugleich den Stand des in
einem Jahrzehnt unter Widerspruch und Zustimmung weiter vorangetriebenen Versuchs zu einer phänomenologischen
Historik, die erfassen will, in welchen Prozeßformen und
-intensitäten, in welchen Grundmustern von Rationalität
Geschichte sich formiert.
Unter der übergreifenden Fragestellung nach der ›Legitimität‹ analysieren die einzelnen Teile in sich geschlossene
Themenkomplexe zur Konstitution der Neuzeit anhand
einer Kritik des Grundbegriffs der ›Säkularisierung‹, mit
dem sich das Selbstverständnis der Moderne sowohl frei-
setzen als auch seiner rückwärtigen Bindungen versichern
wollte, wird nach den Bedingungen für die Herauslösung
einer Epoche aus ihren Vorgegebenheiten gefragt. Es ist,
für das Verhältnis von Mittelalter und Neuzeit, der Prozeß der humanen Selbstbehauptung gegen einen theolo-
gischen Absolutismus *(»Säkularisierung und Selbstbehauptung«).* In diesen Vorgang gibt einen detaillierten Einblick
die Darstellung des Wertungswandels der theoretisch-wis-
senschaftlichen Neugierde. Der Rahmen ist dabei weit ge-
spannt, von der Antike bis zur Psychoanalyse, von Sokrates
bis zu Feuerbach und Freud *(»Der Prozeß der theoretischen Neugierde«).* Der letzte Teil verschärft noch einmal
den Zugriff auf die Logik des Epochenwandels durch die
Wahl des Doppelaspekts der Systeme von Welt- und Men-
schenansicht des Nikolaus von Cues und des Giordano
Bruno: die Sorge um das Vergehende und der Triumph

über das Anbrechende entfalten ihre elementare Differenz auf dem Boden der noch gemeinsamen metaphysischen Großfragen (*»Aspekte der Epochenschwelle«*). Das Ganze des Werks sucht die sich formierende Neuzeit aus den Antrieben zu erfassen, die aus dem Zusammenbruch des Mittelalters herkamen und zu einem seinen Erwartungen strikt entgegengesetzten Konzept führten. Das obligate Thema des Gesamtwerks ist das Verhältnis von Vernunft und Geschichte. Nachdem die europäische Aufklärung wiederholt überrascht und betroffen vor dem Scheitern ihrer vermeintlich letzten Anstrengungen gestanden hat, muß sie sich statt der Zuflucht in sanfte und unsanfte Romantizismen die Analyse ihrer offenen und heimlichen Voraussetzungen, also Aufklärung über die Aufklärung, verschaffen. Seit Kant wissen wir – um es immer wieder zu vergessen –, daß die Kritik der Vernunft nicht nur eine *durch* Vernunft, sondern auch eine *an* der Vernunft ist und bleiben wird.

Hans Blumenberg
Arbeit am Mythos

700 Seiten. DM 68,–

Es ist etwas Unerledigtes unter dem Titel des Mythos: das
geläufige Geschichtsbild eines einmaligen Weges vom Mythos
zum Logos war leichtfertig. Eben dies zeigt die *Arbeit am
Mythos* in der funktionalen Analyse mythischer Formen und
ihrer Rezeption, in der Aufarbeitung und geschichtlichen
Zuordnung der Vorstellungen, die man sich über seinen
Ursprung und seine Ursprünglichkeit jeweils gemacht hat.
Arbeit am Mythos ist ein wissenschaftliches Werk von inge-
niöser Breite und Tiefe *und* ein begeisterndes Kunstwerk.
Und: ein Buch, in dem der Mythos nicht zuletzt als ein
erster Versuch zum Humor in der menschlichen Geschichte
erscheint.

Inhalt:

Hans Blumenberg
Schiffbruch mit Zuschauer

Paradigma einer Daseinsmetapher
stw 289. 104 Seiten

Was sich der Anstrengung des Begriffs entzieht, ist in jeder
Kultur der langwierigen Arbeit an den Bildern überliefert:
der Blick auf das Ganze von Wirklichkeit, Welt, Leben und
Geschichte. In den großen Metaphern und Gleichnissen
schlägt sich nieder, wird abgewandelt und ausgebaut, was
an imaginativer Orientierung gewonnen wurde. Eine der
immer präsenten Prägungen ist die vom Leben als Seefahrt.
Sie umspannt Ausfahrt und Heimkehr, Hafen und fremde
Küste, Ankergrund und Navigation, Sturm und Windstille,
Seenot und Schiffbruch, nacktes Überleben und bloßes Zu-
schauen. Die Metapher gibt sowohl den Umriß eines Ganzen von vielen Bedingungen und Möglichkeiten als auch
die Grenzwerte des nahezu Unmöglichen, das allen anderen
im besten Falle als Seemannsgarn angeboten wird. Die See
zu befahren ist Metapher für den Lebensgang geworden,
obwohl es nie das Normale und ›Landläufige‹ gewesen war,
vielmehr immer Überschreiten einer Grenze zum nicht Ge-
heueren und Unheimlichen hin. Fragen heften sich an das
Bild des Überlebenden: Was bleibt jenseits des Schiffbruchs?
Was lohnt es, durch ihn hindurch gerettet zu werden? Was
läßt die Geschichte in ihren Untergängen Bestand behalten?
Und dann die immer naheliegende, verführerische Wendung: Kann man nicht daheim im Hafen und Zuschauer
bleiben? Gibt es die festen Standpunkte für den, der sich
heraushalten will, den Kommentator, der die Chance hat,
recht zu behalten? Gibt es geschichtliche Bedingungen für
die Schwierigkeiten, die es dem Genossen seiner Zeit ver-
wehren, ihr Zuschauer zu bleiben?
Das Buch nimmt das 1960 in den »Paradigmen zu einer
Metaphorologie« vorgelegte und seither weiter entwickelte
Programm erneut auf. Die Beschreibung und Analyse der
nautischen Daseinsmetapher wird in den Rahmen einer
›Theorie der Unbegrifflichkeit‹ gestellt. Sie widersetzt sich
der unablässigen Steigerung der Abstraktionen, die alle Gebiete der Humantheorie beherrschen und von ihren lebens-
weltlichen Ausgangslinien und Obligationen wegzureißen
drohen, wenn nicht schon weggerissen haben.

Alphabetisches Verzeichnis der suhrkamp taschenbücher wissenschaft